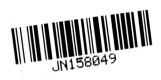

編集復刻版

# 学童保育関係資料集成

石原剛志＝編

第4巻

学童保育連絡協議会編Ⅱ

六花出版

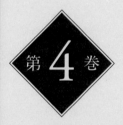

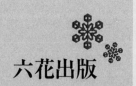

編集復刻版『学童保育関係資料集成』第4巻

# 刊行にあたって

一、本資料集成は、1960年代に入って認識されるようになった共働きやひとり親世帯の小学生の放課後の生活問題、それに対する教育・福祉・青少年行政としての調査や対策、学童保育をつくり求める保護者と学童保育指導員による運動と実践について、相互の関連と展開を歴史的に明らかにするための資料集である。

　収録の対象とした時期は、1960年代以降、各地の学童保育運動が全国的に組織化されるようになった1970年代半ばまでとした。

一、本資料集成（第Ⅰ期）では、全国および各地での実態調査、全国的な運動に関する資料のみならず、各地域における資料の収録にもつとめたが、大阪府・市や愛知県における資料の収録が多くなった。第Ⅰ期では収録できなかった地域の資料について、第Ⅱ期以降の資料集成で復刻・収録できるよう調査研究を進めていく予定である。

一、第1巻巻頭に編者による「解説」を掲載した。

一、最終巻である第16巻に編者による「資料解題」を掲載する。

一、本資料集成は、原資料を原寸のまま、あるいは適宜縮小・拡大し、復刻版1ページに付き1面または2面を収録した。

一、資料の中の氏名・居住地などの個人情報については、個人が特定されることで人権が侵害される恐れがあると考えられる場合は、[redacted]で伏せ字を施した。

一、資料の中には、人権の視点から見て不適切な語句・表現・論もあるが、歴史的資料の復刻という性質上、そのまま収録した。

一、収録した資料のなかには、下記の機関・団体にご提供いただいたものがある。ここに記して、厚くお礼申し上げます。

　大阪保育研究所、全国学童保育連絡協議会、富山県立図書館、日本社会事業大学附属図書館

一、石原剛志研究室所蔵資料のなかには、下記の団体・個人から寄贈をうけたものが含まれている。ここに記して、厚くお礼申し上げます。

　愛知学童保育連絡協議会、城丸牧夫氏（元・学童保育指導員）

（編者・六花出版編集部）

付記　本研究の一部は、JSPS科研費JP24K05833，JP24530697の助成を受けたものです。

（編者）

# 第4巻｜目次

資料名（所蔵機関名蔵『簿冊名』）●編著者名／発行所●発行年月●〈資料提供機関／団体（簿冊の所蔵機関と同じ場合、略。その他、記載のないものは静岡大学石原剛志研究室）〉……復刻版ページ

＊資料名、編著者名、発行所、発行年月が明示されていない場合、内容から類推し、〔　〕で補充した。

学童保育の実態調査についてのお願い（大阪保育研究所蔵『'72〔Lihit PUNCHLESS CLIP FILE〕』）●学童保育連絡協議会●1970.8……215

第5回学童保育研究集会のおさそい（大阪保育研究所蔵『学童保育 指導内容〔背表紙〕』）●学童保育連絡協議会／第5回学童保育研究集会実行委員会●1970.9……219

第五回学童保育研究集会・速報（大阪保育研究所蔵『大阪学童保育連絡協議会事務局 '71』）●学童保育連絡協議会●1970.9……220

学童保育の実態調査・中間報告（大阪保育研究所蔵『学童保育 指導内容〔背表紙〕』）●学童保育連絡協議会●〔1970.9〕……222

第5回全国学童保育研究集会 討論資料●学童保育連絡協議会●1970.10……226

学童保育連絡協議会総会資料（大阪保育研究所蔵『'72〔Lihit PUNCHLESS CLIP FILE〕』）●1970.10……246

第5回全国学童保育研究集会 報告書●学童保育連絡協議会●〔1970.11〕……250

全国学童保育ニュース No.35●学童保育連絡協議会●1970.11……284

運営委員会報告（大阪保育研究所蔵『大阪学童保育連絡協議会事務局 '71』）●学童保育連絡協議会事務局●1971.1……288

全国学童保育ニュース No.36●学童保育連絡協議会●1971.2……292

全国学童保育ニュース No.37●学童保育連絡協議会●1971.4……304

東京地区学童保育研究集会・資料●学童保育連絡協議会／東京都学童保育指導員労働組合●1971.5……320

第6回学童保育研究集会のお知らせとお願い（大阪保育研究所蔵『'72〔Lihit PUNCHLESS CLIP FILE〕』）●学童保育連絡協議会●〔1971.9〕……328

第6回全国学童保育研究集会 案内（大阪保育研究所蔵『'72〔Lihit PUNCHLESS CLIP FILE〕』）●学童保育連絡協議会●〔1971.10〕……330

全国学童保育ニュース No.39●学童保育連絡協議会●1972.4……334

全国学童保育ニュース No.40●学童保育連絡協議会●1972.6……348

全国学童保育ニュース No.41（大阪保育研究所蔵『学童保育 推進協 社協関係 '68』）●学童保育連絡協議会●1972.9……360

こどもにとって学童保育とはなにか ①討議資料 第6回学童保育研究集会●学童保育連絡協議会●1971.11……（1）

## ◉『学童保育関係資料集成』第Ⅰ期 全巻収録内容

| | | |
|---|---|---|
| 第１巻 | 「留守家庭児童／不在家庭児童」調査資料編Ⅰ | 解説＝石原剛志 |
| 第２巻 | 「留守家庭児童／不在家庭児童」調査資料編Ⅱ | |
| 第３巻 | 学童保育連絡協議会編Ⅰ | |
| 第４巻 | 学童保育連絡協議会編Ⅱ | |
| 第５巻 | 全国学童保育連絡協議会編Ⅰ | |
| 第６巻 | 東京編Ⅰ | |
| 第７巻 | 東京編Ⅱ／埼玉編Ⅰ | |
| 第８巻 | 神奈川編Ⅰ | |
| 第９巻 | 大阪編Ⅰ | |
| 第10巻 | 大阪編Ⅱ | |
| 第11巻 | 大阪編Ⅲ | |
| 第12巻 | 大阪編Ⅳ | |
| 第13巻 | 愛知編Ⅰ | |
| 第14巻 | 愛知編Ⅱ | |
| 第15巻 | 愛知編Ⅲ | |
| 第16巻 | 京都編Ⅰ／兵庫編Ⅰほか | 解題＝石原剛志 |

# 学童保育連絡協議会編 II

## 第1《ママ》回学童保育研究集会 資料

# 第1回学童保育研究集会

# 資 料



１９６７年１０月１日
午前１０時～午後４時
於：杉 並 公 民 館

第1《ママ》回学童保育研究集会 資料

## 学童保育研究集会を開くまでのこと・・・・・・

学童保育運動の歯車的存在だつた，地区神谷子どもクラブの盆出由美さんが，お母さんの病気で郷里へ帰られることになりました。

毎月の勉強会の世話から連絡協議会の実務にいたるまで一切を，盆出さんと，同クラブの太田さんに依存していた協議会事務局では，盆出さんに去られて，はたと困つてしまいました。
今までは事務所に近いということで，ついついお２人にまかせつきりになりがちでしたが，これを機に，事務局全員が仕事を分担できる体制を検討し，比較的中心地のお茶の水に事務所を移転しました。

さらに，毎月の勉強会には，各区からたくさんの方が参加されるのに，協議会の運営は，相変らず一部の人の手にまかせられている歪みを是正するためにも，５月から延び延びになつていた連絡協議会の総会とあわせて研究集会をもち，連絡協議会の体質改善を計ろうということになりました。今日，この席上から，学童保育運動の活動家が多数生れるであろうことを期待します。

学童保育の設置数は，連絡協議会発足の頃に比べ，飛躍的に増加したとはいうものの，その前途は，施政者の言をみても，まだ明るい約束はなされていません。
今後予想される制度化に備えて，実践者の立場から，直接利害を有する者の立場から，″よりよき学童保育″のための提言を，実践記録を，公やけにしていかねばならないでしよう。

はじめて開かれる研究集会に出席できず，一番残念であろうところの盆出さんのためにも，今日１日，思いきりおしやべりしてください。

第1《ママ》回学童保育研究集会 資料

## 巻　頭　言

近　藤　亮三郎

児童憲章に「すべての児童は家庭で正しい愛情と知識と技術をもつて育てられ家庭に恵れない児童にはこれにかわる環境が与えられる」とあります。

しかしながら現在の経済状態は消費者物価の上昇と公共料金等の値上りによつて勤労者の実質賃金は下り家庭を支えることが困難で必然的に共稼ぎの世帯は毎年増加する一方で、乳幼児をかゝえて共稼ぎをしなければならない保育園の入園希望もその三分の一しか満たすことの出来ない現状でありこれと同様に学童保育施設を必要とする家庭は各小学校とも児童の１０％と言われております。

このように今や学童保育の必要性と内容の充実を必要とすることは当然であります。

特に母子世帯には学童保育施設は欠くことの出来ないものであります。

この保育施設も除々には改善されつゝありますがまだまだその内容は貧弱で各自治体においてもばらばらな行政を行いその中で働く指導員の待遇の改善が必要であり施設の数も、一小学校内一ヶ所を設置し、働く婦人が安心して子供をあずけられ学童にも喜こんでもらえる学童保育でなければなりません。

幸い、美濃部知事は「主婦と子供が安心して暮せる東京」をうつたえて、劣悪な一般都民の生活環境を緊急に改善して幼児や学童のための施設を充実すると言われておりますので、学童クラブの問題も今後都知事との対話の中からも充実することが必要であります。

＜訪　問　記＞

## 学童保育施設のいろいろ

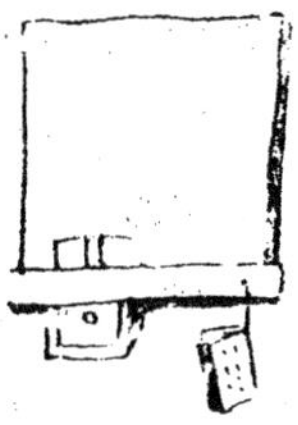

学童保育施設の新しいタイプとして最近児童館における保育が増加するなど、学童保育のありかたも様々になつてきました。

そこで、各施設をたんねんに歩いておられるみどり会の松本さんに、いろんな形態の施設についてかいていただきました。

### ・新宿区、柏木こどもクラブ（柏　木）

４３名に指導員２名（出席は３５〜６名）。３校から来ていて，帰宅時には３地区に分かれ，それぞれまとまつて帰る。たまに指導員が送る事もある。

施設は，１階に保育園，２階は老人クラブ，３階が学童保育で，遊べる庭はない。遊戯室，工作室（手洗い設備），勉強室２部屋に各十畳の畳が敷かれ，この二間でゆつくりと昼寝もできる。訪ねた時は丁度広い遊戯室は暗く，子どもたちは幻灯に夢中であつた。卓上には電話もみえ，何かと整えられた事務室である。ここは学童保育だけの施設（新宿区内は学校施設は使わず，学童保育はしない児童館もある）で全体の広さ２３５.０９７平方米。

### ・港区立朝日児童館（芝白金三光町）

東京都では（都立）渋谷児童館を親として現在２６ケ所の児童館があつて，今後４０ケ所つくる予定，４１年には７ケ所が新設された。ここはその１つで９０００万円もかけられている５階建。今年度から開館され，その中で学童保育は５月からはじまつた。１階は遊戯室（低学年，幼児）。２階は学童保育室（５２坪）。３階は集会室と実習室（卓球や飛び箱，工作室など）。４階は図書室（低学年と高学年の２室，蔵書３,０００冊）。５階はローラースケート場にしてあつた。

児童数２７名。学童保育指導員は児童館の４名の非常勤職員が１ケ月交替であたる。（同区立青山児童館では交替すると充分指導できなかつたので担当者をきめられていた）。子どもたちは地域のいろいろな友だちと一緒に（カギつ子だけ文化的な施設から別扱いでなく），本を読んだり楽しく遊ぶことができる。１校区に１つをとの要求には応じられない別の形態として，学童保育はどういう方向で発展できるかを考えさせられた。

### ・練馬区、練馬第二小学校学童保育クラブ
（貫井町）

空教室でない１年生の教室を使う学童保育。当区内では１ケ所平均２０名と言われるが此所は３０名近い。放送室を借りている１校の他は空教室使用６校であつた。お迎えによつて帰宅する（うちの人でなく近所の人の時もあるが）。子どもたちは教室の外で授業が終わるのを待つて入る。教室の後の黒板だけは使つてよいと受持教師に言われていても，何か貼つてあるのではがすわけにもいかない。また教卓には教師の持物がきちんと置かれたままである。

段ボールに線をひき将棋板を作つて遊んでいたというここの子どもたちをよい思いつきだとほめているだけではいられない。何も持込めない。持ち込んだら片ずけなければならない。指導内容に苦心する２名の指導員は「計画はいろいろ立てるがダメになる」「さわつていけないものの中での指導は他所とちがう生活指導に力を入れなければならない」との話であつた。習慣がつけばよいでは解決にならない。子どもの正しい成長にとつてどうなのであろうか。はげましている筈の自分がいつの間にか一緒になつて歎いてしまう。６年生が掃除のためドカドカ入つてきた。折角のお茶を飲み残していとまをつげた。３０名中，留守家庭児は３～４名というこの施設の父母は，指導員のなやみを聞いても反応がなく，要求を出したりもしないという。学校も役所も大して関心をはらつていない。

指導員の仕事，それは私たち指導員の主体性と社会的評価と関連があり，学童保育の今日のあり方と基本的に結びついている事を痛感した。

### ・世田ケ谷区、尾山台小学校学童保育クラブ
（等々力町）

校庭にある独立の新らしい建物。定員３５名で現在２８名。かつて，都で予算化されない頃の連絡協議会に出席されていた「なおみホーム」の学児保育のある地域であつた。玄関，指導員室があり，遊戯室は教室より広い。低学年向きの椅子，テーブルは学校の木製とはちがつて，公立保育園の感じがする。窓際の棚には粘土製作のあとが見られ，昆虫などの観察を行う棚にもなる。奥６畳には床の間があり，押入の高い所にお揃いの小さい座布団までととのっていた。洗面所，便所もよく配慮されている（家庭的なものを感じさせる）学校施設内にあっても大事にされ，指導員室には電話もある。学校とは所管がちがうという事だけからでなく１つの施設として認められているのだ〃と思つた。教師との結びつきはこれからの事のようである。校庭にあるものとして葛飾区の中青戸小のプレハブとはまたちがって落ついた心遣いの感じられるものであつた

### ・杉並区、和田学童保育クラブ
（和田本町）

公園の中にあるもの。水道局の建物を改造し，最近，せまい乍ら指導員室も作られていた。畳が１２畳に４畳半，１４畳位にあたる板間。３９名に指導員２名。

部屋には脚が３本になつた机や４本とも足がとれていて，子どもが合わせてねそべつて描いている机もあつた。要求を出してもすぐ

には間に合わない公立の設備，用具の整備の問題，悩みの１つが此所でもうかがわれた。学校から解放され，のびのびした樹木の多い公園の中の家。しかし子どもたちの遊び場である公園では，大人の与える影響が必ずしも安心できるものだけではない。指導員の他所にない配慮が要る。

**・北区、稲田子どもクラブ**（稲付2丁目）

公立小学校の空教室を使用するが，区立ではなく民間に委託というのでもなく補助金のかたち。施設は，はじめに出来た若葉クラブ（滝野川第５小）にならって部屋の大部分に畳を敷いたもの。区内１６ケ所の１つである。保育料が各所で異なり，整備の仕方もちがう。此所の部屋では学校の古い戸棚などもみられた。

神谷子どもクラブのように保育園を根に生まれたものでもなく運動が実を結んだものでもない。それだけにこのようなところでは指導員は父母の要求を出させる働きかけが必要だ。また指導内容を通して学校との理解の深め合いに努力が必要でもある。運営委員への働きかけも大事で，この発展のためには民間として希望のもてる自由さはあるが他区とは異つた責任と苦労があることがうかがわれた。

**・板橋区、彌生小学校学童保育クラブ**

（弥生町）

区立で空教室利用。区内はプレハブを校庭にに建てる２ケ所を合わせ１１施設。

施設は，教室を板がこいのついたてで半分ほど仕切り畳を敷いてある。残り半分は学校の椅子，机がおかれ，初期に教室を改造した施設と大体同じ様にできている。事務用テーブル，戸棚，食器戸棚，テレビ，ステレオ本棚等が区から各所へ一様にくる。部屋には子どもたちの鞄入れのロッカーが目立って位置を占めている。気持よく生けてある二つの水盤のお花が，何となく家庭的 囲気を感じさせるが，指導員の自費によつて飾られると聞いている。３８名に２名の指導員。

**・共同保育、学童クラブみどり会**

（板橋大谷口）

1年生～5年生まで８名。商店，自家営業3，留守家庭3，会社員で母親在宅2。昭和３６年発足以来，場所は各家庭まわりもち，私立保育園の2階，小学校空教室，校庭の物置を改造した処などを転々として現在にいたつている。８名に１名の指導者。普通の家庭の部屋を借り（部屋代父母負担）4畳半，板間3畳，玄関半坪，台所（ガス台，流し台が続き水道1，他に戸外にも蛇口あり），押入半間，大便所1，壁際に鞄かけ 2段，文房具等の棚3段，本箱，坐り机の古物（子どもたちの修繕により使用），頭上には棚長く２ケ所がある。

板の間の方は，窓際の棚が３０cm巾位の窓一ぱいにある。これを植物栽培，昆虫飼育，観察の棚とし，その下に既成の遊具や，各種の遊具製作の素材の入つた箱がぎつしりあり分類してある。オルガン，テレビを苦しい程にせまい所に押込み，食器戸棚あり，銘々の座布団が重ねられた所もある。ここにはまた，財政活動バザーの小荷物もある仕末。

以上学童保育児業をどう位置づけさせるか，公的補助の予算をどうして増やさせるかそのため保育内容をどうしたらよいかの課題に向いながら，共同保育の保育者がみた施設の中のいくつかを選んで大まかに書いた（松本ちさえ）

# 東京都２３区における学童保育

| 区名 | 設置年月 | 主管 | 運営方法 | 施設数 | 施設種類 | 指導員数 | 給与 最高 | 給与 最低 |
|---|---|---|---|---|---|---|---|---|
| | | | | | | | 円 | 円 |
| 港 | | | | | | | | |
| 新宿 | 40.11 | 区 | 直営 | 3 | 保育園併設 | 6 | 20,000 | |
| 文京 | 40. 1 | 区 | 直営 | 5 | 学校内（４） | 10 | 20,000 | 18,000 |
| 台東 | 41. 7 | 区 | 直営 | 3 | 空教室 | 6 | 20,000 | 18,000 |
| 墨田 | 40. 7 | 区 | 直営 | 4 | 空教室<br>プレハブ 1 | 8 | 18,000 | |
| 江東 | 40. 9 | 区 | 直営 | 4 | 空教室 | 8 | 20,000 | |
| 品川 | 40. 5 | 区 | 直営 | 5 | 児童センター併設 | 10 | | |
| 目黒 | 42. 3 | 区 | 委託 | 2 | 学校内 | 4 | 20,000 | 18,000 |
| 大田 | 38. 6 | 区 | 委託 | 4 | 独自家屋 | 8 | 20,000 | 15,000 |
| 世田谷 | 39.10 | 区 | 直営 | 4 | プレハブ他 | 6 | 25,000 | |
| 渋谷 | 39. 4 | 区 | 直営 | 4 | 母子、館<br>青年館内 | 3 | 23,000 | |
| 杉並 | 39. 7 | 区 | 直営 | 17 | 空教室，プレハブ，独立他 | 28 | 時間給160 | 平均24,000 |
| 豊島 | 40. 4 | 教委 | 直営 | 14 | 学校教室<br>児童館 1 | 27 | 日給 900 | |
| 北 | 39. 4 | 教委 | 委託 | 19 | 空教室 | 37 | 19,000 | 14,000 |
| 荒川 | 40. 3 | 区 | 直営 | 7 | 児童館 1 | | 日給 900 | 日給 800 |
| 板橋 | 39. 9 | 区 | 直営 | 11 | 空教室<br>プレハブ | 22 | 20,000 | 17,000 |
| 練馬 | 40. 9 | 教委 | 直営 | 8 | 空教室 | 12 | 17,000 | |
| 足立 | | 区 | 直営 | 8 | | 16 | | |
| 葛飾 | | 区 | 直営 | 3 | 校内，プレハブ | 8 | 18,000 | |
| 江戸川 | 40. 5 | 区 | 直営 | 6 | 空教室<br>プレハブ | 12 | 18,000 | |

# 指導員の労働条件

| 勤務時間 平日・土曜日 | 勤務時間 春・夏の休暇中 | 手当 夏期 | 手当 年末 | 社会保健 | 身分 |
|---|---|---|---|---|---|
| 12:00~17:00 | 8:30~17:00 | 0.8ヶ月 | | なし | 非常勤 |
| 13:00~17:00 | 10:00~17:00 | 0.8ヶ月 | | なし | 非常勤 |
| 13:00~18:00 | 13:00~18:00 | | 1ヶ月 | 健保あり | |
| 12:00~17:00 | 12:00~17:00 | 年間2ケ月分 | | 健保あり | 非常勤 |
| 12:00~17:00 | なし | 0.6ヶ月 | | 健保あり | 非常勤 |
| 11:00~17:00 | 9:00~17:00 | 区職員並 | | 健保あり | 非常勤 |
| 12:00~17:00 | 9:00~17:00 | 区では出さない | | なし | 非常勤 |
| 12:00~17:00 | 8:00~17:00 | 1ヶ月 | 1ヶ月 | なし | |
| 13:00~17:00 | 9:00~17:00 | なし | | なし | 非常勤 |
| 11:00~18:00 | 11:00~18:00 | 1.5ヶ月 | | なし | 資格者は常勤 |
| 12:00~18:00 | 9:00~18:00 | 区職員並 | | 健保あり | 非常勤 |
| 12:00~18:00 | | 1ヶ月 | 2ヶ月 | | 非常勤 |
| 12:00~17:30 | 9:00~17:30 | 1ヶ月 | 2ヶ月 | なし | |
| 12:00~17:15 | | 0.8ヶ月 | | 健保あり | 非常勤 |
| 13:00~17:00 | 9:00~17:00 | 年間2ケ月分 | | 健保あり | 非常勤 |
| 12:30~17:30 | 8:30~18:00 | 0.5ヶ月 | 1ヶ月 | なし | 非常勤 |
| | | 0.8ヶ月 | | 健保あり | |
| 13:00~18:00 | なし | なし | 23,000 | 健保あり | |

# 東京都における学童保育運動の歩み

## ――連絡協議会の動きを中心とした発展史――

学童保育運動の歴史はいづれ正確にまとめられなければならないと思う。いま，はじめての学童保育研究集会を迎えるにあたつて，十分な時間のとれないままに，協議会発行の資料をもとに 今までの足どりをたどつてみました。

| 年・月 | 全体の歩み |
|---|---|
| 36・12 | 厚生省、都民生局へ学童保育の実情を訴え、当局の方針を聞く。 |
| 37・6 | 共同募金会へ配分金の申請を行う。 |
| 37・7 | 学童保育連絡協議会を発足<br>協議会発足のきつかけとなつたのは共同募金会への配分金の申請で，組織的にまとまらねば配分が受けられないという事情と，個々バラバラの運動では発展が望めないという必要性から，組織的な運動へ発展した。 |

| | 各児童クラブの歩み |
|---|---|
| 昭和<br>33・4 | 豊島子どもクラブ発足(北区)<br>労働者クラブ保育園関係者と卒園児の父母が対策を話し合うなかで「学童保育所」づくりが検討され，近隣の保育所，学校にも訴えかけ，自治会に話をもちこみ，北区豊島町自治会連合町会立として発足した。<br>はじめ生活協同組合の事務所の一部を借りたが，児童の増加と共に空部屋を転々とし，やがて倉庫の中へ落着いた。<br>運営は，町会長，豊川・労働者クラブ両保育園長，地元区議，父母代表で構成された運営委員会によつて行なわれ，区当局へも働きかけ補助金を受けられるようになつた。当時の父母負担は会費900円とおやつ代200円(月)だつた。 |

| 年・月 | 全体の歩み |
|---|---|
| 37・11 | 共同募金会へ再度申請。<br>都児童局企画係へ実情を訴える。 |
| 37・12 | NHK歳末助け合い金より協議会に5万円配分さる。 |
| 38・2 | 協議会ニュース№1発行。運動の当面する問題と方向を明示。 |
| | 当時，「学童保育」という言葉は急速に働く母親たちの間にひろがり，切実な悩みと要求が表面化してきた。協議会では取組む問題点を次のように明らかにした。<br>①施設をつくるために<br>地域の団体の必要から自分たちの費用で保育をはじめ，1部公共機関の援助を受けるまでに発展してきた。38年度国家予算では，児童館設置費補助金9,090万円と運営補助費910万円が計上された。この児童館の中に学童保育室を設けさせる途が開けた。<br>②保育内容の問題<br>必要から生れたものだけに，地域の実情や担当者の条件から，各地それぞれ特徴のある保育を行なつているが，両親の希望も質的に高まる中で，単に安全，非行防止だけでなく，生活・学習の指導にも目が向いてきている。学童保育はどういう基準で |

| 年・月 | 各児童クラブの歩み |
|---|---|
| 34・4 | **神谷子どもクラブ発足(北区)**<br>必要にせまられた10人の母親と保育園関係者が話し合つて発足した。はじめ各家庭を転々と廻り，ついで柔道場を借りたがアパートに囲まれ大きな声も出せなかつた。<br>区より年間14万円の補助は貰えたが部屋代6,500円は財政的行詰りを招き，その上「学習塾を始めるから部屋を空けてくれ」といわれ運営委員会は頭をかかえた。<br>学校の教室解放の交渉はPTAの無理解，学校側の消極性，地域への働きかけの弱さなどが原因して実現しなかつたが，区長交渉の結果取こわし予定の簡易保育所（公園の中にあり失対労務者の児童保育所）を使えることになつた。 |
| | **友和学童保育発足**<br>（板橋）<br>友和保育園では昭和27年の保育園創立時から学童保育を必要とし，3人の学童を保育していた。その後困難な事情が重なり中止していたが，子どもの盗み事件をきつかけに，多くの要望もあり再び学童保育をはじめた。<br>保育園を使いながら小学校の教室解放を要求したが実現せず，結局保育所の一部を3坪拡張して使 |

| 年・月 | 全体の歩み |
| --- | --- |
| | 何を目指すかの指針を，早急に実践の中から積み上げていかねばならない。今考えられるのは，特殊な子どもの特別な保護という事でなく，全ての子どもの校外生活の一部として位置づけされることを望む。<br>③運動のつながりについて<br>協議会はお互の連絡をとりあうことから出発し，現在では，都，区に対する補助金の要請運動に取りかかつている。今後運動を広めるために協議会の組織を強くすることと，地域の団体（教委，社会福祉協議会，教組，ＰＴＡ，その他）との協力を求めていこう。 |
| 38・7 | **東京都において学童保育予算５２０万円を計上**<br>この年の３月から期待されていた学童保育補助費の予算化は，民生局内部の書類決裁が手間どるなどでおくれおくれになつていたが，６月１５日の助役会でようやく説明の段階になつた。<br>計上された予算は５２0万円で，これは各区１ヶ所に３０〜５０人収容のモデルケースを建設し，これに対し，パートタイムの指導者の人件費（１日５０0円×２５日＝12,５00円）と児童のおやつ代（１人1日10円）および消耗品費（１人1日5円）を補助するというもの |

| 年・月 | 各学童クラブの歩み |
| --- | --- |
| | 用した。 |
| 36・3 | **板橋みどり会発足（板橋区）**<br>３保育園の父母の会と園長等が中心になつて発足した。はじめ各家庭を廻つたが，次に保育園の保母休養室を借りた。<br>一方，「場所」と「補助金」について区当局へ要請をつづけ，37年２月になつて板橋社会事業協議会と子どもを守る会の２団体より提出してもらつた「区立学校使用」の請願が区議会で採択され，ようやく第１０小学校内に部屋を借りられた。<br>運営費は保育料1,２００円と賛助会員の会費の他に，共同募金会や福祉協議会よりの補助を受けていたが十分ではなかつた。 |
| 37・4 | **糀谷仲よし教室発足（大田区）**<br>なかよし保育園の卒園児の父母から要求が出され，児童委員と一緒に町会へ協力を申入れた。町会は学校の教室解放までの間町会会館を無料提供してくれ，町会長は学校解放を教育委員会へ申入れてくれたが，学校長に断られた。<br>町会長はさらに区長へ交渉し，区議会へ母親たちの手紙を与えた児童館建設の請願を行い，その結果４９７万円の予算が計上された。そして３８年６月に児童遊園地内に学童保育のための「糀谷子供の |

| 年・月 | 全体の歩み |
| --- | --- |
| | であつたが，1区20万円前後しかなく，しかも，予算化は38年度だけで39年以降は財政調整金の枠内で賄わせるということであつた。<br>このようなものであつたため，助役会では責任は持てないと区長会へ廻され，6月28日の区長会でようやく説明だけが終つた。区長会でも支持されなかつたこの予算は，現実に執行されたのは渋谷区だけという結果を生んだ。<br>当時，学童保育問題は，新聞，週刊誌，ラジオ，テレビ等で報道され，各区当事者も研究していた筈だが，制度化について批判的だつたのは，官僚独得の〝おれに相談がなかつた〟という面子問題が原因していたといわれる。 |
| 38・8 | **当時の学童保育クラブの設置状況**<br>町会立：北区・豊島子供クラブ<br>私　立：北区・神谷子供クラブ<br>私　立：板橋区・みどり会<br>私　立：板橋区・友和保育園学童保育部<br>私　立：杉並区・白鳩会<br>私　立：葛飾区・青戸学童保育会<br>私　立：世田谷区・なおみホーム付属学童保育<br>私　立：大田区・なかよし教室 |

| 年・月 | 各児童クラブの歩み |
| --- | --- |
| | 家」が完成し，子どもたちはやつと安住の場を得た。 |
| 38・4 | **青戸学童保育の会発足**<br>（葛飾区）<br>青戸団地のなかの共同保育園の父母が，前年の1月から学童の共同保育を行いたいと準備をはじめ4月から準備会（会費100円）をつくり，毎月研究会を開いてきた。<br>先輩の学童保育指導者や早川元二，金沢嘉市，宗像なみ子氏らを招いて「どういう子どもに育てたいか」「子どもの心理や体の特徴」等について勉強が続けられ，これと併行して，保育場所，指導者，費用などが細く検討され，会則，運営細則なども定められ，1年後の4月6日開設された。<br>場所は会員の個人宅を持ち廻つたが，翌年からの児童数増加に備え，「保育園併設」の請願を区に対して行つた。 |
| | **白鳩会発足**　（杉並区）<br>個人宅の8帖間に10名の子どもを収容して発足。やはり自由に遊べる場所が欲しいと，署名を集めて区へ交渉するかたわら，空教室利用の交渉も始めたが，当時の杉並区は本気に取組む意志が全然み |

| 年・月 | 全体の歩み |
|---|---|
| | 私　立：横須賀市・キリスト教社会館児童クラブ<br>公　立：渋谷区・渋谷保育園内<br>他に公立として，都下に，武蔵野市1，三鷹市1，町田市2，小平市1，国立町1，清瀬町1，田無町1，があつた。 |
| 38・末 | 都で『学童保育指導要領』（案）を作成し検討に入る。 |
| 39・2 | 協議会ニュース特集号に『学童保育の実情と問題点』発表。<br>都の「指導要領（案）」の考察を行う。 |
| 39・7 | 『東京都学童保育指導要領』成文化さる』 |
| 39・10 | 都民生局児童課企画係長と面接し所管問題や増設計画を聞く。<br>当時の施設数（補助対象）は特別区32ヶ所，都下16ヶ所で，所管については，都は指示していないので何処でも問題はない。増設については，係としては5ヶ年計画で500ヶ所を目標としているが， |

| 年・月 | 各児童クラブの歩み |
|---|---|
| | えなかつた。 |
| 38・8 | 各区の動き－協議会ニュースNo.3より<br><北　区><br>o区よりの補助金（年間2施設26万円）の増額を要請。<br>o区教組に意向を聞きに行く。教組としては積極的に乗り出せないと回答。<br>o学校の教室解放は，区社会教育課と学校長の話し合いがまとまらず。実現せず。<br>o都の通達に従い区より調査。資料を提出。<br>o神谷クラブ　後援会をつくり広く地域の人に協力をあおぐ体制をつくる。<br><杉並><br>o白鳩会は婦人団体，各労組の協力を得て，区議会へ「公立学童保育設置等」の請願を行い，採択される。<br>o杉並母親大会で，学童保育設置運動の推進を決議。<br><葛飾><br>o葛飾保育所づくり協議会より区議会に対し，学童保育のこともあわせて請願。<br>o学童保育母の会で高教組婦人部 |

| 年・月 | 全体の歩み |
| --- | --- |
| | 今後は児童館・保育園設置の際に学童保育室を併設するよう奨励したい意向を述べた。 |
| | 共同募金会へ配分を要請 |
| 39・11 | 都は10月末現在で「留守家庭児童生徒調査」を実施。 |
| 40・ 1 | 協議会ニュースで「学童保育の生活と指導」を特集。 |
| 40・ 9 | 協議会の事務局体制を検討。勉強会の定期化を目指す。 |
| 40・10 | 第3回勉強会＝教師の立場からの意見を聞く。講師：豊島区椎名町小・染谷とき先生，板橋区中台小・鈴木正昭先生。 |
| 40・11 | 第4回勉強会＝低学年の指導について。講師：板橋区志村第六小・鈴木孝雄先生。 |
| 41・ 1 | 第5回勉強会＝おかあさん，おとうさんから見た学童保育。 |
| 41・・2 | |
| 41・ 3 | 第7回勉強会＝新入児の迎え方と1年間の指導計画について。 |
| 41・ 4 | 第8回勉強会＝グループ作りの意義と夏休みまでの計画 |

| 年・月 | 各児童クラブの歩み |
| --- | --- |
| | 長と話し合い，空教室使用要請のための三者会談（校長を含めて）をもつ。<br>o９月の区補正予算に学童保育予算を組ませるよう働きかける。 |
| | ――以下省略―― |
| | 公立の学童保育施策の増加に伴い。各区での動きは活発になつた。そして，最も理想的な形態として杉並区では指導員の組合が結成され，それと共に待遇も他区に比較してはるかに改善されていつた。<br>次に杉並区における組合結成までの足どりを紹介する。<br>＜昭和３９年度＞<br>７月＊７ヶ所開設。施設は空教室。所管は民生課。指導員１４名。身分は非常勤職員。給与は時間給１２０円。他の一切の身分保障なし。<br>学童保育という新しい仕事に保育者自身も戸惑い，暗中摸索の保育のなかで，同じ悩みをもつ区内の指導員だけでも語り合いたいという強い要求から，指 |

| 年・月 | 全体の歩み |
|---|---|
| 41・4 | **都知事の諮問に対する都児童福祉審議会の答申『東京都における学童保育事業のありかたについて』がまとまる。** |
| 41・5 | 第9回勉強会＝夏休み中の保育計画と行事のもち方研究。 |
| 41・6 | 第10回勉強会＝劇あそび，人形劇の生かし方。講師：演劇教育研究所・富田博之氏。 |
| 41・9 | 第11回勉強会＝4月からの保育をふりかえつて。 |
| 42・4 | **塩谷都議を囲み〝都の学童保育行政を聞く会〟を開き、6月都議会へ請願することを決定**<br><br>その後請願内容検討のため，各区代表よりなる集りを3回重ね，6月5日に請願を行う。<br><請願事項><br>①学童保育施設内容の充実および施設の増加。<br>②指導員の身分安定と処遇改善。<br>③民間の学童保育施設への補助。 |
| 42・5 | 第12回勉強会＝あそびについて |
| 42・6 | 第13回勉強会　続・あそびについて |
| 42・7 | 研究会＝劇あそびについて。講師：児童劇作家・小池タミ子氏。 |
| 42・7 | 第14回勉強会＝読書指導について。 |

講師：日本親子読書センター。

| 年・月 | 各児童クラブの歩み |
|---|---|
| | 導員会を作る準備が進められた。<br><昭和40年度><br>3月＊都職労杉並支部へ組合加入要請を行つたが，非常勤職員のため認められず。<br>5月＊区長宛に夏期手当を職員と同率同日支給の要請書を提出。<br>＊3ケ所新設。指導員計20名<br>＊第1回区学童保育指導員会が持たれる。<br>7月＊指導員親睦会〝ふみづき会〟発足。<br>＊職員と同率の夏期手当支給。<br>＊健康保険が保障される。<br>その後，毎月1回，各々の施設見学を兼ねた集りがもたれ，身分の向上改善の要求が話し合われ，都職労の支援を受けながら区交渉を持ち，要請，陳状を続けるなかで指導員の意志統一は深まつた。<br><昭和41年度><br>1月＊年末年始の有給休暇，要請どおり認められる。<br>2月＊区学童保育クラブ父母連合会と都職労臨対部とで，身分確立，保育施設充実化を区に請願する。<br>3月＊時間給引上げ，通勤・出張費支給，予備指導員確保の請 |

| 年・月 | 全体の歩み |
|---|---|
| | ・斉藤尚吾氏。 |
| 42・8 | 都議会へ請願事項(1)は採択，(2),(3)は意見を付して採択さる。 |
| 42・10 | 第1回学童保育研究集会開く。 |

| 年・月 | 各児童クラブの歩み |
|---|---|
| | 願を行う。<br>4月＊3ヶ所にプレハブ建築完成。<br>新設4ヶ所決定。<br>＊4月にさかのぼり時間給<br>170円支給。出張費支給決定。<br>5月＊組合結成準備委員会発足。<br>6月＊杉並区学童保育労働組合結成。全員加入（23日）。 |

## 東京都学童保育施設（補助金申請）設置過程

| 年度 | 38 | 39 | 40 | 41 | 42 | 年度 | 38 | 39 | 40 | 41 | 42 | 年度 | 38 | 39 | 40 | 41 |
|---|---|---|---|---|---|---|---|---|---|---|---|---|---|---|---|---|
| 渋谷 | 1 | 1 | | | 2 | 江東 | | | 2 | 2 | | 町田 | 2 | | | |
| 文京 | | 3 | | | 2 | 品川 | | | 2 | 3 | | 小平 | 1 | | | |
| 大田 | | 2 | | 2 | | 豊島 | | | 12 | 3 | | 国立 | 1 | | | |
| 世田谷 | | 1 | 2 | | 1 | 練馬 | | | 3 | 3 | 2 | 清瀬 | 1 | | | |
| 中野 | | 4 | 24 | | | 葛飾 | | | 3 | | | 田無 | 1 | 1 | 1 | 1 |
| 杉並 | | 7 | 3 | 4 | 3 | 江戸川 | | | 6 | | | 秋島 | | 1 | | 1 |
| 北 | | 3 | 9 | 3 | | 港 | | | | 1 | | 小金井 | | 2 | | |
| 荒川 | | 2 | | 2 | 3 | 台東 | | | | 3 | | 大和 | | 1 | | |
| 板橋 | | 4 | 3 | 2 | 2 | 目黒 | | | | 2 | | 青梅 | | | | 1 |
| 足立 | | 4 | 4 | | | | | | | | | 調布 | | | | 1 |
| 新宿 | | | 1 | 1 | 1 | 武蔵野 | 1 | | | 3 | | 久留米 | | | | 1 |
| 墨田 | | | 2 | 2 | | 三鷹 | 1 | 1 | | 1 | | 保谷 | | | | 1 |

# 東京都における学童保育事業のありかたについて

資　料

ー東京都児童福祉審議会の答申ー
昭和４１年4月１９日

東京都知事　東　竜太郎　殿

昭和４０年9月2日付をもつて諮問があつた標記について本審議会の意見は別添のとおりなので，これについて適切な措置をとられますようお願いいたします。

## 1・ まえがき

留守家庭児童の存在は現代の社会における必然的現象であるといつていい。しかしその増加に対しては，児童の健全な成長を期待するとき，このまま放置することはどのような観点からしても許されるべきではない。これら児童のよき成長とその福祉のためにできる限りの対策を講じ，施設の設置，増設，拡充とその内容的改善を図ることは社会の責任であると考える。とくに東京都という大都市においては，この問題は緊急にその対策の樹立を迫られている問題である。

ここに都知事の諮問に応じ，その対策について検討した結果を具申するものである。

## 2・ 審議経過

昭和４０年9月2日，東京都知事から本審議会に対し，「東京都における学童保育事業のありかたについて」の諮問がなされた。

これについて，９月２１日の審議会において，当該諮問事項に対して特別部会を設置してこれに付託審議せしめることとし，同時に特別部会の委員として審議会委員の中から山下俊郎，松本武子，今野伸一を選任し，特別会臨時委員として大橋薫，吉沢英子に依頼することに決定した。

第一回特別部会は１０月１３日に開催，山下委員を部会長に，松本委員を副部会長に選任し，部会の運営方法，審議日程等について検討した。

さらに１０月２３日に都内６ヶ所の学童保育所を現地視察し，１０月２８日，１１月１７日，１２月１０日と審議を重ねてきた。

審議にあたつては当該諮問事項に関連する分野が教育，労働，衛生，経済，民生面等広範囲に亘つており，これを短期日に審議し尽すことは到底不可能なので，現在事業運営上とくに問題となつているつぎの5項目，すなわち

1. 施設形態について
2. 対象児童の範囲について
3. 指導員について
4. 指導のありかたについて
5 事業の所管について

に焦点をしぼり調査審議を行つてきた。

過去５回にわたる特別部会の調査審議の結果を２月8日の部会で最終的に検討し，３月２８日の審議会において承認を得，ここに答

申をするものである。

## 3・ 問題点の所在

今日，婦人労働はいろいろの条件によつていちじるしい勢いをもつて増大しつつある。東京都内においてもこのことは顕著に認められるところである。そして家庭婦人が労働に従事するようになると，その子女は母親の労働している間，家庭あるいはその近隣に放置されることになるのは必然の成り行きである。ここに留守家庭児童の問題がある。

子どもはつねに自らのうちに成長の芽生えをもつている。そしてこの芽生えは，その環境によつて順調にのばされるものである。その環境の基底にあつて最も重要な教育的機能を果す場が家庭である。しかるに留守家庭児童の家族は，その母親の労働によつてこの重要な教育的機能を失つている。子どもたちのよき生活と成長のために安定感を与える家庭が何よりも必要であるのに，留守家庭児童は安定できる場所に恵まれないのである。

すべての児童が幸せに健全に生活すべき権利をもつものであることを考えるとき，われわれは留守家庭児童及びこれに準ずる児童（以下留守家庭児童という）によき生活を与え，順調な成長をもたらすような措置をとるべき責任を痛感する。

そこで，さきに挙げた現状において認められる学童保育の問題点について，具体的に検討した結果は次のとおりである。

## 4・ 問題点とその対策

### （1） 事業名（呼称）について

元来，保育という言葉は乳幼児に対する保護育成を意味するものである。

しかるに学童保育は，児童の健全育成の一環として行つているもので，その本質は留守家庭児童に対する放課後の生活指導である。

したがつて本事業は保育所の枠外で考えるべきことであつて，学童保育という呼称についても他の適切な呼称に改める必要がある。

### （2） 育成のありかたについて

現在の学童保育は，いわゆる「かぎつ子」対策として，放課後これらの児童に対し憩いの「場」を与え，保護することにとどまつているやの感は免れない。

学童保育は，地域の健全育成の一環として，行政施策と地域住民の活動とを有機的に関連せしめ，地域と密接に結びついた体制の中で運営されなければその効果は期待できない。

形態としては，留守家庭児童を主にした「児童クラブ」的なものとし，拠点としては児童館，隣保館，（セツルメント）のような施設形態が望ましい。

指導理念としては，児童が仲間や指導員の繋がりの中で集団の一員として自主性と社会性を高めていくとともに，情操を豊かにし，よき市民としての円満な人格を形成しうるように指導員は児童の個性を十分把握することが肝要である。また，児童の問題即家庭の問題であるので，家庭に対するケースワークサービスが，必要である。

さらに，地域の実情に応じて，円滑な運営指導をするために，学校，保健所，児童相談所，福祉事務所，児童委員，青少年委員その他教育，医療，福祉関係の諸施設ともつねに密接な連繋をとることが必要である。

### (3) 対象児童について

現行では小学校低学年児童を対象としているが，小学校高学年児童及び中学校生徒についてもその必要性は認められる。

小学校高学年（４～６年）はギヤング時代と呼ばれる時期で，この年令層が近隣社会において，いわゆる「がき大将」をもつ「遊び集団」をつくることが多く，ややもすれば，集団で非行化に移行する危険性をもつている。

さらに，中学生の年代になると自己が確立してきて合理的になる反面，個人差がいちじるしくなり精神的に不安定な時期であるうえに進学や就職の問題などで悩むことも多く，同じ境遇のものと結びついて不健全な遊びにふけるとか，時には追いつめられた心境になつて家出，犯罪等の問題行動を起しやすい。

以上のことから，学童保育の対象児童を小学校高学年から中学校までその範囲を拡げることが望ましい。

なお，このばあい施設内容，指導方法等について，児童の年令に応じた配慮をしなければならない。

### (4) 施設の形態について

昭和３８年度から東京都が実施している学童保育の実態をみると，学校の空室利用が１１４カ所中，１０１カ所（８９％）。児童館，母子館その他が１３カ所（１１％）で，学校の空室利用が圧倒的に多い。

学童保育専用の施設を設置することが必要であるが，現状では，現行の施設等の利用はやむを得ないと考える。ただ，最低どれだけの施設設備を必要とするか，この最低基準を設定することが緊急に必要である。

なお，学校の施設を利用するばあい，次の問題点が指摘される。

1. 施設管理及び備品保管上の責任が不明確である。
2. 児童が事故（往復時）を起したばあいの責任が不明確である。
3. 学校の構内にいるということは解放感に乏しい。また，日常使用している遊び場や遊具は魅力がない。
4. 他の児童に対し，「かぎつ子」であるという劣等感をいだきやすい。
5. 学校の指導体制の中に学童保育をどう位置づけるかを明確にする必要がある。

### (5) 指導員について

指導員は，本来の業務のほかに施設運営上の諸々の業務をもつているが、現行の勤務時間（午後１時～５時）中に、本来の業務にたずさわるかたわら、これら一切の業務を処理することは現実的に不可能である。

本審議会がさきに調査した結果でも指導員がオーバーワークになつているとの報告がなされている。

人材を確保する意味において，また有能な職員をしてその知識と技能を十分発揮せしめるためにも，現行の非常勤職員の身分を常勤職員に改め，午前中からの勤務形態とし，万全の指導体制を確立すると同時にこれに応じた処遇の改善を図るべきである。

また，学童保育の場は人間育成の場としてとらえていくべきで，施設と家庭の両面からケースワークサービスができるような体制を確立すべきである。したがつて，指導員についても児童の養育に知識と経験を有するというだけでなく，グループワーカーとしての専門的知識を有するもの，さらにケースワーカーとしての資質をそなえたものをそれぞれ配置すべきである。

以上の観点から「学童保育指導員」の設置を制度化し，その身分の安定と処遇の改善を図ると同時に資格要件と職務内容を明確にし，さらに機会あることに現在訓練を行つて資質の向上を図るなど計画的積極的な対策を講じるべきである。

学童保育事業を児童福祉行政の中で行うか教育行政の中で行うか，これを決定することはきわめてむずかしい問題である。

しかし多岐にわたる行政系統で個々にこれを行うことはその効果を阻害すること甚だしい。

したがつてわれわれは，東京都においては関連のある各局部，たとえば総務局を中心に民生局，労働局，衛生局，建設局，教育局の関係部局相互の間に連絡調整を図り，東京都として総合的かつ効果的な学童保育事事業が行われるような体制がつくられることとを強く期待するものである。

## あとがき

時間と紙数の余裕がなく，保育内容の研究については全く紹介することができませんでした。これについては，協議会ニュースの残部がありますのでお求めください。また，協議会で把握していないクラブの歴史や実践記録を是非お寄せください。より完全な〝学童保育の歩み〟をつくるための資料といたしますので……。　文責・西元

1967年10月1日発行

製作：東京都学童保育連絡協議会事務局

千代田区神田小川町3－5

児童文化研究所内

TEL.(292)0855

# 第3回学童保育研究集会資料

■ 1968年11月23～24日

■ 東京・東医健保会館

■ 主催・学童保育連絡協議会

# 日　程　表

| | 時間 | 進　行 | 係員 |
|---|---|---|---|
| 11月23日（土） | 12:30 | 受付開始 | |
| | 13:00 | 開会式　開会のことば | 司会＝太田 |
| | | 来賓あいさつ、メッセージひろう | |
| | 13:20 | 記念講演　城丸章夫先生 | |
| | | 「学童保育における生活指導」 | |
| | 14:20 | 学童保育連絡協議会総会 | |
| | | 経過報告と運動方針提案 | 報告＝松本 |
| | | 各県代表の報告 | 提案＝西元 |
| | | 規約改正・他 | |
| | 16:00 | | |
| | | 休　憩 | |
| | 17:00 | | |
| | | 全国交流会 | 司会＝公文 |
| | 20:00 | | |
| 24日（日） | 9:00 | 問題別分科会 | |
| | | ①よりよい学童保育のために | |
| | | イ、指導内容をどう向上させるか | 司会＝太田 |
| | | ロ、施設改善をどうすすめるか | 司会＝ |
| | | ハ、指導員の待遇改善をどうすすめるか | 司会＝大城 |
| | | ②学童保育所をたくさんつくるために | |
| | | イ、学童保育の位置づけを考える | 司会＝西元 |
| | | ロ、学童保育所づくり運動の進め方と問題点 | 司会＝塩本 |
| | 15:30 | | |
| | | 相互交流 | |
| | 16:00 | | |

# 記念講演[illegible]

## 学童保育における生活指導

城丸章夫先生

## 全学童保育連絡協議会 総会

1 開会─会長あいさつ
2 活動報告、 会計報告
3 運動方針提案
4 各県代表報告
5 規約改正
6 役員紹介
7 閉会

### 運動方針─要旨

1、情勢報告

2、当面の要求── ○1小学校区1ヵ所を原則とした学童保育所の設置
○子ども生活に適した施設・設備・運営方式への改善
○指導内容研究のための補助金交付と自主的研究活動の保障

3、運動方針

○区市町村に対する要求行動を強化
─3月地方議会で全国いっせいに請願運動を起す。

○文部省に対する陳情行動を起す。
─留守家庭児童会の予算増額と内容改善を要求。

○指導内容の向上をはかり、指導目標を確立する。

○学童保育の存在と果す役割を、もっと広汎な人に知ってもらう。

4、組織方針

○父母会活動の確立。
○指導員の自主的な交流の強化と労組結成
○区市町村毎に、府県毎に協議会結成を

○4月総会を目標に全国組織を確立
─労働組合、民主団体、研究団体の協議会加入と協力体制を要請する。

○研究サークルを組織し、自主的・系統的な研究体制を確立。
─専門家、教師、研究団体の協力要請

○各種の文化団体、民主団体、研究団体、労働組合などとの交流と協力体制を深める。
─各種研究集会への参加と準備

5、事務局体制の強化と財政の確立

# 学童保育連絡協議会運営申し合わせ（改正案）

名称　この会は「学童保育連絡協議会」といい、事務局を東京都内におきます。

目的　この会は、学童保育指導員および父母、関係者、専門家間の連絡を密にして、学童保育の啓蒙普及・発展を積極的にはかり、保育内容の研究、施設の充実、制度化の運動を推進する母体となります。

事業　１　ニュースを発行します。

２　学童保育所づくりの指導と援助を行います。

３　指導内容向上のための研究会、勉強会を開きます。

４　指導員の交流と親睦をはかり、労働条件の改善に努力します。

５　学童保育所の施設や児童の保育条件などの改善に努力します。

６、学者、専門家等の協力も得ながら、学童保育のあるべき姿をたえず探求し、よりよき制度化を推進します。

７　その他、必要な事業を行います。

会員　学童保育指導員、父母、関係者、専門家、学生および研究者はだれでも入会できます。
入会は団体あるいは個人のいずれでもよく、両者とも共通の権利、義務を有します。

会費　１ヶ月につき団体２００円、個人５０円とします。　また賛助会員制度を設けることもでき、賛助会費は年額1000円とします。

会議　総会＝年1回開きます。また必要ある場合は臨時に開くことができます。
総会は運営委員会の決定にもとずき、会長が招集します。

運営委員会＝地方ブロック毎、地域毎、分野毎に運営委員を選出し、年２回以上の運営委員会を開き、総会までの必要事項を協議します。また役員の選任を行い、総会の承認を求めます。

常任運営委員会＝運営委員のなかから常任運営委員を選出し、日常活動を推進し、必要事項を協議します。

ブロック会議＝必要に応じて、地域毎あるいは問題別のブロック会議を開きます。ブロック会議は事務局長が招集し、運営委員会に報告します。

役員　役員として会長１名、副会長若干名、会計１名、会計監査２名、事務局長１名をおきます。事情によっては兼任も可能とします。

事務局　事務局長は、会員の中から事務局員若干名を任命し、事務局の活動を推進します。

財政　１　この会の財政は、会費および寄附金でまかないます。

２　この会の会計年度は、４月１日より翌年の３月31日までとします。

※　この申し合わせを変更するときは、総会の承認を必要とします。

※　この申し合わせは、１９６８年11月23日より実施します。

# ■全国交流会

# 問題別分科会

## 第1分科会 よりよい学童保育のために

<問題提起をかねた実践報告> 指導内容をどう改善するか

■ 学童保育の中で動・植物をとりあげるについて ― 松本ちさえ

- 教材をえらぶ意義および指導のねらい
- 1人1人の子どもが自分の思ったこと、考えたことを発表できる
- どうなるかの追求を中心に、集団の中で話しあうことから自主性、創造性を育てる
- 低学年として科学性・芸術性を育てる感動を大事にしたい
- 自分の体をつかうことと協力することについて

■ 子どもたちを変えた劇あそび ― 岸　雅子

1 自作自演の劇あそびを行うようになるまで

- クリスマス子ども会にて　・たん生会における即興劇
- 「劇あそびの勉強会」で学んだこと　・観劇に刺激されて
- 他クラブとの交流会で自信を持つ
- 自作自演の即興劇上演の日常化

2 劇あそびのなかで子どもは変化した

- 以前の子どもたちの状態　・目についた変化
- 考えられる成果 ― 創造力を養う、連帯感、話し合いの習慣、自主性
- 学童保育における劇あそび

■「あそび」を中心とした生活指導について ― 山田松美

1 学童保育におけるあそびを、集団づくりの狙いによって指導してきた経過について
　― 困難な共同経営の実情の中で ―

2 あそびを集団的な創造活動として育てたい。― 遊具のない不満から出発して ―

3 あそびの中でつくられた「きまり」をもとに民主的な仲間意識を育てたい
　― ボスやとり残される子どもの扱いはどうしたらよいか ―

4 学童保育における生活指導のあり方を集団づくりの観点でどのように考えたらよいか
　― 私たちの目標と実践上のなやみについて ―

# ■問題別分科会

## 施設改善をどうすすめるか

■提案者—菅野正幸（葛飾区中青戸・父母会）

1　現状はどうか
- 子どもにとって通い易い所か—距離、交通事故、環境など
- 事故がおきないような施設か
- 子どもの生活に適した施設か—勉強室、ホール、休養室、事ム室、配膳室、便所、倉庫<br>遊び場、運動場、電話、
- 指導員からみて指導し易い施設か
- 遊具、教材はどうか、どのように補充しているか
- 他と共用（児童館等）の場合は

2　最低必要な設備をどう考えるか　理想とする基準は

3　施設改善のすすめ方

4　最低基準のとり決め—政府、自治体へどう要望するか

## 指導員の待遇改善をどうすすめるか

■提案者—松村朝子（杉並区・指導員）

問題別分科会■

## 第2分科会　学童保育所をたくさんつくるために

### 学童保育の位置づけを考える

■提案者ー公文昭夫

1　学童保育は働く母親の切実な要求から生れた。
　ー働く婦人の増加とその背景
　ー共同保育の開始から公立設営へ

2　学童保育は全ての子どもにとって必要だ。
　ー子どもをとりまく環境の悪化
　ー児童は放課後をどうすごしているか
　ー学童保育ではどんな生活ができるか

3　政府・地方自治体の学童保育観
　ー東京都学童保育事業発足のいきさつ
　ー文部省留守家庭児童会の狙うもの
　ー今後予想される学童保育施策

4　私たちののぞむ学童保育ー位置づけ
　ー子どもの生活の場それ自体が教育の場だ
　ー健康で自主的な、個性豊かな人間を育てる

5　当面の学童保育運動の基本的な立場
　ー1小学校区1学童保育ーーたくさん建設する
　ー既設学童保育所の改善

# ■問題別分科会

## 学童保育所づくり運動の進め方と問題点

■提案者 ― 沢野　勉（日野市多摩平・父母会）

1　要求をどう組織するか

　　学童保育の必要性の把握

　　運動推進の母体

　　対自治体交渉

　　共同保育

2　父母会の役割と日常活動

　　父母会の組織・役員

　　指導員との関係

　　活動内容

　　機関紙の発行・配布

　　会費・負担金

3　学童保育に現われた新しい動き（社会教育センターをめぐって）

　　（財）社会教育協会　多摩平団地に青少年教育を中心とする「社会教育センター」の設置を計画　財界からの募金をはじめる ― 1967.9

　　日野市は市有地1650㎡を無償提供　建設費1億1千万円　地上3階地下1階
　　市有地の提供、運営権をめぐり市議会でも問題とされたが　本年10月16日の市議会で賛成22 反対4 で可決

　　9月　団地自治会を中心に各団体連絡会を結成対策を検討中

# お知らせ

■ 11月10日から連絡協議会の事ム局が移転しました。御連絡は下記へおねがいします。なお電話連絡は月曜～金曜の午前中（10時～12時）におねがいします。それ以外は、学童保育関係者はいません。

東京都千代田区神田小川町3の5
学童保育連絡協議会
Tel 293－9410

■ 事ム局の手不足で、十分な資料をつくることができませんでした。そこで今回の研究集会の報告集に資料をのせたいと考えています。報告集御希望の方は、下記申込書でお申込み下さい。でき次才送ります。　なお、この機会に協議会に入会してください。　　報告集1部50円（送料共）

## 才3回学童保育研究集会報告集申込書

| おなまえ | 送り先 | 部数 |
|---|---|---|
| | | |

## 学童保育連絡協議会入会申込書

| おなまえ | 連絡先 | 所属 |
|---|---|---|
| | | |
| 会費納入 | 1968年　月から　ヵ月分　金　円を納入します。 | |

# 学童保育連絡協議会ニュース

NO・23
1部20円

1968・12・10
学童保育連絡協議会　発行
東京都千代田区神田小川町3－5
TEL (293) 9410


全国交流と，指導内容確立と，学童保育の位置づけと……

## たくさんの成果をあげた第3回学童保育研究集会

■　11月23，24日の両日行なわれた第3回学童保育研究集会は，東京都内より82名，秋田・山形・千葉・埼玉・神奈川・愛知・大阪・奈良・兵庫・福岡の府県から40名，計122名が参加し盛会のうちに終了しました。

また今年は，東京都その他の地方自治体の学童保育担当職員，東京都職員労働組合の臨対部代表，杉並区の区議会議員，日教組代表，新日本婦人の会代表など，参加者の層がぐっと広がり，学童保育に対する認識と要求が一段と深まり広がっていることを感じさせられました。

### ○共感を呼んだ城丸先生の講演

研究集会第1日目は，城丸章夫先生（千葉大）の講演のあと，学童保育連絡協議会の総会，各県代表の報告，全国交流会を行なった。

「学童保育における生活指導」という城丸先生のお話は，

① 学童保育は保育所の延長――幼児みたいに集めてとじこめる――というやり方でいいのだろうか。日本の保育所は貧乏人の子を集めてお守りするお恵みの施設として考えられてきた。お金のある人は幼稚園へということで，保育所は厚生省，幼稚園は文部省と所管も分かれている。子ども自身の権利から考えてお恵みはいけない。学童保育についてもお守りの思想を感じる。

② 何かむやみに教えたがる。親も安い塾だと考える向もある。教育とは黒板の前で教えねばならないものなのか。教育の原型を

学校に求める考え方からいっぺんぬけ出して，″生活が教育する″ということばを，学童保育であらためて考えてみる必要がないか。

という２ッの問題提起にはじまって，人間は人や物に働きかけていくことで，自分を変えていく性質を持っている。人間づくりをやろうと思ったらお説教は止めて，何かをさせなければならない。子どもが人や物に働きかけることを指導者がたえず工夫していくことだ。

学童保育では，指導員が父母の身代りになって行動するということは，学校型で取締るより成功しやすい。しかし，それは，甘やかしながら強引に引っぱっていくというちがった形の取締りにすぎない。その結果は，子どもたちの自主的な活動は，いつまでもなりたたないということになる。

子どもたちは外へ出たがる。外で１人ぼっちでぼやっとしていても，家にとじこめられるよりは自由だし自分の世界なのだ，学童保育においては，子どもの自主性を確立する以外にしか楽しい場にはならないと思う。しかも子どもの自主性は，集団と深くかかわってくる。集団も形式的な集団づくりでは役に立たない。子どもが自主的に集団をつくりあげていくことを大事にしたい。仲間づくりができて初めて創造活動のきっかけができる。

そういう仲間をつくるという仕事を子どもにやらせるにはどうすればよいか，ボスの扱い，集団に入らない子の扱いなどと，具体的に話ていただきました。（くわしくは研究集会報告集をごらんください。）

この城丸先生のお話は好評で，『学童保育の指導にあたりながら研究会を続けて２年余り，伸び悩み状態の原因は何かと見当もつきかねていたが，城丸先生の講演を拝聴して″これだ″と目を開かされた気持だった』という大阪・愛染橋児童館の宮川さんの感想に代表される意見が多く聞かれました。

## ○全国組織のための体質改善――総会

学童保育連絡協議会総会では，今までの活動報告・会計報告のあと，今後の運動方針，会を全国組織にするための規約改正が提案され，可決しました。また，新役員も選出されました。

### ――今後の運動方針（要旨）――

１，区市町村に対する要求行動を強化――３月地方議会で全国いっせいに請願運動を起す。そのためには，(イ)父母の会活動の確立。(ロ)指導員の自主的交流の強化と労組結成。(ハ)区市町村毎，府県毎に協議会結成を。

２，文部省に対する陳情行動を起こし，留守家庭児童会の予算増額と内容改善を要求する。そのためには，全国組織の確立を急ぎ，労働組合・民主団体・研究団体等の協議会加入と協力体制を要請する。

3，指導内容の向上をはかり，指導目標を確立する。そのために，研究サークルを組織し，自主的・系統的な研究体制を確立し，専門家，教師，研究団体の協力を要請する。

4，学童保育の存在と果す役割を，もっと広汎な人に知ってもらう。そのためには，各種の大衆団体，民主団体，研究団体，労働組合などとの交流・協力体制を深める。

## ――規約改正――とくに変った点

1，副会長を従来の2名から若干名に変更し，各地方から選出してもらう。

2，運営委員を全国的に各地方からも選出し，年2回以上の運営委員会を持つ。総会に次ぐ決議機関となる。

3，常任運営委員会を新設。東京中心に運営委員中から常任運営委員を選出し，執行機関とする。

## ――新役員紹介――

会長＝近藤亮三郎氏

副会長＝東京から松本ちさえ氏と杉並労組より代表を1名選出。関西を代表し大阪から1名を選出。その他地方も逐次代表を選出してもらう。

会計＝太田イネ子氏

事務局長＝西元昭夫氏

会計監査＝菅野正幸氏（葛飾・父母）と文京区父母代表を選出してもらう。

## ○はじめて行なわれた全国交流

総会とひきつづき行なわれた全国交流会の席上で，各県の実情を報告していただきました。全国的な交流は初めて行なわれたわけで，日常孤立したなかで苦労している地方からの参加者にとっては大きな励ましとなりましたが，政府の学童保育施策のお粗末さも明らかにされました。（各県の実情は報告書をごらんください）

## ○充実した分科会の討議

第2日目は問題別分科会として，①よりよい学童保育のために――指導内容向上，施設改善，指導員の待遇改善をどうすすめるか。②学童保育所をたくさんつくるために――学童保育の位置づけを考え，学童保育所づくり運動の方向と問題点を明らかにする。の，2分科会に分れて討議を深めましたが，何れの分科会でも，今までの経験と実線が整理され報告されましたが，学童保育のありかたとなすべきことが，ようやく明確にされてきたといえましょう。

最後に両分科会の合同会議を行いましたが，その際次のような申し合せ事項が確認されました。

1，学童保育におけるこどものけがについて学校安全会の適用が受けられるよう交渉する。

2，府県段階，地域毎の協議会結成を急ぐ

3，専従事務局員を置くよう検討する。

4，3月議会向けのいっせい請願運動にとりくむ。

第3回学童保育研究集会　報告集

1部50円……近日中にできます。

第22回勉強会報告

## テーマ　体育あそびを考える

■10月28日　午後6時半～9時

■代々木学童保育クラブ

■助言者／伊藤高弘先生（武蔵野美術大）

■　はじめに各クラブでどんな体育あそびを行っているか，備わっている道具や運動場の有無などの実情を話していただきました。なかには屋外のあそび場が全然ないので，室内で野球をやったり，平均台を使ったバレーボールの真似事をやったり，ルールに工夫をこらして行っているところ（大田区千束）もありました。

各クラブから出された実情をもとに伊藤先生に話していただきましたが，その要旨を紹介します。

### ■スポーツよりお行儀が強調される学校体育

子どもの能力は無限にのびると思う。どんなときに，どんな方法で，何をやらせるかでいくらでも伸びる。

ところが最近の学校における週3時間の体育の時間は，内容がだんだんと不自由なものになってきている。昔の教練みたいな要素が入ってきて，お行儀が強調される。走る記録より，きちんと走ったかどうかが，スポーツそのものより，整然と行なったかどうか，並び方が良いかどうかが第一義的になり，体を鍛えることは二義的になりつつある。

新指導要領では，集団の健康という項はなくなってしまった。自分のことは自分でやれ，安全な環境をつくる動きなんて困るというわけだ。だから，学校の体育の時間を，子どもたちがどう受けとめ，どんな希望を持っているか，まず知ってほしい。

学校教育の編成権は父母が持ちうるといえる。例えば音楽についてだが，音楽教育の会が〃わらべうた〃の研究を続けてきているが，わらべうたは父母から子どもたちにうたいつがれているものである。文部省は西洋音楽を取り入れ，在野（民間）の遺産には頭から否定的な態度を取ってきていた。それが最近になって変り，わらべうたや日本の祭りのリズムなども取り入れられるようになってきた。

体育の場合それがなかった。親が子どもに伝えるようなものがなかった。あそびの中で子どもたちが工夫しているものを引き出すこともなかった。例えば鉄棒の前まわり一後まわりという順序は明治以後変っていない。子どもの生理・心理から考えると後まわりからが入りやすいのに，前後ということばから文部省では前転からとなっている。

### ■子どもには新しい種目を どんどん考えさせること

子どもたちは自由あそびの中で，指導要領にないものをいろいろとやっている。子どもたちにやっているものをあげさしてみると，文部省が決めている種目数の倍以上のものが出てくる。これらは子どもの中で引継がれたものなのである。もうないのか，今まであるものの上にさらにやれるものはないか考えてみようと提案すると，夢中になって考えてくる。そして，「一週間後に工夫した新しいものの交換会をやろう」という提案などやってみてほしい。

幼児の研究では，ねんど工作やジャングルジムに上れない子など，にぎる力や立体認法の不十分な子どもは，数学の能力が劣るということが明らかにされているが，体育あそびでも平面的なあそびだけでなく，高い低い，ボールの重さ，質を意識させる工夫がほしい。

### ■禁止のルールは禁止すること

ルールを決める場合男・女の性別を意識する必要はない。中学生でも女の子の能力がすぐれていることがある。柔道やサッカーなどを女子にやらせる例も増えている。ルールを決める場合，禁止のルールが先行しがちだが，○○と○○はしてよろしいなどという決め方だってある。ルールは子どもたちに自主的につくらせるのがよい。与えられたルールでしかやってないか，ルールを強要すると，ネットがないとバレーができないと考える人間になってしまう。ルールをどのようにつくらせるかは，集団指導と大きくかかわってくる。

### ■運動神経を使わせる工夫を

筋力はあまり強調しないことだ。子どもの体は疲れたら止めるという判断ができる仕組みになっている。筋は大人と比べ40％しか使わないが，運動神経は大人の70～80％までは発達する。はずんでいるボールを足でとめるなど，バンドするボールに体を対応させることなどやらせてほしい。和光学園の4～5

才児にサッカーを教えたことがあったが，小学校２～３年生の実力がついた。

ドッチボールなども３ッのボールを使ってやると活動的になり，もっと面白くなる。これも和光の経験だが，なわとびをもっと面白くするにはどうしたらよいか，考えつかないような種目をやってみようと提案したら，いろんなものが出てきた。考えたものに名前をつけて，それを町内の子どもに拡げる運動を行うとよい。

### ■最低できるところから出発する

室内だと，マットの上で何種目やれるか，中を使ったり，外を使ったりして工夫させてみるといい。鉄棒などもできる種目を貼り出し，それを増やしていくとか，できない子でも「おさるの絵かき」と言われる片手でぶらさがるのはできるから，最低できることから出発し，一歩前進するごとに新しい課題を与えてやるとよい。また，子どもたち自身の相互教授を行うとよい。自分がやってみせなくちゃ指導できないという考えはなくすることだ。

能力の劣る子の場合，グループ毎の得点と個人の評価を組合わすとすくわれる。４名でリレー競走をやる場合全体の距離だけ決め，どこで変るかは自由にさせるなどは，学年の違う子どもの組合せのときなど都合がよい。

また体育あそびを通じて，いのち—身体を大事にすることを教えてほしい—理屈ではなくて，子どもの疲れは脈はくがいちばんはっきりするので，それを数えさせるとよい。ぎりぎり疲れるまで運動する子の調節に自分で脈はくを計らせるとよい。

しかし，せまい場所での運動はやはり限界がある。できるだけ広いところへ連れ出すこと，毎年新体連で，少年少女の運動会を指導しているが，500名位の子どもが集って，全く自分たちの運営で運動会を行っている。学童保育でも，年に１～２回は全体で力をあわせて運動会をやってみてはどうか，意図的なものを与えていくことも大切だ。

## 『大田区の学童保育を進める連絡会議』が発足

東京・大田区では，さる11月の区議会において，女塚・西糀谷・南蒲田１丁目・都南小学校・羽田の５つの地区に学童保育を新設する請願が採択され，また，現在学童保育を実施しながら，公費による指導員が配置されていない雪ケ谷，大森，荻中の３ケ所に専従指導員１名を配置することが採択されました。

大田区の学童保育施策は，「学校施設を使わず専用施設を有するもの」ということで，４つの「子供の家」があったにすぎず，共同保育を行ってきた雪ケ谷や児童館での保育を行ってきた大森では，多くの困難な問題をかかえていました。

さらに最近になって，公立保育園の卒園児の父母す，ＰＴＡ学級委員などの手によって，前述の各地で学童保育新設の運動が起き，それが期せずして11月区議会に一斉に請願されることになったのです。

学童保育連絡協議会では，区内の既設の学童保育父母会や新設のための準備会などに呼かけて，３回にわたって話し合いを持ってきましたが，他区に比較して立おくれている大田区の学童保育施策を改善させるためには，共通な要求では統一した行動で対区交渉を行う方が効果的だと，表記の連絡会議を結成しニュースを発行して広汎な人に学童保育の実情を知ってもらうということになりました。連絡会議の事務所は大森・子どもの家保育園内――電話（７１６）１３５７です。

## 27300円の月給制をかちとる
### ――東京・杉並区――

東京都の杉並区学童保育指導員労働組合では，①指導員の給与改善，②退職金制度，③指導員の休暇，④代替要員常設などの請願書を区議会に提出するかたわら，課長交渉を行っていましたが，11月13日の理事者からの回答で，次の点が改善されることになりました。

給料＝26日保障の月給制とする。現在時間給１７５円×６時間×26日＝２７３００円ですが，公務員給与に対する人事院勧告の７，８％アップが実施されると，時間給が１９０円になり，２９６４０円となります。

超勤手当－１時間１００円とする。

通勤手当＝交通費の名目では出せないので補助金として１人１０００円位考えたい。44年度より実施。

休暇＝年間15日間の有給を認める。次年への繰越しも認める。

代替要員＝44年度に考えていきたい。常時１名置くことにする。

互助会加入＝44年度に常勤化が不可能な場合は認める。

研修時間保障＝研修36時間の保障は部長と確認していなかったので，改めて返事する。

### 指導員雑感
名古屋・千鳥児童会だよりNo.20より

『たまには自由にさせてくれよ』と児童会を休んだＹ君が母親に言ったという。考えさせられる言葉であった。

毎日，児童館に来ることが当然のように学校から帰ってくる子どもたち，何の不満もなさそうに，楽しそうな様子で元気一杯に遊ぶ子どもたち。私たちは，その姿に何となくこれでいいような気持になる。そんなとき，ふと，Ｙ君の言葉が頭に浮かぶ。

いたずらをすることで，精一杯，集団のきまりや約束に抵抗している子どもたちの心の底にある，ほんとうの気持を見るような思いがする。

親の心配をよそに，子どもたちは児童会という狭い生活の枠を越えた，もっと広い生活の範囲と，自分たちの意志で判断し，行動のできる生活を求めているのか，私たちは，子どもたちが，児童会をどのようにとらえているのか，何を児童会に求めているのかを知らなくては――。（森田記）

## 東京都学童保育指導員労働組合づくりの準備すすむ

### ——杉並区中心に準備会発足——

杉並区指導員組合主催の他区交流会（前号既報）は，その３回目が12月６日午前中，杉並区役所で持たれましたが，その席上で，東京都学童保育指導員の単一労働組合結成をめざす準備会が発足しました。

準備委員としては，各区より代表１名を選出してもらうか，それができない区は個人の資格で参加してもらうことになり，各区で選出した準備委員は13日までに，杉並の松村さん（302—[redacted]）まで報告することになりました。

第１回準備委員会は１月17日午前中に開かれますが，今まで参加していない区でも，それまでに準備委員を選んでいただくことが重要でしょう。結成される労働組合は個人単独でも加盟できる組合となるでしょうが，できるだけ区全体としてまとまった方がよく，労働組合の結成なしには，指導員の待遇改善はなかなか進まないことは，杉並区の例が有弁に物語っています。

### ありがとうございました
### ＜いただいたクラブのニュース＞

『父母会ニュース』No.３／東京・世田谷区・烏山北小学校学童保育父母会発行

『くらぶだより』No.10／東京・三鷹市・あかしやの会学童保育クラブ発行

『はぐるま』No.８／東京・杉並区・新泉小学校学童保育クラブ発行

『ひろば』No.１／東京・文京区・千石こどもクラブ父母会発行

『代々木学童館父母会だより』No.１／東京・渋谷区・代々木学童保育父母会発行

『学童保育ニュース』No.14～18／千葉・松戸市・常盤平学童保育の会父母会発行

『保育』32号／神奈川・相模原市・大野保育の会発行

『千鳥児童会だより』No.20～21／名古屋市キリスト教社会館内千鳥児童会発行

『ばんびのいえニュース』No.８／盛岡市・仙北学童保育クラブ発行

### ◇あとがき◇

またまた11月号を欠号し，12月号もおくれてしまいました。研究集会などという大きな行事が入ると，すぐこういう状態です。研究集会で参加者から要望が出されたように，早く常任体制がとれることを切望します。

しかしながら，新事務局では編集委員を決め，今までの個人請負いから脱皮することを決めました。新年号から新メンバーが登場しますので御期待ください。勿論定期刊行も保障されるでしょう。皆さんの投稿もお待ちします。よき年をお迎えください。

１９６９年が学童保育とあなたの素晴しい発展の年でありますように　(N)

# 第3回学童保育研究集会 報告集

１９６８年１１月２３・２４／東京・東医健保会館

太陽の光は公平です。下の葉にも光を与え、
どの葉もみんな同じ光を受けています。
皆さんの御活躍を祈ります。

美濃部亮吉（祝電）

目次

## 日　程

| | |
|---|---|
| 11月23日 | (13：00) 開　会　式<br>(13：20) 記念講演「学童保育における生活指導」<br>千葉大・城丸章夫先生<br>(14：20) 学童保育連絡協議会総会<br>(17：00<br>20：00) 全国交流会 |
| 11月24日 | ( 9：00) 問題別分科会<br>① よりよい学童保育のために<br>イ、指導内容をどう向上させるか<br>ロ、施設改善をどうすすめるか<br>ハ、指導員の待遇改善をどうすすめるか<br>② 学童保育所をたくさんつくるために<br>イ、学童保育の位置づけを考える<br>ロ、学童保育所づくり運動の進め方と問題点<br>(15：30) 相互交流<br>～<br>(16：00) |

### 府県別参加者数

| | | | | | | |
|---|---|---|---|---|---|---|
| 東京都 | 82名 | | | | | |
| | 足立区 | 4 | 世田谷区 | 3 | 小平市 | 1 |
| | 板橋区 | 2 | 千代田区 | 2 | 日野市 | 1 |
| | 大田区 | 2 | 中野区 | 1 | 府中市 | 3 |
| | 葛飾区 | 7 | 練馬区 | 2 | 三鷹市 | 1 |
| | 北区 | 5 | 文京区 | 4 | 武蔵野市 | 3 |
| | 品川区 | 1 | 港区 | 2 | 清瀬町 | 1 |
| | 渋谷区 | 6 | | | 江町 | 3 |
| | 新宿区 | 3 | 昭島市 | 1 | 福生町 | 2 |
| | 杉並区 | 15 | 小金井市 | 5 | | |
| 大阪府 | 9名（大阪市、東大阪市） | | | | | |
| 愛知県 | 7名（名古屋市） | | | | | |
| 秋田県 | 1名（秋田市） | | | | | |
| 山形県 | 1名（上山市） | | | | | |
| 神奈川県 | 9名（横浜市、相模原市、川崎市、藤沢市） | | | | | |
| 埼玉県 | 7名（所沢市、草加市、東松山市、福岡町） | | | | | |
| 千葉県 | 3名（松戸市、船橋市） | | | | | |
| 奈良県 | 1名（郡山市） | | | | | |
| 兵庫県 | 1名（西宮市） | | | | | |
| 福岡県 | 1名（北九州市） | | | | | |

■記念講演 ――――――――――――――――― 城丸専夫先生
（千葉大）

# 学童保育における生活指導

教育を学問として考える場合、どこまでも実践の成果の上に立ってしかその成果を認めることはできない。行動の方が理論より豊かであるとよく云われるが、学童保育はまさにその代表である。実践の成果を私たちにも寄せていただきたい。

## 2ツの疑問点□

まず、今日の学童保育をめぐって2ツの疑問を出しておきたい。

1. 学童保育は、幼児の保育所の経営のやり方の延長上にあるものだろうか。あるとしたらどういう意味であるかを、ないとしたらどういう意味でないかを明らかにしておくべきだ。

学校から帰った児童を、幼児みたいに集めてみても、子どもは外へ出たがる。閉じ込め、缶詰にするのが果してよいのか、外へ出しては悪いのか、幼児と学童の違いをはっきりさせなければならない。更に云えば幼児教育だって、缶詰にしていいのかどうかも疑問になる。

日本の保育所は、貧乏人の子を集めてお守りする考え方から始った。お恵の施設として考えられてきた。お金のある人は幼稚園へいらっしゃい。ということで保育所は厚生省、幼稚園は文部省と、所管も2ツに分かれている。このことは日本のゆがみであるが、子ども自身の権利から考えると、お恵みであってはいけない。学童保育も学童を閉じ込めておく、お守りの思想を感じる。

2. もう1つは、何かをむやみやたらに教えたがることだ。習字の得意な人はせっせと習字を教える。親も安い塾だと考え、人気が出たりする。何かを教えるところとした場合でも、教育とは何が教えねばならないものなのか。そのようなとき、教育の原理を学校に求める。黒板の前で何かを教えることだ、という考えがいたるところにある。

身障児学校の寮母さんの悩みの中に、「寮は教育施設だ。学力を補うのは寮母の責任だ」と、黒板を持ちこんでせっせと教えている。この思想からいっぺん抜け出してみることだ。そういうことは学校にまかせておけばよい。

## 生活が教育するとは□

昔から〝生活が教育する〟という言葉があるが、これを学童保育であらためて考えてみる必要がある。授業の外でもつさまざまな生活の事実がどういう意味を持つのか、それを教育的にまとめるとしたら、どうまとめたらよいのかを考えてみたい。生活が教育する――つまり人間づくりに役立つとはどういうことなのかを、問いつめてみたい。

簡単に云って、人間というのは、人や物に働きかけることで、自らを変えていく性質をもっている。長年教師をやってきて、最近になってやっと感じたことがこのことだ。自分がどうやってできてきたかを考えるとき、他人の話の影響もあるが、それは影響されるだけの条件があったのであって、自分のその求める姿勢はどこからでてきたかを考えると、人との結びつきの中からである。物に対してもそうだ。例えば花を育てることで、花が好きになっていくように、物や他人に働きかけることで自分を変えていく―― 副次的に影響されることがある。

## 子どもに自主的にやらせること□

これを子ども達の人間づくりに適用した場合、お説教はむやみやたらに出来ない。教えようと思ったら何かをさせなければならない。今までのやり方を逆転させることだ。人間づくりの仕事で大事なことは、子どもに何かをさせることを、指導者が工夫していくことだと思う。そのことが教育的な意味を持っている。

学童保育では指導者は親代りである。お母さんのごとく、お父さんのごとく行動すればよいという考えがある。これはアマチュアの保育者が成功しやすい側面を持っている。学校型（とりしまる）よりも成功しやすいし、子供が自由に遊べる機会があるから、多少は何かが得られる。

しかし、家庭でないのに家庭のごとく扱うところに間違いがある。甘やかしながら強引にひきずつていくという、違った形の取締りがある。その結果として、子どもたちの自主的な活動がいつまでも育たない。

子ども達は外へ出たがるが、それは自主的なものをもっているからだ。子ども自身の主体性が発揮できるからだ。外へ出て何もせずぼやーっと立っていることがあっても、そこは学校でも家でもない子どもの世界なのだ。学童保育は、子どもの自主性を確立すること以外にしか、楽しいものとはならないと思う。

## 集団は子どもの主体性のために□

子どもの主体性の確立は集団と深くかかわっている。集団を、子どもを押し潰すものとしてとるなら、大きな間違いをおこす。よく見られる形式的な集団――あなたたちが決めたことだからやりなさいなどの――は間違いで、集団とは子どもの主体性の確立にある。

子どもが集団をつくりあげていく教育性――そこからのはね返りを、私たちは大切にしたい。今の子ども達にとっては、仲間なしには面白い生活は存在しない。受身で人工的な世界の中に、学校でも学庭でも閉じ込められているのだ。仲間をつくったとき、はじめて自主的になり得るのだ。仲間ができたとき、さまざまないたずら、さまざまなスポーツ、あそび場がとれ、創造的活動のきっかけができるのだ。

そういう仲間をつくるという仕事――組織する仕事を子どもにやらせるということが、今日の日本において、民主的な人間をつくる大事な大事な柱となっていく。民主主義とは仲間を組織していく人間をつくりだし、組織を管理運営できる人間をつくり出すことだ。そのことが、子供の人間、人格を作っていくことになる。組織する仕事　集団を自分たちで動かすということは、いやでも他人にぶつからざるを得ない。そのはね返りとして自分が鍛えられていく。

## お恵み型保育から抜けだす□

子どもの保育についても、お恵みから抜けだす――制度としてだけでなく、教育のスタイルとしても、請負、お恵みから抜け出すことだ。反面放っとく教育でも駄目だ。仲間に働きかけることを指導する教育でなければならない。

例えば、子ども達がよくやる「鬼ごっこしたいもの、この指とまれ！」は立ばな組織活動である。それでなく、保育者が、「そう、鬼ごっこしたいの、では皆さん鬼ごっこしましょう」と集めたんでは、知らず知らずのうちにお恵み型になっている。鬼ごっこがしたいなら、仲間を集める方法を教えることだ。

遊びの仲間に入れない子がいた場合、指導者が「入れてちょうだい」と頼んでやったり、ボスに「入れてやんなさい」と交渉してやったのではお恵み型になってしまう。ボスは先生の顔を立てて入れてやろうということになる。一人でいる子がどうしたら仲間の中に入れるか、工夫し手だてを考えることだ。逆に、その子が入らないのはボスが嫌われているんだとそそのかす、「君、ボス面してても駄目なんだね…」などとボスがその子を引き入れるような働きかけだってあるか。どうぞ入れてくださいという形にするか、入るのは権利であると説得するか、入らないのは君たちのせいであるとするか、とにかく働きかけることを組織するのが指導者の役割である。

一時的に規律が破られても結構だ。そこからは、子ども自らが規律をつくっていく道すじが眺められていく筈だ。先生の力で全て処理しようとすると、目の届くところにおかねばならなくなる。どこへ行っててもつながりをもっている子ども達に組織しておくと、子ども達はそこの拠点（学童保育の場）には、いつでもとんで帰ってくる。

## 学童保育のデラックスさとは□

このように考えてみると、学童保育は地域子ども会に一面ではにるだろうし、一面では学生の部室に似ている。建物が素晴らしくなくてもそこに組織がある。指導のスタイルは先生風でも親風でもない。あくまで組織者でなければならない。子どもにおやつを買わせると喜ぶが、さまざまなやらせることを仕組んでいく。その中で組織をつくらせていく。そのためには仲間に働きかけることを教えていく。集団づくりの仕事とは、実はこんなことをやっているのだ。先生の代りに取締るのが集団ではない。しかし優れた集団は、自身できびしい規律を持つものだと思う。

子どもは学校・家庭と違った世界で生活することを望んでいる。学童保育は鍵っ子の専用でなくてもよい。施設も貧弱なものだけでなくデラックスなものがあってもよい。しかし、そのデラックスさは、子どもの要求に対してでなくてはならない。大人の考えでのデラックスの流行は困る。この夏休みに、運動場にどこでも好きなところに穴をあけてよいと許可した学校があったが、子どもはやつてきて、喜んで穴掘りをたのしんだ。今日の子どもは穴掘りの自由さえ保障されていない。穴掘りが自由にできるデラックスだってある。そういうことを美濃部さんにちゃんと伝えておかれるとよい。　（文責・西元）

## 各府県の現状

### ―― 総会および交流会での発言から ――

**大阪**

大阪の場合、事業形態にセッツルメント活動の隣保館事業と文部省留守家庭児童会と共同保育がある。セッツルメント協議会に所属する学童保育としては、民間保育所（５）、民間社会施設の隣保館・児童館（７）、市立児童館（３）、市立市民館（１）の計１６カ所がある。

これらは市立を除いては公的な財政補助は全然なく、古い家屋を入手し、学生のボランティヤをやとつて運営しているところもある。

運営費の父母徴収は、公立が無料から４００円まで、民間で無料から３０００円までであり、同和地区では同和予算から支出したり、保育所では一部を措置児扱いにしているところもある。

留守家庭児童会は現在２０校で行っている。日給６００円の学生アルバイトで運営しているが、指導員の不足で困つている。子どもに対しても問題児意識でみがちだ。

大阪では、当面、内容の改善と、三つの形態の一本化が課題だが、形態別には横の連絡が全然とれていない。セッツルメント研究協議会が中心となって学童保育推進協議会をつくり、母親連絡会や市教組も参加してもらっているが、主体がないので運動

**山形**　４１年度に鶴岡で学校の空教室を使って設置されたが１年たらずのうちにつぶれた。現在上山市で個人で行っているが、これは４０年に市民館で不良児童の６～７割が鍵っ子だという話を聞いて始めた。４１年より市の予算が出るようになったが、父母からは１０００円の補助をもらっている。

指導員は日給６００円（女子５００円）で４時間勤務。問題点は児童の事故の場合の補償をどうするかということだ。

**秋田**　現在県内に１０カ所あり、主として留守家庭児童会である。秋田市には７カ所あり、このうち６カ所は空教室利用である。

予算は年間２５万円で、指導員給与は月１万円。父母負担は無料から１０００円まであり、主としておやつ代にあてられている。

要求としては、指導員の研修の場がほしい。運動を広げる意味からも横の連絡が話し合いの場がほしいなどである。

**奈良**　未だ学生なのでくわしくはわからないが、現在５カ所ある。市政懇談会の中で留守家庭児童会がつくられ、バンビーホームで寮母が指導員を兼任して行っているところもある。備品は寄附を受け、事故の場合は、学校安全会が適用されないので父母負担である。

**名古屋**　学生のセツル活動として市営住宅で夏休み期間中に実施した。集会所を利用し、週４日実施で保育料は月５００円。指導員７名で子どもは７０～８０人きた。

キャンプファイヤーなど子どもたちが自主的にやり好評だった。１１月からまた始める。セッラー５名に子ども５０人で、土曜日の２～４時、日曜日の９～５時に実施。

今後、教員組合や自治体に呼かけていきたい。

**東大阪**　東大阪市には留守家庭児童会が２カ所ある。運動の経過は保育所づくり運動の発展として考えられる。これを中心に子ども会づくりへと展望を持ったこともあったが、成功しなかった。部落の人は大部分が働きにでるので、指導者がいないという弱点があったように思う。そこで、学童保育施設中心に運動を進め、同和教育の一環として実施することになった。

場所は隣保館を使い、児童９名で出発。現在は３０名くらいになっている。保育料は収入に応じて千円、２千円、３千円（生保家庭は無料）となっている。時間は放課後から７時まで。指導員勤務時間後は７時までアルバイトが行う。

指導員の身分は市の臨時職員で、超勤手当も、社保・健保もある。給与は正規職員なみ。

入所学童の選考は父母の自主的な実行委員会で決めている。問題点としては、施設の内容が貧弱なことと、遊具・備品がほとんどなにもないことである。

**西宮** いま保育所に行ってる子どもがいるので、来年は是非学童保育をつくりたい。単なる〝鍵っ子対策〟でなく、児童館的なものにしたいと考えているが、市の考えはそこまでいっていない。指導員は1万5千円位で2名採用するといっている。

**東京** 東京の場合は遊び場がない。校庭がいまのところ一番安全である（杉並）。空教室は止むを得ないだろう。しかしぜひ2部屋はほしい（足立）。

杉並には、現在17施設ある。小学校が41校あるので、いちおう41施設を目標とするというのが理事者側の考えである。ところが、今年度からは、施設を児童館へ切かえていこうと考えている。勿論、現行の児童館にそのまま学童保育所を解消するというのでは問題で、完全に独立の部屋をつくり、指導員も専門の人を置くという体制にしたいということだ。今後東京では、このような方向へ進むのではないだろうか（杉並区議員）。

下からの運動で生れたところと、そうでないところの違いは大きい。武蔵野の場合など上からつくったという感じで、まったく鍵っ子対策となっている。ある施設などは、子どもがやめると施設が体をなさないということで、やめないでくれと頼んでいる。これでは子どもを軟禁状態におくことだ。指導員のなかにも、身分保障などしてもらわない方が気楽にやれるという意向を持つ人もおり、指導内容をもっときちんとしてもらいたいという父母の意見もある。保育時間延長の希望も多い（武蔵野市）。

## □第１分科会・・・・・・・・・・・・・・よりよい学童保育のために

## ＜その１＞　指導内容をどう向上させるか

**問題提起をかねた実践報告**

### 学童保育のなかで動植物をとりあげるについて

報告者／松本ちさ亮□
（東京・文京区・千石子どもクラブ）

教材は季節のはっきりしたもの、変化の成長のはやいもの、家庭とか学校でみつづけられないものの継続観察や、子どもが買ってきて興味のでたものを選んでいるが、その目的は、理科の点をよくするためでもなく、自然物がすくないからでもなく、物識りや博士をつくるためでもない。友だちの中で、いろいろなものを追求し観察できる力を育てることにある。

また、自分のことばで、自分の表現ができ、皆の中で自分が主体的に発言できるようになる。ある一定の枠の中だけで行うのでなく、動・植物を観察し、記録し、集団の中で追求することによって、枠をつき破っていく力が育てられる。そして科学性と同時に、美しいものへの認識　芸術性を育てていく。

さらに、協力したことによって生じる喜びも育てることができる。頭の中で考えるだけでなく、比較し、試してみる中で、体ごとぶつかっていく行動力と協力性を育てる場ともなる。その中で、子どもたちを組織していくことが大切である。

### 子どもたちを変えた劇あそび

報告者／岸　雅子□
（東京・渋谷区・代々木クラブ）

昨年のクリスマス会がきっかけである。レコードの「海賊のうた」（ＮＨＫ・ＴＶ）を子どもたちに聞かせると、１人立ち２人立ちして皆が動きはじめた。そこに非常に豊かな子どもの表現をみて感動した。それに少し振付けしてクリスマス会に出した。荒っぽいものではあったが、子ども達は上気嫌であった。

その後、日常の保育においても２～３人でしていた劇あそびが、みんなのなかに拡がり全員で行うようになっていった。また、機を逸せずに、人形劇団プークの『怪獣くんこんにちわ』や俳優座の『森は生きている』などを観劇し、劇を身近かなものにする雰囲気をつくつていった。

7月には七夕の話を聞かせ、全員が演じたが、指導員の話のわくをこえた面白いものを演じた。たまたま、他の児童館との交流があり、おみやげに劇をもっていくことになり、自分たちが演ずる楽しみに加え、人に見せる楽しみも感じていった。

9月になって『長ぐつをはいたネコ』を選んで劇づくりを始めたが、熱が入りすぎ、学校を早退してきたり、クラブが終ってからも練習したりして、父母の間でも問題になり、子どもたちは叱られしょげかえった。そして、ペープサートに変えたりした。

このようななかで、最近では、話の糸口を与えることで、そのあとを子どもたちが創作し、それを劇にし、つまり自作自演するようになった。

### ＜劇あそびで得たもの＞

この劇あそびを通して、こどもたちの中にみられる変化は、今まで元気はよいが乱暴で個々バラバラに力をぶっつけ合い、全体としてのまとまりに欠けていたのが、現在では、けんかはしても、その中に相手をみとめるという暖かい感情がみられるようになったこと。

また、「あそび」の中にも変化が見られ、全体として遊ぶという姿勢がでてき、連帯感ががみられる。きめられた中で動くというのではなく、相手の反応によって動くということ自分から動かなければならないというなかで、自主性、創造力が生れてきた。その現れとして、消極的だった子どもが、劇あそびのリーダーになったり、学校でも学童クラブでも嫌がられて、厄介ものになっていた子どもが、その子どもがいないと劇が始まらないので、自信をもつようになり変っていった。

また、詩を書かせてものびのびした詩がみられるようになり、母親が「学童保育なしではこの子は育たなかった」と涙ながらに語ったのを聞いて、学校、家庭の中では見られない学童保育のすがたというものを考えさせられた。

## 『あそび』を中心とした生活指導について………

報告者／山田松美□
（東京・三鷹市・あかしやクラブ）

毎月３０００円以上の経費・施設もない困難な経費の共同保育の中で、２人の指導員のうち、１人がアルバイトに出るという状況であった。毎日、文化的なものを少しでも与えてやりたいという配慮のもとに、あとは自由に遊ばせてやり、けがのないように見守ってやるということでよいと思っていたが、それではすまされない問題が起った。

それは、心の中ではボスをきらっていても、表面ではへつらうという悪い状態がうまれ、ボスの問題に頭を悩ました。しかし、指導員の子どもがバラバラでは変らないということから、集団づくりを学んだ。

そのなかから、個々バラバラな子どもたちを仲間として自覚させるようにし、ルールを破った子どもを、皆の中で話し合うようにさせた、けんかの原因は、その場ですぐ皆の中で話し合わせるような方向にもっていった。まじめに、はっきりと批判することの中で、きびしく妥協しないで、何でも正しいことは貫くという姿勢ができていった。

子どもたちが、クラブに一番求めているものは、皆と楽しく遊べるということだと知り、「あそび」の問題の重要性を知った。現在、遊びの中で争いや問題が起きたら、すぐそれを中断して、その場で話し合うようにしている。

また、地域の子どもや、青年たちが入って一しょに遊ぶこともある。今後、皆で力を合せていける遊びを見いだしていきたい。

## 話しあわれたこと

……………………… 以上の実践報告をもとに、質疑応答や話し合いが進められました。

山形　1〜6年生まで預っているので、3段階に分けた施設があればよいのではないかと思う。質問だが、1〜2名の指導員では全学年を通して子どもたちを満足させるのは不可能じゃないか。また、理想的な話ではあったが、〝劇あそび〟をする場合、現実には子どもたちの下校時間がばらばらなので困難である。そこをどうしているか。

岸　指導員数が足りないという問題は絶対数は確かに必要だが、ただ、指導員が手をかしてやる。一方的に与えるというのでなく、子どもの中にあるものを引出していくことが仕事じゃないのか。

山形　動、植物を飼育する場合、休みの時の管理はどうしているのか。

松本　子どもたちで話しあい、家庭でやれるという子供が持って帰る。理想としては、たくさんの動物を飼いたいが、独立の建物がないので、おのずと制限される。

葛飾区中青戸　1〜6年生までの保育という問題で参考のために経験を話したい。

子どもたちが自主的にクラブの新聞発行

を始めたが、記者、編集、ガリ切、印刷と全員が負担することで、高学年生も自分の任務を果すために、短時間でもクラブにくるようになり、定着していったし、相互批判の姿勢や、上級生と下級生のつながりもできていった。

大阪　専用室として与えられた5階の部屋には遊び場もなく、制約されることが多い。

　箱植えの植物をハトがきて芽をつんでしまったので、自分たちが食べた柿、びわ、みかんなどの種をうえたら芽が出た。

　動きまわって遊べない中で、どのように子どもをのびのびと育てることができるか、軟禁状態で地面がないという切実な問題をどう解決したらよいか。

松本　現状の制約の中で考えてみた場合、ハトが芽をたべるのを、どう処理したらよいのかを、子どもたちの中で話し合ってみたのだろうか、たえず、問題にぶっつかったら、それを打破り解決していく姿勢のなかで養われるものを大切にしたい。

山形　夏休み中など、朝から夕方まで、指導員はぶっ通しで子どもをみているわけだが、休憩などどうしているか。

杉並　目を離す時間を一定時間つくつている。子どもをその時間は外へ出し、指導員が話しあう時間に当ている。子どもたちもいつも指導員の視線を感じるのでは、自由な行動はできないのではないか。

豊島　6年生までいるが、6年生は宿題が多くてクラブに来られない、遊びも思うようにできない。勉強はどの位をどういう時間にやっているか。

山形　助手が遊びを担当し、勉強と遊びの仕事の分担を決めている。

大阪　どこまで学習にたっちしたらよいのか。

岸　1週間に1度詩をかかせ、また、各人の学習帳をつくり、各人の能力に応じていやがらない程度の問題を準備し、やらせているが、遊びのなかで学ばせることが大切じゃなかろうか、遊びにエネルギーを集中することが、学習にも効果がでてくるのではないか。そのなかから、素晴らしい詩や童話が生れてくることを期待している。しかし、共働き家庭では、母が勉強を見てやれないで、やきもきしていることが多い。

武蔵野　宿題の是非や内容などについても問題はあるだろうが、原則的には、クラブでは宿題はやらないことにしている。日常生活の中でぶっつかった問題を、自分たちで考えあう姿勢をもてるようにしている。

愛知　学童保育のあり方として、集団の中での個人の成長ということをどう位置づけたらよいのか、基礎のできている子どもに対して、どこまで学習にタッチするかということもある。

杉並　宿題の処理として、宿題の中でできなかった個所をメモして、担任教師へ持ち帰らせるようにしている。

大阪　学校の先生が受けつけない。先生によって大変差がある。

足立　クラブとして宿題は積極的にとりあげていないが、家庭で勉強する時間がないので、子どもたちが自主的に学習する組織をつくってほしいという意見もある。

山形　自主的に学習することに賛成。

三鷹　宿題の問題はクラブ内だけの処理でなく、学校へ働きかけることが必要だ。低学年に高学年が教えるといっても、ずばり答を教えてしまうだけで、効果のない場合もある。

大阪　指導員に負担がかかりすぎる現在、宿題のあり方を検討し、個々にではなく、学童保育全体として、働きかけることはできないだろうか。

杉並　指導員が一切宿題にわずらわされないようにしたい。クラブは集団生活を営む場であり、それ以上の時間がないということを確認したい。

宿題が多いときは学校の方へいっていったが、そのことで親が心配した学力がおちるということはなかった。学習は教師にまかせたらよい。

埼玉　父母との討論の結果、生活指導を中心にした集団生活の場であることを、わかってもらえるようになった。さらに、母親と指導員と教師の３者の話し合いを定期的に持つようにしていを。

杉並　習慣づけは家庭が基本であると思う。

武蔵野　子ども自身がどう受けとめているかが大切。いろいろな問題を、指導員と子でももたちが一緒になって話し合い、考えていくことが必要であると思う。

学童クラブが廃止されようとした時、廃品回収などで支えたが、この中で自分たちの幸せを築く場を持つ権利があると自覚するようになった。

以上のほか、問題児の処理について、劇あそびなどで発散させる（渋谷）。専問の施設にまかせる（大阪）などの意見が交換されたが、さいごに、全幼教の西建先生に助言的な立場でまとめていただきました。

**西先生の助言**

学童保育のあり方について３通りの考えがある。①家庭に変るもの。②学校と家庭の中間である。③放課後の子どもたちの生活を生き生きとさせていきたい。などである。

つぎに現状のとらえかたも違う。施設が上から与えられたところは受身の立場であり、学童保育所づくりが下からの運動として行なわれたところとは、自分たちの指導理念を持っている。

小学校そのものもまちまちである。これは教師集団のもつ方向のことを云っているのだが、子どもの人間像のとらえ方、勤評、教育委員会公選、指導要領の改定等一連の動きのなかで、〝期待される人間像〟にひっぱられる傾向が強い。

父母の置かれた状況をみても、働くことも忙しいし、経済的にも苦しい、職場での権利も十分守られていないという状況下で、いきおい、学童保育に期待する面が強いと思う。

このように教師も父母もバラバラにされているなかで、大人自身が集団生活で鍛えられていないので、自分の云うことをきく〝すなおな子〟にと期待しがちだ。

将来の主権者として子どもを考えるとき、子どもの可能性をいかにのばすかということで、父母、教師、指導員がもっと話し合いを深めていくことだ。20坪の狭い教室の中だけで、子どもは完成されるものではない。子どもの全面発達を保障すべく、また、子どもが持っがいる自分の力を集団の中で積極的に発揮できるように、放課後の生活を子どもが自主的に、自分たちで切り開いていく力を、集団の中でつくっていく必要がある。

この場合、あまり〝よい集団〟を目指すと、表面の〝かっこよさ〟になってしまいがちである。むしろ、集団を高めていく上で、けんかも自己主張のあらわれとして、その中味を見守ってやるようにしたい。

集団を目指す場合、遊びを大切にしてやりたい。それは表現活動、創造活動の場だから子どもはお互に認識し、創意性を育て、ルールを学びとる。

宿題については、教師の中に3通りの考え方がある。まず、家庭教育に力をつけるため、つぎに受験体制の準備のため、もう一つは、集団の自己運動のためにはないほうがいい、という考え方である。

集団の自己運動（友だちを知る）は、子どもの生活の全てに優先するもので、欠かせないものであり、とくに遊びの中での自己運動が大切である。宿題はクラブでは、できる範囲内ですることで、学習については、学校の教師に一番ウェイトがあるので、教師に学校教育のあり方でせまることが必要だ。

家庭教育のあり方としても、今の受験体制に問題があるが、親の指導力を期待したい。子どもの一つの能力をみつけ、うんと伸ばすような対し方をすることで、子どもは自信を持ち、他のことでも意欲的になる。できない子というのは、理解の力に差があるのであって、その差は時期のずれ―おくれて力のでてくることもあるので、親があわてたりすると、逆に劣等感で力を封じてしまうこともある。

ただ、宿題をする時間を保障することは必要であるが、これを学童保育の場で全部受け持ってはいけない。家庭での習慣、学校の授業のあり方として迫ることだ。

クラブで大切なのは「ぼくはこういうことが出来る」という自信をつけさせることであり、集団―組織づくり―班と班の正しい競争、話し合いなどを通じて、いろいろな問題に対決するエネルギーをつけてやることである。そのためには結果より過程（前より前進した）が、そのための手だてが大切だ。

□第1分科会 ・・・・・・・・・・・・・ よりよい学童保育のために

## ＜その2＞ 施設改善をどうすすめるか

午後1時から、引きつづき提案者の菅野正幸氏（葛飾・父母）より現状はどうか、理想とする基準は、施設改善のすすめ方、最低基準のとりきめを政府、自治体へどう要望するかの四項目について提起されました。そこから質疑応答のかたちですすめられました。

（文責．村磯）

### 話し合いから

足立・父母＝空教室を利用している現状で、やはり2間欲しい。このことは、理事者側の基本的な考え方の相違がある。

杉並、第三父母＝プレハブは建っているが、トイレを学校と共用で使用させ、つけてくれない。遠い場所まで、雨の日または日の短いときは暗くなって行かせるのが心配だ。

大阪＝昭和40年5月、市民館を利用して始まった。市としてでなく、市民館の事業として行ってきた。また家庭的にということで、たんす、テレビ等必要備品は揃っている。また児童館内にある学童保育は、午前中が空いているので、保育園として使用することになっていて、もし保育園が午後まで使うときは阻害されている現状。これは今後の問題に関わることで、学童保育は縮小していく傾向にある。

また、保育所と児童館併設の個所では、一階が保育園、二階が学童保育となっており、年令的に元気がよいので、階下の保育園に気を使ったりする。

総じて、学童保育は、保育園卒園児対策として作られている傾向が強いので、このような悩みが伴うのだ。また併設ということでは、児童館では赤字になるので、保育園に切りかえられていく、また別の個所では、保育園の理事者が、卒園児のめんどうを続けて見るというケースもある（施設提供者の意向により）

埼玉＝共同保育ではじめた、学校の空教室へ移ることに問題がありそうだ。

杉並＝学童保育は、はたして、学校内にあるのが理想的なのか、たしかに安全な面はあるが、友だちと遊べなくなる点も気になるし、そういう意味では、公園内建設が望ましい（足立）が、いまの東京で公園内の建設を考えていくのはむずかしい。また、杉並和田クラブのように狭い公園では、ドッチボールや野球ができない悩みが生じてくる。そのために、わざわざ学校まで引率していくことになるし、学校までに交通のはげしい所を通って行かなければならない。子どもたちを喜ばせるために動いたとき、大きな問題が目の前にある（交通事故、なれない場所でやると遊びの中で起きる事故等）また指導員の数、土地の広さなど。

大阪＝どこに作るかは、どういう学童保育にしようかということにつながることで、異ってくるのではないか、遊び場もあり、広い運動場もあるような中に、児童館が作られてこそ、理想とする学童保育がなされるのであって、現在の保育に欠ける子ども対象から、全児童対象に広がりをもちたい。

まとめ　　　西建先生助言

現時点では、管理者は、安全、保護、家庭がわりとしての為政者の考え方による形でなされている面が強い。

すべての子どもたちに、現在遊び場がない実情である。産業の発達、住宅難で空地はどんどん建物と化し、子どもたち（とくに学童保育のこども）にまでまわってこないのが現実の姿だと思う。しかし、理想的にはまず地域の中に（学校内ではなく）子どもの家を作ったらどうだろうかと思う。と同時に、あわせてぜひ、あそび場を作っていく働きかけも必要であろう。

## □第１分科会・・・・・・・・・・よりよい学童保育のために

## ＜その３＞　指導員の待遇改善をどうすすめるか

はじめに松村朝子さん（杉並、指導員）より杉並組合結成等の経過報告、また東京都下指導員アンケートによる、待遇その他の現状をプリントによる説明ののち、今後の方針として、都内に拠点を作っていこうとする意見などが聞かれ、また県毎に協議会づくりを活溌にしていこうという気運が盛り上りつつあるようです。（文責、村磯）

### 杉並の組織づくり

当初３９年７月より７カ所１４名で親睦会のかたちが母体となった。その後４０年７月より、この親睦会を組合結成へと発展させていった、親睦会も引きつづき、各校輪番による開催として、会場も持廻りで行われてきた。翌４１年には、さらに７カ所の増設、４３年３カ所の順を経た今１７カ所３４名の指導員となっている。

待遇として、非常勤待遇で不安定な上に、時間給ということで、組合を通じ区に請願、43年10月より月給化へ、また44年度に向つて年次休暇15日間適用、代替要員1名、これら区への要求は、組合組織体としての強力な横のつながりの力が、また都職員組合の応援による協力の姿があったからだ。

また、現任訓練と称する指導員の研修のための集りは（区側主催による）現場の指導員の意見をとり入れられている。

そのほか、都内クラブ指導員の労働条件は、（アンケートによる説明）渋谷、府中のみ正規職員、他は非常勤職員としての身分で、ほとんどが悪情況下におかれている。また、それぞれの区が主管課の違いからの悩み等、はてしもない問題をかかえている。

## 話しあわれたこと

杉並＝3年前に組合を結成しているが、やはりはじめは親睦会から始った。

渋谷＝学童館3館、青年館の併設2カ所あるが、正規職員2名づつ6名いるうち他は非常勤2名、6名中4名の配置転換がある。専問職として認められていないので、保育園への移動が行なわれている現状。

文京＝指導員の資格は何か。またどんな研修をしてほしいのか（専門的に何なのか）内容とともに独立した方向として、社会的に内容的評価に乏しい。学童保育のあり方は、ここで作られるべきだと思う。

社会福祉専攻、及川氏＝待遇改善の問題と併せて、専問職制を考えたい。それには、学童保育のとなえ方（位置づけ）を明確にすることだ。

府中市＝現在、正規職員であるが（福祉事務所に午前中出勤、その後に学童保育現場へ）このなかで、定員増、勤務時間等の処遇改善の運動をしていきたい。

## まとめ

広い東京でも労組があるのは杉並のみで、勤務時間の関係で、片手間の仕事として考えている層と、聖職意識の層があることだ。一つ一つの仲間を育てる一指導員集団をどう作っていくか、現実に統一するとなれば、むずかしいかもしれないけれど、杉並の例に学ぶとき、中心的な人が、それ相当の骨折りをしていて、自分のやっていることに価値観を見出している。そのなかで、カベにぶつかったときは、バラバラにならないように、横に広げるやり方が望ましい。そして、資格よりもやつている中味を具体的につき出していく姿が必要だ。

いろいろ、問題は出てくるだろう、正規の職員になるときの問題、資格のない人はどうするか、また、資格にかわる二次的な問題ととりくむ上に、都内にもう1つの拠点を作っていくのがよいことと思う。

まず、指導員1人1人が子どもを育てるということに、大切な意義を見出していく。ここから、行動が始まるのではないだろうか。

以　上

資料

# 東京都23区における

| 区名 | 運営形態 | | | | 指導 | | | |
|---|---|---|---|---|---|---|---|---|
| | 主管課 | 学校 | クラブ | 備考 | 1カ所の指導員数 | 資格 | 身分 | 勤務時間 |
| 渋谷 | | 22 | 5 | 1－6年<br>児童館3　青年分館2 | | 保母 | 正及び非 | 10.10～6.15 |
| 杉並 | 厚生福祉 | 41 | 17 | 1－4年又は6年<br>プレハブ10、空教室5<br>他　3 | 2 | 教員<br>保母<br>他 | 非 | 12.　～6.<br>9　～5.45 |
| 世田谷 | 〃 | 60 | 5 | | 2 | | | 下校　～5<br>9　～5 |
| 豊島 | 教委<br>社会教育 | 29 | 15 | 1－3年<br>プレハブ2　空教室12 | 2 | | | 12　～5<br>(11.45～6.00) |
| 荒川 | 厚生管理 | 27 | 7 | | 2 | | | 12.30～5.15 |
| 文京 | 〃 | 21 | 8 | 1－3年　プレハブ1<br>児童館1、空教室5、他1 | 2 | | | 1.　～5<br>(1　～4.40) |
| 品川 | 厚生 | 37 | 5 | 福祉センター　2<br>児童　〃　3 | 2 | | | 11　～5 |
| 練馬 | | 40 | 8 | 1－3年　プレハブ1<br>空教室8、兼用教室1 | | 教員 | | 12.30～5.30 |
| 港 | | 27 | 2 | 1－3年　児童館 | | | | 12　～5 |
| 江東 | | 33 | 6 | 〃　空教室6 | | 教員<br>保母 | | 12　～5 |
| 板橋 | 区民 | 45 | 13 | 〃 | | 〃<br>他 | | 1　～5<br>(12.30～3.30) |
| 大田 | | 60 | 6 | 〃　独立家屋4 | | 〃 | | 1　～5.30 |
| 足立 | | 52 | 11 | 〃　プレハブ3<br>空教室7 | | | | 12　～6 |
| 新宿 | | 36 | 3 | 1－4年　専用教室 | | | | |
| 江戸川 | | 39 | 7 | | | 保母 | 非 | 1　～6 |
| 北 | 運営委員会に委託<br>(補助金) | 42 | 17 | | | 保母 | 非 | |
| 葛飾 | 区 | 47 | 3 | プレハブ4　空教室1 | 3 | | | |
| 中野 | 教委 | 28 | 28 | 全校校庭開放が主 | 2 | | 非 | 9～5 (日)<br>1　～5 |
| 台東 | 区 | 28 | 5 | 空教室　3 | 2 | | | 1　～6 |
| 墨田 | 区 | 29 | 4 | 〃　3、プレハブ1 | 2 | | 非 | 12　～5 |
| 目黒 | 区(委託) | 22 | 2 | 学校内 | 2 | | 非 | 12　～5<br>9　～5 |

(注)　1. 千代田、中央区は除く。

2. 台東、目黒、墨田区はS'42年度の資料に依る。

—16—

# 学童保育指導員の労働条件

43.11. 1 現在

| 員の処遇 | | | その他 |
|---|---|---|---|
| 報酬 | 月額換算 | 臨時箇給与 | |
| 行（一）による | | | |
| 時間給 175円 | 26,250 | （職員並） 5,231月分<br>42年度 125,558円 | 事務服 |
| 月 額25,000円 | 25,000 | 年末1.0カ月分（42年度より実施） | |
| 日 額 970円 | 24,250 | （職員並）定期昇給 年2回<br>手当 超勤有 | 事務服 |
| 〃 有資格 900<br>無〃 800 | 22,500<br>20,000 | | |
| 月 額 有資格 23,000<br>無〃 20,000 | 23,000<br>20,000 | （年間）有資格 30,000<br>無〃 23,000 | |
| 月 額 18,000円 | 18,000 | 2.5月分 | |
| 〃 23,000 | 23,000 | 夏0.8 冬1.3カ月分<br>午前中勤務 300円 | |
| 〃 23,000 | 23,000 | 研修手当 年間4,800円<br>職員支給率の1/2相当<br>超勤手当 3,000円前後 | |
| 〃 20,000 | 20,000 | 夏期手当 職員の6割 他なし | |
| 〃 有資格 20,000<br>無資格 17,000 | 20,000<br>17,000 | 2.4月分 超勤 | |
| 〃 18,000円 | 18,000<br>〜<br>20,000 | 1.5月分 | |
| 18,000円 | 18,000 | 〃 | |
| 23,000円 | 23,000 | | |
| 時間給 160円 | | | |
| | | 18,000円＋α | |
| | 22,000 | 夏 0.6 （職員の）<br>冬 0.5 | |
| 日曜日 1,000円<br>日 額 500円 | | 交通費 100円 | |
| | 18,000<br>〜<br>20,000 | 年末手当 1カ月分 | |
| | 18,000 | 年間 2カ月分 | |
| | 18,000<br>〜<br>20,000 | | |

資料

東京都下における

| 市 | 小学校数 | クラブ数 | 入所児数 (定員) 実数 | 指導員数 | 指導員待遇 （1人当り） |
|---|---|---|---|---|---|
| 武蔵野 | 12 | 4 | (各40) 2カ所満員 1カ所半分位 全体94名 | 各2 | 日 給 660円 |
| 三 鷹 | 11 | 2 | (40) 30位 (30) 20位 | 各2 | 日 給 550円 社会保障あり (厚生年金、健康保険) |
| 青 梅 | 10 | 1 | (50) 35位 | 2 | 月 給18,000.— 社保 なし |
| 府 中 | | 1 | (40) 43 | 2 | 市 職 員 |
| 八王子 | 29 | 1 | (50) 30位 | 4 | 日 給 660円 社保 なし |
| 昭 島 | 9 | 1 (9月から) 1 (44年度から) | (各50) 30位 | 各2 | 月 給20,000.— 社保 あり |
| 調 布 | 14 | 1 | (40) 50 | | 朝から勤務で、身分は準職だが、給料は職員員と同じ。社保準職並みあり。 1 1人30,600.— 1人26,300.— 実質賃金34,000.— |
| 町 田 | 20 | 2 | (各50) 金森30 35 木曽 〜 36 | 各2 | 日 給 600— ボーナス1カ月あり 社保 なし |
| 小金井 | 7 | 1 (43年度増設 3 1 (44年度増予定 | (40) 35位 | 各2 | 月 16,500.— 社 保 あり |
| 国 立 | | 2 | (50) 35 (35) 29 | 各2 | 日 給 650.— 社 保 なし |
| 田 無 | | 4 | (各50) 35位 | 各2 | 準職並 月17,000.— ボーナスあり 社 保 準職並みあり |
| 保 谷 | 6 | 2 | (各30) 殆ど一杯 | 各2 | 月 18,200.— 社 保 なし |
| 小 平 | 13 (まもなく14になる) | 2 | (各30) 15〜6名位 | 各1 | 時間給日給計算月 20,000.— 社保 なし |

# 学童保育の実施状況

| 保育場所 | 保護者負担 | 保育対象児 | 保育時間 | | 担当課 |
|---|---|---|---|---|---|
| | | | 夏休中 | 普通 | |
| 小学校併設3　他1<br>（三小、五小、大野田小） | 出た回数だけ<br>1日1.5.— | 1～3年 | | | 厚生部保育課<br>社協委託 |
| 学　併2（七小、二小）<br>空教室利用 | 0 | 1～6年 | | | 教育委員会 |
| 学　併1（一小）<br>空教室利用 | 0 | 1～3年 | 9～5時 | 放課後～<br>5時 | 福祉事務所<br>社協委託 |
| 学　併1（六小）<br>プレハブ | | 1～3年<br>（4年在籍） | 9～5<br>（実質8時～9時） | 〃 | 福祉事務所 |
| 学　併（由井三小）<br>上級生→空教室<br>下級生（1.2）→プレハブ（広い） | 660.— | 1～2年<br>（3年あれば入れる） | 8：30<br>～<br>5時 | 〃 | 〃 |
| 学併2　二小　空教室<br>富士見丘小　モルタル<br>学校敷地内の集会所<br>（拝三小　9月開設） | 1日10.— | 1～2年 | | | 〃 |
| 児童会館　五校対象<br>滝坂<br>80㎡位　二小、若葉<br>運動場あり　野川、上野原 | 0 | 1～3年 | 8：30<br>～6時 | 放課後～<br>6時 | 民生部厚生課 |
| 小児童館（木曾、三小、町四小）<br>町内会の集会所<br>金森（南三小、南四小） | 0 | 1～2年<br>（3年あれば入れる） | 11：00<br>～<br>5時 | 放課後<br>～<br>5時 | 教育委員会 |
| 児童館2　一小、二小、東小、本調小<br>学併　1　三小 | 0 | 1～3年 | 10：00<br>～<br>5：00 | 放課後<br>～<br>5時 | 福祉事務所<br>社協委託 |
| 学併　2　五小（五小、三小<br>二小）<br>四小（四小） | 800.— | 1～6年 | 9：00<br>～<br>5：00 | 放課後<br>～<br>5時 | 福祉事務所<br>校長が所長兼任 |
| 田無小、谷戸小、<br>学併　4<br>向台小、西原小 | 0 | 1～3年 | 午前中 | 放課後<br>～<br>5時 | 福祉事務所 |
| 学併　1<br>児童館（小学校のそば）1 | 0 | 1～3年 | | | 〃 |
| 学併3　二小、四小、七小、<br>特定の教室でなく、終ってから借りるのでとても苦労。 | A．B階<br>層0.—<br>他400.— | 1～3年 | 午前中殆どこない | 放課後<br>～4時 | 〃 |

—19—

## 学童保育関係　参考文献紹介

○次の4冊は事務局で取扱っています。御利用ください。

**※『よりよい学童保育のために』**

学童保育連絡協議会編
1968年版　B6判1　4頁グラビヤ入り
¥150円（送料1冊45円1冊増すごとに15円増し）

学童保育20年のあゆみと現状、問題点と今後の方向、子どもの生活実態、指導内容の実践記録、運動の手引きなど、学童保育の全ぼうを明らかにしたものです。入門書として、参考書として座右においてください。

**※『みんなの学童保育』**

葛飾区学童保育クラブ連合父母会編
1968年3月発行、B5版、タイプオフ20頁
写真入り　¥50円（送料35円）

東京都内でももっと模範的な活動を続けている。葛飾区の父母の手でつくられたもので、区内の実[illegible]をもとに、父母の抱きがちな学童保育に対する不安、疑問にこたえている。

**※『子どものしあわせ』41年9月号＜学童保育特集号＞43年3月号**

日本子どもを守る会　編集　草土文化発行　¥70円（送料6円）

月刊誌「子どものしあわせ」で行なった学童保育特集号です。それぞれ指導員や父母の生の声や教育専門家の意見を収録しています。内容の充実度は9月号の方が優れています。

**※『子ども白書』1968年版**

日本子どもを守る会編集・発行
¥350円

1965年から年毎に刊行されています。学童保育についても書かれていますが、むしろ、学童保育を進める上で全ての子どもをとりまく環境の実体を知る必要があり、それを総合的に学ぶ上に貴重な資料です。

□ 第２分科会・・・・・・・・・・・学童保育所をたくさんつくるために

# ＜その１＞ 学童保育の位置づけを考える

提案要旨 ……………………………………… 提案者 ／公 文 昭 夫 □

（東京・葛飾区・父母会・『学童保育物語』作者）

さきに学童保育連絡協議会が編集・発行した『よりよい学童保育のために』では、学童保育を〝第３の教育の場〟といいきっています。これに対しては、いろいろな意見があるでしょうが、それ位の自信を持ってやらないと、運動や認識は進まないと思う。

もともと学童保育は働く母親の切実な要求から生れたものだ。今日、働く婦人１０００万人の１／３は既婚婦人であり、働く婦人（特に母親）の問題は社会的影響力を持つようになった。さらに、これらの組識労働者以外にパート婦人労働者１００万人、出かせぎ労働者１００万人と云われ、留守家庭児は都市・・農村の差なく増加している。

また学童保育所は、今日では、全ての子どもにとって必要なものだと考えられるようになってきつつある。子どもを取まく環境の悪化は、今更説明する必要もないほどいろんなところで語られているが、子どもの事故死は農村でも増加している。放課後の、子ども達の生活の実態をみるとき、完備された学童保育で過す子どもの方が、一般児童よりも、はるかに恵まれた（子ども自身の成長にとって）環境にあるといえる。

このような現状のなかで、政府および自治体は、学童保育を留守家庭児童の非行化防止および交通禍対策ということで発足させた。その前に〝父母の自衛手段による共同保育の数年にわたる実績があり、これを基礎にした大衆的な要求行動があり、これの盛り上りが自治体や国の施策開始となった。

しかし、東京都をはじめとする地方自治体が、児童福祉法にもとずく「保育に欠ける児童を保護する」立場をとったのに対し、文部省では、政府が唱えだした〝人づくり〟の立場から、社会教育の一環として、児童会形式で行う立場をとり、週３回以上実施すればよいなどと、働く母親の立場を考慮したものとはいえないものだった。さらに、ボーイスカウトや官制子ども会と同列に位置づけて統制していく危険な要素も残されている。

最近の傾向として、東京都においては、児童館内での学童保育実施が増加している。都民生局としても、学童保育を児童健全育成対策の一環として考え、児童館の増設と運営の充実および児童遊園の新設に重点を置いている。そして、学童保育は過渡期のやむを得ない施策だという考え方がある。

私たちは学童保育を、全ての児童の放課後生活に必要な、学校、家庭と並ぶ第3の教育の場と考えたい。問題児施設という考え方はなくしていきたい。単なる〝お守り程度〟ということで出発した学童保育であっても、子どもが集団として生活するとなると、当然、教育的要素は伴ってくる。しかも、学校においても家庭においても、大人の干渉や、大人のつくりだす文化の影響が強まっている現在、子ども同志の集団生活を、自主的な活動を営むことができ、まだ学校教育からの干渉も受けていない学童保育の場は、貴重な存在となっている。私たちは学童保育を子どもたちの自主活動の砦として、個性豊かな人間を育てる場として守っていきたい。

話し合われたこと ………………………… まず、各クラブで指導員や父母が、学童保育をどう考えているかを話してもらいました。

千葉・松戸＝公立はなく、民間委託形式で市の補助対象となっているものが2カ所ある。1つは団地内にもう1つは工場団地内にある。

私たちは3年前から団地内で共同保育を始め、市に助成を要求してきた。ところが、工場団地内でキリスト者関係者があとから始めた子ども会が、自民党の顔役の力で先に補助対象になった。そして、団地内の共同保育も、いや応なく地元の顔役を並べた運営委員会をつくることで、やっと補助金が予算化された。

補助は建物その他100万円と毎月の指導員人件費20,000円のみで、他は全て父母負担となっている。ところが、運営委員会に父母代表を出さしてくれない。指導員も共同保育時の指導員は採用せず、新たに運営委員会が雇った。そして、共同保育時代の内容は偏向教育だから持ち込んでは困ると、運営委員会の意向を一方的に親におしつけてこられる。父母の会が市長陳情を行おうとすると、それもいけないと干渉してくる。

このようななかで、共同保育時代には喜んで通っていた子どもも、やめるものが出たりしており、父母の会では、指導内容に問題があるとして話し合い、集団指導を行うよう運営委員に要望を出している。

ところが運営委員会は、「困っている子を預り子守りしていればよいので、教育などとんでもない。まして、集団として子どもの話し合いをするなど、組合意識を育てることになりとんでもない。」と応じない。

一方父母の側は、便宜的に預けているような一部の人を除いては、父母会に結集しており、約80％の父母は学童保育を子どもの成長にとって大切な場だと考えている。

大阪＝セッツルメント活動として、遊び場のない子どもを守らねばと出発した。ところが、学童保育を行ってみて、子ども自身の中に教育の能力があること、集団の中で生みだしていくものの大きさを実感し、毎日の生活の中で、子どもたちが自己を確立し、たくましくなっていくのを感じている。

クラブでは、必要な文化財が一定の段階で保障されているので、子どもたちは何かしら能力を認めてもらえ、それが支えとも励ましともなっている。

お母さん達にしてみれば、今まで子どもを放りっぱなしですんでたのに、3～4,000円は支払わねばならないので、子どもが良くなるということで対抗していかないと続けられない。子ども自身が行きたいということにならなければならない。

子どもにとってみれば、仲間をつくる場は欠けているので、学童保育から出発して全ての子どもが集団生活できる場が確保されるとすばらしいと思う。子どもが集ってきさえすれば豊かになるという実感がある。

名古屋＝セッツル活動として2年前から、あそびや、べんきょう会を組織してきた。学童保育のことは母親大会に参加したとき、母親の切実な声として聞き、帰ってから家庭訪問を始め、夏休みに学童保育を開始した。

学童保育は、地域をよくしていく運動の一環として、いろんな人と結びついていかねばならないと感じている。学生はやはり余所者であり、やりにくい面がある。父母の会も3回持ったが、生活の条件がきびしい故か出席少ない。働く母親の権利を守る上でなくてはならないものと感じている。

東京・品川＝団地の中で、5～6人の母親によって夏休みから始められた。ところが、団地自治会長とうまくいかず、このためやめさせるお母さんもでてきて、8人の子どもが入れ変り たち変りきているという状態だ。一人っ子が多いので、子どもたちは、少々いじめられたりしても友達と、おおぜいで遊べることが楽しく、母親もそのことを喜んでいるが、区も補助してくれないし今後打切りになる可能性もある。

名古屋＝8月に1カ月間、市営団地の町内会から依頼されて週2回朝8時～午後2時まで行った。セッツルメント活動としてやっているので、学童保育と云ってよいかどうかわからぬが、今後学童保育として進める必要があると思い、母親の要求をまとめる調査活動を行っている。

夏休みのときは、連絡ノートを活用したが、「子どもの新しい面を発見した。子どものことに無関心でいられなくなった」という母親の感想が寄せられたりした。お母さん達との話し合いのなかで確認された保育の成果は、友達がたくさんできたこと、ちがう分団の子ども達と仲よくなれたこと、子どもが積極的になった。などであった。

埼玉・熊谷＝共同保育を続けてきて、この4月から公立をかちとった。商店の子どもが多く、第3のいきぬきの場となっているが、一般の母親にはその意義を受取めてもらえないでいる。

というのも、学校の教師が「成績がおちる。しばらく休ませては…」と忠告し、2週間位休んでいたら「成績が上った」と云ったことなどもあり、教師は、「学校が終ってからまで、集団、集団と云わなくてもよいだろう」という考え方である。でも教組としては今年から学童保育についての方針も出してもらった。

埼玉・上福岡＝共同保育として運営・内容共にかなり評価されるものをつくりあげたが、これには会長が機関車となって引張っていったことと、お父さんを父母会活動にひっぱりだせたことに負うところが大きい。

指導内容等は、たえず指導員と父母が交流し話し合ってきたが、最近になって、教師も含めた研究会を持とうと、父母会、指導員、教師の3者が〝教育とは何か〟などの研究会を持っている。

父母は、学童保育は絶対に必要だ。家庭で個々に育てるより、はるかに効果的だ。と云っており、学童保育のＰ・Ｒを地域に対して行おうとしている。また、公立化を考えながらも、公立になった場合、内容がおざなりになるんじゃないかと心配し、約半数が共同保育のままを望んでいる。

西宮＝現在子どもを保育園に預けており、来年入学後どうしようかと、個人的解決を考えて悩んでいたが、3カ月前に「学童保育」なるものを聞き、来年3月までにつくろうと運動を始めている。

市に交渉した結果、場所だけは見つけてくれた。市の面子としても設置する意志はある。しかし内容までは勉強していない。この研究集会で学んだことを帰って報告しようと思う。

学童保育は、初めは保育園の延長だと考えていた。安全に預ってもらえればよいと考えていた。しかし、いろいろなことを知るに及んで、もっと広い一教育的なものにできると思いだしてきた。

小学校にも協力を求めたが、受験教育に熱心な学校で、「かぎっ子名簿など個人の秘密に属することは出せない」と断られた。今後は各個撃破で賛成者をみつけていきたい。

東大阪＝同和地区であり、一般児童も含めた学童保育運動が始った。部落差別問題の要求のなかで学童保育の改善も出されているが、ただ預かるんでなく、教育してほしいという希望も出て、方針がたててある。

教師ははじめ反対していたが、指導員との話し合いで変った。まだまだ知らない人が多いので、同和地区以外にも、学校参観日を利用して宣伝している。男性指導員がいるので、子どもたちはすごく喜んでいる。

東京・杉並＝区が上からつくった学童保育で、住宅地にあるため、共働きしていることを口に出しにくい雰囲気がある。

お母さん達は、〝有難い〟という気持が第一にあつて、こまかい要求はあると思うのだが、出してくれない。父母会も指導員が組織しないとつくれない。でも、たまに集って、母と子といっしよに遊ぶことなどやっていると、働く母同志の素直な体面にこだわらない話し合いの雰囲気は感じられる。

東京都職労＝職場では、職場保育所の要求はやっと起きているが、学童保育の話題はまだ起きていない。職員の３０％は共働きで、８０％以上は家計が赤字になっている。30才以上の職員の平均給与は手取４2,000円である。当然共働きは増加していくだろう。

住んでいる地域でも、学童保育の要求は個々には必要だと話し合われているが、集団の要求となっていない。このような未開拓地域はまだ多いんじゃないか。このようなところでは、団地自治会などが大きな役割を果すと思うが、自治会が、学童保育をつくる会に名前は借すが、実際は足をひっぱるような動きをしているところもある。

最近、町会連合会などが、地域組織を反動的なものにしていこうという動きが活溌になっている。教師も必ずしも学童保育を理解していない。教組との話し合いも必要だし、地方自治体労働者との話し合いも必要だ。来年１月下旬に、都職労では臨職・非常勤問題の集会を行うので、学童保育からも参加してほしい。

某地方自治体職員＝実は私は学童保育の担当者だが、１９日～２２日に東日本少年教育研究集会があり参加した。団地を含む地域の部会に出たが、そこでの話題の６０％は学童保育のことだった。

文部省は学童保育の直轄を考え、基本的には〝婦人は家庭に帰れ〟である。しかし、現実には〝かぎっ子〟が多く、一定の要求があるから仕方なくやるという態度だ。参加者の中で、学童保育実施に踏み切れないのは、婦人に働くことを奨励することになるからだ。と発言する者もいた。

学童保育を位置づける上で、婦人が働くことの意味を明らかにすることから出発せねばならない。食べていけないから働くだけでは、国の施策を変えていけない。生活に困るなら仕方ないが、マイカー族が子どもを押しつけるのは筋ちがいだという考え方が、自治体職員の中には根強い。

昨日の総会での運動方針に不満がある。活動は散発的に行なわれるのでは効果はないし、３月議会で請願というのは無駄だ。４４年度予算は１２月段階で査定されてしまうのでおそい。

民間委託の場合大切なのは、運営委員会の中に父母代表を送り込むことと、指導員の任命・選択権を確保することだ。指導員を探すのは、民主的な団体との連携の中で探すとよい。

最近、学童保育所の児童数が減る傾向にあるが、これを解決しないと、学童保育を改善する上で障害となる。また、国はボーイスカウトに力を入れている。

以上の報告をもとに話し合いのなかで、学童保育の位置づけについては、次のような点を確認して、午後の討議へ引継ぎました。

① 働く婦人の権利を守る立場から必要であり、国や自治体の考え方、および施策を、この立場から変えさせていかねばならない。

② 子ども自身のために必要である。この点では、友だちができる（特に一人っ子にとっては大切）。子どもの集団の中に教育の能力があり、家庭でだけで育てるよりはるかに効果的である。このことはかぎっ子だけでなく全ての児童に拡げて考えていかねばならない。などが確保されました。

③ 地域をよくするために必要だ。子どもを取まく問題は、学童保育だけで解決できるものでなく、地域全体として子どものための環境をどうつくっていくかの取組が必要だ。このような取組みのなかで、学童保育に発生するさまざまな問題もまた改善・解決していけるだろう。

□第２分科会・・・・・・・・・・　学童保育をたくさんつくるために

## ＜その２＞学童保育所づくり運動の進め方と問題点

**提案要旨** ……………………………… 提案者／沢野　勉□

（東京・日野市多摩平・父母会）

多摩平地区の学童保育所は昨年から今年にかけてようやくできたが、そのつくられてきた過程を中心に話したい。

### １，要求をどう組織するか

初めは「新日本婦人の会」を中心に要求が話しあわれ、『学童保育物語』をテキストに半年近く勉強会が続いた。そして、今藤薫樹先生（西久保保育園長・嘉悦学園講師）を招いての幼児教育の講演会の場で、学童保育の必要性を提案し、設置促進会の会員を募集した。学童保育利用者だけでなく、協力者も含め約５０名の会が発足した。

この設置促進会で自治体交渉を重ね、市当局も設置を考えるようになったが、９月市議会に対し、８６０名の署名と共に請願を行い、採択され、4月から発足した。

運動の過程で、団地自治会や保育園にも協力を依頼したが、それぞれ自身のことで忙しく、とおりいっぺんの協力しか得られず、この点では、学童保育をつくる目的でつくられた促進会等がないと運動は進まない。

また、自治体交渉の際には、団地の中の議員全員に紹介議員になってもらった。

## 2，父母会の役割と活動

学童保育が設置されてからは、父母会活動が重要だが、父母会は、市当局が学童保育利用者を招集して説明会を行った席上で、市職員も同席のところで父母に呼かけて結成し、市にも公認させた。

指導員を支えるのも父母会の役割だ。夏休みや臨時休校日の保育をはじめ、いろんなことは父母会が市当局と交渉している。そして活動は機関紙を発行して全員に知らせている。

## 3，学童保育に現れた新しい動き

ところが、学童保育では全く新しいケースの、社会教育協会（財団法人）が学童保育も行なおうという動きが、多摩平地区で明らかにされた。

これは、牧野英二を会長とし、実行委員長藤井丙午（八幡製鉄副社長）をはじめ、日本のトップ企業、金融機関の代表的人物で構成された実行委員会が、財界から募金をあおいで「社会教育センター」を建設し、そのなかで団地における青少年教育のあり方を研究実践し、そこでの経験を全国に普及していこうと意図されたものです。

この計画は昨年9月頃から準備が進められ、日野市長は市有地を30年間無償提供する内定を与えながら、今まで明らかにせず、いよいよ具体化されようという時になって公表したものです。日野市議会は10月16日の議会で賛成22、反対4で1650㎡の市有地無償提供を可決した。建物は地上3階地下1階、建設費1億1千万円。

これに対し、団地自治会を中心に各団体連絡会が持たれ、対策協議会が結成されたが、学童保育父母会もこれに参加して、反対運惑を起していった。今までのところでは、学童保育は市の直営事業とするという附帯事項をつくらせた。

**話しあわれたこと** ………………………… 以上の報告を受けたあと、つぎのようなことが話しあわれました。

《潜在する要求を組織していく》　学童保育の要求は運動の起きていないところにも潜在する。1小学校1施設を目標に潜在要求を掘りおこしていくことだ。

東京葛飾区青戸の場合でも、共同保育を始める前に10カ月間位、子どもの教育問題を中心に研究会を続けた。このなかで、当初3人で出発したものが、共同保育を始める頃には準会員も含め30人位になっていた。この中で実際に子どもを預けたのは7人だけだったが、他の人たちは協力者として会員になってもらった。

このような周囲の人たちの協力を組織することは大切で、共同保育を続ける中で、児童が一時的に2〜3人になっても、後援会をつくり、周囲の人に支えながら、やがて立直っていった経験も出されました。

《父母会活動の重要さと果す役割》 学童保育施設ができてからも父母の活動は大切である。指導員の待遇や施設の改善について、指導員は要求しにくい立場にあり、どうしても憎まれ役を父母が買ってでる必要があるし、当局も父母の要求は聞かざるを得ない。（せん風機や冷蔵庫を獲得したり、指導員の配転を阻止し増員をかちとった、渋谷区代々木の例などいくつかの経験が報告されました。）

父母会をつくるには、学童保育の発足と同時に結成するのがもっとも手取り早いということで、クラブ開設の説明会の席上で、当局係員の面前で呼かけ、準備をすすめた例がいくつか出されました。

学童保育の設置が、地域の運動のなかでつくられたところは、父母会も結成しやすいし、活動も活潑ですが、学童保育クラブが上から設置されていったところでも、指導員の働きかけで父母の会は結成できること、また、学校の教師と指導員と父母の話し合いを持った方がよいことなども出されました。

《やはり公立化は必要である》 共同保育の場合は父母負担額が大きく、長期間続ける間には利用者も減少する。やはり都府県ないし区市町村の補助を出させるなり、公立化するなりの運動が必要である。公立になった場合、運営や指導内容に干渉を受け、父母・指導員の希望が通らなくなった例もあるが、それも父母がしっかりしており、実権をとることができれば、力関係次第で変えられる。

《地域にねざしたあり方を検討》 高学年児童まで含めた保育の希望が各所から出されている。高学年児の場合、現在の施設では満足しきれない面もある。男性指導員を置くとか、地域全体の子どもの環境・施設・自主的な子どもの組織をどうするかを考え、その中に学童保育を位置づけるということも考慮していかねばならない。

## 申し合わせ事項

最後に第1、第2の両分科会が合流して話し合いましたが、そこでつぎの4点を申合わせました。

① 学童保育における子どものけがについて学校安全会の適用が受けられるよう交渉する。

② 府県段階、地域毎の協議会結成を急ぐ。

③ 専従事務局員を置くよう検討し、できるだけ早く実現する。

④ 3月議会に向けて、全国足並みを揃えての一せい請願運動を行う。

## □ 学童保育連絡協議会　総会

# 全国組織のための体質改善を行う。

総会では、今までの活動報告・会計報告を受けたあと、今後の運動方針を検討し、また、協議会を全国組織にするための規約改正を行い。新役員も選出いたしました。

### 今後の運動方針

1. 当面の要求　○1小学校区1カ所を原則とした学童保育所の設置

　○子ども生活に適した施設・設備・運営方式への改善

　○指導内容研究のための補助金交付と自主的研究活動の保障

| 2. 活動方針 | 3. 組織方針 |
| --- | --- |
| ○区市町村に対する要求行動を強化…………<br>―3月地方議会で全国いっせいに請願運動を起す。 | ○父母会活動の確立。<br>○指導員の自主的交流の強化と労組結成<br>○区市町村毎に、府県毎に協議会結成を |
| ○文部省に対する陳情行動を起す。…………<br>―留守家庭児童会の予算増額と内容改善を要求。 | ○4月総会を目標に全国組織を確立<br>―労働組合、民主団体、研究団体の協議会加入と協力体制を要請する。 |
| ○指導内容の向上をはかり、指導目標を確立する。………… | ○研究サークルを組織し、自主的、系統的な研究体制を確立。 |
| ○学童保育の存在と果す役割を、もっと広汎な人に知ってもらう。………… | ○各種の大衆団体、民主団体、研究団体、労働組合などとの交流と協力体制を深める。<br>―各種研究集会への参加と開催 |

4. 事務局体制の強化と財政の確立

## 新役員紹介

会長＝近藤亮三郎氏

副会長＝東京から松本ちさえ氏と杉並労組より代表を１名選出。関西を代表し大阪から１名を選出。その他地方も逐次代表を選出してもらう。

会計＝太田イネ子氏

事務局長＝西元昭夫氏

会計監査＝菅野正幸氏（葛飾・父母）と文京区父母代表を選出してもらう。

## 規約改正

規約（申し合わせ事項）は別記のとおりですが、とくに変った点は次のようなところです。

1. 副会長を従来の２名から若干名に変更し、各地方から選出してもらう。
2. 運営委員を全国的に各地方からも選出し、年２回以上の運営委員会を持つ。総会に次ぐ決議機関となる。
3. 常任運営委員会を新設。東京中心に運営委員中から常任運営委員を選出し、執行機関とする。

## 入会のおすすめ

学童保育所をたくさんつくるために、よりよい学童保育のために、運動の全国的結びつきを強めましょう。あなたも学童保育連絡協議会へ入会してください。

＊ 会費は月額で団体２００円、個人５０円です。

＊ 会員には毎月ニュースをお送りします。ニュースには、毎月行う勉強会の報告や、各地の運動の模様、指導内容のすぐれた実践例などを掲載します。

＊ 新しくつくるための運動や改善のための運動の援助も行います。

申込先・東京都千代田区神田小川町３の５　学童保育連絡協議会
TEL　(293)9410

## 学童保育連絡協議会運営申し合わせ

名　称　この会は「学童保育連絡協議会」といい、事務局を東京都内におきます。

目　的　この会は、学童保育指導員および父母、関係者、専門家間の連絡を密にして、学童保育の啓蒙普及・発展を積極的にはかり、保育内容の研究、施設の充実、制度化の運動を推進する母体となります。

事　業　1. ニュースを発行します。

2. 学童保育所づくりの指導と援助を行います。

3. 指導内容向上のための研究会、勉強会を開きます。

4. 指導員の交流と親睦をはかり、労働条件の改善に努力します。

5. 学童保育所の施設や児童の保育条件などの改善に努力します。

6. 学者、専門家等の協力も得ながら、学童保育のあるべき姿をたえず探求し、よりよき制度化を推進します。

7. その他、必要な事業を行います。

会　員　学童保育指導員、父母、関係者、専門家、学生および研究者はだれでも入会できます。入会は団体あるいは個人のいずれでもよく、両者とも共通の権利、義務を有します。

会　費　1カ月につき団体200円、個人50円とします。また賛助会員制度を設けることもでき、賛助会費は年額1.000円とします。

会　議　総会＝年1回開きます。また必要ある場合は臨時に開くことができます。

総会は運営委員会の決定にもとずき、会長が招集します。

運営委員会＝地方ブロック毎、地域毎、分野毎に運営委員を選出し、年2回以上の運営委員会を開き、総会までの必要事項を協議します。また役員の選任を行い、総会の承認を求めます。

常任運営委員会＝運営委員のなかから常任運営委員を選出し、日常活動を推進し、必要事項を協議します。

ブロック会議＝必要に応じて、地域毎あるいは問題別のブロック会議を開きます。ブロック会議は事務局長が招集し、運営委員会に報告します。

役　員　役員として会長1名、副会長若干名、会計1名、会計監査2名、事務局長1名をおきます。事情によっては兼任も可能とします。

事務局　事務局長は、会員の中から事務局員若干名を任命し、事務局の活動を推進します。

財　政　1. この会の財政は、会費および寄附金でまかないます。

2. この会の会計年度は、4月1日より翌年の3月31日までとします。

※　この申し合わせを変更するときは、総会の承認を必要とします。

※　この申し合わせは、1968年11月23日より実施します。

第３回学童保育研究会・報告集

1969．1月発行　¥50円

---

発行　学童保育連絡協議会

東京都千代田区神田小川町３の５

Tel（293）9410

# 1月12日常任運営委員会報告

1月12日午後、杉並産業館で行った常任運営委員会の結果をお知らせします。

出席者＝松本ちさえ、太田イネ子、岸本（代々木父母会）、仲野（北区父母）
遠藤（杉並労組）、益子、村磯、武井淳子、岸雅子、西元

座　長＝太田イネ子

〈討議および決定事項〉……別紙、常任運営委員会資料を参照してください。

## 1 情勢報告 —報告者／西元— 省略します。

## 2 常任運営委員会の構成について

○第3回学童保育研究集会と同時に行った総会で、全国組織に対応させるため、あらたに常任運営委員会をもうけ、従来の運営委員会を全国各地の代表が参加する決議機関に変え、今までの運営委員会が行ってきた役割と任務を、常任運営委員会が行うことに、規約改正が行なわれました。

○本来なら、まず運営委員会を開き、そこで常任運営委員を選出すべきなのですが、まだ過渡期なので、とりあえず常任運営委を構成し、活動をすすめながら運営委員会をつくりあげていくという方向を確認し、常任運営委の構成メンバーを検討しました。

○常任運営委員に予定している人は、別紙のとおりですが、東京周辺で、地域代表をということで選びました。一応このメンバーを決定しましたが、どうしても都合の悪い方は、事務局までご連絡ください。なお、会は2～3か月に1回開き、交通費は実費を支給します。

## 3 活動スケデュール

今年の主要な活動の計画—日程—を、つぎのようにたてました。

○自治体交渉 —3月議会に全国一せい請願行動をおこし、以後引続き、議会毎に請願・陳情をくりかえしていく。このための準備と話し合いを1月のべんきよう会で行う。

○文部省交渉 —6月を予定し、それまでに全国代表者会議や運営委員会など、必要な準備をすすめる。

○第4回学童保育研究集会— 9月14～15日に行う。

○45年度予算要求運動—いつも手おくれになるので6月から準備を始める。

○運営委員会 —第1回の運営委員会を 3月 2日（日）に行う。

## 4 当面の活動

○大阪学童保育研究集会—2月2日に行なわれるので、2つの分科会にそれぞれ参加できるよう2名の代表を送る。交通費実費を負担する。

◦第14回子どもを守る文化会議 ―― 2月8～9日 埼玉県大宮市、大宮高校で開かれます。

学童保育の分科会ももたれ、協議会から世話人を出すことになっていますが、その他の分科会にも出席し、学童保育のことを訴えることになりました。 現在決っている参加者はつぎのとおりですが、他の方も多数参加してください。

◦学童保育分科会 ―― 松本、益子、遠藤、大塚、西元

◦保育所 〃 ―― 仲野

◦交通事故とあそび場 ―― 村磯

◦子どもの勉強 ―― 武井

◦マスコミの中の子ども ―― 岸

~~◦子どもとスポーツ ――~~

◦自主的な子どもの組織 ―― 太田

◦どんな子どもに育てるか ―― 岸本

◦ブロック毎交流会の組織 ―― 現在東京都の指導員労働組合をつくる準備が進められていますが、そのためには、地域毎のきめこまかい交流会が必要です。また、今まで中央で行ってきたべんきよう会を、各地域ブロック毎に持てないだろうかという意向もあります。この2つの点を打診するために、下記のブロック毎に交流会を準備することになりました。

1、文京、台東、北、荒川

2、品川、目黒、大田、世田谷、渋谷、港、新宿

3、杉並、中野、豊島、板橋、練馬、

5、江東、墨田、江戸川、葛飾、足立

6、都下、

5、事務局体制 ― 常任体制については、25000円位の給料を出して常任をおくとしたら、どのような財政計画を持てばよいかを、事務局でけんとーすることになりました。

―― 以上、要約でお知らせしました。 ――

# 学童保育連絡協議会ニュース

NO・24
1部20円

1969・1・16
学童保育連絡協議会　発行
東京都千代田区神田小川町3－5
TEL（293）9410


# 土台はできた。今年は砦を築こう

## ——昨年の成果と今年の課題——

あけましておめでとうございます。

昨年は，学童保育運動が大きく前進した年でした。年頭に当って昨年の成果を確認しながら，今年の展望と課題を考えてみたいと思います。

昨年の一番大きな成果は，学童保育関係者の全国集会が持てたことですが，それに先だって発行されたパンフレット『よりよい学童保育のために』の普及が，この全国集会を成功させたと言えるでしょう。

### 『よりよい学童保育のために』の発行

『よりよい学童保育のために』は，これまで，父母の手できり開かれ，関係者の努力でおし進められてきた，学童保育運動10数年の経験を集約したものでした。まだ，全国各地の運動を網羅することはできませんでしたが，現状把握と問題提起は，本質的に全国の実態をとらえていたことを，日本母親大会の学童保育分科会に出席し，全国各地からの参加者の発言を聞きながら，確信できました。

また，このパンフレットは，学童保育という未知なものの全貌を初めて明らかにしたものでした。それまでにも，いくつかのパンフレットが，協議会やクラブ，団体から出されてはいましたが，歴史，現状，指導内容，運動の進め方，今後の方向などの全般を，一冊の本に集約した点で画期的なものでした。

さらに，このパンフレットは全国的に販売され，初版3000部は，殆どが組織販売によって，3ケ月ばかりの間に売れてしまいました。協議会としても積極的な販売活動を行ったわけですが，一方では切実に求められていたものであるということが言えそうです。そうして，これによって全国各地に孤立しながら，学童保育改善のために努力している多くの人たちと連絡がつき，このことが，第3回学童保育研究集会を全国集会として成功させる力となりました。

## 第３回学童保育研究集会の成功

学童保育連絡協議会は，１昨年10月の研究集会で，全国的立場で運動を進めることを確認しましたが，この第３回研究集会が，全国的に呼かけた初めての集会となりました。集会には，山形から福岡までの各地から参加し，出席できないが資料や報告集を欲しいという希望はもっと広範囲に寄せられています。

２日間の研究集会を通して感じたことは，参加者の層が拡がったこと（日教組や都職などの正式な協力も得られました）と，学童保育の位置づけやあり方，指導内容など，今まで手探りで確かめられてきたものが，形づくられ定着しつつあるということでした。

## 東京での特徴的な動き

東京都における運動の何よりの成果は，学童保育指導員の全都単一労働組合結成のための準備会が発足したことでしょう。すでに労働組合を結成している杉並区では，毎月のように部・課長交渉を持って待遇改善をかちとり，他区指導員とは比較にならぬ好条件にありますが，杉並区だけの改善には限界があり，今後は全都的な改善の中でしか杉並の改善も望めないと，他区指導員に呼かけた交流会を３回にわたって行い，その結果として全都単一労組結成の準備会が発足しました。

毎月行うべんきょう会では，劇あそび，人形劇，読書指導，紙版画，体育あそびの基礎や指導の基本的考え方を学んできました。劇あそび，人形劇，紙版画などはいくつかのクラブで，子どもたちのものとなりつつありますが，諸先生方の話に共通な点として，「子どもの創造性をひきだす－子どもに考える課題をどんどん与えていく－のが指導員の仕事だ」ということが言えると思います。このことは，研究集会における城丸先生の「子どもを閉込めておいてよいのか」という言葉と共に，今後掘り下げていかねばならないことだと考えます。

連絡協議会とは別に，台東区を中心に文京，江戸川，江東などの指導員が参加して行なわれている研究会の動きも活発になってきました。これは協議会は思想的に問題があるから，イデオロギーぬきの研究会としたい（当局に対する要求行動を行ってにらまれたくないということでしょうか）という集まりで，子どもや指導員の権利を主張する立場が弱く，学童保育の仕事を社会奉仕的に考える傾向が強いですが，不安定な条件下にある指導員の素朴な発言の場とも拠どころともなっているようです。このような動きも，学童保育の前進のためには貴重な存在で，交流と話し合いのなかから権利主張の動きも当然生まれることでしょう。

また，葛飾区，大田区，埼玉県などにみられるような地区毎の連絡会の成立や交流活動も活発になってきていますが，これらの実情については，各府県の実情も含めて逐次各地の会員の方から報告していただきたいと考えます。

### 新しい年の活動目標■

昨年の研究集会において，全国運動の土台ができたといえるでしょう。今年は土台の上にわたくしたちの砦をがっちりと築くことです。１月１２日に行った常任運営委員会では，今年の主要活動スケジュールをつぎのように決定しましたが，今年は全国組織の充実と地域毎の活動と交流の強化，国および地方自治体の施策改善要求会員拡大と事務局体制の強化，すぐれた指導経験の普及，地域全体の子どものための学童保育のあり方研究など多くの課題をかかえています。皆さんの御活躍を期待します。

○地方自治体交渉＝３月の地方議会に対する一せい請願を皮切りに，議会毎に請願行動を継続する。

○文部省交渉＝６月を目標に準備。それまでに運営委員会（全国）や各府県代表者会議など行う。

○45年度予算要求運動＝６月より着手する。

○第４回学童保育研究集会＝９月１４～１５日に行う。

○当面の活動について＝＊地域毎に指導員・父母の交流会を組織し，①地域毎のべんきょう会準備，②東京都指導員労組の結成，③３月地方議会請願準備をすすめる。＊大阪学童保育研究集会および子どもを守る文化会議への参加。＊事務局常任体制のための財政確立。

---

## 第１４回　子どもを守る文化会議へ参加しましょ

**■２月８日（土）・９日（日）**

**■埼玉県大宮市・大宮工業高校**

「子どもを守る文化会議」は，民間団体約80団体の協賛で，子どもをとりまく環境を良くする運動として取組まれているものですが，「学童保育を実のあるものに」をはじめ，「保育所問題」「交通事故とあそび場」「子どもの勉強」「マスコミの中の子ども」「どんな子どもに育てるか」など20の分科会にわかれて話し合いが行なわれます。

協議会としても実行委員会に参加し，学童保育の分科会の世話を受持っていますが，学童以外の分科会へも代表を送るよう準備しています。皆さんも多数参加して下さい。

参加費は３００円（２日間）で，当日会場でも受付けています。

# 第3回学童保育研究集会に学んだこと

## ── 参加者の感想・大阪 ──

大阪では，第3回学童保育研究集会に参加した人を中心に報告会が持たれ，早速報告集が作成されましたが，報告集にのせられた参加者の感想文から，研究集会の評価を拾ってみました。

＜感想文の要約＞

全国の学童保育の高まりは予想以上に大きくなってきたようです。手さぐり状態だった学童保育が，こうした動きのなかで一つの体系だったものになりつつあります。多くの実践を通じて，保育内容もこういうものをやろうという形みたいなものがつかめかかっています。

一方，大阪の動きをみると，父母とのつながりが欠けている。東京では父母の認識が高く，父母からの活発な働きかけが大きな原動力となっているが，大阪では，指導員が保護者から浮上った形で運動が行なわれている。

保育内容の追求でも，もっと学童独自のものがあってよいと思う。東京で，子どもを中心として高い次元で子どものしあわせが考えられているのを学ばねばならない。

学童保育の位置づけにしても，学童保育の場が，これからの教育をどう発展させるかという一つの課題になっている，ということを考えていくことも大切だ。

東京と大阪では，学童保育の発生のちがい，保護者層のちがい，行政施策のちがいはあるが，大阪でも指導員，父母，教師が一体となって話し合い，一貫した考えのもとに運動を進めていく必要がある。

## 大阪学童保育研究集会の取組み

さらに大阪では，12月3日の学童保育研究会で，東京での研究集会の報告を深め，大阪ではどうしたらよいかを検討しました。

その中で，大阪での出発は，社会の矛盾の犠牲者としての子どもを保護しようという考え方が強く，親の要求の結集・反映がない。何故そうなのかを，共同保育の母親の運動・経験を汲みあげながら考えねばならない。また，子どもにとって何が必要か，大人の立場からでなく考え，専門分野としての研究を進めねばならないなどが話しあわれ，大阪でも研究集会を持つことが決りました。

# おやつ代を30円に要請

## ──葛飾区父母連合会──

東京都葛飾区学童保育クラブ連合父母会では，さる12月23日に，学童保育クラブのおや

## 第１回　大阪学童保育研究集会へのおさそい

テーマ　よりよい学童保育をすすめるためにお互いの悩みをだし合おう

日・時　44年２月２日（日）午前10時～午後４時

主　催　大阪市社会福祉協議会，大阪市学童保育推進協議会

会　場　愛光会館／大阪市東区谷町３―35　ＴＥＬ９４１―２０５２（地下鉄谷町四下車）

日　程　１０時～１１時＝挨拶，講演，質問

　　　　１１時～１４時半＝分科会

　　　　１４時半～１６時＝全体討論

分科会テーマ

　　⑴学童保育所づくりをおしすすめるために保護者の悩みをもっと出し合おう。

　　⑵よりよい学童保育のために

参加費　１人１００円（資料代含）

連絡先　研究集会事務局＝大阪市天王寺区東高津町８―２　大阪社会福祉協議会内　大阪市学童保育推進協議会　ＴＥＬ　７６８―３３８１

　参加者はなるべく事前に申込み下さい。

つ代を１日１人30円（現在18円）に値上げしてほしいと，区当局へ請願しました。

　葛飾区のおやつ代は，１昨年８月に３円値上げされ18円となっていましたが，その後の諸物価の値上りによって，パン・菓子・牛乳代も上っており，おやつの質と量を下げてやりくりしている現在，18円では牛乳代にも足りない額であり，牛乳以外に何か食べさせたいためには，また，全額区費でまかなうというたてまえからも，この際おやつ代を引上げてほしいというものです。

### おふろ

おふろって　気もちがいいな
ボチャボチャ　ジャブジャブ
ゴシゴシ　ザァーザァー
ああおもしろいなあ。

いのうえよしひさ（代々木）

# 事務局だより

## ≪事務局体制≫

＊　事務局の仕事は現在次の人々によって進めています。松本，星川（文京），太田（北），村磯，益子（杉並），岸，小田島（渋谷），西元（大田），以上のほか今後父母代表として，葛飾区中青戸，渋谷区代々木，杉並区和田クラブからも１名ずつ参加していただきたいと考えています。

＊　事務局の仕事は，毎月２回の定例事務局会議で必要事項を検討していますが，とりあえず次のような任務分担で仕事を進めています。

ニュース編集＝岸，小田島，西元
勉強会計画＝松本，村磯
労組結成対策＝太田，星川
財政＝益子，太田
渉外・組織＝西元

＊　まだ常任体制をとれないでいるので，上記事務局員の中で条件の許すものが，交替で午前中（土曜日を除く）だけ事務所に出ており，毎日１２時～１時の間は西元が必ずいけるようにしていますので，連絡はできるだけこの間にお願いします。

でも実際の仕事は，この時間内だけで処理できるものではなく，早急な常任体制が望まれます。

## ≪１月の活動計画≫

○事務局会議＝１月６日，２０日

○対都交渉＝４４年度予算のための要請

○常任運営委員会＝１月１２日

○ニュース編集会議＝１月１６日

○べんきょう会＝１月２４日午後６時半～９時　於代々木クラブ。テーマ／父母会活動研究。

○地域ブロック毎の交流会＝杉並区労組を中心にしてすすめられている全都単一労組結成のためにも，地域毎の指導員の交流は欠かせないものです。また，勉強会も地域毎に開くことができると，みんなが参加できるんじゃないかということで，この二つの点の可能性を探るために，１月下旬～２月上旬にかけて，地域交流会を開く準備をすすめます。

地域ブロック会議は次のような区分けで行いますので御協力ください。

①千代田，中央，港，新宿
②文京，台東，北，荒川
③品川，目黒，大田，世田谷，渋谷
④杉並，中野，豊島，板橋，練馬
⑤江東，墨田，江戸川，葛飾，足立

発売中／

第３回学童保育研究集会報告集
¥５０円（送料共）

よりよい学童保育のために
¥１５０円　送料３５円

## 指　導　員　雑　感

東大阪・長瀬北小学童保育通信・おたまじゃくしNO１８より

毎週火曜日を家庭訪問の日と決めて，２軒ずつまわっています。今まで１１軒の家を訪問しておどろいた事は，家の中や外の用事をお母さんが一人でひきうけていることです。

お父さんもお母さんも仕事に出かけて２人共疲れて帰ってくる。お母さんは夕食の用意や洗たくとせわしく働いている。そのそばでお父さんがテレビを見ている。

これでは子どもたちは，家の用事はみんな女がするもので，男はデーンと座っていればよいと，一方的な考えをもつ，家庭とはみんなが協力してつくりあげるものだと思います。

お父さん，お母さん，子どもが仕事を分担して，働くことを嫌がらない，みんなと作業ができる子にしたい。

お父さま方いかがでしょう。

## おすすめしたい本

### 『子どもと読書』

代田　昇編
新日本新書＝69
新日本出版社発行／240円

クラブの片隅にきちんと並べられた図書には目もくれないで，マンガ週刊誌に読みふけっている子ども達を恨めし気に見遣るのは私ばかりでしょうか。こんな私たちの悩みに応えてくれる恰好の本があります。

『子どもと読書』は書評紙「読書の友」に，42年末から連載されてきた読書指導の実践や手引きを，一冊の本にまとめたもので，「子どもの本を見なおそう」「テレビっ子と読書」「読みきかせと読書へのいざない」「本のえらび方・あたえ方」「どんな本をあたえたら」「読書環境をつくろう」などの章にまとめられています。

この本の特徴は，教師や研究者５氏の実践をもとに，子どもとともに行ってきた読書指導の中で体得した理論や指導法が，わかり易く実例をあげながら書かれていることでしょう。

読みきかせの章では「小学校に入って，ひらがなが読めるからといって，子どもに本を読むことを要求しても無理。文字が読めれば内容が理解できるというものではありません。本好きになるには，おとな自身も感動する本を探しだし，あせらず読みきかせを継続してその感動を子どもに伝えることです。特に民話は伝承文学の美しさ，力強さを肌で感じさせてくれ，本好きの子をつくるよみものの一種です。」と書かれてあり，子ども達は多くの作品に接していく中で豊かな感情と人生に対する正しい判断力を養っていくのです。

ぜひ，家庭でもクラブでも，御一読頂きたい本です。マンガ雑誌やテレビの影響を受けている現代の子ども達に「立ち止ってものを考える」読書へのいざないを，私達も試みようではありませんか。

（代々木・岸）

■幼年教育講座第1回——案内■

# 『わたしたちのめざす幼年教育とは』

全国幼年教育研究協議会では，幼年期の教育・保育について，実生活にねざした，子どもの可能性をのばす方向での，基本的な考え方を明らかにするための幼年教育講座を，下記のように準備しています。

＊日時／テーマ／講師

---

２月８日／子どものおかれている現状をどうとらえるか／羽仁説子。子どもをどのようにとらえるか／西健（中野区谷戸小）

---

２月２２日／子どもの発達と認識／久保田浩（白梅学園短大）

---

３月１日／子どもの遊びと集団／市村久子（新宿区鶴巻幼稚園長）

---

時間は何れも午後６時～９時

＊会場＝東京都教育会館／地下鉄東西線神楽坂駅下車／ＴＥＬ２６０－３２５１

＊定員＝１００名（定員になり次第〆切）

＊参加費＝４回通しで会員400円，一般500円（１回分だけは１５０円）

＊申込先＝杉並区高円寺北４－２５－９　全国幼年教育研究協議会　ＴＥＬ　３３８−０７０９

# 名前をつけてください

すてきな名前をこのニュースにつけてください。今までは「学童保育連絡協議会ニュース」などという，長ったらしい名前でがまんしてきましたが，新編集部では，皆さんに名前をつけていただこうということになりました。２月末日までに，すてきな名前を応募してください。採用分には謝礼をさしあげたいと考えていますが，何にするかは事務局で検討さしていただきます。

# 投稿もおねがいします。

皆さんが御存知の本や教材で，ぜひ推せんしたいものがございましたら，８００字以内で推せん文をお寄せください。また，皆さんが何でも言いたいことを言えるコーナーも新設します。これも８００字以内でお寄せください。子どもたちの詩や作文なども，良いのがありましたらおねがいします。

今後は毎月１日発行を厳守していきたいと一同はりきっています。

——新編集部一同——

# 第四回学童保育研究集会開催についてのお願い

学童保育設置の要求は、働く母親の増加と共に、ますます強く、広汎なものになっています。現在の設置数七〇〇余か所（公立だけで）のうち、昨年度の新設が二〇八か所（約一五％増）という数字が、このことを如実に物語っています。

しかも、この設置数は、公費の補助対象下にあるもの――つまり地方議会に対する度重なる請願・陳情の後、やっと設置されたものだけで、請願は採択されても未だ設置されずにいるもの、また、採択されないまま父母の自衛手段として共同保育を開始しているもの等は、新設数の数倍に上ると推定されます。

一方、学童保育の歴史は、民間および共同保育時代から数えると、すでに二〇年を数えます。東京都をはじめとする自治体が補助事業として取上げてから六年、文部省が補助を開始してから三年になりますが、今だに政府の積極的に推進する姿勢は得られず、とくに、文部省下の「留守家庭児童会」では、働く母親の要望と遠くかけ放れた運営がなされているところも多いようです。

しかし、空教室利用の劣悪な保育環境、指導員給与平均二〇、〇〇〇円以下で身分保障もないという悪条件の中で、学童保育指導員や、それを支える父母の努力は続けられ、指導内容の研究やすぐれた実践に、施設・設備の改善にと、幾多の成果を獲得してきました。そして、実践者の中からは学童保育は〝鍵っ子対策〟ではすまされない。恵まれない地域環境下にある全ての児童の、放課後の生活の拠点とならねばならないという声も強まっています。

今回の研究集会は、全国的に経験を交流し、すぐれた実践を普及するなど、学童保育の発展・充実を計る上で、貴重な場となるものです。各団体におかれましては、研究集会へ参加を呼かけていただくと共に、団体としての代表派遣、メッセージ・祝電などをいただくよりお願い申上げます。

一九六九年九月　日

学童保育連絡協議会

会長　近藤亮三郎

学童保育［印］協議会之印

様

# 第4回学童保育研究集会のおさそい

■記念講演／宍戸健夫 先生（愛知県立大学助教授）

――学童保育の未来像――（仮題）
学童保育の役割とあるべき姿を探る

■分科会（予定）

Ⅰ．小学校毎に学童保育所設置をめざして

運動の進め方 A．つくるまで　B．つくってから　C．今後の方向　など

Ⅱ．学童保育の指導内容向上のために―父母も考えよう

A．どのような指導をするか
B．学童保育における学習をどのように考えるか
C．学童保育における集団指導―方法と理論―をあきらかにする。

Ⅲ．学童保育指導員の待遇改善…身分保障をかちとるために

おねがい

多数ご参加ください。集会や分科会の持ち方について意見をお寄せください。また、クラブのニュースや実践記録、子どもの作品なども送ってください。展示したいと考えています。

▼とき　一九六九年九月十四日（10時）～十五日（16時）

▼ところ　東京渋谷区　日本社会事業大学（原宿下車）

▼参加費　二〇〇円（予定）

▼宿泊　民宿および宿舎をあっせん．

▼申込み・問合わせ先
東京都千代田区神田小川町三ノ五
TEL ２９３－９４１０

主催　学童保育連絡協議会

# 第4回
# 学童保育研究集会
# 案内

と　き：1969年9月14・15日
ところ：東京・日本社会事業大学
（山手線・原宿駅下車）
参加費：200円
申込先：学童保育連絡協議会
東京都千代田区神田小川町3−5
TEL（03）293−9410

## ＜おさそい＞

昨年11月行なった、第3回学童保育研究集会は、初めての全国集会として青森から福岡までの仲間が参加し、実践を交流し、前進の方向を明らかにしました。

昨年度中に、学童保育所は全国で209カ所以上が増え、公立だけで700カ所以上になりました。今までにない増加ぶりです。しかし、増設される一方で、文部省の予算は増加せず、一施設あたりの補助金が削減される例も生まれています。増設と改善、内容の充実のための話し合いを深め、〝予算がない〟という壁を破る方向を見出したいと考えます。多数の御参加をお待ちします。

キ……リ……ト……リ……線

集会後文部省に陳情を行ないます。あなたの一番切実な要求をお書き下さい。集会に参加されない方もどうぞ送って下さい。

| | | | | |
|---|---|---|---|---|
| 私の要求 | | | | |
| 氏名 | | 指導員 父母 ㊞ | 住所 | |

□日　程

| | 9 | 10 | 11 | 12 | 12.30 | 13.30 | 15.00 | 16.00 | 17.00 | 18.00 | 21.00 |
|---|---|---|---|---|---|---|---|---|---|---|---|
| 14日 | | 開会式 | 記念講演 | | 昼食 | 分科会 | | | | 交流会 | |
| 15日 | 分科会 | | | 昼食 | | 分科会 | 全体会 | | | | |

□記念講演／宍戸健夫先生（愛知県立大助教授）

学童保育の未来像—役割りとあるべき姿を探る—

□分科会

Ⅰ　小学校ごとの学童保育設置をめざして

*つくるまでと、つくってからの運動の進め方

*今後の方向と政府・自治体への働らきかけ

Ⅱ　よりよい学童保育のために—父母と指導員が手を組んで—

*施設・設備・運営の改善運動

*指導員の待遇・身分の改善運動

*児童館とのかかわりなど、今後の方向を探る。

Ⅲ　学童保育の指導内容向上のために—父母も考えよう—

*どのような指導がよいか、カリキュラムの立て方など

*学童保育における学習指導をどう考えるか

*学童保育における集団指導—方法と理論—を明らかに

……キ……リ……ト……リ……線……

第4回　学童保育研究集会　参加申込書

| 県名 | 氏名 | 住所 |
|---|---|---|
| | | |

| 所属（クラブ学校名） | | ○印 | 男・女 | ・指導員・父母・学生・その他 |
|---|---|---|---|---|

| 宿泊希望は○印を | 14日 | 15日 | 民宿 | 旅館 |
|---|---|---|---|---|

# 第4回 学童保育研究集会 資料

- 1969年9月14,15日
- 東京・日本社会事業大学
- 主催・学童保育連絡協議会

## 日程表

| 日 | 時刻 | | | |
|---|---|---|---|---|
| 14日 | 10:00 | 開会式 | | |
| | 11:00 | 記念講演＝宍戸健夫先生 | | |
| | 12:30 | 〈昼　食〉 | | |
| | 13:30 | 第Ⅰ分科会 | 第Ⅱ分科会 | 第Ⅲ分科会 |
| | 17:00 | 〈夕　食〉 | | |
| | 18:30 | 交　流　会―於・代々木学童クラブ | | |
| | 21:00 | | | |

| 日 | 時刻 | | | |
|---|---|---|---|---|
| 15日 | 9:00 | 第Ⅰ分科会 | 第Ⅱ分科会 | 第Ⅲ分科会 |
| | 12:30 | 〈昼　食〉 | | |
| | 13:30 | 全体会―各分科会報告、申合わせ確認など | | |
| | 15:00 | 学童保育連絡協議会　総会 | | |
| | 16:00 | 閉会 | | |

■分科会会場案内 ー 3階

オI分科会ー小学校ごとの学童保育設置をめざして

オII分科会ーよりよい学童保育のために一父母と指導員が手を組んでー

オIII分科会ー学童保育の指導内容向上のために一父母も考えようー

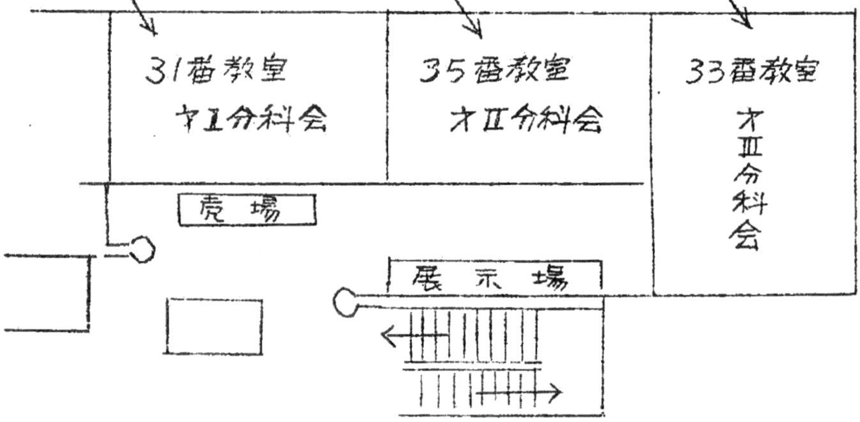


■お知らせー必ずおよみください。

※昼食について —— 会場周辺に食堂が少い上、日曜で休業が多いと思われますので、べんとうを用意しました。 物価高のおりで200円になりましたが、中味はサービスしてあります。希望者は11時までにお申込み下さい。

※民宿のおねがい —— 東京周辺にお住いの方で、地方からの参加者と交流したいとご希望の方、300円程度の費用で、民宿を引受けていただけませんか。 協力いただける方は受付宿泊係までお知らせ下さい。

※14日夜の交流会 —— 会場は代々木学童クラブ（国電代々木駅下車）です。ウラ表紙に地図があります。

※研究集会記録集の予約受付 —— 今回の集会の記録といろんな資料をのせた"記録集"を作成します。希望者はお申込み下さい。送料共250円です。

※文部省交渉 —— 16日午後1時より文部省交渉を行います。条件のゆるす方は多数参加してください。

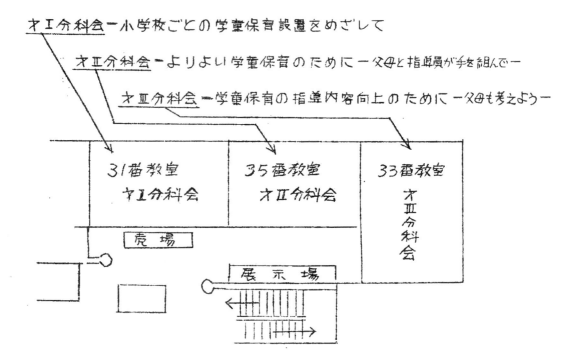

# 学童保育連絡協議会　運営申し合わせ（規約）

名称　この会は「学童保育連絡協議会」といい、事務局を東京都内におきます。

目的　この会は、学童保育指導員および父母、関係者、専門家間の連絡を密にして、学童保育の啓蒙普及・発展を積極的にはかり、保育内容の研究、施設の拡充、制度化の運動を推進する母体となります。

事業　１、ニュースを発行します。

２、学童保育所づくりの指導と援助を行います。

３、指導内容向上のための研究会・勉強会を開きます。

４、指導員の交流と親睦をはかり、労働条件の改善に努力します。

５、学童保育所の施設や、児童の保育条件などの改善に努力します。

６、学者、専門家等の協力も得ながら、学童保育のあるべき姿をたえず探求し、よりよき制度化を推進します。

７、その他必要な事業を行います。

会員　学童保育指導員、父母、関係者、専門家、学生および研究者はだれでも入会できます。入会は団体あるいは個人のいずれでもよく、両者とも共通の権利と義務を有します。

会費　団体は月200円、個人は年額1000円（分割可能）とします。また賛助会費を設け年額1口1000円とします。

会議　総会＝年1回開きます。必要ある場合は臨時に開くことができます。総会は、運営委員会の決定にもとずき、会長が招集します。

運営委員会＝地方ブロック毎、地域毎、分野毎に運営委員を選出し、年2回以上の運営委員会を開き、総会までの必要事項を協議します。また役員の選任を行い、総会の承認を求めます。

常任運営委員会＝運営委員のなかから常任運営委員を選出し、日常活動を推進し、必要事項を協議します。

ブロック会議＝必要に応じて、地域毎あるいは問題別のブロック会議を開きます。ブロック会議は事務局長が招集し、運営委員会に報告します。

役員　役員として会長1名、副会長若干名、会計1名、会計監査2名、事務局長1名をおきます。事情によっては兼任も可能とします。

事ム局　事務局長は、会員の中から事務局員若干名を任命し、事務局の活動を推進します。

財政　１、この会の財政は、会費および寄附金でまかないます。

２、この会の会計年度は、　月1日より　月末日までとします。

※　この申し合わせの変更は、総会の承認を必要とします。

※　この申し合わせは、1969年9月15日より実施します。

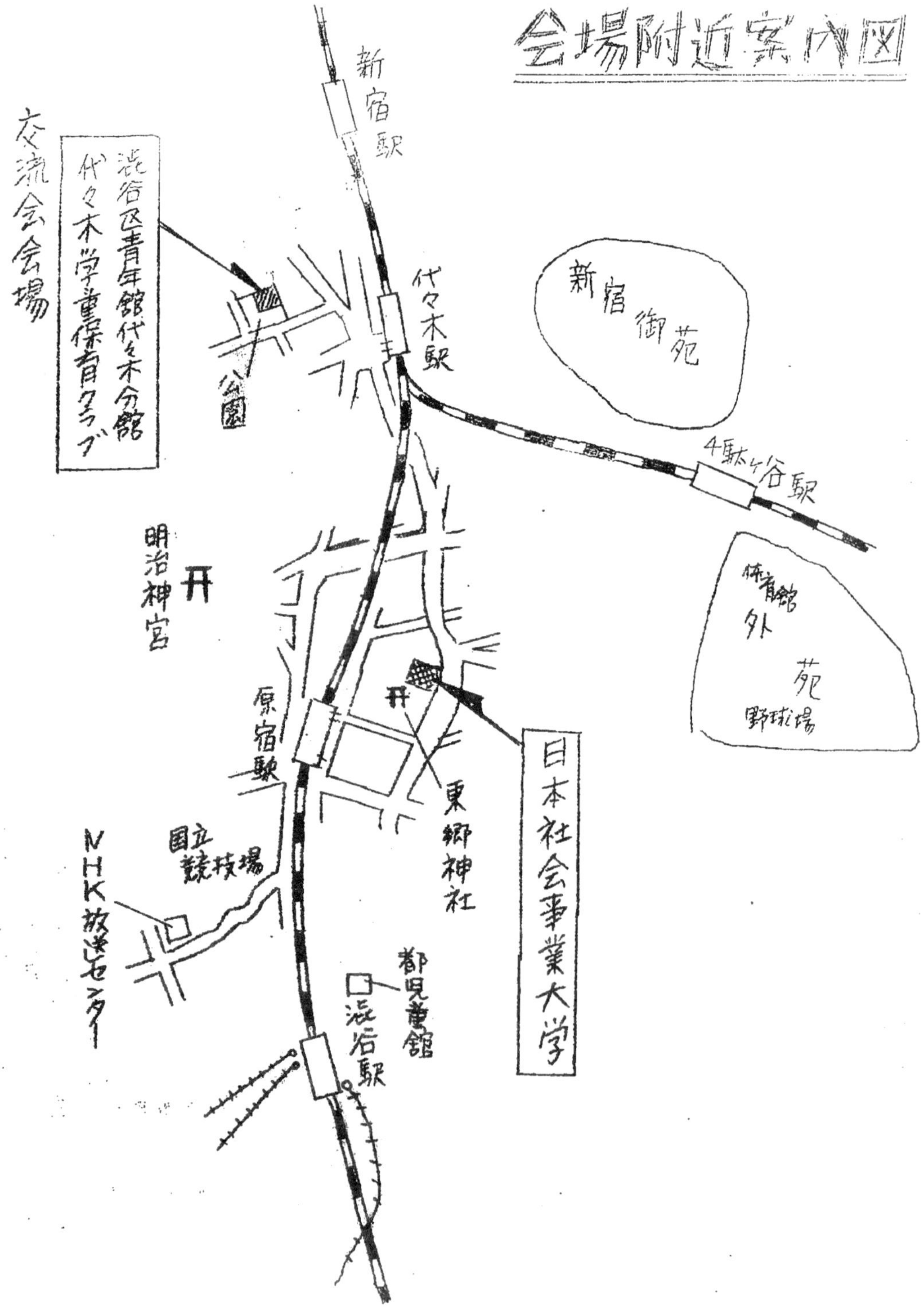
会場附近案内図
新宿駅
交流会会場
渋谷区青年館代々木分館
代々木学童保育クラブ
公園
代々木駅
新宿御苑
千駄ヶ谷駅
体育館
外苑
野球場
明治神宮
原宿駅
東郷神社
日本社会事業大学
国立競技場
NHK放送センター
都児童館
渋谷駅

# 第4回
# 学童保育研究集会

●とき● 1969年9月14～15日

●ところ● 東京・社会事業大学

●主催● 学童保育連絡協議会

## ▧記念講演

「学童保育の未来像」— 役割りとあるべき姿を探る —

□講師　宍戸健夫先生（愛知県立大助教授）

## ▧分科会Ⅰ/　小学校ごとの学童保育施設をめざして —

□提案者　調布、狛江学童保育連絡協議会（今井・高山）

### (1) 保育の会の発足の要因と経過及び活動内容

(イ) 41年8月入居後、保育施設の不備、医療施設のないこと、日常生活の不便なこと等、これらの問題を解決するために、42年1月発足した。

(ロ) 活動内容

- 共同保育部 — 産休あけからの0才児保育。
- 学童保育部 — 集会所を使用しての自主保育。
- 青空保育部 — 幼稚園、保育園に入園していない幼児を対象に週1回戸外であそぶ。
- 事業部 — 年2回のバザー、料理講習会などを行う。
- 保健部 — 主婦の健康診断、幼児検診、離乳食講習会などを行う。
- 広報部 — 月一回保育の会便りを発行するほか、講演会などをおこなう。

### (2) 学童保育部の成立と活動内容

＜自治体交渉のあゆみ＞

- 調布市 — 請願・陳情6回、いずれも不採択理由として
  △予算がない　△学童保育への無理解
- 狛江町 — 3月、町長以下担当課長出席のもとに、父兄50名が参加し、公聴会を開く、確認事項として、△町として必要な

認めるので、前向の姿勢でとりくむ。

○施設設置について、公社交渉を町として行う。

○当面、社会教育の一環として、子供クラブの指導として指導員を派遣する。

○その後、地域に住む住民の方と対町と交渉を重ねた結果、6月採択さる。

< 公社交渉のあゆみ >　44年6月　40名参加

(イ)自治体に、集会所を貸してほしい。

(ロ)集会所使用料の減免。

(ハ)学童保育所内に緊急用の電話を設置してほしい

解答として

①会場は、自治会が管理できれば考慮する。

②使用料減免はできない。

③電話は、電々公社と話合ったが、赤電話の使用度数の関係で、採算が合わない。

< 学童保育クラブの発足の経過と現状 >

○42年2月〜43年3月まで自治体交渉が主であったが、43年4月、個人宅開放、女子のみ5名で発足する。　44年度利用者のアンケートを取る　その結果、すぐ利用したい　45名、　今後の利用者　202名。

○現状 ── 場所、団地内集会所の一室、使用料を払い、1週間ごとの前借りで借用する。

○設備 ── 自治体の補助がないため、教材・遊具などがない。

○指導員 ── 1名、狛江町から派遣しているだけで、補助員の人件費は父母負担である。

○費用 ── 保育料(補助員)、会場使用料、おやつ代(含む雑費代)
以上で、月平均2,500円。

< 現在の自治体、公社のこの問題についての問題。

○自治体 ── 調布市の理事者側の個人的見解として、自治会へ補助を出して運営させたい。

○狛江町 ── 6月採択後、町として1カ所設置する予定である。

○調布、狛江連絡協議会の成立過程、4月27日、三多摩保育問題討論集会に出席し、他地域との意見、資料交換など、横の連けいが必要であると痛感し、連絡協議会を発足(7月6日)団体、個人多数参加した。

(3) 自治会活動との関係

調布への請願の才1回は、自治会と共同で提出、2回目以降は保育会独自で陳情.

○理由として、

①保育の会が、自治会内の組織でないという事の不満.

②住民感情として働く者への無理解、思想的偏見、一部のものの為の施設という考え方、

○44年6月には、自治会独自で学童保育の予算要求を市町へ提出. これと前後して団地内6支部の中に、連絡協議会に加入する支部もできたし、素通り出来ない情勢になってきている.

(4) 保育の会の学童保育についての当面の目標（要求）と方針

○公立学童保育を設置させる

○入所制限等の差別措置を極力なくし、民主的運営を行う。

○当面の要求として自主保育に対する補助と自治体で助成金を出し委託させる方法等を考慮中である。

## ▧ 分科会Ⅱ／ よりよい学童保育のために― 父母と指導員が手を組んで

去る6月1日、新宿区体育館において、「東京都学童保育指導員労働組合」が発足し、指導員の労働条件改善、身分保障の確立、学童保育の正しい発展をめざし、才一歩をふみだしました。

この労働組合結成は、杉並区の指導員労組が母体となって昨年9月から準備をすゝめてきたもので、東京都職員労働組合の積極的な援助が大きな力となりました。

そしてすぐ運動方針にもとづいて、6月都議会に、正規職員化の早急な実現、給与面についての要望を陳情しました。その後、各区において夏季一時金の斗争を行ない、又、超勤手当斗争をすゝめる中で徐々にではありますが、成果をあげつゝあります。

また、9月都議会には、正規職員化の問題、設備の問題など、9項目の請願を提出しました。

では、なぜ私たちが労組を作り、労働条件の改善、身分保障の確立を叫ぶのでしょうか。労働に見合うだけの保障をしてほしいという事だけでしょうか。

それだけではないと思います。いい仕事＝いい指導がしたいという考え基盤にあるのです。ではどうしたらいい仕事ができるのだろうか、と考え

るとき、私たちはそこで自治体の学童保育行政とぶつかるのです。どうしたら・私たちの考える学童保育が実現するのか。それには、学童保育にかゝわりのある人すべてと手を結び、自治体にむけて斗いをしていく事だ、それにはまづ、指導員どおし手をつなごう、そこから労組結成となったのです。

そして、労組結成は、学童保育とは何をするところなのか、学童保育は、動く婦人とこどもにとってどういう役割を果すのか、そして、学童保育の重要性、また現実の仕事に比べて私たちの待偶の悪さはどこからきているのだろうか、そう考えたとき、そこに私たちの考える学童保育と、自治体の考える学童保育 ー 現実の施策の対決を見出し、そしてそれを変えていこうと考える私たちにとっては、当然であると思います。

まだまだ、歩みは小さく、巾もせまい斗いではありますが、しかしその責任は重く果す役割は重要であると思います。

今後の課題として、

(1)すべての指導員の加盟をめざし、さらに広汎な斗いにしていくこと、

(2)対都、対区の交渉を強めていくこと、

(3)父母との連けいを深め、父母からの要求も共に実現をめざして運動していくこと

(4)労働者の権利と労働組合についての学習を強めていくこと、

(5)施設、設備の改善にとりくむこと、

(6)児童館とのかゝわりあいの中で、学童保育のあるべき姿を明らかにしていくこと・等々、大きく、重要な問題ばかりです。

そして、私たちの待偶改善の斗いが、よりよい学童保育のための斗いである事に自信と誇りをもち、今後「子どもを愛するすべての人と手をつなぎましょう」のスローガンのように、より広い、かつ深い斗いをすゝめて行かなければならないと思います。

東京におけるこれからの学童保育のあり方に、かゝわる重要な責任を労組がもっているのだという事をあらわしているのだと思います。

さまざまな経験の中に学びながら、よりよい学童保育をめざし、努力していきたいと思います。　（以上）

□提案者　東京都学童保育指導員労働組合（大田イネ子）

## ▧分科会Ⅲ／学童保育の指導内容向上のために－父母も考えよう－

□　提案者．埼玉県福岡町　あめんぼクラブ（　石田　芳子）

### あめんぼクラブの一日．

〈あそび〉個性的、集団的、創造的な「あそび」と「あそび方」の指導．

クラブでの生活は、あそびが中心です。あそびの中で子どもは、思いやりや、協力すること、批判すること、連帯感などを自分で学びとっていきます。

また、子どもたちは、あそびのルールをつくり、それを守る中で集団のきまりを知ります。

電車ごっこをするにしても、駅をつくるもの、切符をつくるもの（書く、キリトリ線を入れるもの）、お金つくり、時刻表つくり、運転手、車掌、客などを分担して、集団あそびでなければできないたのしさを味あいます。

また、こつこつ書くことの好きなものは時刻表づくりに、力を出すのが得意なものは運転手にと、おのずから自分の特質を生かした個性的あそびにと発展していきます。

また、今年になってからは、男子を中心に野球が子どもたちのあそびに入ってきましたが、１人ではできないチームあそびのたのしさも体験しています。

あめんぼクラブには、最近まで遊具らしい遊具はなかった。子どもたちは白墨一本で西瓜わりの西瓜を書き、布巾の目かくしで西瓜わりをし、ダンボールは、電車や、自動車に生まれかわり、暗くなればおばけごっこという風に次々とあそびを創造してゆきます。

〈飼育〉

犬一匹、あひる二匹の世話は子どもたちがやります。毎日、当番をきめ餌をやり、小屋を掃除し、散歩をさせます。また、日旺日には、日旺当番が、家から餌をはこび世話をしにきます。

３月までは、うさぎが１４匹いました。費用は１カ月10円、原則として子どものおこづかいの中から集めます。

団地では動物を飼うことが禁止されているので、動物の世話をすることで、動物に対するやさしさ、命をあずかる責任感、生命の大切さを学びます。春には、うさぎを二度出産させ、子どもをふやしてそれをデパートのペット係に売り、代金で小屋をつくる計画と実施、あひる小屋、池づくりの計画とその手伝いに父親動員など、すべて子どもたちが計画をたて、つくりあげました。

＜栽培＞

クラスの前を開墾し、畠をつくりそこには花などでなく、トマト・キュウリ、ナス等野菜を植え、大きくしました。

トマトは、夏休みのおやつになり、全員でうえた"廿日大根"は班毎に競争で育て、家に持ち帰りたべました。

飼育、栽培ともに勤労や生産労働の経験の少ない子どもたちにとって、貴重な経験なので、積極的に指導内容にとりくんでいます。

＜学習＞

宿題はクラブでやることにしています。学習の習慣づけをします。宿題のないときは、班の中で国語、算数の基礎学習をやります。

今年の夏休みは「もじのほん」をとりあげ、二年生以上には日誌をかゝせました。

＜話しあい＞

おやつの時に話し合いをします。みんなの前で話すこと、きくこと、判断すること、意見をのべるという事を自然に学びます。

そのあと、良書をえらび、読みきかせをします。

＜学校教師との連絡＞

子どもたちの学級担任をできるだけ訪問し、子どもの理解を深め、一貫性をもたせようとしています。授業参観にも出席。

＜父母との交流＞

1週間に1日、「あめんぼだより」を発行し子どもの生の事実を内容とした記事をつくっています。父母、教師、P.T.Aなどにも配布しています。隔月で、地域ごとに地区会をひらき、夜遅くまで保育内容の事で話合います。

＜行　事＞

毎月の誕生日会、夏には一泊の合宿、秋の芋ほり、父と子のソフトボール大会、観劇などをやっています。

日　課

| | |
|---|---|
| 12:30～3:00 | あそび<br>動物の世話 |
| 3:00～3:30 | おやつ、<br>話合い、<br>読みきかせ |
| 3:30～4:00 | 学習 |
| 4:00～5:30 | あそび<br>掃除 |

# アンケート

学童保育連絡協議会

みなさん　きようは全国の各地から「学童保育研究集会」に参加され、ごくろうさまです。今年の集会から来年の集会への資料にするためこのアンケートにご協力ください。

| | | | | | | | |
|---|---|---|---|---|---|---|---|
| 1、 | 名<br>前 | 男<br>女 | 会員<br>一般 | 所<br>属 | 公立<br>私立 | 指導員　学生<br>父　母　その他（　　　） | 都道<br>府県 |

2.これまで集会に参加されたことがありますか。

| | | | |
|---|---|---|---|
| 第1回 | 参加した | 参加しない | |
| 第2回 | 〃 | 〃 | 初参加です |
| 第3回 | 〃 | 〃 | |

3.この集会をどうして知りましたか。

大会案内　　知人　　友人　　その他（　　　　）

4.参加費はどうされましたか。

旅費支給（出張）　一部補助　　自已負担　　その他（　　　　）

5.この集会に参加しての感想をおかきください。（案内　集会運営　宿泊などについてありのままのご感想をおきかせください）

6.「学童保育連絡協議会」について　望むところをおかきください。(今後の活動について)

◎（このアンケートは各自参加されたいづれも最終日に　受付へお出しくださ

# 第4回
# 学童保育研究集会
# 報告集

♧1969年9月14・15日

♧東京・日本社会事業大学

♧主催・学童保育連絡協議会

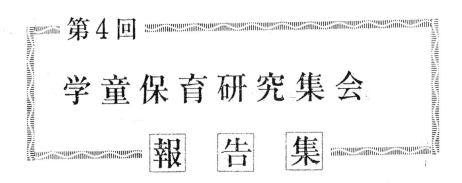

☆研究集会日程

| | 9 | 10 | 11 | 12 | 1230 | 1330 | 1500 | 1600 | 17.00 | 18.00 | 21.00 |
|---|---|---|---|---|---|---|---|---|---|---|---|
| 14日 | | 開会式 | 記念講演 | | 昼食 | 分科会 | | | | 交流会 | |
| 15日 | 分科会 | | | | 昼食 | 分科会 | 全体会 | | | | |

☆記念講演／宍戸健夫先生（愛知県立大助教授）

学童保育の未来像ー役割りとあるべき姿を探るー

☆分科会

Ⅰ　小学校ごとの学童保育設置をめざして

＊つくるまでと、つくってからの運動の進め方

＊今後の方向と政府・自治体への働らきかけ

Ⅱ　よりよい学童保育のために

＊施設・設備・運営の改善運動

＊指導員の待遇・身分の改善運動

＊児童館とのかかわりなど、今後の方向を探る。

Ⅲ　学童保育の指導内容向上のために　ー父母も考えようー

＊どのような指導がよいか、カリキュラムの立て方など

＊学童保育における学習指導をどう考えるか

＊学童保育における集団指導ー方法と理論ーを明らかに

# 目　次

## 都道府県別参加者数

東京都　１８０名

| | | | | | | | |
|---|---|---|---|---|---|---|---|
| 千代田区 | ４名 | 港　区 | ４名 | 新宿区 | ４名 | 文京区 | ３名 |
| 台東区 | ４〃 | 北　区 | ３〃 | 荒川区 | ６〃 | 品川区 | ８〃 |
| 大田区 | ７〃 | 世田谷区 | ６〃 | 渋谷区 | ６〃 | 杉並区 | ２０〃 |
| 中野区 | ２〃 | 豊島区 | ５〃 | 板橋区 | ４〃 | 練馬区 | ６〃 |
| 江東区 | ２〃 | 墨田区 | ２〃 | 江戸川区 | ５〃 | 葛飾区 | ９〃 |
| 足立区 | ５〃 | 調布市 | １５〃 | 狛江町 | １０〃 | 三鷹市 | ４〃 |
| 保谷市 | ２〃 | 小平市 | ４〃 | 日野市 | ５〃 | 立川市 | ４〃 |
| 国立市 | ３〃 | 小金井市 | ４〃 | 府中市 | ５〃 | 昭島市 | １〃 |
| 八王子市 | １〃 | 国分寺市 | １〃 | 田無市 | １〃 | 清瀬町 | １〃 |
| 稲城町 | ２〃 | 福生町 | ２ | | | | |

| | | | | | | | |
|---|---|---|---|---|---|---|---|
| 岩手県 | ４名 | 秋田県 | ２名 | 千葉県 | １７名 | 埼玉県 | ２１名 |
| 群馬県 | １〃 | 神奈川県 | ７〃 | 愛知県 | ９〃 | 静岡県 | １名 |
| 三重県 | １〃 | 京都府 | １〃 | 奈良県 | １〃 | 大阪府 | ３４〃 |
| 兵庫県 | ３〃 | 広島県 | ３〃 | | | | |

総計　２８５名

## 開会のあいさつ

学童保育連絡協議会会長
近　藤　亮　三　郎

学童保育クラブ指導員のみなさん！

および関係者のみなさん！

皆さんの日頃の地道な活動が今日の「第４回学童保育研究集会」を成功させる原動力となっていることを感謝しております。

さて，みなさんも大きなショックを受けたことと思いますが，最近子供たちの生命がおびやかされています。常識では考えることの出来ない誘かい殺人事件，交通死亡者一万人突破という悲しい記録など………。子ども達の生命を守るためにも，今後学童保育を発展させなければなりません。

そのためには，みなさんの身近かなところから，仲間を一人でも多く増やし，今後の予算獲得運動や，身分保障の問題および指導内容の充実を解決していかねばならず，問題は多く残されています。

ここにお集りのみなさんが，その担い手として活動してくださることを祈つております。

第４回学童保育研究集会を開くにあたって，各政党・民主団体へ挨拶状を発送しましたところ，次の方から祝電・メッセージをいただきました。

＜美濃部亮吉＞（東京都知事）

私は，未来への希望を，子どもたちに託します。子どもたちが，健やかに，明るく育つように，皆さんの努力を更に期待します。

＜野坂参三＞（日本共産党中央委員会議長）

第４回学童保育研究集会に当り，日頃学童保育所づくりの運動に熱心に活動されている皆さんの集いに，心からの敬意を表します。

学童保育所の要求はますます切実で，広汎な人びとの要求となりつつあります。

全国の広汎な人びとや民主団体などと協力し，完備した施設をつくらせ，内容を充実させ，職員の身分保障などを斗いとるために，集会の成功を祝い，皆さんと共に日本共産党は奮斗いたします。

集会参加の皆さん，共に力を合わせて頑張りましょう。

## ＜公　明　党＞

本日の第４回学童保育研究集会まことにおめでとうございます。皆様の御活躍と発展を心よりお祈り申し上げます。

## ＜川越すずの＞（東京母親大会連絡会委員長）

学童保育研究集会が実りある集会でありますよう。学童保育所増設と内容充実のためご一緒に頑張りましょう。

## ＜新日本婦人の会＞

集会の成功を心からお祝いします。

母と子のしあわせのため，学童保育の発展充実を目指し，共に手をつなぎ，運動を前進させましょう。

## ＜塩谷アイ＞（日本共産党東京都議団）

学童保育研究集会に参加された皆さんに，日本共産党東京都議会議員団を代表して心からの御挨拶を送ります。

今子どもたちの生活は，どの面からみてもおびやかされています。低賃金と高物価で働く人びとの生活は極度に抑えられ，「安保条約」と「高度経済成長」政策のもとで，生活環境は破かいされ，学校教育は選別と軍国主義化の方向が強められています。

こういう情勢の中で，子どもたちの生活と教育をまもるために，政府の「人づくり」政策を打破るために，学童保育の問題は，働く人びとの緊急で切実な課題となつております。

この研究集会が，全国的な学童保育活動の交流の場として，また，これからの運動を方向づける場として，大きな成果をあげられるよう期待します。

民主的な方向を目ざす東京都政の中でも，子どもの生いきとした要求を中心に，保護者と指導員が結集して進められている学童保育運動は，都政を発展させる一つの大きな支えとなつています。

みなさんの研究討論の成果が，全国的にひろめられ，新しい創造的な運動が，さらに発展することを心から願っております。

私共も，学童保育政策をさらに充実したものにし，その実現を目ざして，皆さんと共に活動を強めたいと思います。皆さん！共に子ども達の生活と教育と権利を守るために頑張りましょう。

## 記念講演

# 学童保育の未来像

### ――― 役割りとあるべき姿を探る ―――

○講師＝宍戸健夫先生（愛知県立大助教授）

学童保育の問題には，かねがね関心をもっていたのですが，私自身保育問題に集中していて，学童保育の問題にとりくむことができないでいました。この機会に，学童保育の問題を検討して，私なりにまとめてみたいと思ったのですが，大学問題があり，充分深めることができなかったことをお詫びしておきたいと思います。学童保育について私は「学童保育物語」（労働旬報社）から学んだものが多いのです。学童保育の内容がここに集約されているほど進んできているとは知りませんでした。これから話すことは，地域の子ども組織の運動とからみ合せて，どう子どもを地域で組織し育てていくかというような観点にしぼりたいと思います。

## 子どもの校外生活は 熟でしか組織されていない

まず，最近の子どもをとりまく社会状態は，交通事故，その他新聞を賑わしている事件など，色々な問題を抱え込んでいますが，ごくありふれたところにも，大変大きな問題が生まれてきています。たとえば，現在，熟へ行く子どもが多くなっています。小学生は勿論，幼稚園の子どもにも見られます。小学生で６０％以上の子どもが塾通いをしています。ところが，東京都の調査では，「留守家庭児童」で塾へ行っている子が8.４％だそうです。「留守家庭児童」の場合は，放課後は放置されているとも思われます。熟が流行っているというのは，受験体制の影響でもありますが，一面において校外生活指導が組織されていない状況下では，熟に行くより外ないということも考えられるのです。ある意味で，熟は学習だけでなく子どもの集団生活の場にもなっています。私はここで，塾へ行くのがよいと言っているのではありません。校外指導を塾が肩がわりしていること，しかも，その大部分は中流の家庭で，「留守家庭児童」は塾にもいけない状態にあることを問題にしたいのです。学童保育の役割は塾という形態ではなく，放置されている働く母親の子どもたちに生活を与えるものです。パンフレット「よりよい学童保育のために」（学童保育連絡協議会編）の中で，子どもが学童保育に通うようになってよかったということを，次のような詩に書いています。

ポケットのかぎがなくなって
泣いてママの帰りを
またなくてもよくなった
ひとりで公園のブランコと
あそばなくてもよくなった
宿題も忘れなくてよくなった
学童保育っていいなあ。

子どもの校外生活は塾という形でしか組織されていない。それでは駄目で，ほんとうの子どもの生活を取り返していくという役割が学童保育に担わされているのです。特に働くおかあさんの子どもの生活を取り返していく，確保していくという役割を担っているのが学童保育ではないかと思われます。

## 戦後の子ども会運動に学んで考えられることは

そこで，戦後の子ども会の運動の中で，学童保育は，どういう役割りと位置づけをしなければならないかを考えてみたいと思います。加古里子さんは，子ども会の問題を研究して，戦後の子ども会の形を三つに分類しています。一つは文化娯楽説で，子どもの文化・娯楽の要求を満足させるタイプの子ども会。第二は保護育成説で，最低のうるおいと生活を与えられるよう保護育成してやるというもの。第三は文化工作説で，民衆の自覚した運動を組織することによって，子どもたちの幸福を確保しょうとするもの。この三つのタイプに分類しています。

これらは，一口にいうと，与えられた民主主義という大きな弱点を持っていました。これを克服して１９５０年頃より，萌芽的に現われた新しいタイプの子ども会があります。それが，遊び必要論に裏づけられた子ども会で，加古里子さんによれば，子どもの生活は学校と家庭の場以外にあそびという分野がある。それを確保しょうというのです。しかし，今日の子どもの生活の中では，あそびの時間や，あそび場が奪われてしまっていて，この必要なあそびが与えられない。つくれないという状況があります。新らしい子ども会の任務は，子どものあそびを取り返すことだというのです。

しかし加古里子さんは，それだけでは足りないといっています。何が足りないのかというと，それが「教育」だという認識が欠如しているといっています。新らしい子ども会は，第三教育説でなければならない。学校教育，家庭教と並んで「第三の教育」の立場を主張しています。それは，現在の子ども会運動にとって未開拓の分野だと加古里子さんはいっています。そこで，私がいいたいのは，戦後の子ども会運動の中で，教育をとりもどす運動として新らしい形で現われたのが「学童保育」ではないだろうかと。

加古里子さんは学童保育運動には，まだ，目を向けていませんが，子ども会運動と学童保育運動は，形式的にも内容的にも，密接な関係があり，戦後の子ども会運動の中に新らしいタイプを持ちこみ，新らしい組織を確立していくのが，学童保育運動なのだといえるのではないかと思います。

## ※学童保育は歩みの中で　校外の生活の指導の　新しい分野を背負つた

学童保育の歴史をふり返ってみますと，学童保育は，はじめ，保育園を中心にして行われました。卒園した子どもが小学校に入学し，放課後行くところがないのでまた保育園に帰ってくる。しかし，保母さんたちは，幼児を保育するのに精一ぱいで，学童まで充分に指導できない。そこで，最初に始まったのが１９５６年，東京・北区の労働者クラブ保育園を中心にして，六畳一間のささやかな活動が生まれた。それが，学童保育のはじまりといわれています。

興味があるのは，そこで始まった学童保育は，一つには，できるだけ家庭的雰囲気を持つということ。二つ目は，保育所で育てられたよい面を生かしていく。三つ目は宿題をそこでやるということでした。現在の学童保育の内容からいうと，実に素朴な形で発足したのですが，この学童保育所は十ケ月で閉鎖しました。学童保育を支える組織も，経済的基盤もなかったといえるでしょう。ここからすこし時期をおいて，その経験をふまえ発足したのが豊島子どもクラブです。

その後，１９５８年頃から東京に学童保育運動が拡がっていったのです。それで，学童保育そのものの歴史は浅いのですが，学童保育の発生的基盤からいうと，学童保育運動は保育所づくり運動と同じように，働く婦人の権利を守る運動の一つであったのです。しかし，同時に認識されなければならないのは，子どもたちの校外の生活指導の新らしい分野を確立しなければならないという課題を背負った運動でもあったと思います。それは「学童保育物語」の中でも明瞭です。そこには，「思う存分創造性を生かしてものをつくったり，遊んだりすること，お互いに工夫し合い，工夫の交換が行われる，そういう集団生活を確保していく」と書いています。こうした内容をつくり上げていくことが学童保育の課題になっていました。それが今日のような研究集会で集約されていくという形で発展するわけです。

以上が学童保育の歩みのあらましですが，学童保育の組織が，これまでの地域子ども会などにみられるものとは，質的に違った形態と内容をもって発展してきていることは明らかです。

## ※学童保育は人づくり政策の中で　ますます重要な場になる

ここで学童保育の特徴を要約してみます。

第一は，働く婦人の要求から生まれているということですが，それが教育を考える上で非常に重要な内容をもっています。働く母親の権利を守るということと，子どもの権利を守るということが，同一的にとらえられなければならないという課題が，提起されたということになるのではないでしょうか。

第二は，学童保育がそれなりの独自の施設を持つということ，専門的な指導員，ないしは保育者を置き，組織的，計画的な運営を不可欠にしているという点です。子ども会のように，ボランテア運動ではなく，指導員・保育者は専門的な指導者として，社会的地位が与えられ，身分保障が要求されるというような性質を持っています。学童保育の内容が学校教育，家庭教育の内容と違って独自の課題を持っている。つまり，子どもたちの地域での生活集団を組織化していく，そして，遊びや文化活動や労働の教育といった内容を主軸として，独自の教育分野をつくり上げてゆく。指導員，保育者は専門家であり，社会的地位が位置づけられなければならない。これが今までの子ども会組織とは質的には違った点だと思います。

このような学童保育の課題に対して，厚生省，文部省は，カギッ子対策として，事故防止，非行化防止運動にそれを矮少化しょうという動きがあり，また家庭教育振興策として，現在の人づくり政策の中に学童保育をくみ込んでいこうとする動きがあります。厚生省にしても文部省にしても，学童保育という独自の分野がつくられていかねばならぬということは認めざるを得ないのですが，上から学童保育が組織されるかぎり本当に子どもの教育と生活の権利を守るような学童保育にはなりません。一方で国民の生活破壊がすすむ中で，従順な主権者としての国民でなく，奴隷としての国民が育てられてしまう内容を押しつけてくる危険を感じざるを得ません。我々の学童保育をどうすすめなければならないか。ほんものの教育課題をどう実現しなければならないか，今後ますます重要になってくるでしょう。

## 『豆学校・豆先生』<br>運動に学ぶことは

ところでここに三つのケースを紹介してみます。これは学童保育そのものではありませんが，学童保育をすすめる上で参考になるのではないかと思います。

第一は，岐阜県の恵那地区で行われた「豆学校，豆先生」という運動です。これは，地域の子ども組織の呼び名で，小学校五・六年生が中心になって，豆学校をつくり，目標や計画を立て実践するというわけで，子どもたちの子どもたちによる楽しみや学習を持たせる地域組織なのです。この運動が，最初起ったのは，夏休みの子どもの生活をどう組織していけばよいかというときに，戸塚廉さんの

「いたずら教室」(講学館)の中からこの発想をかりてきたといわれています。これを実践しましたら,教師達から見れば,無気力・無関心で自由活動する子でないと思われていた子ども達が,例えば,自分達で「豆学校運動会」をする。その中で,子どもたちは体一ぱいで楽しみ,はね廻る。一着,二着など全く気にしない子どもたち,小さい子を目立たせるよう苦労している子ども達の姿が教師たちの目にうつり,教師たちは子どもたち自身の自主的な組織をつくれば,子どもたちはすばらしく成長するのだということを発見したのです。学校の中では,教師は権力者的立場に立ってしまう。子どもを自由にのびのびさせてやれないという状況にあるので,そこから子どもの生活が失われてきています。それが「豆学校,豆先生」の組織の中で子どもが生き生きしてくることを発見したのです。

この運動は教師たちだけでなく,地域で民主教育を語る会という父母の組織をつくり,その運動を育てていったのです。「豆学校,豆先生」の運動の事実から,学校教育を見直し,本当に民主的な学校を,教師と父母が一緒になって創造的につくり上げようという課題が生まれるまでに発展しました。

恵那地区の教員組合は1955年「豆学校,豆先生」の総括として,「子どもたちの現実生活の中には,存在しながら教育としては野放しにされている自主性,人間性があるのだ。そういうものを教室に持ち込み,表現させ,組織することが大事だ」ということをいっています。

第二は,「豆学校,豆先生」の運動から学んで「教室から一切の嘘やおどかしや差別を取払い,教師の個性に基いて,創造性豊かな教室をつくろう」ということを教員組合で確認しています。

このことは,地域の「豆学校,豆先生」の運動が現在の学校を変えていく力になっていく。また,父母と教師が一緒になって,新らしい民主的な教育をつくろうという力になってきていることを意味します。

### ◎未解放部落の子ども会活動に学ぶことは

もう一つの場合は,未解放部落の子ども会運動から学ぶ必要があるのではないかと感じます。未解放部落運動は,主として関西を中心にして拡がっていて,その運動の中に,地域子ども会組織というのは,非常に大きな位置づけを持っています。京都,大阪の未解放部落の子ども会活動は,今までの子ども会の概念を切るような生き生きとしたものをつくり出しています。「子ども会というのは,まづ,サークルをつくって遊ばせることだ。それが勉強によい影響を与えることだ。次に,部落問題を研究させて,自覚を持たせることだ。そのように指導すると,子どもたちでたたかうようになる」。小川太郎さんもこれが部落解放のための校外指導の基本原則となっているといっています。勿論，子ども会は，学生達の協力もあるが，そうした中で子ども自身が遊ぶ子ども会から部落解放へと結びついた子ども会に育っていくのです。ここから私達の学童保育も，労働者階級の解放の課題とむすびついていかなければ，ほんものにならないということを考えます。

### [illegible]「どぶ川学級」の実践に学ぶことは

三つ目の例として「どぶ川学級」（労働旬報社）という本がでています。この本を読んで教育学者たちは，今までの教育概念が１８０度転換されなければならないほどのショックを受けたといっています。根本から教育とは何かを問い返さなければならなかったことです。

これは順長さんが，地域で子ども組織をつくったわけですが，須長さんは素人なのにどうしてこんな実践ができたのか。それは，須長さんを支えていたものが組合であり，労働運動と教育活動がしっかり結びついた結果であるということです。

「どぶ川学級」ができたのは，日本ロールの会社とのたたかいの中でです。子どもたちが放り出され，子どもたちが荒んできたという状況になって，組合が子どもたちのことを須長さんに頼み，子どもの問題にとりくむよう命じたのです。

そこでのはじめの方針は，子どもたちに絶対，組合や会社の話をしないということ，第二に勉強は飽きさせないでおこない，全員の一人一人に一対一で少しづつ教え，全員が一度も私と口を聞かないことがないようにするということ，もう一つは，何か一日に新らしいことをみんなが覚えたといえるようにする。例えば，小学生にやさしい英語のうたを教えるというようなことをする。遊びの時は，ボスの子どもを最大限に利用して，仲間はずれの子どもがいたら，彼等の面倒を見させる。一度は全員で散歩するなど，素朴な方針を立ててどぶ川学級が発足したのです。

地域には，第一，第二組合があり，アカ攻撃も地域では激しく，ともすれば，それに屈するような状況がでてくる。そんな時，須長さんは組合にとんで行く。そして，組合の方針を出してもらう。その努力の中で子ども達は次のような作文を書くまでに成長している。「ぼくは，今，組合は何だと聞かれたら，団結だと答えます」と。労働者も，「お前はどぶ川の生徒だ，しっかり勉強しろよ。おれたちは勉強したくてもできなかったからな」というように励まします。こうした交流のなかで，父や母がどんな生活をしているか子どもたちは見直していくのです。そして勝利を勝ちとる学習をしていこうという方向へ成長していくのです。

指導方法としては，第一はグループ学習，四・五人のグループに分けて，学習する方法をとり，第二には，小先生システムといって，毎日生徒が一人づつ先生のかわりになって教える。第三には，いたずら教室方式といって，勉強のできるものにできないものを受持たせて，この時，できないものがお前は　の勉強を見るべきだという下からの要求という形をとらせています。

学習だけではなく，家庭科の時間といって，秋には近くの川でハゼ釣りをして，それを天ぷらにして食べる。カレーライス，サンドイッチを作り，学級全体で親しみを増していくような方法も取り入れています。子ども達が楽しみにするような企画を自由に折り込んで組織しています。マカレンコも「明日のよろこびを組織していくためには，手近かな子どもの要求から出発していかねばならない」といっています。このような手近かな実践は必要だと思います。

こういうことを通して，本当にどぶ川学級は楽しい所だと自覚させています。そして，一人はみんなのために，みんなは一人のためにという人間性に目覚めていきます。どんなことをしても，どぶ川学級を失いたくないという意識に成長していきます。

### 学童保育で役立てたい『新聞づくり』

ここに紹介した三つの例は，いずれも教育の原則をふまえており，学校教育で行われなかった人間の教育を地域でとりかえしているといえると思います。この「どぶ川学級」では新聞を出しています。「どぶ川」という新聞です。須長さんは労働組合から学んでいるわけですが，組合の活動家達は「ビラ貼り三年，ガリ切り十年」といってきました。子どもたちにガリ切りの基本技術を教え，何のために新聞が大事かということを教えました。

新聞をつくることを通して，一つのことを協力して成し遂げるよろこびというものができており，また，自分たちで感じたことを生き生きと新聞に反映させ，自分たちばかりでなく，クラスを変え，地域を変える力になっていっています。そして，「どぶ川」の子どもたちが，生徒会委員に立候補するまで積極的に活動する。成績の悪い子どもばかりだったのが，こんな子どもに成長していったのです。この新聞づくりのような活動は学童保育のなかで，おおいに取り入れられてよいでしょう。

### 学童保育に欠かせない条件はなにか

こうしたことから，学童保育について考えてみましょう。まず第一に，学童保育は地域の民主的な組織に支えられなければならない。とくに，青年組織と結びつき，力強い組織として発展されなければならないと思います。つまり，これなくして学童保育が学童保育として成立しえないと思いますし，上からのいわば非行，事故防止の健全育成対策に巻きまれてしまいます。

単に公立をつくらせればよいのではありません。本当に地域の住民に支えられた学童保育でなければならないし，公立をつくらせようとするなら，地域住民の権利として，子どもたちの権利として，育てていかねばならない。公立ができなければ補助をかちとらねばなりません。補助を得られないとき，我々自身がそれを支えていかねばならないということができます。地域の組織に支えられなければ，学童保育は発展しないということを確認しておきたいと思います。

第二に，指導員のことが問題になるわけですが，須長さんの例にも見るように，地域の運動の中から活動家を育てていくのです。現在，名古屋でも，指導員が居ない。費用がないから週２日くらいしか学童保育はやれない。ということがあるのですが，これは，働く母親にとって役に立ちません。働く母親の権利を守ることはできません。やはり，毎日学童保育が組織されるよう，地域の母親と一緒になってそのことを考えていかねば，本当に働く母親の学童保育になっていきません。

第三に，学童保育の指導内容になりますが，教育課題は，学校の教育課題あるいは家庭の教育課題とは違って，もっと地域に根ざした教育課題でなければならないと思います。地域や学校を変えていく教育をおしすすみていくものでなければならない。

内容的には，遊びだとか，労働だとか，学習，スポーツ，文化活動というようなものが，全体のプログラムの中で位置づけられることが必要になってくる。しかし，形式的であっては自主的，創造的活動を疎外することになりかねません。あくまでも子どもの要求に立脚し，子どもの要求を組織していくという観点に立たねばならないと思います。

また，子どもの集団をどう組織していくか，その中で集団とは何かをどう教えていくか，という課題があるように思います。この点については，全国生活指導研究協議会が明治図書から出している「生活指導」という雑誌を通して，集団づくりをどうすすめるかということが研究され，実践されています。その成果を学ぶ必要がある。

これまで「集団づくり」は学級内でおこなわれてきましたが，むしろ，地域の子ども組織の中でこそ集団づくりが本当の意味を発揮するのではないかということを，小川太郎さんは力説しています。そういう点からいえば，集団的な人間関係，集団的な思想を育てていく教育をすすめる上で，学童保育は有利な条件を持っています。

みなさんの実践は，まさに創造的実践だということを確認してほしいと思います。それだけに難しい仕事ではあるが，難しいだけに，一方に，楽しいよろこばしい嬉しいことがあると思います。私達教育学の研究者も学童保育運動に眼を覚され，新しい教育分野での新らしい教育課題に，しっかりと，とりくんでいきたいと考えます。

## △ 第1分科会報告 …………………… 司会＝調布・狛江地区学童保育

# 小学校ごとの学童保育設置をめざして

はじめに参加者の自己紹介をかね，それぞれのかゝえている問題や悩みを簡単単に出し合うことから，第一分科会は開らかれました。

学童保育をどうやって作ったらよいか，運動の仕方をこの研究会で学びたい（東京，神奈川等のお母さん）。共同保育で始めているが市の援助が少ない。保育料が高くなってしまう。公立化させたい。など，共同保育が直面している問題（神奈川，調狛　草加他）。公立化しているところの問題（広島，東京，名古屋，大阪，千葉など）。その他，学童保育が圧倒的に少ないこと，施設・環境が悪いこと，学校との協力が得られないこと，空教室利用の限界，児童館併設のもんだい等が出されました。

また，留守家庭児童会として実施されている愛知　大阪からは，文部省の「やむを得ず実施しているかぎっ子対策」に地域ぐるみの運動を起こす中で，さまざまな成果を生み出している報告がありました。

この他，自治体問題研究所や名古屋の奥様ジャーナル（団地向新聞）からの参加者を含め，約50名程の参加がありました。

### ≪問題提起≫　提案者＝東京都下，調布・狛江地区学童保育協議会（今井，高山）

調布・狛江地区にまたがる多摩川団地では，団地自治会の保育の会を中心に，2年間に6回の請願（いずれも不採決），アンケートによる要求の組織などを行いながら，学童保育の設置を町に要求してきています。43年には，個人宅による共同保育を実施するなかで，初め5人の子供が，44年アンケートでは，45人がすぐ利用したいという状態となりました。町への交渉を強める一方，公社にも集会室の利用を交渉，この4月に使用を認めさせました。

そして，狛江町からは指導員が1名派遣されることになりましたが，それ以外の公費支出はないため，父母の負担は月2,500円余になっています。その後，更に自治体との交渉を強める一方，調布・狛江地区の学童保育連絡会議を発足させ，広く運動を起こしていってます。

当面は，公立化と自主保育に対する助成を大巾に増やさせること，入所の制限をなくし，民主的に運営してゆくこと等が報告されました。
た。

《討論の進め方は》

①学童保育所づくりの運動の母体（中心）をどう組織してゆくか，その内容について。②共同保育について。③公立施設の問題。④どういう形ですゝめればよいか。といった方向ですゝめられました。

## 1.学童保育所づくりの運動の母体をどう組織するか

はじめに，名古屋から，お母さん達のカンパでこの集会に送られてきたという男性指導員から発言がありました。名古屋市でも設置数が少なく，市の方針でいくと早くて4年，おそくて8年たゝないと請願が実現されないし，現在あるところも週2日しか実施していない中で，学童保育への要求は無限にありますが，すべて母親に相談をもちかけ，実現の方法を話合い，行動に立上らせて行っています。母親が変わると子供や家庭が変わってきます。家族ぐるみの支えを作ること，あせることなく，1人のお母さんも子供もとりのこすことなくすゝめたい，という話がありました。

尼ケ崎や，日野市からは，要求はあるのだけれど動くのは嫌だ，出来たら入れる。学童館に入れてまで働きたくないなどの意見があり，2～3人が細々と続けて来た。アンケートではいますぐほしい人が59人もあるのに（尼ケ崎），市は農家が多いために特に学童保育の必要を感じていない。団地を中心にアンケート活動をはじめているが，個人は分ってくれても，いざ行動となるとなかなかでてこない（日野）。など運動の母体づくりのむずかしさが出されました。

広島から参加のお父さんは，「公立施設で父母の会もあるが，お母さん達の要求を組織していなかったゝめ，内容，その他が後退してきており，市は来年は1年生だけを対照にするといってきた。交渉で三年生までのばしたが，もっと運動を組織的にするため，労組やさまざまな団体に依拠しながら，父母を組織してゆくこと，学童保育界全体の視野に立った進め方が大切ではないでしょうか」と発言しました。

多摩川住宅の代表からは，「今すぐほしいという切実な要求をもった運動ですが，あまりあせると息が続かなくなります。長期の展望ももった運動が大切です。出来てしまったら運動がなくなってしまうということがありますが，一部の地域や団体だけでは駄目ですね。巾広い運動の母体，と母親たちのねばりづよい活動が必要だと思います」と，自らの経験が発言されました。

この他，地域的にも父母連絡会を作り，先進的な活動を続けている東京の葛飾からは，「教師の協力も大切です。教師が学童保育をどうとらえているかによって，運動もずい分ちがいます。」と，葛飾区内の実態と合わせて発言がありました。

要求は，より具体的に，正確につかむこと（名古屋）。ねばり強く活動をすゝめる中で，協力者（特に教師など）を増し，運動の母体をしっかりと礎く中で，巾広い運動を地域にまきおこしていくこと。などが話合われました。

## 2.公立化へのステツプとしての自主（共同）保育

はじめに，共同保育にふみきったところ，現在共同保育をすゝめているところがぶつかっている問題について出されました。

施設について一個人の家を借りているため，汚さないように女子のみを対照とした（多摩川住宅）。団地内で１日おきのため，子供が定着しない（名古屋）。留守家庭児童会だが，週２日しかやっていない。市の方針でもあるが，学校がわでも２日以上借さない（名古屋）。

費　用　高いが安くすると指導員の補償ができなくなる。
　　　　十分な保育をしてもらいたいが費用は出せない，というお母さんもいる（名古屋）。

運　営ーお母さんたちが中心になって運営に当るため，いろいろゆうずうがきく（臨時休こうのときなど）。
　　　　指導員が定着しない。

など，共同保育のかゝえている悩みや問題が出されました。どうしても必要だということから止むなくふみきる自主保育は，施設場所や運営費などでゆきずまりをきたし，公立施設の要求，公費支出の要求と結びつくことなどが出されました。

## 3.設置されたあとの問題

「広島では，２７ケ所の公立がありますが，子供の出席が悪く５５％～６５％。時間もまちまち，学校行事に合わされていて，職場の労働条件とは合わず父母は困っている。子供にとっても魅力ある内容ではなさそうだ」という発言があり，公立の場合，利用者の声があまり反映されないのではないか，という心配も出されました。

週二日制の名古屋では，留守家庭児童会として実施されていますが，「クラブのない４

日間子供たちはどうしていますか」の質問に，「市の考え方は，２日間は十分にみて，他の４日間は大人しく遊べる子どもに指導しろといった方針で，クラブのない日は，子供は放っておかれている。１日でもふやしてほしいという声もあるが，先に立って運動するものが少ない。５日制のところも何ケ所かあります。」との話でした。

また名古屋からは，週二日制の他，ＰＴＡに市は予算３０万を委託し，指導員もＰＴＡ内から公募している。ＰＴＡにこちらの意見が反映できればいいが，実際は，要求の交渉なども直接できず，安全弁（市の）のようなものになっている」という例が出されましたが，千葉県，常盤平でも「5,０００戸の団地内に三つの小学校があり，二教室分のクラブを作らせました。ところが地元の有力者や議員，ＰＴＡ会長などで運営委がつくられ父母代表はボイコットされてしまいました。要求もこの運営委を通さねば自治体にも出せず，半年も運営委を開かないこともある。そして，民主的に運営委を開らかせてゆくために１人の父母代表の参加をやっとみとめさせた」ということでした。

東京の杉並や大森からは，児童館に併設された施設のもんだいも出されましたが，討論はあまり深まりませんでした。

## ４，どのような学童館を作つていくか－今後の運動のすすめ方

東京，大阪，名古屋などから，①どんな子供を育てるのか，そのために誰と手を結んでゆくのか。②地方自治体の荷い手はわれわれなんだという権利意識をはっきりともち，住民本位の自治にしてゆく運動を自治体労働者，教師，労組などと共にすゝめてゆく。③何故働らくのか，働らくお母さん自身がしっかりつかむことも大切。すべての子供が利用できる学童館に内容も充実したものに，等々の意見が多く出されました。

どう運動を強めていくかでは，広島から「さまざまな運動をつぶそうとする動きがあります。教育内容も文部省の期待される人間像にそった内容に国で統一する方向がとられるなど，児童の中に知らない間に軍国主義的な教育が入りこんでいる。父母会を中心に民主的な力の総力で，巾広い，奥深い　総合的な児童館をつくる中で運動を進めたい。東京・江東区の教師からは，「教組婦人部が中心になって協議会づくりを呼びかけているが非常にむずかしい」。杉並からは，「保育問題協議会があるが，学童保育はとりあげられにくい。学童保育だけの協議会の必要を感じる」。また，同じく地域の協議会づくりにとりくんでいる名古屋からも「協議会作りについての討議の必要」が発言されました。

時間の都合や，討議内容の巾が大きかったことなどで，もっと時間をかけて討議したい問題もいくつかありましたが，一応次の二点を申合わせて散会いたしました。

①各地域ごとの運動をさらに強めて，区市町村段階の協議会（づくり）をつよめよう！

②実態調査（アンケート）等は運動のよい資料になるので，こうした活動も強めてゆこう！

記録者―岸本 直美（東京・渋谷区代々木父母会）

## 図書紹介

学童保育20年のあゆみを集約し、現状と問題点、これから進む方向をあきらかにした最高の入問書。

### よりよい学童保育のために

一九六八年版

B6判106頁 グラビア入り

¥150円 送料45円

主な内容

- △1 こうして学童保育は生れた（歴史）
- △2 学童保育で育った子どもたち
- △3 学童保育の現状となやみ
- △4 私たちののぞむ学童保育
- △5 学童保育の内容を豊かにするために ＝指導・改善の実践記録＝
- △6 学童保育づくり―運動の手びき

お申込みは　学童保育連絡協議会事務局へ

tel(03) 293−9410

△第２分科会報告 ………………………… 司会＝葛飾区中青戸学童保育クラブ父母会

# よりよい学童保育のために

はじめに，東京都学童保育指導員労働組合の太田さんから問題提起があり，次いで，参加者から自己紹介をかねて現状と問題点を出してもらいながら討議を進めました。

## 《問題提起》

東京都学童保育指導員労働組合（太田イネ子）

<要旨紹介>さる６月１日，東京では指導員の労働組合が結成され，指導員の労働条件改善，身分保障の確立，学童保育の正しい発展をめざし，第一歩をふみ出した。

なぜ私たちは組合をつくり，改善を要求していくのか，それは，いい仕事＝いい指導がしたいからだ。私たちがいい仕事をしたいと考えるとき，自治体の学童保育行政とぶつかる。私たちの考える学童保育の実現には，かかわりある全ての人と手を結び，自治体にむけて斗っていくことだが，そのためにはまず，指導員同志が手をつなごう，そこから労組結成となった。

まだまだ歩みは小さく，斗いの巾もせまいが，責任は重く果す役割は重要と思う。今後の課題として，

(1)全ての指導員の加盟をめざす。

(2)対都，対区交渉を強める。

(3)父母との連けいを深め，父母の要求も共に実現を目ざしていく。

(4)労働者の権利と労働組合についての学習を深める。

(5)施設・設備の改善にとりくむ。

(6)学童保育のあるべき姿を明らかにしていく。

などがあるが，「子どもを愛する全ての人と手をつなぎましょう」のスローガンのように，より広い，かつ深い斗いをすゝめたい。

## １，施設、設備改善について

（まとめ）　充分な設備などというクラブはない。これからも管理者に積極的に要求して行く。

父母会の力の強いところは，かく得できている（千葉留守家庭児童会　西の宮児童館の教室など）。

独立したプレハブだが，トイレがない。建ってから２年になるが，その間校舎のトイ

レまで通っている。雨の降る日には傘をさして行く。区にたびたび陳情しているが，児童館ができるからそれまでがまんするようにといわれており，基本的な生活権さえもうばわれている（杉並区）

空教室を使っていたが，学校の児童数がふえて，空教室を使えなくなった。普通教室を使うようにいわれているが，いろいろ気兼ねしなければならないので，階段下の廊下を使っている。机一つ動いても文句をいわれ，いろいろな紛失事件も学童のせいにされるので，教室を使うのはいやです。どんなに小さくても独立した施設がほしい。（中野区）。

## ２，運営について

（まとめ）保育時間はまちまち，５時までと６時までが多い。時間延長のことで地域の児童とうまくいかない児童館や，先生と話し合いのすすまない所もある。おやつ代など父母が全額あるいは一部負担している所が多い。

留守家庭児童会では，おやつが１人１ヶ月５０円１００円で，まったくひどい。（大阪）

児童館は月曜日が休館だが，学童クラブだけやっている。時間も５時を６時に延長しているが，他の地域の児童が月曜日も遊ばせろとか，もっと長く遊ばせろとかいう。土曜日と夏休みは保育してくれなかったが，土曜日だけはしてもらうように交渉して，今やっている。夏休みは父母が交替で面倒を見ている。なんとか夏休みもやってもらえるように努力したい。（千葉留守家庭児童会）

児童館は大体どこでも月曜は学童クラブだけやっている。（八尾，尼ケ崎市）

## ３，指導員の身分保障・待遇改善について

（まとめ）指導員の団結は必要なことである。良い保育をしたい。東京についで地方でも労組を作る方向で進みたい。

今後の方向として，労組を作りたい。（大阪の指導員）

留守家庭児童会にきりかえた時は，父母会だけがタッチしていた。先生方がタッチしていたら，身分がきりさげられないですんだかもしれない。（広島）

留守家庭児童会では「母親は家庭に帰れ」という説教をじっくりやられる。予算も少ないし，給料はひくいし，やめていく先生

が多い。

市から謝礼というのが出るが，そういうのではなく，きちんと文部省からボーナスを夏冬出してもらいたい。身分はアルバイトの身分で不安定でしかたがない。これから留守家庭児童会が普及してきそうだが受けない方がよいと思う。（広島）

＊ 東京都指導員労働組合の要求　○身分を正規職員に。○給与を生活できる額に。○年次休暇，産前・産後，生理，病休の確保。○代替要員の確保。○退職金制度の確立。

## 4，児童館とのかかわりについて

（まとめ）　子供のためにはどの施設が一番よいのか。

1.専用の独立した学童クラブ（学童館）が良い。

2.児童館併設でも条件が完全にそろっていることが必要である。

＊ 学童の施設を専用（プレハブ等の独立家屋）と非専用（教室一兼用教室や空教室，児童館）に分類してみると，教育上専用でなければいけない。（中野，文京，板橋）

＊ 空教育では子供がのびのびしていない。禁止事項ばかり多くて，自立性が失われる。兼用教室の場合はもっとひどくて，いろいろな紛失事件などみんな学童クラブのせいにされている。児童館に併設することは，空教室を利用するのと本質はかわらないと思います。どんな小さい所でもいいから，子供と私達だけの城がほしいです。（中野）

＊ 留守家庭児童会になって，施設は児童館の二階になりましたが，外観は悪くても以前のように独立した方がよいと思っている。（広島）

＊ 児童館併設の時は最低次の5つが専用であることが必要です。「出入口」「部屋」「トイレ」「水道」「ガス」「電話」。

＊ 留守家庭児童会で使っているのは児童館のようなものですが，水道が図書室と兼用でうるさいといわれ，おやつの手洗いに毎日困っている。（千葉）

＊ 1小学校に1学童クラブの設置でなければならない。

＊ 交通のはげしい道は学童が通って来ない。（尼ケ崎市）

＊ 遠距りとか交通のはげしい道を通うことには，父母会も指導員労組も反対。1校に1学童館を。（杉並）

＊ 現在，児童館に併設しているが1校だけしか通って来てない。（八尾市）

＊ 東京都では台東区や三多摩の方で3～4校に1児童館を建てた。各校から10名前後の学童が通っているが，学童クラブを必要としている学童は各校毎に20～40名

位いて，またそこで共同保育などしている。（葛飾）

＊ 対象児童は6年生までのはいりたい学童にすべきだ。

＊ 高学年の児童が定着しにくい。高学年用の施設，設備が整っていればそんなことはないと思われる。（杉並）

＊ 児童館の休館日でも学童クラブはやってもらわなくてはならない。

＊ 児童館条例があって，月曜は休みだが，クラブだけしている。地域の子供からぼくらも遊ばせろと苦情が出る。（千葉）

＊ 保育時間を延長してもらわなくてはならない。（5時または6時までが多い）。

＊ 時間を延長してもらっているが，やはり地域の子供から文句をいわれる。（千葉）

＊ 児童館に専任の指導員がいなければならない。

＊ 児童館の職員と同じ身分であることを希望している。（杉並）

＊ 尼ケ崎市には，6つの児童館があるが，専用の部屋があるのは1館だけ（父母会の力が強かったところ）。他の5館は，学童保育についての責任の所在が，バクゼンとしてしまった。（尼ケ崎）

## 5，今後の方向を探る

＊ 学童保育を法制化する必要がある。（大阪）

＊ 社会教育として，カギッ子対策だけでなく，全学童に解放されてよいと思われる。（横浜）

＊ すべての学童を公立化し，窓口を同じにする。指導員の職業を専門職として認める。（東京労組）

### ―――おわりに―――

教室に満員の父母，指導員，学生さん，みんな熱心に討論しました。4月から指導員になりたいといった男子学生には感激。保育園に子供をあずけているおかあさんや，保育問題を勉強している学生さんは，勉強しに来たとのこと。

これから児童館が建つのだが，どうしたらよいだろう等という人から，何年も熱心に運動を続けてこられたベテランの人達まで，非常に層が厚く，初歩的な問題から専門的な問題まで，いろいろありました。未来の方向を探るのは具体的にこうだという方向まで出せませんでしたが，それぞれ何かつかめたものがあったろうと思います。

記録者＝中村艶子（東京・葛飾区中青戸父母会）

## △第３分科会報告 ……………………………… 司会＝埼玉県福岡町学童保育の会

# 学童保育の指導内容向上のために

＜特別参加＞ 宍戸健夫（愛知県立大助教授）

鈴木孝雄（全国生活教育連盟）

**第１日** まず，埼玉県福岡町学童保育の会「あめんぼクラブの一日」を中心に，指導の重点，子どもの日常生活とクラブの成長過程などを報告提案してもらった。

福岡町学童保育の会は，父母の共同経営で，児童数６０名，指導員３名，児童の６０％は一人子で他は２人兄弟が殆どである。

通常「遊び」を中心とした指導で，父母も指導内容に対する関心度が比較的高い集団である。

《問題提起》 埼玉県福岡町あめんぼクラブ（石田芳子）

あめんぼクラブの一日

＜あそび＞＝個性的・集団的・創造的な「あそび」と「あそび方」の指導

クラブでの生活は，あそびが中心で，あそびの中で子どもは，思いやりや，協力すること，批判すること，連帯感などを自分で学びとっていく。また，子どもたちは，あそびのルールをつくり，それを守る中で集団のきまりを知る。

電車ごっこをするにしても，駅をつくるもの，切符をつくるもの（書く，キリトリ線を入れるもの），お金つくり，時刻表つくり，運転手，車掌，客などを分担して，集団あそびでなければできないたのしさを味あいます。

また，こつこつ書くことの好きなものは時刻表づくりに，力を出すのが得意なものは運転手にと，おのずから自分の特徴を生かした個性的あそびにと発展していきます。

今年になってからは，男子を中心に野球が子どもたちのあそびに入ってきましたが，１人ではできないチームあそびのたのしさも体験しています。

あめんぼクラブには，最近まで遊具らしい道具はなかった。子どもたちは白墨一本で西瓜わりの西瓜を書き，布切の目かくしで西瓜わりをし，ダンボールは，電車や，自動車に生まれかわり，暗くなればおばけごっこという風に次々とあそびを創造してゆきます。

＜飼　育＞

犬一匹，あひる二匹の世話は子どもたちがやります。毎日，当番をきめ餌をやり，小屋を掃除し，散歩をさせます。また，日曜日には，日曜当番が，家から餌をはこび世話をしにきます。

3月までは，うさぎが14匹いました。費用は1カ月10円，原則として子どものおこづかいの中から集めます。

団地では動物を飼うことが禁止されているので，動物の世話をすることで，動物に対するやさしさ，命をあずかる責任感，生命の大切さを学びます。春には，うさぎを二度出産させ，子どもをふやしてそれをデパートのペット係に売り，代金で小屋をつくる計画をたて，あひる小屋，池づくりの計画とその手伝いに父親を動員するなど，すべて子どもたちの手でことが運ばれました。

＜栽　培＞

クラブの前を開墾し，畠をつくりそこには花などでなく，トマト，キュウリ，ナスなど野菜を植え，大きくしました。

トマトは，夏休みのおやつになり，全員でうえた〃甘日大根〃は班毎に競争で育て，家に持ち帰り食べました。

飼育，栽培ともに勤労や生産労働の経験の少ない子どもたちにとって，貴重な経験なので，積極的に指導内容にとりくんでいます。

＜学　習＞

宿題はクラブでやることにしています。学習の習慣づけをします。宿題のないときは，班の中で国語，算数の基礎学習をやります。

今年の夏休みは「もじのほん」（麦書房）をとりあげ，二年生以上には日誌をかゝせました。

＜話しあい＞

おやつの時に話し合いをします。みんなの前で話すこと，きくこと，判断すること，意見をのべるという事を自然に学びます。

そのあと，良書をえらんで，読みきかせをします。

＜学校教師との連絡＞

子どもたちの学級担任をできるだけ訪問し，子どもの理解を深め，一環性をもたせようとしています。授業参観にも出席。

＜父母との交流＞

1週間に1日，「あめんぼだより」を発行し子どもの生の事実を内容とした記事をつくっています。父母，教師，PTAなどにも配布しています。隔月で，地域ごとに地区会をひらき，夜遅くまで保育内容の事で話合います。

＜行　事＞

毎月の誕生日会，夏には一泊の合宿，秋の芋ほり，父と子のソフトボール大会，観劇などをやっています。

日　課

| | |
|---|---|
| 12.30〜3.00 | あそび，動物の世話 |
| 3.00〜3.30 | おやつ，話合い，読みきかせ |
| 3.30〜4.00 | 学　習 |
| 4.00〜5.30 | あそび，掃除 |

うさぎの飼育の中で経験したことは，「生産労働」がいかに大変なことであるかということでした。ある父親からもらった親うさぎ二匹から二回の出産で１４匹の子うさぎがうまれ，各班で受持ちをつくって世話をしていたが，設備も不充分で飼いきれないので，相談した結果，子ども達の案でデパートに売ることになった。各班でデパートの動物係やペット係のおじさんあてに手紙を書き，送った。

何軒かのデパートからいくらで買いましょうという手紙がとどいたりした矢先，夜中に小屋が野犬におそわれて全滅するという事件がおきました。このような経験の中から，自分達の飼育の責任や，生産労働がいかに大変かを学んでいます。

### ○経験交流のなかから

<中青戸（東京）>

子供の帰り時間はまちまちであるし，子供８３人に対して場所がせまく，区に学童館を要求中。行事は年間７〜８回で，子供たちの計画で行っている。遊び中心で，勉強は強制していない。

<盛岡（岩手）>

児童数４５人，子供の帰り時間が波状なので，集団あそびのまとめ方がむづかしい。
どうしたら一つにまとめた集団あそびができるかがなやみとなっている。低学年，高学年さらに女子と男子にわけた班をつくって文章をかくことの指導として日誌をつけさせている。

遊び場がないことから野球場がほしいという要求が出て，みんなで市長さんに手紙を書いた。１０通の手紙を原文のまま市長に提出し，原っぱの提供を要望したところ，直訴されたのではということで善処を約束した。

集団農場への一泊キャンプを行ない，しぼりたての牛乳をのんだり，新鮮な野菜をたべたりした（１人1,０００円）。この行事の中で，１人子が多く親から離れて泊ることなどが少ないため，親子とも心配したが，子供に自信をもたせるためのよい経験となった。

<東大阪（大阪）>

児童数３９名，指導員４名，アルバイト１名。部落解放運動から出発してできたクラブである。

指導内容

| | |
|---|---|
| 月曜日 | 新聞づくり，２週間１回発行 |
| 火曜日 | 全体集会，グループ遊びをきめるために子供が運営する。 |
| 水曜日 | グループ活動。 |
| 木曜日 | おやつを市場に買いにゆく。（５班にわけている） |
| 金曜日 | 大掃除，全体集会（指導員運営） |
| 土曜日 | 創作活動，紙版画（子供の積極性勇気などをひき出せること，するときの期待感など） |

夏休みには，この一週間のカリキュラムをばらして，子供達中心のクラブ結成のきっかけとしてみた。この中で発見したことは，子供達のエネルギーには，指導員のいいなりになれない，きれいごとではすまされない内容を沢山もっているということ，カリキュラムにしばられすぎるということは，大人の都合のよい子供をつくってしまうのではないかという心配すら生れた。

どろのおだんごづくりでも庭が穴だらけになるほどほって，丸くかたくつくり，そのためのこね方の研究が生れ，できたものを落しごっこし，割れなかったかたいものが勝ちという遊びをつくり出していた。また，かたくするために焼却炉で焼いてかためている子もいた。これらをみて，都会の子があこがれる遊びというものをいろいろ考えさせられたし，カリキュラムにとらわれないで，子供たちが何を求めているかを知りたいと考えている。

＜福岡町（埼玉）＞

児童数６０名，指導員３名。共同保育でカリキュラムをつくる場合に，親の要求をどうとり入れるかということから，地域的に２班にわけて父母との話し合いを持っている。２カ月に１回開いているが，父母の出席率は大変よい。この中で，学期毎のカリキュラム，夏休み中のカリキュラムなどを提案し討議している。一般に学習のことが心配である親が多く，とくに学校で出す宿題をどうするかということが話題になる。

あめんぼクラブの歴史の中で生れた考え方としては，指導内容は指導員と父母でつくりあげていく，クラブの生活の中にすべてを解消してはならない，ということを大原則としてきた。学校生活，家庭生活，学童での生活をそれぞれどの分野が責任をもつか一つ一つ点検してみた。例えば宿題の問題は，宿題は学校が出す。クラブでは宿題をするための時間と機会はつくってほしい。しかし，やったかやらないかの点検は親がする。宿題が多すぎるようなら学校ＰＴＡで要求して問題にしていこう。というような話しあい，実行をしている。

＜ＹＷＣＡ（東京）＞

学童保育に子供をあずけている母親で５時に子供と帰宅する生活。夜になると点検ママになってしまう。子供のいっている学校の１年生の先生が「私は大変不運で私のクラブからは９人の子が学童保育にいっている」という発言をした。学童保育の児は成績劣等児だから，先生の負担になるということらしいが，このような学童保育に対する見方を教師がしているという現実がある。

＜中野木（千葉）＞

個々の子供の学習にまで手をかけられる状態ではない。校長や教師をよんで学童保育に対する認識を深めてもらう会をもった。

＜船橋（千葉）＞

学童保育に入れてもらえば学習面も安心と思っていたが，入れてからいろいろ知ることが多かった。父母集団としては，学校や市当局に出す要求も考えて，子供たちの環境づくりをすることも大切ではないか。

＜大　阪＞

同和地区にあるクラブ。指導内容は誰がつくるのか，行政当局は現場の声がわかっていない。しかし指導員だけがつくるというのも誤りではないか。親からの学習要求は受験体制の影響からでていると思うが，大切なのは，子供たちをどんな子供に育てていくかということで，それなくしては内容はつくり出せない。学童保育の必要性として，母親の仕事の保障，児童の校外生活の保障が柱となっているが，子供たちのおかれている実態を明らかにして，指導員，父母ともに行政に要求を出していく必要があると思う。

（注）　この他，多くの意見，経験が出されましたが，紙面の都合で主なものをまとめてみました。

## ≪問題提起≫　鈴木考[illegible]生

現在の学校体制の中では実践できにくいことをやれるのが学童保育ではないかと思う。子供たちが集団で自分たちの生活のよろこびを味わうことができる学童保育にすることが，大切である。私は学級文化活動の中に紙芝居，誕生会，動物園，工作，文庫活動などとり入れているが，紙芝居にしても，単に絵をかくということだけでなく，自分の卒業した保育園や幼稚園にもっていって，いつ上演するかなども子供たちに交渉させるとか，または家庭にもちこませたりして，自分たちのかいたものが，みんなにわかってもらえたかどうかたしかめさせるなどが大切である。そのことによって親と教師と子供の結びつけもできる。

動物園なども，1年生の子供が飼えるあらゆる動物を飼う（うずら，とかげ，いもり，こおろぎ，鈴虫，どじょう，ふななど）ということで，何を飼育するかということから考えさせてみてはどうか。

その実践の中で，班ごとに集団でちえを出しあう討議をし，最も成功したものをみんなで採用したり，お互いのルールもつくり出したりできる。さらに，子供たちの遊びを発展させて，自分たちの労働がなければつくり出せないということを体験させる中で，さまざまな働きや工夫が生れるのではないかと考える。

## ≪感　想≫　宍戸健夫先生

子供がいきいきとそれにとり組んでいけるものを，クラブの中に提起していかなければ学童保育の意義がないのではないか。

報告された経験の中には，集団づくりという点でやや弱さを感じた。

異年令集団の集団づくりをどうするか，さ

らに具体的にしていく必要がある。例えば「班つくり」に男女混合がよいというのは，たんに仲良しグループが目的なのではなく，班は矛盾のあるグループでなければいけないということが重要であるという点から云えるのではないか。即ち，意見のくい違いが，問題を発展させるための出発点となるからである。

指導員の要求，指導，指示から，子供たちが主体性をもって，子供達の中の活動家，リーダーをつくる。先生方のやっていた日常的な管理運営を自分達の手でやっていく。みんながそこまで育つことが大切ではないか。

現在の学校は本来の教育が失われつつある。人間教育が失われている面が多い。即ち，差別と選別の教育が浸透しつつあり，子供がそこにおしこめられようとしている。学童保育からこれをどうもりかえしていくかだ。

人間的な１人１人の子供を大事にする教育を学童保育の出発点として進めてほしい。子供の１人１人に自信と勇気をもたせられる学童保育の存在を期待します。

## 第２日 ― 学童保育ですることは何か ―
## ― 子どものおかれている状態はどんなか ―

《問題提起と報告》　福岡町あめんぼクラブ・峰岸，杉岡指導員

子供の日鯉のぼり作り<br>夏休み人形作り・キャンプ　}について

◇鯉のぼり作り　（峰岸指導員）

１年生がクラブの空気にとけこめない状態をどう解決するかが出発点となって，５月５日の子どもの日をめざして，本モノそっくりの布製鯉のぼりの作成を全員参加でとりくませた。白い布を裁って，縫い，色をぬる作業は相当のエネルギーが必要だったが，どれかの作業に全員が参加し，古い国旗掲よう台にたて子供の日の行事を成功させた。

◇夏休み一泊キャンプ・人形つくり　（杉岡指導員）

夏休み（朝から夕方まで学童保育の一日）にしか体験できないものへのとりくみを考えキャンプと人形つくりを実施した。

キャンプの準備として上級生，下級生の混合班をつくった（班長は立候補，推せん候補とし，班長は自分の班に入れたい子をくみ入れてみた。どこにも入れてもらえない子が２，３人できたが，これは全員の相談で編成を考えた）。キャンプ日程，行事は班の代表が出てきめた。このような過程の中で，１年生もクラブの生活にとけこみ，上級生と遊べる

ようになったこと，自主的に行動できるようなったことが目立つ。仲間づくりを徹底的にした効果が合宿計画の作成，実行にあらわれて成功した。

人形つくりは焼却炉のごみすて場からほしいものを持ってきて何かつくることを考え発泡スチロールを細工（切り出しを使用）することにした。顔に特徴を持たせ夏休み一杯かかって作りあげ，布で着るものをつくって指人形に仕上げた。やや手がこんで大人の手伝いが相当いったが，次の発展としてお話つくり，劇あそびが生れてくるのではないか。

### ≪討議から≫

＜名古屋（愛知）＞

現在の学校における差別教育をなくし，子どもどうし協力できる集団づくりを目標としている。機関紙，家庭訪問，連絡会などで親とつながりをもち，地域要求と結びつけた指導内容をつくり出す運動をはじめた。

指導の中心はカリキュラムの中で子供1人1人の問題点をどう解決するかを考えて，みんなの協力で弱点を克服する努力をしてみた。

①考える子どもになるにはどうしたらよいか。

②地域の中でどう結びついたらよいか。

③民主化を進めるにはどうしたらよいか。

の3点を中心にすすめている。

＜上千葉（葛飾）＞

本年4月に開所。発足当時は4人，夏休みまでに10数人になった。

協同作業を中心に子供のまとまりをつくる方針をたてた。新しい組織なので親どうし，親と子のふれあいも必要と考え家族ぐるみのバス旅行を実行し，話しあいの雰囲気がでてきた。

前任地（中青戸）での活動内容に，学童新聞の発行がある。1年生から学童っ子として育った5年生の子を中心に，学童クラブに残していく仕事として新聞づくりにとりくませてみた。1人の仕事であったのを3年生以上の子で組織的に発行するまでに発展し，がりきりも専門家に無料奉仕で指導してもらい，印刷技術も身につけた。この経験から，子供の時からほんものをきちんとおしえてやらせることの大切さがわかった。また，指導員が手を下さなくてもやっていける指導が必要で，それが根づくと，定期発行もきちんと実行できるようになる。

重点は「書く」ということで，毎月1回，何らかの表現をすることを楽しみとした。間違い字や表現などは直さずに，そのままを親にも知ってもらうという空間を残した。

テーマは指定しない。編集会議で子供たちに選ばせた。指導員としては，出来上りではなくてその過程を大切にするという態度でとりくんだ。

＜代々木（東京）＞

劇遊びが子供たちの中で遊びの大きな分野をしめている。着想は，自分のしゃべりたいことを，表現する意志を，劇に発展させるというもので，自然の欲求として出てくるものを遊びの中からつくり出している。つくりあげるためのみんなの協力，連帯感を大切にしている。問題行動の多い子どもほど，劇の中では必要人物となって仲間にも見なおされるということなども発見した。

年令的にも全員が参加できる役割をつくり出すことができるし，1年生でもかえって高学年よりその役に純すいになりきれるという有利な面をもっている。

＜大　阪＞

うまくやっているという実践報告が多かったが，うまくいっていない例を出したみたい。

第1に自然の環境がない。マスコミの悪影響が強く，いわゆるテレビっ子で，セックス，仁義をきる等のまねごとが多い。しかし，学童の生活で，これを悪いことだといっただけでは解決できない状況である。このような現状を無視して子供のための保育が本物になるか疑問である。

毎日ケンカが絶えないことなどは語れることではないか。ケンカは云いたいことを云い，主張をはっきりさせるから問題点を明らかにできる。大人の理くつでおさえてしまうのではなく，ぶつかり，とっくみあいをさせる中で考えていくことが大切ではないか。

子供の遊びの拡がりを禁止してしまう環境が，自然的にも人為的にも多すぎるのが現状ではないだろうか。

＜司　　会＞

学童保育における制約が多い。即ち，学校との関係から時間が不足である。施設の不足，環境の不足から活動が阻害されてしまう。

従って地域に根ざしたもの，生活との結合の中で何のために何をどう計画し，実践していくか，学童保育の指導員とは何かを，来年にむけて，課題が明らかになるような話しあいが大切だと思う。

＜助言者＝宍戸＞

内容が広い意味の遊びであることは間違いないが，ともすれば，楽しみだけを追うことになるおそれもある。

同和地区の差別の問題だけでなく，学童保育にいっているということだけで一般にちがった目でみられる現実がある。

このような現状をふまえて内容，指導の方向をつくり出すべきではないか。

＜横浜（神奈川）＞

クラブで母親学級として父母集団によびかけて，子どものことを勉強する機会をもった。その中から，何故両親が働いているかということを，子どもにきちんととらえさせようという立場で指導しているが，まだ具体的な内容までつっこんだ討議が行なわれていない。

＜杉並（東京）＞

学童保育に子供を入れてよろこんでいるが，自分のつとめている職場が民主化されていないと，ＰＴＡや，学童保育の活動にも参加できないことがわかった。父母が消極的で指導員におんぶしているようでは，子供の問題は前進しないと思う。あずかってもらっているだけで有難いといった考え方から，もう一歩進んだ親にならなければいけない。

＜司　　会＞

母親大会の学童保育分科会に母親が多数参加していた。最も中心的な話題は「指導内容」で，参加の大多数が多くの要求をもっていた。そこでは，人間性を豊かにするような保育の内容を，高く評価している母親が多かったことが印象的だった。福岡町の学童保育運動の場合は，指導員も，会をつくり，改めていく運動にも参加し，親も指導内容の中味つくりに参加している。子供のすばらしい成長は，指導内容のよさだけでつくり出せるものではなく，民主的な父母集団の運動と強く結びついて子供に影響を与え，子供自身が，学童保育を守り，つくり出していく姿勢をもつことになるのではないか。

例えば，町や市に陳情にいくのにどういう意義があるのか，親はどうして休暇までとって陳情にいかなければならないのかということの討論の中で，婦人の働く権利の確立，職場の民主化の必要性が確認される。

母親大会でも，学童保育をつくる運動は盛んだったが，つくられたあとの運動こそが大切な課題ではないかということが確認された。

＜ＹＷＣＡ（東京）＞

学童保育という形は新しいが，子供集団をどう育てるかということは昔から常にあった。行政の枠にとらわれないで，この集会のような討議ができることはすばらしいと思う。

子供集団にどういう目的で，どう働きかけたか，結果はどうだったかという実践理論をつくってもち寄り，そこから共通の理論をつくり出すなど，自分達の専門性は何かをつかむ勉強会をつみ重ねる努力が必要だと思う。

＜松戸（千葉）＞

共同保育５年の経験で去年から準公立となった。婦人の働く権利を守る学童保育所をつくる運動の過程で，国の人づくり政策が地域に浸透してきていることを感じた。例えば，親が子供を放っておいて働いている勝手な家庭だから，その子供を公費でみる必要はないという考え方が団地の主婦に多くみられる。

市当局も運営委員に利用者父母を入れないで，団体の長などで構成して，保育内容をきめ，父母の要求はとり入れないという姿勢が強い。このような中では地域では父母会だけの活動ではなく，民主的な団体との横のつながりの必要性を強く感じた。

（注）この他，多くの熱心な御意見がありましたが，紙面の都合で主なものをまとめました。

《感　想》　宍戸先生

２日間の話しあいの中で学んだことが三点ある。

① 学童保育には楽しい生活があるということ。子どもをとりまく危険な方向を打破って「楽しい生活」を子どもたちにとりもどしていく場である。

② 生活にいきいきととりくんでいく突破口をみつけるところである。いきなり新聞づくりに喰いつかなくても，自分たちの要求は何かということをつかむこと。そのことによって子どもの自信をつくり発展をめざす。

③ 生活と表現をどう位置づけるか，子どもたちの生活に根ざし，生活を変えていく教育は学童保育でなければできないという確信をもつことが大切。

父母の歴史，子ども自信の歴史，地域の歴史を子どもにおしえていく，この中にこそ本ものの教育がある。

## 《感　想》　鈴木先生

昨日からの実践報告をきいて，あの活動を自分もやろうと思ったり，自分の出した実践の中味をもっとお互に検討したかったのではないかと思う。来年にむけて共通の実践をやってきて，その経験を討議してみてはと考え，学童保育のための「子ども新聞」つくりを提案したい。新聞つくりが子ども集団を高めるためにどのような役割を果すかを課題として。

子ども集団とは，団結と連帯のモラルを育てるところ，これがなければ身の廻りも世の中もかえてゆくことができないと考えている。新聞つくりでも警戒すべきは作品主義，教養主義に終ることである。一つの記事をとりあげることによって，みんなで何をどう訴える力になるかを討論する。また，不満，要求をしんぶんがとりあげることによって討論し，要求を組織し，実現へ発展させる方向をみ出す場となるようにしたい。

学童保育の指導のあり方として，どういう子どもに育てたいのかという展望をもって，細かい一つ一つの指導をしていくことが大切だと思う。

## ※司会者提案申し合わせ事項※

① 地域に根ざして，何のために何をどうするか，またはどうしたか，その実践を来年は具体的に交流しよう。

② 地域に自主的な研究と運動の組織をつくり，ひろめよう。

③ 指導員と父母集団の結びつきを深めよう。

④ 学童保育新聞づくりにとりくもう。

## 全体会報告

全体会では，各分科会の内容について，分科会の司会者から報告をうけたあと，全国から寄せられた，文部省への"私の要求"を黒板にか条書きにし，それを検討し，最終的につぎのようにまとめました。

1. 公立学童保育所を小学校区毎に。
   oすべての放課後の子どもの生活権確保としても。
2. 現在ある学童保育所の施設，設備の充実改善を。
   （外あそび場，専用施設）
3. 運営についての改善を。
   （運営に父母の参加を。対象児を6年生までに。すべての運営費を公費で。）
4. 共同保育所に補助金を。
   （指導員と場所を。父母負担を軽減するために補助金増額を。）
5. 指導員の身分保障。正規化専門職としての確立。
6. 指導員の待遇改善。
   （社会保険，交通費，生活できる額にベースアップ，ボーナスの支給，時間外の勤務手当，自主的な研究のできる研修費とそのための時間保障）
7. 学校安全会の適用を。

なお，文部省交渉は翌9月16日午後 代表5名で行いました。詳細はニュース№29に報告。

# 学童保育連絡協議会　総会

総会では1年間の活動報告，会計報告のあと，今後の運動の進め方，会費値上げなどが検討され，新役員の選出を行いました。

## ＜活動報告＞　要旨

報告者＝事務局・西元

### (1) 要求の高まり

1年間の公立新設数は209カ所と，今までにない高まりを見ているが，請願しても設置されないままでいる要求数は，この新設数の数倍にのぼることが考えられる。反面，政府の対策は予算増はなく，名古屋市など，1ヵ所当りの助成額の低下という現象を生みだしている。また，児童館に併設する例が増加しており，「児童館を建てるからそれまで待て」と要求が抑えられる例もあり，今後共，児童館併設は増加していく傾向にあるが，併設上の問題点は多い。

一方，運動面では，地域毎の交流が進み，地域協議会結成の機運が各地で高まっている。

また，東京では，指導員の労働組合が結成され，発足時で40％の組織率で要求の高さを物語っている。

### (2) 要求を運動の高まりへ十分組織できなかった。

前年度の運動方針として，地方議会への一斉請願運動，文部省交渉などを決めていたが実現できず，各地の要求の高まりを組織し，運動の高まりへと発展させられなかった。

しかし，『子どもを守る文化会議』『母親大会』『保育団体合同研究集会』など，各種集会に協議会として積極的に参加し，分科会の分担など一定の役割を果してきたし，各種出版物への投稿も積極的に行った。

### (3) 父母会活動について

運動の基礎となるべき父母会活動では，東京・葛飾区，調布・狛江地区，埼玉・福岡町，名古屋・千音寺地区など，確実に活動しているところでは，地域での力関係を変え，学童保育に対する地域住民の意識を変えるまでになっているが，全体として父母会結成の立おくれと，父母会がつくられているところでもマンネリ化傾向がみられ，特に，子どもをどう育てるかの視点から，学童保育の位置づけ役割を明らかにする努力が不足している。

(4) 指導内容研究活動について

東京，大阪では，定期的に勉強会が開かれ，専門家の協力を得ながら，基礎的な考え方を学んできたが，学んだことが実践で生かされないでいるようである。埼玉・福岡町『あめんぼクラブ』の実践など注目すべき成果もいくつかはあり，そこでは系統的に追求がなされようとしているが，全体として実践活動は不十分で，また実践例の掘おこしも不十分であった。しかし，子どもたちは，学童保育の場でたてまくし，自信をもって育っている。

(5) 事務局体制について

第3回研究集会では，事務局専従者を置くよう努力することが申し合わされたが，実現していない。事務局は指導員が中心になって構成され，父母代表の参加を計ってきたが，実質1名だけである。日常の実務は事務局長がうけ負う形となってしまい。これが，時たまニュースが欠号する事態となっている。

実務の分担体制と，多数の人の運営参加体制の確立が望まれる。

(6) 財政について

長い間放置されていた会費の滞納整理を初めて行ったが，ニュース発送数300強に対し，正式会員数団体29，個人180という結果で，会員・非会員の区別がはっきりしないものがまだかなりある。確認できた上記会員数による会費収入は月間14,800円となるが，それに対し，4月～8月の平均必要経費は月間23,700円（人件費含まず）となっており，寄付・出版収入などでようやく収支が合っているのが現状で，これでは事務局専従者は置けない。

要求の高まりに応えられる運営体制をつくるには，多少の会費値上げは必要である。

＜会計報告＞　略

《決定事項》

○当面の運動目標

1. 地域協議会の結成と強化
2. 指導目標の確立

○会費値上げ

1. 団体会費はそのまま月200円。
2. 個人会費は現行月50円を年間1,000円とし，分割納入可能とする。
3. 賛助会費年額1,000円を年額1口1,000円とし，2口以上の協力も得る。

○新役員

会　長＝近藤斉三郎

副会長＝東京，関東，名古屋，大阪から各1名選出してもらう。

東京＝松本ちさえ

会　計＝太田イネ子，益子絹江

事務局長＝西元昭夫

会計監査＝葛飾区中青戸父母会，渋谷区代々木父母会より選出。

## 【学童保育連絡協議会運営申し合わせ（規約）】

名　称　この会は「学童保育連絡協議会」といい，事務局を東京都内におきます。

目　的　この会は，学童保育指導員および父母，関係者，専門家間の連絡を密にして，学童保育の啓蒙普及・発展を積極的にはかり，保育内容の研究，施設の拡充，制度化の運動を推進する母体となります。

事　業
1. ニュースを発行します。
2. 学童保育所づくりの指導と援助を行います。
3. 指導内容向上のための研究会・勉強会を開きます。
4. 指導員の交流と親睦をはかり，労働条件の改善に努力します。
5. 学童保育所の施設や，児童の保育条件などの改善に努力します。
6. 学者，専門家等の協力も得ながら，学童保育のあるべき姿をたえず探求し，よりよき制度化を推進します。
7. その他必要な事業を行います。

会　員　学童保育指導員，父母，関係者，専門家，学生および研究者はだれでも入会できます。入会は団体あるいは個人のいずれでもよく，両者とも共通の権利と義務を有します。

会　費　団体は月２００円。個人は年額1,０００円（分割可能）とします。また賛助会費を設け年額１口1,０００円とします。

会　議　総会＝年１回開きます。必要ある場合は臨時に開くことができます。
総会は，運営委員会の決定にもとずき，会長が招集します。

運営委員会＝地方ブロック毎，地域毎，分野毎に運営委員を選出し，年２回以上の運営委員会を開き，総会までの必要事項を協議します。また役員の選任を行い，総会の承認を求めます。

常任運営委員会＝運営委員のなかから常任運営委員を選出し，日常活動を推進し，必要事項を協議します。

ブロック会議＝必要に応じて，地域毎あるいは問題別ブロック会議を開きます。ブロック会議は事務局長が招集し，運営委員会に報告します。

役　員　役員として会長１名，副会長若干名，会計１名，会計監査２名，事務局長１名をおきます。事情によっては兼任も可能とします。

事務局　事務局長は，会員の中から事務局員若干名を任命し，事務局の活動を推進します。

財　政
1. この会の財政は，会費および寄附金でまかないます。
2. この会の会計年度は，４月１日より３月末日までとします。

※　この申し合わせの変更は，総会の承認を必要とします。

※　この申し合わせは，１９６９年９月１５日より実施します。

## 参加者の感想……アンケートから……

＊　参加してよかったと思います。井の中の蛙で，広い視点で考えなければならないことが欠けていました。私たちと同じ苦しみでたたかっている方々，先進的な方々の意見は大へん参考になりました。

ただ，問題点が多すぎるためか，時間が少なすぎたのは残念でした。もっと分科会を細分化したらよいと思った。開会時間の厳守。

＊　学童保育のさまざまな運動の高まりを見せられましたが，その中の格差の問題ではやはり連絡協議会の必要性を痛感しました。

＊　全く手探りで始めた児童会ですので，全国的な状態がわかり参考になった。学童保育の社会的役割りに誇りを持つと同時に，これからも活動を続けたい。

＊　実習のなかで疑問点が多く困っていたところだったが，とても参考になった。指導員になりたいと思っている人々の交流の場をつくる援助をしてほしい。

＊　とても勉強になったが，もう少し初歩的な問題をかかえている者ですから，そのような時間がほしかった。

＊　第３回の集会に参加して勇気がでて，保育園を中心に「学童保育をすすめる会」をつくり（会員７５名），共同保育（８人）も始めました。今日は，発言しょうかなと思っていると，同じ方ばかりの発言で，なれないと発言できませんでした。

＊　経験交流は本当にありがたかった。毎日毎日がつくりあげる生活で，どこかに虎の巻があったらなと思っていました。このような会は年２回位してほしい。

＊　いろんな形態の学童保育全部まとめての話し合いのため，問題を出し合っても，よくかみ合わなかったような気がする。それぞれの立場での話をするのはよいが，私たちみたいにおくれているクラブでは，もっと困っている点での深い話し合いがほしかった。立派な話は参考にはなったが，もっと切実な悩みを討議できたらすばらしかった。分科会をもっと細く分けてほしい。

＊　研究集会なので，経験交流に終らせないで，問題をもっと深く追求して，明らかにしてほしい。

＊　会場表示を親切にして下さい。保育の中心にある人が，会の進行に働いたり，組織的に動いていないような感があります。もっと役割分担をやって，上手に運営してください。民宿のあっせんはとてもよいことでした。会の中味は，もう少し密度の高いものを期待していたので，いささか不満。

留守家庭児童会のどこに問題があり，どう変えていくのか，学童保育の指導には何が欠くべからざるものか，そういった点について，ピッタリくるものがありませんでした。特に，進んだ東京からの実践の不足が目立ちました。

＊　司会者の意志統一が悪いようだった。討論が散慢的で深まらない。助言者が必要。

＊　時間厳守。まとめをもっと基本的な問題としてとらえてほしい。保育担当者を同じ人に（保育所）。

## 大阪の参加者の話し合いから

事務局体制が悪かったようです。分科会では，司会者のすすめ方があいまいで，討論を発展させることができなかった。助言者が必要。分科会の人数が多い場合はバズ方式で小人数に分れ，各人が持っている問題がとりあげられるよう保障すべきである。そんな面での準備・判断に欠けていた。

第１分科会＝東京の問題点と全国状況との食いちがいがあり，討論が深まらなかった。部分の問題と根本的なことが行ったり来たりして集中しなかった。

第２分科会＝児童館の将来のみとおしと現状が混同されている。生の声が本当に出ない。きれいすぎて入ってこない。親の願い，子どもの要求がにじみでてこないのは何故か。

第３分科会＝うまくいっいる例ばかりで，現実はもっと苦しんでいるし，そんな矛盾の中で，もっと考える内容であってほしい。すすんでいる部分と，おくれている部分の統一がない。

交流会＝もっと自由に意見のいえるもの，指導員が仲良しになるような内容であってほしいしい。

＜注＞　大阪では報告会が開かれ，連絡会準備会がつくられました。

## 広島の参加者から

駅より現地までの道案内がほしかった（学童保育の宣伝を含めて）。残暑の中で行なわれた集会に飲物がなかった。売店の準備がほしい。今後の問題として，条件が整えば地方での開催を検討してほしい。

△ 東京都の学童保育＝設置数・所管・拠点別一覧

| 設置主体 | | 設置数 | 所管部 | | | 拠点 | | | | | | |
|---|---|---|---|---|---|---|---|---|---|---|---|---|
| | | | 厚生 | 教育 | 区民 | 学校内 | | | 児童館 | 単独施設 | その他 | 計 |
| | | | | | | 空教室 | 普通教室 | プレハブ | | | | |
| 区部 | 港 | 2 | 1 | | | | | | 2 | | | 2 |
| | 新宿 | 3 | 1 | | | | | | | | 3 | 3 |
| | 文京 | 8 | 1 | | | 2 | 4 | | 1 | | 1 | 8 |
| | 台東 | 5 | 1 | | | 5 | | | | | | 5 |
| | 墨田 | 4 | | | 1 | 4 | | | | | | 4 |
| | 江東 | 6 | 1 | | | 4 | | 2 | | | | 6 |
| | 品川 | 8 | 1 | | | | | | 6 | | 2 | 8 |
| | 目黒 | 4 | 1 | | | | 2 | | | | 2 | 4 |
| | 大田 | 4 | 1 | | | | | | | 4 | | 4 |
| | 世田谷 | 5 | 1 | | | | | 4 | | | 1 | 5 |
| | 渋谷 | 5 | | 1 | | | | | | 2 | 3 | 5 |
| | 中野 | 28 | | 1 | | 12 | 16 | | | | | 28 |
| | 杉並 | 17 | 1 | | | 5 | | 10 | | 1 | 1 | 17 |
| | 豊島 | 15 | | 1 | | 10 | | 4 | 1 | | | 15 |
| | 北 | 18 | | 1 | | 18 | | | | | | 18 |
| | 荒川 | 7 | 1 | | | 6 | | | 1 | | | 7 |
| | 板橋 | 13 | | 1 | | 5 | | 8 | | | | 13 |
| | 練馬 | 10 | | 1 | | 5 | 1 | | | | 4 | 10 |
| | 足立 | 11 | 1 | | | | 7 | 3 | | | 1 | 11 |
| | 葛飾 | 6 | 1 | | | 1 | | 5 | | | | 6 |
| | 江戸川 | 7 | 1 | | | 2 | 2 | 2 | | 1 | | 7 |
| 合計 | | 186 | 14 | 6 | 1 | 79 | 32 | 36 | 11 | 8 | 18 | 186 |

| 設置主体 | | 設置数 | 所管部 | | | 拠点 | | | | | | |
|---|---|---|---|---|---|---|---|---|---|---|---|---|
| | | | 厚生 | 教育 | 区民 | 学校内 | | | 児童館 | 単独施設 | その他 | 計 |
| | | | | | | 空教室 | 普通教室 | プレハブ | | | | |
| 市部 | 八王子 | 2 | 1 | | | | 1 | 1 | | | | 2 |
| | 立川 | 1 | 1 | | | | | 1 | | | | 1 |
| | 武蔵野 | 4 | 1 | | | 1 | | 1 | | 1 | 1 | 4 |
| | 三鷹 | 2 | | 1 | | 1 | 1 | | | | | 2 |
| | 青梅 | 1 | 1 | | | 1 | | | | | | 1 |
| | 府中 | 1 | 1 | | | | | 1 | | | | 1 |
| | 昭島 | 3 | 1 | | | 1 | | | | 1 | 1 | 3 |
| | 調布 | 1 | 1 | | | | | | 1 | | | 1 |
| | 町田 | 2 | | 1 | | | | | | 1 | 1 | 2 |
| | 小金井 | 4 | 1 | | | | | | 2 | 1 | 1 | 4 |
| | 小平 | 3 | 1 | | | 1 | 2 | | | | | 3 |
| | 日野 | 2 | 1 | | | | | | | | 2 | 2 |
| | 国立 | 2 | 1 | | | | | 2 | | | | 2 |
| | 保谷 | 2 | 1 | | | | | | 1 | | 1 | 2 |
| | 田無 | 4 | 1 | | | | 4 | | | | | 4 |
| 小計 | | 34 | 13 | 2 | 0 | 5 | 8 | 6 | 4 | 4 | 7 | 34 |
| 郡部 | 福生 | 1 | 1 | | | | | | | 1 | | 1 |
| | 大和 | 2 | 1 | | | | 2 | | | | | 2 |
| | 清瀬 | 2 | 1 | | | | | | | 2 | | 2 |
| | 久留米 | 2 | 1 | | | | | | | 2 | | 2 |
| 小計 | | 7 | 4 | | | | 2 | | | 5 | 0 | 7 |
| 合計 | | 41 | 17 | 2 | 0 | 5 | 10 | 6 | 4 | 9 | 7 | 41 |
| 総合計 | | 227 | 31 | 8 | 1 | 84 | 42 | 44 | 15 | 17 | 25 | 227 |

## 全国学童保育実施数（1969年3月末現在）

| 府県名 | 実施市町村数 | 児童会数 | 43年度中増加数 |
|---|---|---|---|
| ＜留守家庭児童会＞ | | | |
| 北海道 | 29 | 58 | 13 |
| 青森 | 3 | 8 | 2 |
| 秋田 | 4 | 11 | 2 |
| 山形 | 2 | 2 | 0 |
| 福島 | 1 | 2 | 0 |
| 茨城 | 3 | 6 | 3 |
| 群馬 | 1 | 2 | 0 |
| 埼玉 | 6 | 9 | 3 |
| 神奈川 | 3 | 19 | 7 |
| 新潟 | 3 | 7 | 0 |
| 富山 | 5 | 7 | 2 |
| 石川 | 1 | 1 | 1 |
| 福井 | 4 | 5 | 1 |
| 山梨 | 1 | 3 | 0 |
| 長野 | 7 | 11 | 7 |
| 岐阜 | 1 | 1 | 1 |
| 静岡 | 7 | 7 | 0 |
| 愛知 | 10 | 22 | 6 |
| 三重 | 2 | 3 | 1 |
| 滋賀 | 1 | 1 | 1 |
| 大阪 | 20 | 68 | 12 |
| 兵庫 | 5 | 12 | 3 |
| 奈良 | 2 | 4 | 0 |

| 府県名 | 実施市町村数 | 児童会数 | 43年度中増加数 |
|---|---|---|---|
| 和歌山 | 1 | 1 | 0 |
| 鳥取 | 4 | 11 | 5 |
| 島根 | 2 | 2 | 0 |
| 岡山 | 9 | 16 | |
| 広島 | 12 | 50 | 23 |
| 山口 | 4 | 8 | (−2) |
| 香川 | 10 | 16 | 1 |
| 愛媛 | 8 | 18 | 3 |
| 高知 | 1 | 4 | 3 |
| 福岡 | 2 | 9 | 3 |
| 佐賀 | 2 | 2 | 1 |
| 長崎 | 3 | 5 | 0 |
| 熊本 | 1 | 2 | 1 |
| 大分 | 1 | 1 | 0 |
| 鹿児島 | 2 | 5 | 1 |
| 小計 | 184 | 422 | 188 |

| 府県名 | 実施市町村数 | 児童会数 | 43年度中増加数 |
|---|---|---|---|
| ＜学童保育事業＞ | | | |
| 東京都 | 40 | 227 | 25 |
| 横浜市 | | 26 | |
| 京都市 | | 22 | |
| 小計 | 42 | 275 | |
| 合計 | 226 | 697 | 213 |

## 実施場所の内訳

| | 学校内施設 | | | | 児童館 | 専用施設 | その他 | 合計 |
|---|---|---|---|---|---|---|---|---|
| | 空教室 | 普通教室 | プレハブ | 計 | | | | |
| 東京都 | 84 | 42 | 44 | 170 | 15 | 17 | 25 | 227 |
| 留守家庭児童会 | | | | 304 | 34 | 0 | 84 | 422 |

# 各地の学童保育実施状況　（昭44.9）

| クラブ名（県名） | 運営形態 | 担当部課 | 実施場所 | 児童数（対象学年） | 指導員数（代替職員） | 実施時間（勤務日数） | 指導員資格（身分） | 報酬 | 社会保険 | 公費補助額 | 保護者負担額（月） | 父母会の有無 |
|---|---|---|---|---|---|---|---|---|---|---|---|---|
| 城南園ひばりクラブ（秋田） | 共同保育 | 教育委員会 | 社会福祉施設 | 50（1～5） | 2（なし） | 下校～5.30（6日） | 保母（非常勤） | 月額－15,000 | 有 | 年間250,000 | 400～1200 | なし |
| さくら保育園学童保育（埼玉） | 保育園経営 | | 保育園（物置の2階） | 15（1～6） | 1（なし） | 12～6（6日） | 保母（非常勤） | 月額－23,100 | 有 | なし | 1,000 | 有 |
| 御器所学童保育（愛知） | | | 個人宅 | 14（1～5） | | 2～6（2日） | 学生 | 交通費のみ | なし | 不明 | 不明 | 有 |
| 農業試験場内学童保育（北海道） | 共同保育 | | 職場内建物 | 6（1年） | 1（なし） | 1～5（5日） | （非常勤） | 月額－10,000 | なし | なし | 2,500 | 有 |
| 明神台学童保育（神奈川） | 共同保育 | | 自治会プレハブ建物 | 8（1年） | 1（有） | 下校～6（6日） | 保母（非常勤） | 月額－25000 | なし | なし | 4200～5700 | 有 |
| 千音寺学童保育（愛知） | 共同保育 | | 市営住宅集会所 | 30（1～4） | 5（なし） | 1～6（2日） | 教員（非常勤） | 日額－1,000 | なし | なし | 1,000 | 有 |
| 仙北学童保育（岩手） | 共同保育 | 教育委員会 | 個人宅 | 33（1～4） | 1 | 1～5.30（6日） | （非常勤） | 月額－16,000 | なし | 年間150,000 | 1,800 | 有 |
| 青山学童保育クラブ（岩手） | 共同保育 | 教育委員会 | 公民館分館 | 45（1～6） | 2（有） | 11～5.30（6日） | 保母・教員（非常勤） | 有資格者－25,000<br>無 〃 …15,000<br>パート1時間 100 | なし | 年間150,000 | 1,000 | 不明 |
| 武里団地学童保育（埼玉） | 共同保育 | 教育委員会 | 校庭内プレハブ | 24（1～3） | 2（有） | 11～5.30（6日） | 保母・教員（非常勤） | 月額－10,000 | なし | 年間60,000 | 1,500 | 有 |
| 福岡町学童保育（埼玉） | 共同保育 | | 校庭内未使用校舎 | 60（1～4） | 3（なし） | 下校～5.30（6日） | 教員（非常勤） | 月額 21,000～24,000 | 不明 | 年間80,000（社協より） | 2,400 | 有 |
| さかえ隣保館学童保育（大阪） | 保育園併設 | 民生部 | 保育所併設 | 25（1～4） | 3 | 下校～6（6日） | （非常勤） | 月額…27,000 | 有 | なし | 1,400 | 有 |
| 常盤平学童保育園（千葉） | 運営委員会に委託 | 教育委員会 | 専用建物 | 30（1～3） | 2（有） | 下校～6（6日） | 教員（非常勤） | 月額－21,600 | なし | | 1,750 | 有 |
| 北田辺保育園学童組（大阪） | 保育園併設 | 民生部 | 保育園内3階 | 20（1～3） | 1（なし） | 9～5.30（6日） | （非常勤） | 月額…21,000 | 有 | なし | 4,000 | 有 |
| 多摩川住宅学童保育会（調布市） | 共同保育 | | 団地内集会所 | 30（1～4） | 2（なし） | 12～5（6日） | 教員（非常勤） | 日額…750 | なし | なし | 2,500 | 有 |

# 各地の学童保育実施状況

（昭 44．9）

| クラブ名（県名） | 運営形態 | 担当部課 | 実施場所 | 児童数（対象学年） | 指導員数（代替職員） | 実施時間（勤務日数） | 指導員資格（身分） | 報酬 | 社会保険 | 公費補助額 | 保護者負担額（月） | 父母会の有無 |
|---|---|---|---|---|---|---|---|---|---|---|---|---|
| 垣生留守家庭児童会（大阪） | 公立 | 教育委員会 | 幼稚園空教室 | 30（1～4） | 3{正規…1 アルバイト…2 | 下校～5（正規…6日 アルバイト…5日） | （正規 1 アルバイト 2） | 正規…月22,228 アルバイト…日700 | 正規…あり アルバイト…なし | | なし | なし |
| 千鳥児童会（愛知） | 公立 | 教育委員会 | キリスト教会館内 | 60（1～4） | 3（なし） | 12～6（6日） | （非常勤） | 日額…1,100 | なし | 有 | 有 | 有 |
| しいのみ児童会（大分） | 公立 | 教育委員会 | 学校内空教室 | 18（1～3） | 2（なし） | 12.30～5.30（5日） | 保母（非常勤） | 日額…700 | なし | 年間300,000 | 650 | 有 |
| 草加市学童保育クラブ（埼玉） | 公立 | 民生部 | 校庭内プレハブ | 35（1～3） | 2（なし） | 12～4（6日） | （常勤） | 月額…30,000 | 有 | 有 | 600～1,500（保育園方式） | 有 |
| 長瀬北小学童保育（大阪） | 公立 | 教育委員会 | 学校内空教室 | 39（1～3） | 5（有） | 下校～7（6日） | 保母,教員,社会福祉司（常勤） | 月額 34000～37000 | 有 | 年間5002,000 | 0～1,800 | 有 |
| 上甲子園学童保育（兵庫） | 公立 | 民生部 | 専用プレハブ | 30（1～3） | 2（2） | 1～6（6日） | | 月額…17,000 | なし | 月 7,500 | 700 | 有 |
| 桂児童館学童保育（大阪） | 公立 | 民生部 | 児童館 | 45（1～2） | 4（なし） | 下校～（6日） | 保母（常勤） | 市の職員給与 | 有 | | 100 | 有 |

# 学童保育指導員の労働条件一覧表（23区）44.8.

| 項目／区名 | 主管課 | 身分 | 報酬 | 臨時的給与 ①夏期手当 ②時間外 ③交通費 | 勤務時間 | 休暇 ①年休 ②夏休 ③その他 | 社会保険 | 代替指導員 | 研修費 | 間食費 | 行事費 | 消耗品費 | 備考 |
|---|---|---|---|---|---|---|---|---|---|---|---|---|---|
| 渋谷 | 教委 青少年係 | 正 非常勤 | 非25,000 | ①33,000 ③出張実費 ② | 11:00〜6:00 | ①なし ②5日 | 健厚 | 1名 | なし | 1人15 10.− | 100×6 | 5ケ所で 59万 | 週5日勤務 |
| 世田谷 | 厚生部 福祉課 | 非常勤 | 月30,000 | | 1:00〜5:00 | 職員並 | 健厚失 | なし | 〃 | 10.− | 100.− | | |
| 新宿 | 〃 | 〃 | 23,000 | | 12:00〜6:00 | | | 〃 | | 15.− | 60×6 | 1日1人 7.− | |
| 江東 | 厚・管理課 | 〃 | 22,000 | ①職員の7割 ③月100.− | 12:00〜5:00 | ①なし ②10日 | 健厚 | 〃 | なし | 15.− | 140×3 | | 被服あり |
| 足立 | 〃 福祉課 | 〃 | 21,000 | ① 〃 ③ 〃 | 12:30〜5:30 | ①6日 ②5日 | 〃 | 〃 | 〃 | 10.− | なし | 1日1人5.− | |
| 江戸川 | 〃 管理課 | 〃 | 時給 180.− | ① 〃 他 なし | 夏9:00〜5:00 冬1:00〜5:00 | なし | 〃 | 〃 | 〃 | − | 50×5 | | 夏アルバイト有 事務服あり |
| 葛飾 | 〃 福祉課 | 〃 | 月22,000 | ① 〃 ③月800.− ② | 12:30〜5:30 | ①4日2年目から1日ずつ追加 ②3日 | 〃 | 〃 | 〃 | 20.− | 100×5 | | |
| 墨田 | 区民部 区民課 | 〃 | 22,000 | ①職員の5割 他 なし | 夏8:30〜12:30 冬12:00〜5:00 | なし | 〃 | 〃 | 〃 | 15.− | 100×4 | | |
| 北 | 教委 社会教育課 | 民間委託 | 15,000〜 24,000 | ①1ケ月分 ③500〜1,000 ②夏休み手当5,000 | 下校時〜5:30 | ①12日 ②3日 | なし | 〃 | | 15.− | 年間一クラブ 25,000 | 1日1人 5.− | |
| 板橋 | 〃 管理課 | 非常勤 | 18,000〜 23,000 | ①職員の7割 ②139,150,159.− | 12:30〜5:30 | ①12日 ②4日 | 健厚 | アルバイト | 〃 | 15.− | 3,500 | | 事務服あり |
| 荒川 | 厚・管理課 | 〃 | 日給900 1,000 | ①約3万円 ③665.− ②夏のみ1日600.−(1日交替) | 12:00〜5:00 | ①なし ②3日 | 〃 | なし | | 20.− | たん生会30 Xマス会50 | | |
| 台東 | 〃 | 〃 | 21,000 24,000 | ①月給×1.2 ②時給 230.− | 1:00〜6:00 | ①なし ②4日 | 健厚失 | 夏アルバイト | 年間全体 47,000 | 20.− | なし | 1日1人 4.− | |
| 文京 | 〃 | 〃 | 22,000 25,000 | ①12,000・15,000 ②夏・冬・春休み 600.− | 12:30〜5:00 | ①なし ②7日 | 健厚 | なし | なし | 15.− | 50×5 | 1日1人 7.− | 事務服あり |
| 品川 | 〃 児童課 | 〃 | 31,600 | ①月に割当 ②時給211.− | 11:00〜5:00 | ①半年に6日 ②3日 ③生休1 慶休5 | 〃 | 〃 | 半年300.− | 15.− | なし | 1日1人 10.− | |
| 港 | 〃 管理課 | 〃 | 23,000 | ①職員の7割 ③1,200 ②月3,000 | 12:00〜5:00 | ①10日 ②在児5日 ③他は職員並 | 〃 | あり | なし | 15.− | 3ケ所 50,000 | | |
| 目黒 | 〃 | 〃 | 22,000 | | 下校時〜5:00 | | 〃 | なし | 〃 | 10.− | なし | 1ケ所5,500 | |
| 大田 | 〃 | 〃 民間委託 | 20,000 | ①年間1.5ケ月 ②1クラブ年 20,000 | 1:00〜5:00 | | なし | 〃 | 〃 | 15.− | 年間一クラブ 26,000 | 年間一クラブ 75,000.− | |
| 杉並 | 〃 福祉課 | 非常勤 | 29,640 | 職員並 | 11:15〜5:15 | ①15日 ②8日 | 健厚失 | 1名 | 100×6 | 10.− | | | |
| 中野 | 教委 | 〃 | 日給 700 | | 1:00〜5:00 | | | | | 15.− | | 年間4万 | |
| 練馬 | 〃 社教 | 〃 | 30,000 | ①職員並 ②休み中 300.− | 下校時〜5:30 | ①20日 ②7日 | 健厚 | なし | 400 | 10.− | | 〃 一クラブ 30,000 | |
| 豊島 | 〃 〃 | 〃 | 26,500 | ①職員並 ②171.− | 12:00〜5:30 | ①16日 ②5日 ③生休2 慶5(本人) | 健厚失 | 〃 | なし | 10.− | | | |

学童保育所をたくさんつくるために
よりよい学童保育のために

運動の全国的・地域毎の結びつきを
つよめましょう

あなたも学童保育連絡協議会へ
入会してください。

# 子どものねがい親の願い

学童保育の手びき

学童保育連絡協議会編

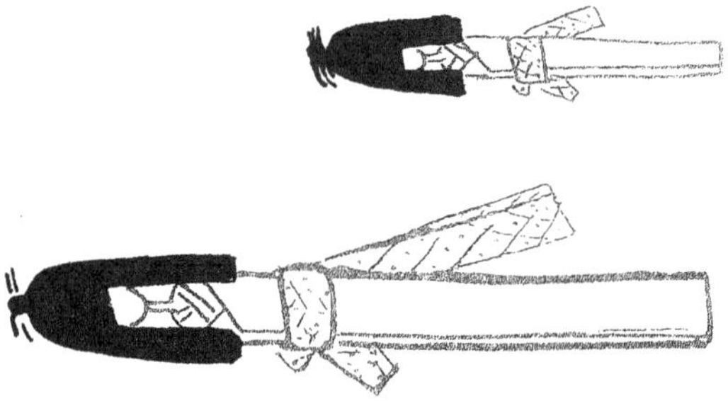

鳩の森書房

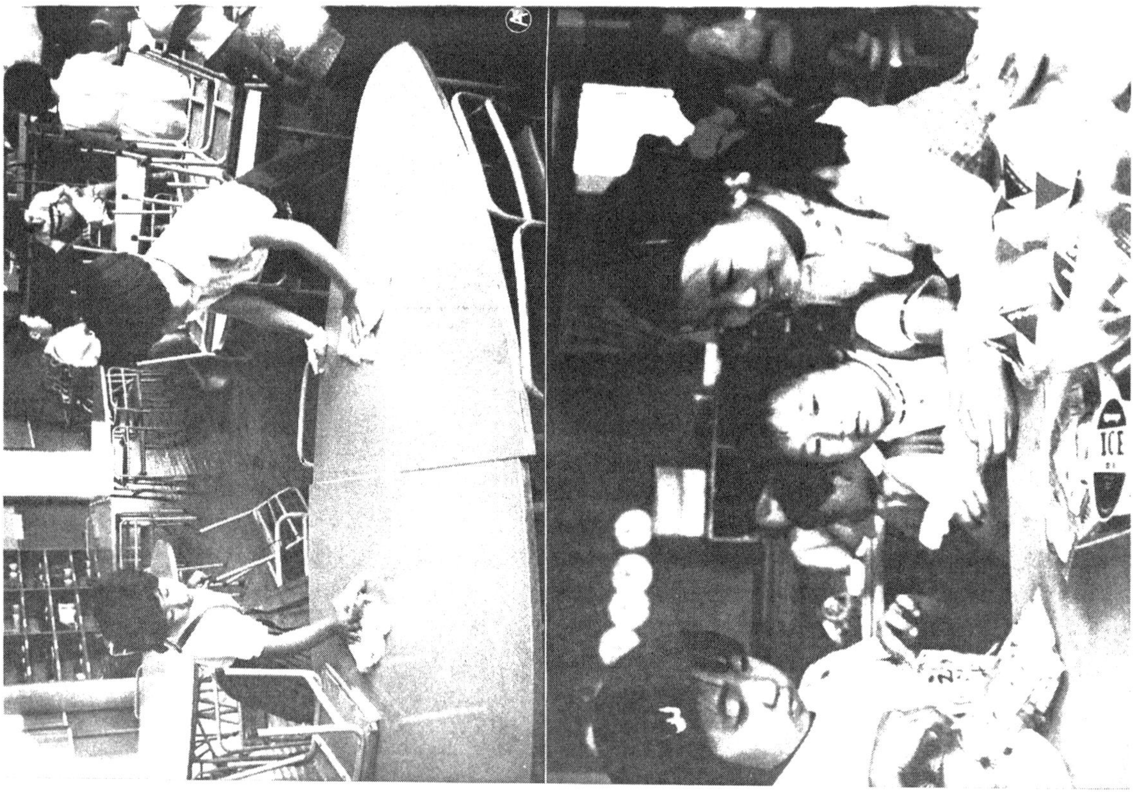

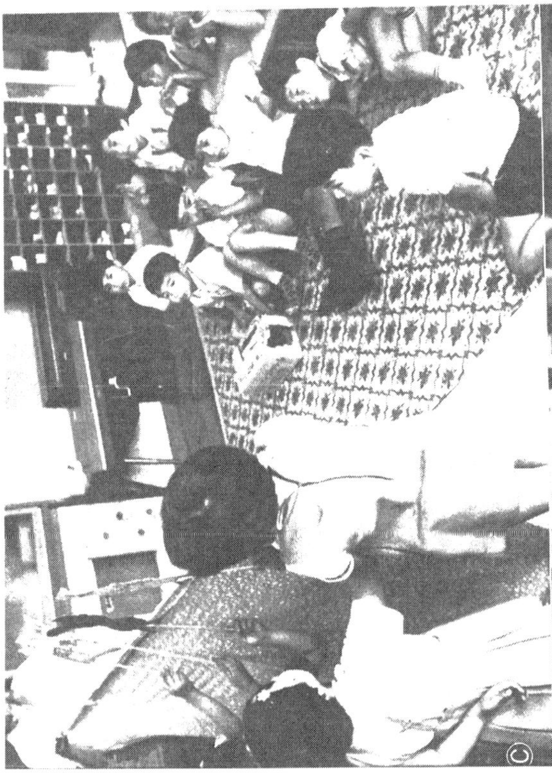

Ⓒ

Ⓓ

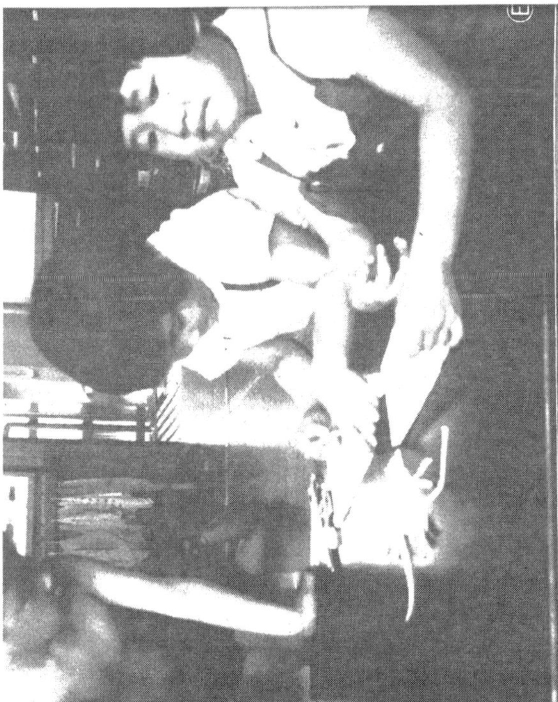

Ⓔ

Ⓕ

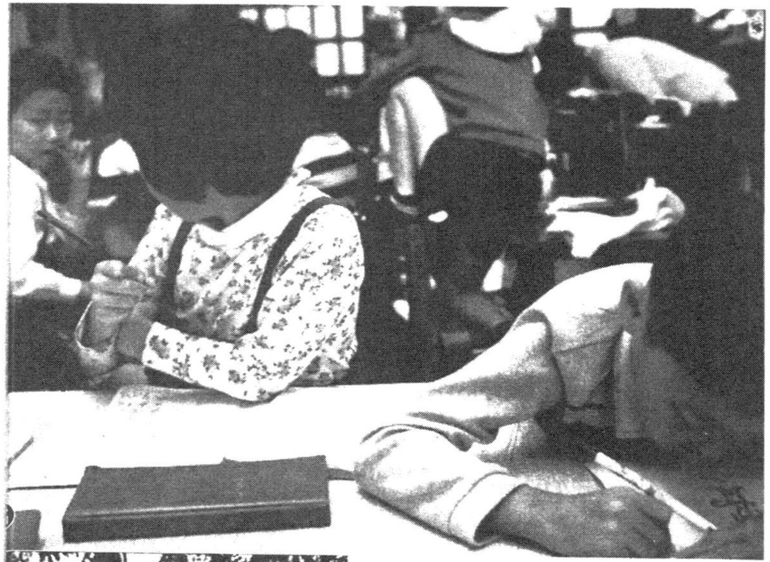

Ⓐ 中青戸クラブ（東京・葛飾区）
Ⓑ 神谷子どもクラブ(東京・北区)
Ⓒ 〃
日天さん、月天さん
Ⓓ 〃
Ⓔ 福岡町どろんこクラブ(埼玉)
新聞の原稿かき
Ⓕ 福岡町あめんぼクラブ(埼玉)
発ぼうスチールを削ってつくった人形
Ⓖ 〃
学習の時間がはじまった
Ⓗ
「木のぼりセンター」であそぶ

もくじ



1

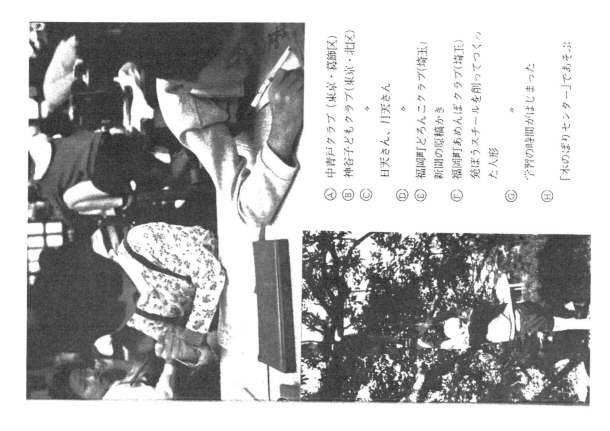

2



3

# はじめに

学童保育連絡協議会では、さきに『よりよい学童保育のために・一九六八年版』を発行しました。これは労童保育運動十数年の歩みを集約し、現状と問題点、将来の方向などをあきらかにしたもので、学童保育の入門書として、運動の手引き書として、現在でも重宝がられているものです。

その後の二年間の間に、学童保育の要求はますます強まり、運動も大きく発展しました。一九六八年十一月に行った「第三回学童保育研究集会」は、学童保育だけの初めての全国集会として成功しましたが、昨年の「第四回学童保育研究集会」以後は、大阪、京都、愛知、神奈川の各府県で、府県段階の研究集会が持たれ、地域協議会が発足しました。

このような要求の高まり、運動の発展の反面、国や地方自治体での学童保育施策は、校庭開放や児童館への移行、解消という方向へ転換しようとしています。そして、その理由の一つに、「現在の学童保育は利用者が少ない」ということがあげられています。

たしかに、利用率の減少傾向はあります。ところが一方には、中青戸クラブ（東京・葛飾）の一校だけで利用者一〇五名という超マンモスをはじめ、八〇名、六〇名というクラブは各地に生れています。この違いはどこからくるのでしょうか。それは「学童保育」がどのように受けとめられ、どのように運営されているかによる違いだといえます。

学童保育連絡協議会に結集し、学童保育のあり方を、指導のよりよい向上を、絶えず追求してきていうところでは、子どもたちは独自の生活分野をつくりあげ、すべての児童にとっての放課後の生活も、こうあるべきだということを教えています。

私たちは、「学童保育とは何か」「あるべき姿はどんなものか」を、広汎な人びとに知っていただくために、そして「学童保育を一校に一か所設置」してもらうために、この本を出版いたしました。私たちは、学童保育の場は、子ども本来の生活をとりもどす場として、日本中のすべての子どもに必要なものだと考えています。

一九七〇年七月

学童保育連絡協議会事務局長　西元昭夫



# 学童保育運動の発展に期待する

羽仁説子
日本子どもを守る会会長

家族制度などということは、新憲法のもとにはないといわれるかもしれませんが、現在の政府は、せめて政治の矛盾のしわよせの場、安全弁として「家庭」を大切にしたいとおもっていることは明らかです。児童手当というようなことになるとほうかむりをする国家予算が、子どものことになると口を出して、婦人は家庭にかえるのが子どものためだ、などといいます。そこに、下からのつきあげで誕生してきた学童保育は、非常に大切なものとおもいます。ことに、私は、小学校低学年までは「保育」の必要はすべての子どもにあると考えているので、家庭の代用品としてでなく、カギッ子対策としてだけでなく、子どもたちの成長のために、すばらしい学童保育の場が希望されます。学童保育こそ、ゆたかな人間をつくるために必要な努力。むかしのように大きな台所もなく、裏籔もなく、家庭はかわってしまっています。子ども図書館活動なども、学童保育と協力してはと考えたりしています。

三木達子
今川学園長、大阪市コミュニティセンター研究協議会長

学童保育の重要性を真剣に考え、その対策に本気でとりくんでいるのは誰か。母親だけのなやみでもなければ家族だけの問題でもない。町ぐるみ、社会ぐるみ、経済発展を謳歌する国の責任において、健全な児童育成に、がっちり四つに組んでもらいたいものだ。

文部だ、厚生だと責任のなすりあいをした時代はとうにすぎ去った。もう足許に火がついている。千人の眼あきが手をつなごう。打てばひびく心の眼あきが、東に西に一ぱいいる。この子等を正しく守り育てるために、次の世代が健康で幸福であるために。

浦辺史
日本福祉大学教授

学童保育は乳幼児保育と同様に、婦人労働の発展にともなって生ずる必然的な社会問題であって、社会主義体制になっても解消せず、その対策は基本的には国の教育政策の課題であります。たとえば五〇年の歴史を持つソ連においては長日制学校、寄宿学校を設けるほか、ピオネール会館、文化とスポーツの学校、夏季のピオネール・キャンプなど、教師の援助のもとで子どもたちが自由



に使える施設を用意してこれに対処しております。

学童保育運動は保育運動とともに、日本の未来につながる息の長い創造的な児童ようごの教育運動として、何よりも教師と父母が主体的にとりくむべきものと思います。しかし、教員組合のとりくみがよわいのはなぜでしょうか。

学童保育運動が、日本の歴史的状況と地域に根ざした創造的実践をつみ重ねられることをつよく期待します。

鷲谷善教
日本社会事業大学教授

学童保育運動は新しい運動です。それは人間軽視の高度経済成長政策のもとで、守られるべき子どもの生活や権利が逆に侵害され、その程度がますます深刻化してゆく中で、子どもの生活を守り、子どもの権利を奪いかえし、みんなが幸福になれる社会をつくる人民に育つことを願う運動の一つであると思います。とくに教育の反動化が軍国主義復活の方向で急速に進んでいるとき、一方的に影響されることなく、ものごとを正しく批判し、分析し、総合できるような眼と力をもつことは何よりも必要だと考えています。

もちろん、学童保育は、婦人労働者の増加、共働き世帯の増加を大きな契機とし、とくに母親の強い要求によって実施されるようになったものですし、一つの運動として組織的に展開されるよう

10

になりましたが、それだけに、なお未解決の多くの問題をかかえています。そして理論的には、今後十分ねりあげてゆく必要があると思います。しかし、それは指導員、子ども、親たちの連帯と意識的な取り組みの中で、創造されることを信じています。そのためにも、学童保育運動が全国的規模に発展し、国民運動として地歩を固めることを願ってやみません。

宍　戸　健　夫
愛知県立大学助教授

学童保育運動は保育所つくり運動と同じように、働く母親にとって必要なものとして誕生するとともに、それが単に、やむをえずつくられたものにとどまらず、積極的に「集団保育」を創造する必然性をもっているということです。それは、子どもの教育権の真の確立につながるものだとおもう。

憲法にある「教育を受ける権利」ということが、たんに義務教育を受けていればそれで十分だということではなく、子どもの教育と発達とを十分に保障していくには、今日の社会で、どうあらねばならないのかを考えなければならない。たとえば、「労働の教育」や「集団の教育」が保障されているのかどうか、ということが、問題にならなければならないだろう。

こう考えるとき、学童保育運動は今日の教育の歪みをただし、子どもの教育権を確立するために重要な任務をもっているといえましょう。これからの前途を期待したい。

泉　　　順
熊本短期大学助教授

九州へきて感じることは、いろいろの運動、とくに国民的要求をかかげたそれが、すくないということです。私のいる熊本の場合、県教組においても、サークル活動においても、幼児教育のうのはほとんどゼロに近い状態です。この一年間で、ようやく運動をおこすきっかけがつかめたところですが、それには、東京などでだされているパンフや単行本が大きい役割を果しています。それを思うと、この手引きが、私たちの活動を、もう一歩押しすすめてくれるものと嬉しく、期待されます。

塩　谷　ア　イ
労働者クラブ保育園長
東京都議会議員

11

学童保育の問題が量質ともに重視されていることは、一九七〇年代の子どもたちを、どのようにとらえ、どの方向に成長することを望むかが問われていることであり、民主勢力と保守反動勢力のきびしい対決の反映でもあると思います。

〝要求が運動を生み育てる〟といいます。学童保育連絡協議会が全国の学童保育運動の経験を汲

12 み上げて、五〇の質問に答える手引を発刊されることは、さらに要求を深め、運動をひろめる役割を果すことを期待しております。

# 一九七〇年代の婦人と子どもと学童保育づくりのために

公文昭夫

## 「公害」と物価高と低賃金のなかで

一九七〇年六月二三日。私たちは、広島・長崎で虫けらのように多くの国民が殺された原爆投下を皮きりに、サンフランシスコ条約の締結、新安保条約の調印、そして今度の自動延長という四度にわたる屈辱の日を体験させられました。しかし、一九七〇年六月二三日、日本全国をゆるがせた大統一行動は、六〇年安保の最高時を大きくうわまわる参加者を得て抗議と安保廃棄を通告する政府をつくろうという固い意志が示されました。

13 私たちが生活する職場や町や村では、いま息づまるような生活苦と健康といのちが破壊されるという不安がうずまいています。交通災害の増加と、その車が吐きだすハイオクタンの鉛害。大工場

14

のまき散らす有毒ガスを含んだ排煙による空気の汚れ。カドミウム、水俣病、カネミライスオイルなど、河や海まで汚れっ放しに汚れ、すでに多くの婦人や子ども、働き手の父親が「公害」の手で殺されています。

国民総生産は、資本主義世界第二位、万国博覧会の「繁栄と調和」は、つまるところ、日本を世界最高の「公害」列島に仕立て、世界一物価の高い都市をつくりあげたわけです。自民党政府や大資本家のいう「高度成長」は、まさに私たち勤労国民の生活苦と健康といのちの不安の「高度成長」をもたらす作用をはたしてきました。

政府や大資本家は、「安保」による「繁栄」のおかげで、日本からは貧困が無くなったかの印象をしきりにバラまいています。テレビでは、マイカー、マイホームからマイマンションにいたるコマーシャルがけたたましい音をたてて迫り、手をのばせば誰でも幸せがつかみとれるかのようです。

ほんとうにそうでしょうか。労働省の「賃金構造基本統計調査」は、その「繁栄」がいかにまやかしにすぎないかを立証してくれます。すなわち、日本の全労働者の二一％は二万円以下の賃金しかもらっていないこと、三万円以下になると四七・五％の労働者がいるといっています。つまり、労働者のうち二人に一人は、月三万円以下の賃金しか得ていないということです。

このうなぎのぼりの物価高のなかで、どうして三万円の賃金でまともな生活ができるでしょう。妻や子どものいる世界になるとなおさらです。生活していけないから、家庭にもどった母親が、再びパートタイマー、内職といったかたちで、働きにでます。あるいは結婚をし、子どもが生まれても、仕事をやめられない（あるいは婦人の権利をまもるという立場から積極的にやめない）既婚婦人労働者が、急激にふえてきています。

私たちをとりまく七〇年代の情勢は、いままでのべてきた深刻な事態をいっそうひろげ、ふかめていく結果をもたらそうとしています。

## 強まる働く婦人への差別と圧迫

一九六九年（昭和四四年度）現在で、雇用婦人労働者の数は、一、〇四八万人に達しました。雇用労働者総数に占める比率は、三二・八％となっています。三年まえの一九六六年には、九二九万人でしたから、この三年間で、実に一二〇万人もふえています。

なかでも特徴的なことは、既婚婦人労働者の急増です。婦人労働者のなかの既婚婦人の比率は、五〇・五％、二人に一人は既婚婦人です。三年まえの比率が三六％でしたから、その伸び率のいちじるしさがわかるでしょう。いっぽう婦人労働者の労働条件は、いぜんとして改善されていません。男子労働者との賃金格差は、この数年ちぢまるどころか、むしろ拡大気味で、現在は男子にたいして四八・五％という実情におかれています。

賃金にかぎらず、婦人労働者の大多数は、すべての労働条件、社会生活の諸部門で徹底的な差別をうけています。多くの職場では、勤続年数の長くなった婦人、高年令になった婦人にたいして、きびしい退職勧しょうがおこなわれています。結婚や出産を契機として退職させられる婦人も数多

15

くいます。また、サービス産業、電力関係の職場では二五歳定年、三〇歳定年などの一方的な制度をつくって否応なしの首切りが実施されています。

こうして現役の婦人労働者は追いだされ、新しい、賃金の安い、若い婦人労働者といれかえるという流動化政策がとられています。いったん職場から追いだされた婦人労働者は、現役当時とは比較にならない低賃金で、再び雇用されます。「パート」という不安定な身分で。このため婦人労働者全体の賃金は、低くおさえられ、それはまた男子の労働者も含めた日本の勤労国民の低賃金体制を維持する役目をになわされているわけです。

したがって、いま婦人労働者が、みずからの職場で働く権利を確保し、賃金や労働条件をよくしていくという運動をつよめることは、日本の勤労国民全体の賃金をひきあげ、生活を改善させることにつながるのです。そしてそれはまた、働く婦人の状態を改善する課題が、単に婦人労働者だけの問題ではなく、全体の労働者、すべての勤労国民、なかんずく、もっとも高い力量をもつ労働組合の主要な運動の課題でなければならないことを意味しています。

## 留守家庭児は全国で四八〇万人

働く婦人が増え、既婚婦人労働者の比率が高まるということは、必然的にその世帯の子どもたちに、いろいろな意味で影響があらわれてきます。「公害」、交通災害、遊び場の不足、誘かい、非行などの犯罪につながる問題。そこえもってきて、教育の反動化が、すべての子どもたちの豊かな



心身の成長をはばもうとしています。

そのひとつの側面を象徴的に示す調査として、四五年の五月四日に発表された厚生省の「四四年度児童調査結果」を紹介しておきたいと思います。

まず、児童のいる共働き世帯をみますと、児童のいる世帯のうち四三・五%、六九九万世帯が共働き世帯となっています。つまり、約半数、二軒に一軒は共働き世帯なのです。婦人労働者の増加とあわせて、共働きはすでに大きな部分を占めており、したがって保育所、学童保育所の存在は、すでに一部の者の特殊な施設ではなく、社会的制度でなければならないことをあきらかにしています。さて、共働き世帯で日中家に誰もいないため、留守をまもっている児童の数ですが、この調査によると推計四八三万人となっています。この数字は、義務教育終了前の児童一四五二万人の三三・三%にあたります。

いうまでもないことですが、私たちの子どもは働く母親だけの子どもではなく、それと同数の夫、つまり男子労働者のものですし、新しい社会を創造していく日本民族の宝、共通の財産です。その子どもたちの安全と豊かな成長は、したがって社会的、制度的に守られる権利があり、国、地方自治体にはその義務があるわけです。

したがって、私たちは七〇年代の夜明けをきりひらくにあたって、働く婦人と子どもたちの幸せを約束する一つの土台となる保育所、とくにここでは学童保育所の大量建設、その内容の改善、向上を運動の主要課題として確認しなければならないと思います。

## 学童保育づくりを組織的、制度的な運動へ

働く婦人が、みずからの生活を向上させていく運動にはさまざまな形があります。労働組合を通じての賃上げ、男女格差の撤廃、合理化による労働強化反対、時間短縮、母体保護など、搾取と収奪の体系が複雑化するなかで、要求もきわめて多様になってきています。とくに、子どもが生まれても、みずからの職場を確保する切実な要求として、保育所、学童保育所の要求があります。この要求は、職場の婦人労働者にとっては賃上げと同じぐらい重要な要求であると同時に常雇労働者のみでなく、パート、臨時、下請の労働者にも共通した課題となっています。さらにたいせつなことは、この要求が、地域居住の内職をしている母親、農村の婦人、自営業の母親まで含めて、すべての働く婦人の共通の要求であり、ともに運動をすすめていける統一的課題であるということです。とくに、学童保育所は、小学校を中心とした地域居住地周辺に拠点を設置していかねば、その効果がうすいという性格をもっているだけに、組織された婦人労働者を中心とした地域の共同行動、運動が主体となります。したがって、私たちは、地域の労働組合、各種民主団体による学童保育設置の運動をなによりもたいせつにしたいと思います。そして、運動の指導面で重要な役割をはたさねばならない革新政党との連けいをたいせつにしたいと思います。

いままでの学童保育づくりの運動は、ともすれば居住のちいさなグループを主体とした自然発生的な要素をつよくもっていました。もちろん、地域居住の働く母親の要求に根ざした自然発生的な運動が、こんごもきわめて重要な役割をはたすことはいうまでもありません。しかし、七〇年代の学童保育所づくりと、指導内容を改善、向上させていく運動は単に自然発生的なものだけでは対応しきれなくなっています。すなわち地域的な運動も労働組合、民主団体が全体としてとり組み、運動の中心となる組織的な形態へ発展させていかねばならないし、同時に文部省、厚生省といった自民党政府の政策をかえていく制度的なたたかいを強めていく方向をうちだしていかねばならないと考えます。

# 子どもの現実、そのねがい

大塚達男

かぜをひいて
学校を休んでいるのに
わたしはひとりねている。
病気でやすんだときぐらい
家にいてね。
でも保険の外交だから
休むわけにはいかないんだね。
かあさん
きょうは　どこをまわっているのかな。



北海道の小学生は、こんな詩をうたいあげました。「家にいてほしい。」という心を、「休むわけにはいかないんだね。」と自らをはげましている作者のがんばりに感動いたします。今日、この子どもと同じ生活をおくらなければならない子どもたちが、ますます多くなっているのです。その数は、全国の一年生の人数にも匹敵するといわれています。

留守を守る子ども、その生活は、子ども自らがつくりだしたものではありません。父母の生活の反映として必然的にもたらされたものなのです。それでは、子どもに留守を任せる生活を強いているのは、父母なのでしょうか。私は、必ずしもそうは思いません。父母がそうした生活をしなければならない理由があるからなのです。親たちの責任でもないことは事実なのです。

とにかく、留守を守る子どもたちの激増は歴然たる事実であることにまちがいないのです。

つぎの詩を読んでください。

ぼくたちの　あそび場がない。
どこにもない。
ぼくの自転車は、せまいげんかんで
下のほうになって　ほこりをかぶり
さびがいっぱい　ついている。
ユニホームも　タンスにしまってある。
だからぼくは

ゴゴゴゴゴ
と、地ひびきのする家にいて
マンガを読んでいる。

これは、東京下町の子どもの作品です。ここにも、今日の子どもの生活の典型があるのです。都会ではもちろんですが、農村でも子どもたちの自由になる「あそび場」がなくなりはじめているといわれます。都会ではそれが決定的です。あそび場がないばかりか、走りたくとも「走るな。」とおしえられる子どもたちは、力をどこで発散させたらよいか迷ってもいるのです。加えて、誘拐や殺人のおそれのなかで、子どもたちは、行動そのものを抑圧され、自らの頭と手足を自由に使ってする「あそびの創造」からもたち切られているのです。いきおい、子どもたちは当然のこととして、退廃の一途をたどるマスコミ文化のとりこにもなっていくのです。

ぼくの自由は　便所のなかだけ。
「宿題は？　勉強は？」
と、
怪獣ママゴンにおいかけられる。

教育ママへ抵抗した子どものことばです。ざれごとのように、ノートにかきなぐってあったことばだというのですが、子どもにとって深刻なことだったにちがいありません。差別と選別が、学校教育のなかで強化されるにしたがって、「自分の子どもだけは、もっと……」と考える親の気持ちも、わからないではないけれど、果して？　と、子どもの側から考えたとき、塾や、おけいこごとの流行を決して喜ぶことはできないのです。

赤ちゃんが生れる。
男かな　女かな、
男だったら、
キャッチボールで
野球を　うんとしこんでやるんだ。

小学校二年生の子は、こんなねがいを生れでる生命に託しているのです。核家族化する家庭、平均一・九人の子どもといわれる今日の家族構成のなかで、友だちや、兄弟をほしがっている「ひとりっ子」も多いのです。

「ひとりっ子」だけではありません。絶対数の少ない地域の子どもたちですから、集団そのものの成立も不充分になるのです。

以上、今日の子どもの生活のきわだった特徴部分だけをならべてみました。

24

ここで、私たちおとなは、自分の子どもの頃をふりかえってみませんか。

学校から家に帰り、あそびにでるときは、たいてい目的地をもっていました。そこに行けば、必ずダレかがいる。私たちはそんな場所をいくつかもっていました。お宮の境内だったり、一文店屋の店先だったり、近所の家庭先であったり、狭い路地の一角だったり、またはお寺の軒下であったりなどしたものです。そこは子どものたまり場でした。顔見知りのダレかがいて、なにかをしてあそぶことができたものでした。

ところが、いまの子どもたちにはそれがあるでしょうか。

私たちは、いま、子どもたちが自由にあつまる「子だまり」をつくってやらねばならないのです。へんに気どった児童公園ではなく、子どもの自然な姿にぴったりの野性的なあそび場が必要なのです。そして、そこには、雨の日もあそべるところでなければなりません。屋根のある部屋と、ひろい原っぱ、これがいまの子どもたちが求めている「子だまり」なのです。少なくとも、一小学区にひとつは必要でしょう。

「学童保育」このことばは、働く母親たちがつくりだしたことばらしいのです。幼児保育所から小学校にあがった子どもたちの放課後の生活を保障するために、働く母親たちがいいだしたことばです。いわゆる「鍵っ子」を、なんとかしたいと考えたなかから生れました。母親としての当然の「ねがい」であったわけです。しかも、その「学童保育」の中味は、前述した今日の多くの子どもたちの要求とぴったり重なってもいるわけです。ここに、学童保育の今日的な意義があると考えるのです。

留守を守る子、あそびたい子、友だちがほしい子、こんな子どもたちの「子だまり」づくりの運動、それが学童保育運動の中味でもあります。ややもすると、働く母親たちと、家庭にいる母親たちの間で、運動に対する対立が生れることがあるようです。このことは「婦人が働く」という意味についての考え方のちがいの場合もありますが、子どもたちの生活と心理をつぶさにとらえられない弱さからくる場合が多いようです。今日の子どもをどうとらえるかによって、子どもの側にたってこの運動を、もう一回みなおす必要があるようにも考えるのです。

学童保育の内容は、当然、子どもの要求を基礎にしながら、発達をうながす場所でなければなりません。

日本中の都市化と近代化は、技能的で小細工のきく人間を多くつくりつつあります。子どもも例外ではありません。「よい子」で、小利口ではあるが、なにかものたりないかんじを、どこの親ももっています。おまけに、退廃化の一方をたどるマスコミ文化の害悪にも心配しているのです。

学童保育は、積極的に、子どものもつ可能性を生かすために、学校教育とは異った領域で、子どもを教育する場だと考えてもよいでしょう。

○ 子どものもつ野性ややんちゃ性を大事にしながら、子どもたちが、ひとりで、または集団で、自らの頭と手足を自由につかって「あそび」・「あそびをつくりだす」、そんな場所にしたいものです。みずみずしいあそびを知らずに育っている子どもたちだから、いっそう、そう考えるの

25

です。

○ 集団のなかで、人間を理解したり、連帯感をもったりすることのできる場所にもしたいものです。異った年令の子どもたちがあるときには、ケンカもしながら、私たちが子どものときに経験したような過程をもくぐりぬけながら、人の心や気持ちがわかったり、いたわられたり、いたわったり、ボスを退治したりしながら成長する場にしたいものです。

○ 文化創造の場にもしたいものです。商品化された既成の道具やおもちゃでしかあそべないような子どもでなしに、自分たちで工夫して道具をつくりあげたり、発明したりすることに期待をかけるのです。すぐれたクラブでは、すでに実践化もされています。（コンクリートをこねて池をつくったり、五米もある布の鯉のぼりをつくったり、ぬいぐるみ人形をつくったり、毎週毎にガリ版刷りの新聞を発行したりなど）学校教育ではできない実践活動の可能性がここにあるのです。

子どもたちのためのクラブそれが学童保育なのではないでしょうか。

# 学童保育についての50の質問

# 一 学童保育とはなにか、なぜ必要か

## 1 「学童保育」ってなんですか

結婚して子どもができても働かねばならないお母さんやお父さんあるいは働き続けたいお母さんにとって保育所はなくてはならないものです。保育所に子どもを預け、安心して働いてこられた人達も、子どもがいよいよ小学校へ入学するようになると、喜びの反面で大きな不安にぶつかります。

一年生になったとはいえ、昨日の保育園児です。しかも一学期中は、学校からは一〇時頃には帰ってきます。新しい環境に飛こんだための緊張疲れもあるだろう。一人でどう過しているだろう。火事は、交通事故はと心配は絶えず、仕事も手につきません。

学童保育はこうした切実な悩みを解決するために、働く父母と民間の保育関係者の手で生み出され、運動の高まりのなかで、公的な施策が実施されてきたものです。学童を保育した例は、明治時代にも戦時中にもありましたが、現在の学童保育は、昭和二三年に大阪で、東京では昭和二七年に誕生しました。

大阪では主にセツルメント活動の中で続けられましたが、東京では民間保育園の卒園児の父母が自主的に運営する形で運動が発展し、昭和三一年頃には、「学童保育」の呼称が、急速に働く母親の間に浸透し、各地に自主運営の学童保育が生れていきました。

その後、昭和三八年になって、東京都が「学童保育事業」に着手すると、横浜や広島などの地方都市でも、母親の要求によって学童保育が実施されるようになりました。このような動きのなかで昭和四一年には、文部省が「留守家庭児童会補助事業」を開始しました。

学童保育は、いわゆる〝かぎっ子〟を預り、母親の働く権利を守ることから出発したわけですが一方では、核家庭化、一人っ子の増加、遊び場の不足、交通事故の激増という社会環境の悪化の中で、学童保育の場こそ、子どもにとって必要な異年令集団の生活や、自主的、創造的あそびを安心して楽しめるところであり、教育的にも重要な役割を果すところであるとが確認され、注目を浴びるようになっているものです。

## 2 母親が働くことに疑問を持っているのですが……

〝母親が働くことに疑問を持つ〟とすれば、その疑問なり迷いは何かを考えてみました。多分どのお母さんも〝子供の生活にどんな影響が出るだろうか〟〝学童保育所もないし、カギッ子にはしたくない〟という不安が一番大きいのではないかと思います。

しかし、働くお母さんの数は年々ふえています。いまや婦人が働くことは社会の要請でもあるわけです。

このさい私は、婦人も、憲法に保障された「働く権利」をもつ人格であることを皆さんと一緒に確認したいと思います。

育児、家事は女の役割だといわれ、参政権もなく、家庭にばかり目をむけさせられていた戦前の歴史をふりかえってみるとき、そのつくられた「婦人の忍従の美徳」思想から脱皮して一個の社会人として生きる、「働きたい時に働く権利がある」婦人の立場、「社会の子供として守り育てられる権利がある」子供の立場を、私たちの手でつくり出していく、その一つが、学童保育づくりの運動でもあると思います。

「労働力不足」という言葉が新聞にのらない日はないといわれる今日、政府、資本は最後の労働力の供給源として家庭の主婦を狩り出そうとしています。しかし、一方では、同じ政府が「保育七原則」などを発表し、「子供の成長はとくに母親の愛情が必要であり、保育の第一の適格者は母親である」、「子供を育てる時期には家庭に帰り、育て終ったら職場進出を」といってるねらいは何かを考えてみましょう。「やっぱり子供が心配だから働きたいけれど今はガマンしましょう」という姿勢にたつならこれは政府のねらいにうまくはまりこんでしまうのではないでしょうか。また「子供がいてカギッ子にさせられないから、3時間か4時間だけ働かせてもらいましょう、臨時雇いで結構です」といって自分でも安いなあと思うパートで我慢して賃上げの要求もできない、これも政府、資本は大よろこびなのです。

何故なら、母親の働く権利に「子供は母親に育てられる権利がある」という一点のみを対置している政府には、子供を社会的に育てる保育行政（十分な数と設備の乳幼児保育所、学童保育所）には金をつかわないで、一方では低賃金層確保というねらいから育児や家庭を理由に一人の労働力とみなさない婦人をパート化し、或いは長期勤続からしめ出していくという巧妙なねらいがかくされているからなのです。



私は、子供はたくましいものだということを、学童保育づくり運動をする中でつかみとることができました。働く母親の立場を子供も理解しますし、何よりも子供自身自分たち仲間の学童クラブを大切にし、子供自身の要求をまとめて運動発展の力にさえなっています。

## 3 塾とはちがうのですか

働く父母は、子どもと接する時間が少なく、いきおい勉強を見てやれないので、ともするれば「これでいいのかしら」という不安をもち、「塾へ入れなければダメなんじゃないか」と考えがちです。したがって、この質問の裏には、「塾であってほしい」という期待があるといえましょう。眠くなったころ、宿題を思い出して大騒ぎした経験をもつ親たちが、こうした願いをもつのは無理からぬことでしょう。

しかし、ここで結論をずばり申しますと、学童保育所は塾ではありません。学童保育所は、指導員の指導の下に、放課後のひとときを子どもたちが集団で生活するところです。ここでは家庭や学校でよりもいっそう裸で、しかもいろいろな人間とぶつかりあいますから、友情とか協力性、さらには責任感や社会性などを、おのずから体得していくのです。

よく父母会などで宿題の話がでます。それは、「学童保育所で宿題をさせ、指導員に見てもらいたい」という声です。これは悪条件の中で働いている指導員には大変な負担であり、とてもできない相談だと思います。ここで考えてみなければならないのは、学童保育所が理想的な条件（設備・人員）を備えたならば、「指導員は宿題を見てくれるべきであろうか」という問題です。

指導員の仕事は「宿題をする場所と条件をととのえてやる」つまり「宿題をさせる」までであり「宿題をみる＝確認する」というのは、どんなに疲れていても親のなすべきことだと思います。指導員は、子ども集団の組織づくりをするのが本来の仕事です。ですから「うちの子どもは学童保育所でちゃんと宿題をしてくる」という所では、指導員が宿題を見てやっているのではなく、それのできるシステムが子どもたちの生活の中にでき上っているのです。これは家庭にもあてはまることではないかと思います。

## 4　鍵っ子だけの施設なんでしょうか

子ども達は学校の帰り道でもう遊ぶ約束をしてきます。鍵っ子である学童の子が約束をするのは学童保育の子だけという訳にはいかないのです。その約束する友達は入学当初は席が隣の子のことが多く、同班の子、同級の子と成長と共に行動半径が広まるにつれて仲よしは、学級や地域とも結びついて広がっていきます。ですから鍵っ子だけを集めて施設内だけでめんどうを見ればよいという狭い考え方でのみとらえると、いきの良い行動力のある子は去り、お母さんのために行ってやる式のお利口さんが残る結果になりかねません。鍵っ子であるか否かを問わず自由に出入りができ、遊べる場であることが学童保育にとって基本的に必要です。

その条件をみたすものとしては、共同保育や設置場所が公園内の時など比較的地域と交流出来る



条件がそろっているといえましょう。ところが現状では空教室内での学童保育が多いということもあって、学童クラブ外の友だちが行きにくい。留守家庭児童会などは制度をそのままに運用すれば鍵っ子対策、それも不充分の域を出ないのですが、いずれにしても目標としては子どもが喜んで行ける学童保育に向けての最初の一歩ととらえて今後の運動を進めて行けばよいのではないかと思われます。そのためには一般児童との交流が是非必要なのだということを折あるごとに個別的、組織的に知らせることがたいせつです。おとなが何もかもお膳立てしてしまわない子ども会で、地域のお祭りのたるみこしをつくってコンクールにしてみようかなどという話が、私達の高根台では、自治会や地域ＰＴＡが一緒になって進められています。そんな時には学童保育の子も一般の子と一緒に参加し、指導員も協力したいと考えます。この場合は留守家庭児童会の指導員ではなく子ども会の世話役的な仕事にもなりますが、学童保育にはこういう組織的な活動がどうしても必要です。

## 5　児童館とはどこがちがうのでしょうか

東京都の資料から児童館と学童保育クラブのちがいをみてみましょう。まず指導面では、学童保育は生活指導、余暇指導、学習指導（宿題の整理程度）をすると同時に系統的でち密な指導方法が考えられるとし、児童館では読書会などのクラブ組織程度の指導にとどめています。そして「目的」では同じように「集団的、個人的指導」といっていますが実際に現在の指導状況をみますとそこには大きなひらきがあります。学童保育は単なる、安全保持と健康管理に止まっていません。「主体的で、創造性の豊かな、そして、仲間たちとしての連帯を大切にする子どもに」という教育

的な指針をもち、児童一人ひとりの欲求を基本にして、生活指導、遊び中心であった内容から文化的活動（新聞づくり、版画、劇遊び、読み聞かせ）を含めた余暇指導等が行なわれつつあります。一方、児童館は、児童の来、退館はまちまちで、日によっては、児童数が多くなり、指導員の手が足りなくなることもあります。このため、児童の組織化はまったく無に等しく、積極的指導などできません。

具体的な例で考えてみましょう。東京都の大田区では、住民の学童保育所設置運動を児童館設置で肩がわりしてしまい、新宿区では今までの学童保育を児童館へきりかえてしまっています。その理由として「児童館はすべての子どもが利用できる」「学童保育は利用者が少い」などをあげていますが、本音は学童保育は自治体財政の持ち出しが多く、児童館の方が建設費や運営費について国・都の補助金が多いということにあるようです。

児童館の中の学童保育ではランドセルを入れるロッカーとオヤツがあるだけです。児童館は不特定多数の児童が対象であるから差別をしてはいけないという理由で、オヤツ時に「話し合いがある」と学童保育の児童だけ呼んでこっそり食べたり、一般の児童は四時半頃に帰して、それからオヤツにしたりしています。指導面では、学童保育の児童に対する積極的な集団づくりが禁止され、なんでも一般児童並にしなければなりません。指導員と父母たちの話し合いも禁止です。非常勤ながら、学童保育の意義を考え指導員になった人は張合いのない毎日を過ごしています。東京都では四校に一つの割合で児童館設置を目標にしていますが現状の児童館ではいくら数が増えても学童保育の肩がわりはできないことがわかります。



## 6 外国にもあるのですか

福祉国家スエーデンでは、子どもの家とか、遊び場の問題として考えられていますが学童保育という名前もあります。各地域で行われ数は多くはないが、日本よりはみたされています。朝六時半から午後六時までで朝食とおやつが与えられます。これは一九六六年頃の調査ですが、それ以前は放課後だけでした。

ソビエト、東ドイツ、チェコ、ブルガリヤ、ハンガリーなど、東欧の社会主義国では、全日学校とよばれる新しいタイプの学校が義務教育段階にあります。入学は親の希望によることを原則としていて、朝から夕方までの日課で、授業と授業外の諸活動とを結びつけた教育がおこなわれます。これらの国では母親が職場に進出しているという条件のもとで、その子どもの放課後の保護、教育を目的として、従来から広範な全日教育網がはりめぐらされていました。それは、学童保育所やクラブと一般の学校（半日学校）との連携、あるいは一般の学校内に設けられた全日学級、またはより小規模の全日グループという形式によるものです。

全日学校は、この全日教育網の中から生まれた新しい形式で、一九六四年、前記の国々による国際会議でも一致して確認され、現在の一般の学校そのものが、やがて移行すべきものとされている「未来の学校」なのです。

社会的教育を強化するという一つの役割は、教育過程に労働者や各分野の専門家による直接の協力を得る点にもあらわれ、それと学校と実生活との結合を基本とする陶冶、訓育活動の質的向上と相互に結びついた二つの役割を全日学校は担っています。また、「社会主義教育改革センター」として実験的に研究を重ね、未来における全日学校への全面的移行に備えることを、第三の役割としています。

家庭は、学校と同一の教育目標に従って子どもを感化し、学校教育を有効に補完すべきものとされています。

従来の宿題は、全日学校では自習という名称で、日課の中に保障されています。

日課のなかでは個人的、非組織的な活動と集団的、組織的な活動とが、或いは年少・虚弱児なども考慮されています。また、日課の編成や自由時間の活動内容の決定の際にはピオネール代表の参加が求められています。

## 7 学校・家庭・学童保育の関係をどのように考えたらよいでしょうか

普通の子どもたちは、学校から家庭に帰ります。ところが、共働き家庭の子どもたちは、いわめる「鍵っ子」となり、学校と家庭の間に断絶ができます。だから、この空白の谷間を埋めるのが学童保育だとする考え方があります。

たしかに、こうした側面があることは事実ですから、全面否定はいたしません。しかし、この考えかたは、現在の児童福祉的な発想であって、その指導内容は、単なる安全・保護というきわめて消極的なものになりがちなのです。ですから私たちは、これだけではない。もっと積極的な独自の教育の立場を重視するのです。



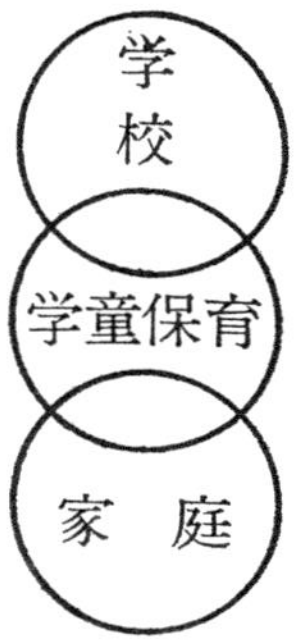


私たちは、学児保育を、単なる「鍵っ子」対策におわらせることを望みません。おおげさにいえば、すべての子どもたちの、放課後における生活の拠点にしたいと考えているのです。学校とともに、学校教育とは異なる独自の内容で、子どもを発展させる、そんな場所でありたいとねがってもいるのです。ですから、「谷間を埋める」などという発想を否定いたします。私たちの考えかたを図示しますと、次のようになりましょう。

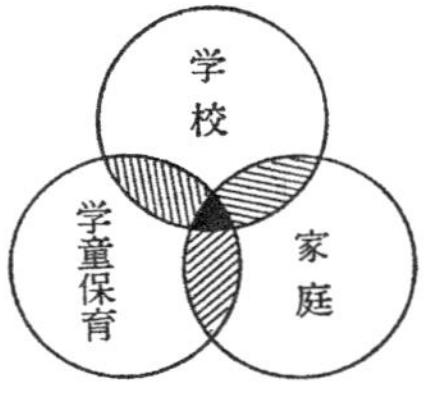


中心（黒い部分）に、私たちの目ざす「子ども像」をおき、それに迫る立場で、学校、学児保育、家庭が独自活動を展開して、子どもの全面発達をうながすという考えかたなのです。斜線が示すように、この三つの輪が決してばらばらにならないよう、お互が、手を結ばなければなりません。共働き家庭だからといって、学校との関係をたち切ってもいけませんし、学童保育にすべてをゆだねる考えであっても困るわけです。

今日、学童保育にきていない子は、学童保育の輪にあたる部分がなく、学校と家庭の輪とは、離れて、地域でのあそび、塾、おけいこなどがあると考えてよいでしょう。それは、学校との関係からの断絶を意味する場合もでてくると考えられるのです。例えば、ひとりっ子で近所にあそび友だちがなく、家庭内でなんとなくすごしているとか、学校教育の指導とは異なる形で、行なわれるテスト主義の塾であるとかと、いうことになりましょう。

私たちの考えるこの(2)図方式は、まだまだ運動としても実践としても定着してはいないでしょう。しかし、必ずや、真に子どもの発達に心をよせる人たちによって支持されるであろうことに期待しているのです。

### 8　子どもたちは、学童保育をどのように受けとめていますか

「ただいま」と家へ帰るなりカバンを投げ出し、外へとんでいくのが、子ども本来の姿だと思います。子どもはからだ全体で遊びを求めているのです。だから、子どもにとっては、誰とでも、どこでも、自由に行けることは憧れかもしれません。では学童保育のように、決ったところへ帰り、きまったところで生活することは、自由がなくかわいそうなことなのでしょうか。つぎに子どもたちの生の声をお伝えします。

がっこうが　おわると
センターへ　走ってかえる
七まがりかいだんを　あがると
センターが　みえる
うれしいな



みんながいるから　　〈野田ちほ〉

学校は　なかよしの子ときらいな子がいる。でも　学童保育は一人一人助け合ってみんななかよし。学校ってなんとなくしばりつけられたようだけど、学童保育は、おもいっきり羽をのばせるような感じ。自分の家に帰って自由に遊べる人にあこがれる時もある。でも、そんなことは気にしない。だって、同じ一年生でも、学童保育の一年生の方が、たくさんのことを知っている。

こご明神台学童保育では、子ども達は『昼まの兄弟』と呼びあっています。あそび、けんかし、たすけ合う、そんな中で育つ友情が、いつしかほんとうの兄弟のような心になるのです。外の空気にちょっぴり魅力を感じるときはあっても、結局は、集団で遊んだ方が、系統的で創造的な遊びができ、その方がずっと楽しい、学ぶことも大きいことを、感じとっているのです。集団の中では年令・体力の違いを考慮した、あそびのルールがつくりだされますが、そのルールは、連帯感を育て、一人一人のもつ能力を引き出し、高めるのです。

# 二 学童保育所づくりのすすめ方

## 9 国はどんな施策を行っていますか

先ず国の行政機関のどこに関係するのか、素人がそれをつかむのに一苦労します。

厚生省。児童福祉のことだからと思い行って見ましたが、あっちへ回され、こっちへ回され、結局児童家庭局育成課へ到着。結論から言うと何も施策はありません。追求すると児童館の問題に転嫁されてしまいます。児童館はそれなりの役割りも果していますが、問題も多いと思います。いずれにしても学童保育の本質とはほど遠いものです。

文部省社会教育課。少年教育の振興費のうちの一つとして、留守家庭児童会育成事業費補助というのがあります。国が学童保育に対して行っている唯一の施策です。東京を中心とした全国の「学童保育をつくれ」という声におされて、四一年度より開始したものですが、天下りの補助金で全国のこの声をおさえつけ、お上のいいなりになる子どもを作ろうとする恐しい面ももっています。

この補助金は「下校後保護者が家庭にいない小学校児童を対象に、留守家庭児童会を開き、これら児童の生活指導を行ない、もって少年教育の振興に資する。」という目的で設けられました。要領によると、下校後保護指導を受けられない児童四〇名以上を集め、市町村が開設する場合に次表の割合で補助されます。

| 補助金配分額 | 補助対象経費 | 1児童会の人員 | 1週間の実施日数 |
|---|---|---|---|
| 一〇万円 | 二五万円 | 四〇人以上 | 三日以上 |
| 一五万円 | 四〇万円 | 〃 | 四日〃 |
| | | 六〇人以上 | 三日〃 |
| 二〇万円 | 五五万円以上 | 〃 | 四日〃 |

この文部省の補助金は都道府県の教育委員会を経て、市町村の教育委員会に交付されます。市町村での問題点は、表の通り最低二五万円以上の市町村費を持ちださなくてはならないことです。直接事業でやるということは、委託事業や、補助金支出では国からの補助はでないということです。具体的な目安としては、指導員を直接市町村教育委員会が委嘱することにあります。これは指導員の身分保障のことともからむ重要な点です。このように不完全な施策ですが、この補助金をもらった児童会は、四三年度で三九道府県、一四八市町村、四二二児童会です。

市町村教育委員会は以上のような財政的困難さに加えて基本的な考え方でも迷っています。某市の課長は「留守家庭児童会を実施すると家庭婦人に働きに出ることをすすめるような結果になってしまうので踏切れない」と言っています。このような考え方の地方自治体を動かして、わずかな額ですが国の補助金を取り、主体的に運営していくには私たちの強力な団結しかありません。基本的に国の施策を改めさせる場合も、さらに強い大きな力が必要でしょう。

市町村の側からすると次のような条件がそろった時に始めて開設の運びとなります。

① 一定人数の対象児童が確保されること。バラバラに個人々が言ってみても役所は相手にしてくれません。基本的には全ての児童を対象にすべきでしょうが、現状では留守家庭しか相手にしてくれません。又一定人数は原則として一小学校区で集めるべきでしょう。

② 開設場所・指導員が確保されること。場所や指導員は内容との関連で特に重要ですので、自分たちで探しそれを認めさすように努力しましょう。

③ 市町村の財源が確保されること。最も困難な問題であり、担当課が問題になります。一般には教育委員会より市町村長部局の方が出やすいようですが、内容や国の補助の関係で結論は出しにくいと思います。しかもこの場合担当者の姿勢が問題となります。私たちの味方となり、積極的に仕事をさせるよう努力しましょう。もう一つ、市町村の予算は前の年の秋には準備をはじめますのでそれに間に合うように働きかけを早めにする必要があります。

## 10 地方自治体はどんな対策を行っていますか

地方自治体では国の施策に先がけて、昭和三八年に東京都が「学童保育事業補助費」を予算計上しましたが、これは区市町村が実施する「学童保育事業」に、予算の範囲内で経費の一部を補助するというものです。

翌三九年に東京都は、都内の全小・中学校の「留守家庭児童生徒調査」を行い、その結果、学童



### 全国学童保育実施数（1969年3月末現在）

| 府県名 | 実施市町村数 | 児童会数 | 43年度中増加数 |
|---|---|---|---|
| 〈留守家庭児童会〉 | | | |
| 北海道 | 29 | 58 | 13 |
| 青森 | 3 | 8 | 2 |
| 秋田 | 4 | 11 | 2 |
| 山形 | 2 | 2 | 0 |
| 福島 | 1 | 2 | 0 |
| 茨城 | 3 | 6 | 3 |
| 群馬 | 1 | 2 | 0 |
| 埼玉 | 6 | 9 | 3 |
| 神奈川 | 3 | 19 | 7 |
| 新潟 | 3 | 7 | 0 |
| 富山 | 5 | 7 | 2 |
| 石川 | 1 | 1 | 1 |
| 福井 | 4 | 5 | 1 |
| 山梨 | 1 | 3 | 0 |
| 長野 | 7 | 11 | 7 |
| 岐阜 | 1 | 1 | 1 |
| 静岡 | 7 | 7 | 0 |
| 愛知 | 10 | 22 | 6 |
| 三重 | 2 | 3 | 1 |
| 滋賀 | 1 | 1 | 1 |
| 大阪 | 20 | 68 | 12 |
| 兵庫 | 5 | 12 | 3 |
| 奈良 | 2 | 4 | 0 |
| 和歌山 | [illegible] | 1 | 0 |
| 鳥取 | 4 | 11 | 5 |
| 島根 | 2 | 2 | 0 |
| 岡山 | 9 | 16 | |
| 広島 | 12 | 50 | 23 |
| 山口 | 4 | 8 | （－2） |
| 香川 | 10 | 16 | 1 |
| 愛媛 | 3 | 18 | 3 |
| 高知 | 1 | 4 | 3 |
| 福岡 | 2 | 9 | 3 |
| 佐賀 | 2 | 2 | 1 |
| 長崎 | 3 | 5 | 0 |
| 熊本 | 1 | 2 | 1 |
| 大分 | 1 | 1 | 0 |
| 鹿児島 | 2 | 5 | 1 |
| 小計 | 184 | 422 | 188 |
| 〈学童保育事業〉 | | | |
| 東京都 | 40 | 227 | 25 |
| 横浜市 | | 26 | |
| 京都市 | | 22 | |
| 小計 | 42 | 275 | |
| 合計 | 226 | 697 | 213 |

### 実施場所の内訳

| | 学校内施設 | | | | 児童館 | 専用施設 | その他 | 合計 |
|---|---|---|---|---|---|---|---|---|
| | 空教室 | 普通教室 | プレハブ | 計 | | | | |
| 東京都 | 84 | 42 | 44 | 170 | 15 | 17 | 25 | 227 |
| 留守家庭児童会 | | | | 304 | 34 | 0 | 84 | 422 |

保育の対象児が小学校で一五%ともいることが明らかになりました。それ以後学童保育の設置は急速に進められ、それまで父母が自主的に行っていた共同保育もこれに吸収されてきました。

東京都のこのような対策は、他の都市にも波及し、横浜市、広島市などでも「学童保育事業」が始りましたが、昭和四一年に文部省が「留守家庭児童会育成事業」を開始してからは、殆どの府県がこれにもとづいて実施するようになりました。

現在の地方自治体の対策としては、①「留守家庭児童会」によるものと②自治体独自の財政による「学童保育」と③父母が自主運営する「共同保育」に対する補助金交付の三つに分けられますが、特殊なものとして同和対策の中で実施されているものもあり、もっとも進んだ条件をかちとっています。

主要都市における学童保育の実施状況は資料のとおりですが、東京都では四五年度は人件費補助が二万三千円に引き上げられました。東京都の場合には、都の補助額の上に区市町村の予算が上乗せされ、実際の運営費は一ヵ所当り年間で九〇万から二〇〇万円までさまざまで、指導員の人件費も二万円から三万二千円までの格差があります。

学童保育が制度化されていない現在、地方自治体の対策は千差万別で、その自治体がどれほど子どものことを考えてくれるのかのバロメーターともなっています。各地のより進んだ実施例を目標にして、おくれたところを引きあげるよう努力しましょう。

## 二　つくるために、まずなにからはじめたらよいでしょうか

いうまでもないことですが、学童保育にかぎらず、主観的にいくら熱心な人がいても一人ではなにもできません。



したがって、まず、同じ要求、同じ悩みをかかえている人をなん人か集めることからはじめねばなりません。

さて、その人集めの手がかりは、なんといっても地域の公立、私立の保育所です。保育所の父母会の集まりで訴えてみましょう。必ずなん人かの人が相談にのってきます。その場合も、さいしょは、来年、再来年ぐらいには行く（この層がもっとも切実な要求や関心をもっています）高年令クラスの集まりを目標にして相談にのってくれる人を探すことです。そのうえで、父母会をとおしてのニュースなどでひろく父母会によびかけ、適当な日どりを選んで会合をもちましょう。組織ができたらさっそく、学童保育づくりに賛成してくれる人から署名をあつめ、区、市町村議会に請願をします。そのさい、たいせつなことは、区、市町村の議会がひらかれる時期を十分たしかめたうえで請願しなければなりません。開催期日までに請願をださないと次期議会まで見送られることがあるからです。

この請願とあわせて役所の担当部局、課、係などの交渉、陳情を併行させる必要があります。できれば区市町村長との交渉をおこなえば理想的です。教育委員会、教育長との交渉もたいせつです。こういった交渉、陳情は、請願を採択させるさいあるいは設置場所を確定させるさいなどにいかに切実な要求と実情があるかを実施当局に理解させるという意味で重要な役目をはたします。こうした運動とあわせて、私たちの運動の趣旨を広く理解させ、協力を得るために、いくらかの会費をあつめ、機関紙をもつことをぜひ考えたいと思います。

## 12 役所のどこへ、どんな要請を行なったらよいのですか

学童保育についての直接の責任は区市町村にあるので、まずそこへ要請します。しかしそこも、議決機関と執行機関の両方があるので、双方に働きかける必要がありますが、議会に対しては別の項でふれているので、ここでは行政当局に対する要請について書きます。

私たちの要請は、予定外の予算を必要とする問題でもあるので、要請相手はやはり最高責任者である区市町村長か助役が適切です。なお、実務の担当部課は、普通は次の二ヵ所のうちどちらかです。その第一は、保育の問題だということで、厚生部か民生部（保育、青少年、児童課、福祉事務所）です。法律上は保育に欠ける児童の保育措置責任を定めた児童福祉法第二条、第廿四条と関係もします。第二は、児童の教育面ということで、教育委員会の社会教育係（社会教育、青少年教育）です。文部省は社会教育局の青少年教育課が留居家庭児童会育成事業を行い補助金を出しています。

次に、要請の内容ですが、普通には「公立学童保育所を作って下さい」ということです。しかし話し合いを積み重ねていくうちに、暫定的に、共同保育にたいする補助金交付、建物の借用等の過渡的（公立ができるまでのつなぎとして）な要請をしていくことが適切な場合もあるでしょう。そのなかで注意することは、次のような点です。

1、要請内容はできるだけ文書にして、説得力のある具体的なデーターを添付する。学童保育を希望する人の名簿や沢山の陳情署名が添えてあればなおよい。また、施設の規模、設置場所、内容等を検討し、こちらの案を用意しておく。しかし設置場所については、最初からこちらの案を出してしまうとその範囲内でのかけひきとなり、当局に断る材料を準備させることになるので注意を要する。

2、はじめての要請の際は、議員その他で適切な人に同行してもらえればよい。はじめは当局に殆んど理解がないことが多いので当局を根気よく啓蒙していく気持で臨むことです。沢山の人が参加し、留守にすることの不安や実情をナマ声で訴え、また、既設の良い施設を見学した結果を知らせることも大せつです。



## 13 請願と陳情のちがい、その方法をおしえてください

〝陳情書〟とは一般に私達が国会や都道府県、区市町村の地方議会、或いは行政の各級機関に対し、法の改廃を含む各種の要望を申し出る行為を総称したものと思われますが、〝陳情〟は法律用語ではなく一般概念ですので、法的には「請願」という手続きとなります。そのために請願は、文書によること、請願者の住所氏名を明記すること、また地方公共団体の議会に請願する場合は議員の紹介によること（実際には連署）が必要とされています。

しかし同時に「請願」として提出された〝陳情〟は「誠実に処理されなければならない」（請願法第五条）と定められ、さらに請願を採択した議会は送付した機関に対し「請願の処理の経過および結果報告を請求することができる」（地方自治法第一二五条）と定めています。つまり請願が採択されると法的に一定の力を発揮することになり、同時に請願が採択されるからには議員の多数

が賛成したわけですから区市町村当局に政治的な圧力を加えることになります。

請願は一人でもできます。しかし議会に採択させ、市区町村当局に影響を与え、実施にふみきらすためには、やはり多数の署名が必要です。従って請願は、学童保育を必要とするわけをその地域の多くの人たちに理解し支持して貰う運動と不可分には考えられません。また請願には紹介議員の署名が必要とされていますが、地元議員だけでなく、子供のしあわせのためには超党派で、出来得れば請願を審議する委員会の議員全員または多数になってもらうように粘り強く誠意をもって当れば、請願が採択される可能性は更に強まることでしょう。

学童保育所を新設することは保育園と同じく自治体にとっても相当の予算を必要としますし、要望する側にとっても条件は良くなったとは言え、相当なエネルギーを必要とするものと言えましょう。従って単なる陳情としてでなく、住民の要望を結集した「請願」を柱としてすすめて行く必要があると思います。

もちろん「請願」は出しっぱなしではだめで請願書の提出と併せて、それこそ〝陳情行為〟を実施の権限をもつ当局側にくり返し行う必要があります。

## 14 運動の母体となる組織づくり
### ——呼びかけの方法と注意すべき点は——

まず最初に学童保育所を必要とする父母が二人でも三人でも集り、学童保育が欲しいと思ってい



る父母たちへ〝あつまって話しましょう〟と呼びかけます。

呼びかけは、保育園、団地自治会、地域の婦人団体を通じて、あるいは直接低学年の児童を持つ家庭へ個別訪問して、ビラを配布したり、アンケートを取ったりして行いますが、そのビラなどの文章表現には、細心の注意を払いたいものです。「かわいそうな、問題を起しやすいかぎっ子のために、運動をしましょう」みたいな表現があったりすると、集められる人も集まってきません。

集める対象は、すぐ必要な人から、来年、再来年利用したい人まで含め、さらに直接利用はしないが、つくる活動に協力していただける人まで含めて「学童保育所をつくる会」などの名称で、運動の母体をつくります。

「つくる会」の集りでは、会員の中から中心になって動ける世話役（委員や係）を選び運動の具体的な進め方（自治体交渉、請願、陳情、議員訪問、学習会、宣伝、他地域との交流など）の原案づくりや段取りをたてる仕事をしてもらいます。しかし、最終的には会員全員が何らかの活動ができるよう配慮する（例えば陳情に行けない人は、ハガキ、電報、電話で自分の意志を伝えるなど）ことが、運動を長続させ発展させていく上で大切です。

学童保育所をつくる運動は、すぐ実現するとはかぎらず、長い年月にはつかれが出て、運動が停滞しがちです。そのなかでたえず基本方針をたしかめ、団結を固めるには、学習会を行うと共にニュースを発行して、自治体のうごき、他地域での実情、学習会内容、会員の声などを絶えず全員に知らせることです。

## 15　運動をすすめるための調査と資料づくりは

学童保育を何とか実現したい数人の方達で運動がはじめられると思います。

まず町内で何人位が学童保育を実際に希望しているか、運動の核になる父母を結集するための呼びかけと調査が必要です。これは、町当局に請願したり交渉するにあたって、運動の中心になる父母が、学童保育を切実に願っている実態を把握し、運動の広がりに確信をもつためにも大切なことです。

例えば福岡町学童保育の会では、既設の保育園のＰＴＡに呼びかけ希望者を調査し、学校ＰＴＡにおねがいして学童保育希望者を調査するなどをはじめました。これと共に、学童の放課後の生活について調査することを要望し、それぞれの学校においてＰＴＡ活動としての調査が実施され、各学校に一〇〇名をこす放課後に父母不在の児童がいることが判明しました。

また、教育委員会に全児童の実態調査を申入れ、教育委員会がこの問題に取りくむようにさせるなど、学童保育を広く、地域社会教育の問題としてとり上げ、その実態を明らかにさせるよう調査も必要です。同時に、学童保育とはなにか、単に鍵ッ子対策でなく、何をめざしているか、私達が実際にはじめた学童保育について広くＰＲし、協力と支持を得て公立化を実現させるためにも、学童保育に関する資料づくりは重要な仕事です。福岡町の例では資料ＮＯ１『がくどうほいく』（内容はどの小学校にも学童保育を、こどもの生活、父母の負担、規約、当面の課題、指導内容、会の歩み、指導の実践記録、会の現状、父母の声、ＰＴＡ会長の思い出、学童保育への期待）、資料ＮＯ２『学童保育』（鍵ッ子、政府などの施策とその形態、その他の形態、福岡町における要求度、福岡町学童保育小史、請願における経過、今の現状、今の意見付、楽しい学童の生活）等のパンフをつくり、町当局や町議、ＰＴＡ関係、その他、協力民主団体に配布したり会員外の多くの人達に購読してもらうように努めました。

福岡町第五小学校ＰＴＡでは、『学童保育二〇問』という、パンフをつくり、学童保育についての理解を深めるための積極的な取りくみがされております。調査結果や資料は、学童保育を全町的な課題として発展させていくうえで、大きな役割をもっています。創意ある取りくみをしましょう。

## 16　署名用紙の作成と、署名あつめで注意すべき点は

署名用紙はおおぜいで持って歩けるように、一枚の紙の半分に請願ないし陳情の項目と理由、団体名や代表者名なども書き、残りの半分に署名らんをつけたものを印刷します。署名らんは一枚の紙に十名分が適当で、十名位だと二〜三世帯を歩けば集められ、十分動けない人でも一枚は分担してもらえます。集った署名を集計するときも十名単位が便利です。

署名用紙は大量に印刷し、つくる会の会員だけでなく、保育園の父母会、小学校のＰＴＡ、地域の婦人団体や労働組合、民主商工会など、手がかりのある団体へは積極的にいらいします。しかし、このような団体では学童保育のことがよくわかっていないので、できれば団体の代表に集ってもらい、学習会を持ちます。

署名用紙の説明文は、簡けつにしかも誰でもわかるように工夫します。言い足りないところはニュースや資料を別につくって、署名集めに歩いてもらえる人に読んでもらい、口頭で説得してもらうようにします。

江東区大島団地では署名に入る前に、学童保育についての概略説明と、必要としている母親の訴えと、署名のお願いのチラシを団地と、その近辺地域に各戸配布した後で、一斉に署名を始めました。地域ごとに担当をきめ、署名あつめなんてとても勇気がないわというお母さん方は、経験ある方と二名で組んだりして、一軒々廻りました。おそるおそるついて来た方も、三日目には自分でベルを押して自ら訴えかけるようになりました。ことわる家では、強制にならぬよう注意して説得すると九八％位までが協力してくださいました。三十数名で動いて一週間に一五七〇名の署名をいただくことができました。

## 17　どんな団体にどのようにして協力をもとめたらよいか

協力をよびかける団体としては、ＰＴＡ、教職員組合、町内会、その他、婦人団体、文化団体等、地域にある各団体など、巾広くよびかけ、協力を要請する姿勢が必要です。よびかける基本的な立場としては、一つは働く婦人の権利を守るということ、もう一つは子どもたちのためにも学童保育が必要であることを訴えていく必要があります。

〈ＰＴＡ〉さまざまな人がいますから、頭から学童保育などトンデモナイといった強硬派から、プールや体育館もないのに学童保育なんかという意見、そして多くの人は自分の子と関係がないからと無関心です。しかしそれだからといって投げ出さずにねばり強く話し合っていくことが大切です。ＰＴＡ会員の中には、パートを含めて働く母親が年毎にふえています。この事実は無視できません。私たちは、学級ＰＴＡの中で、学童保育の問題を提起して関心をまずもってもらうことから、共働きの母親はＰＴＡ活動に積極的でないとの批判に応えて、引越しなど手伝いにはできる限り参加するなど、理解を深めてもらう努力をしました。そして話し合いの積み重ねの中から〝学童保育について〟というパンフが、ＰＴＡの手で作られ全会員に配布されました。



〈教職員組合〉学校の先生達の組織である教職員組合へ協力要請をすると同時に、現場の先生との交流が大切です。私たちのクラブでは、指導員が学校の担任と子どものことについて話し合う機会を作っています。また、クラブ発行の新聞、（子ども新聞と先生の新聞）を子どもの手を通して毎号担任に渡されます。新聞は教室に掲示されて、クラスの子どもたちの理解も同時に得ることができています。

〈町内会・自治会〉地域住民の自治組織に対しては、住民の要求があるんだということで、支持協力してもらう必要があります。

それは又、学童保育が設置された場合、さまざまな住民感情、うるさくなる、いたずらされるとかの苦情が持ち込まれても、相互理解し合って解決していくためにも必要です。

## 18　請願後にやらなければならないことは

一、請願提出から採択まで

昭和四十四年三月二十五日、埼玉県福岡町町議会は「第五小学校開校にともなう学童保育所併設の請願」を満場一致採択しました。四十三年十月二十一日に提出してから満五カ月目でした。

六十名収容の父母共同経営の学童保育は、政府自民党の高度経済成長政策による、全国的に稀に見る人口急増地域という社会的背景をもって生れました。物価高に悩む共稼ぎがふえ、鍵ッ子もふえ、教育環境も悪化しているのでした。それだけに父母たちがのぞみ、私たち学童保育の会がめざす「各校区毎に公立の学童保育所を」の要求は切実でした。さきの請願採択は、当面緊急な要求解決の第一歩でありました。同時にともかく地方自治体の責任で保育場所を設けさせる、ということを通して公立化への足がかりを、住民父母のイニシヤチブのもとにつくりあげることでもあったのです。

この請願運動で全会員一人二〇名ずつの署名を目標に取組み、四日間で五六九名分を集めました。これは住民の間に学童保育に対する認識を一層拡げるのに役立ちました。提出にあたってもこまかい配慮が払われました。まず、理解が不十分なために反対するかも知れない保守系議員や、研究不足の関係部課（厚生課と教育委員会）に対しても説得力をもった請願にしようと、現実に苦しみながら闘っている会員、会長が自分たちで文章をまとめました。

また請願書本文のほかに、「学童保育に関する請願の資料」（わら半紙二枚ガリ版刷）をつくり、議会事務局を通じて議員ぜんぶと関係部課にも配布し議会上提前に理解を深めてもらうようにしました。さらに請願紹介議員は、福岡町学童保育の会会員の二議員（共、無）だけでなく社、公の議員にも名を連ねてもらい、とくに趣旨説明をする筆頭議員は元PTA会長の議員（社）をたのみ、あらかじめ学童保育連絡協議会編「よりよい学童保育のために」などの資料を渡して、議会での説明に手落ちのないよう打合せもしました。



議会で厚生委員会に付託後は会員議員に文教委員会との共同しん査や請願人から事情聴取するよう働きかけ、それには会長が出向いて詳しい説明をしました。こうして満場一致の採択がかちとられたのです。

二、採択後はどうしたらよいか?

『町議会全員賛成で採択』を事実としつつ、実現までのけわしい道を私たちはあゆみつづけねばなりません――当時の「がくどうほいく」特報はこう伝えていました。

町政の執行機関（町長当局）は住民の代表機関がひとりの反対もなく採択したことによって、この要求を解決せねばならぬ法令（請願法第五条）上の義務を課せられたことになったのです。町当局はアイマイな云いのがれはできなくなったのです。しかし町がいつどのように実行するか、それは私たちの運動如何にかかつていたのです。

第五小の開校は工事の遅れで、二学期まで延ばされていましたが、学童保育所の設置は採択後も明示されず、一学期も終りに近い六月末になっても具体化されませんでした。

「役場に行こう!」――運営委員会のよびかけで①計画の進行状況 ②完成期日と設備内容などについてはっきりさせるため七月二日約三十人の父母が職場を休むなどして町長交渉をおこないました。これに議員会員二人のほか特に議会厚生委員長の立会をたのみました。町長は最初「教育委員会とは六月二十六日になつて相談した。しかし新校庭の整備ができないうちは校地の利用計画が立てられぬそうだ。だから九月一日にはとても実施できぬ。今はそれ以上のことは考えていない」と議決を無視した不誠意な回答をしました。しかし参加した父母や議員から鋭く責任を追及され、結局①九月一日以降二ヵ月以内には請願どおり建てる②施設は現在五小で使用中のプレハブ校舎を使う③学校当局に早急に新校地の利用計画をつくらせ、出来次第着工する④九月一日以降開所までの措置は会で具体策を作り町に提案する⑤設置場所が校地外となることも考えられるがその場合は事前に会と話合う、ことが確認されました。

新校舎への移転は九月二十日。この間に教育長、校長との交渉、PTAとのこん談もおこないましたが、五小の校地が狭いことから現状のままの「校地内設置」には問題があること、また万一の場合の放課後の教室利用については五小校長の協力が得られず、移転を目前にして約三十名の学童が安全に放課後を過す場所が確保できませんでした。九月二十日の町長交渉も「十一月末まで待ってくれ」の一点張り。とうとう止むを得ず会員宅六軒持廻りで分散保育をすることになりました。これには父母が交替で、一日休みを取って二人の指導員の手伝いをしましたが、面倒を見られるのは全部で三ヵ所がせいぜい。それもテラス型公園住宅一軒に十人も詰め込んでは、雨の日など学習、おヤツ、遊び、どれも芋を洗うような窮屈さで、とても長期間続けるわけにはいきませんでした。子どもの日課も乱れがちです。若し事故が起きても処置が遅れてしまう危険もありました。この窮状を見かねた団地自治会の斡旋で、近く集会場に改造を予定されている管理棟の二室を十一月迄という期限つきで公団から町に借受けさせ、やっと一ヵ所に子どもを集めることができました。



十月二十日の臨時町議会に、学童保育所分を含めたプレハブ校舎移設費用が計上されました。町長は説明の中で、学童保育のため「公団その他の土地の接衝をすすめ十一月中にプレハブを移転したい」と述べました。

ところが町から何の連絡もないまま、十一月末期限だからと公団から二室の立退きを迫られました。そうして、「団地内だけの鍵ッ子対策として、自治会が運営するなら借りられるかどうか」との意向が団地自治会から示されました。会員の中に動揺する人も出ました。難かしい局面です。さっそく、緊急臨時総会が開かれました。四十人近くの父母が深夜まで真剣な討議を行った結果、

a、公団の立退き要求は不当である。また筋ちがいである。公団に対し町当局がもっと責任をもって話し合い解決するよう町に求める。

b、自治会の好意には深く感謝する。しかし、運営について単なる鍵ッ子対策では当会のめざす目標に反する。また、子どもたちを団地の内外で差別することになるので分離移管は断わる。

c、これまでも団結を固め、ひとつひとつ要求を実現させてきた。事態は深刻だが、これを町長に理解させ請願を実行させるためにもいっそう団結を固めて町に当ろう。と態度をきめました。

十二月六日、霜の降りた寒い朝。決意をみなぎらせての町長交渉で遂に具体化させることができました。団地にほど近い民有地約五十坪を借用、これも実は会の現状に同情したある地主の好意による提供で一応町内会集会所にも使わせる条件ですが学童保育を優先させる確約です。十二月十三日着工、年内完成の見通しも報告されました。交渉に参加できなかった会員にはすぐ「お知らせ」が配られ、多くの父母が胸をなでおろしました。

会は十二月七日ふたたび臨時総会を開き、次のようにこの成果を評価しました。――「私たちの請願が百パーセント実現という結果ではないが、町当局の重い腰をあげさせ、一応、独立した建物を五小に近い民有地に確保できたことは、会全体が子供を大切にするという立場から力を結集して精力的創造的に行動したことによって得られた貴重な成果です。しかしまだ環境、面積ともに学童保育に十分適したものではないので今後もさらに会として積極的に将来の展望と構想を示して運動を続けていくことが必要。」そして早くも、設備備品を充実させるための小委員会を会の中において町との接衝も開始されたのです。――以上の経過は、会員たちが運動の中から、団結することの尊さといっしょに、目標達成までそれぞれの局面にふさわしいやり方で、闘いを持続させていくことの大切さをも次第に身に付けはじめたことを示すものと思います。

請願採択後の運動がいかに大切かということがこの報告でもわかります。むしろ採択後の活動が勝負だということもできましょう。

## 19　運動を長続きさせ活動する人をふやすにはどうするか

学童保育所づくりの運動の中心勢力は、自分の子どもを学童保育所に託したいと希望する親であるはずです。このことは政府の行なった調査にすらはっきり現われています。それなのに、その要求者がなかなか組織されず、行政に対して要求する声も弱いのが実状です。

その主な原因は、要求が質的に高められていないことにあると思います。親が帰るまでの時間つぶしに、塾の代りに学童保育所を利用したいとか、子どもがけがをしないように見てくれる所があればよいとかいう程度の要求だと、学童保育を必要悪（できることなら利用させたくない、かわいそうだがやむを得ない）としか見ないし、子どもがひとりで留守番ができるようになったからとか、うちの子もしっかりしてきたからということで、運動に結びつかないばかりか、要求そのものが消えてしまいます。

しかし、現在の社会では、子どもは遊び場を奪われ、宿題に追いまくられ、テレビの前に釘づけになって、子ども同志の連帯はたちきられ、のびのびと人間らしく成長することが難かしくなっています。また、母親の労働の権利も、ともすれば奪われようとしています。こうした状況下で子どもが子どもらしさを取りもどす集団生活の場として、母親の労働の権利を保障するものとして、学童保育は重要な役割を担っているのです。

ですから、学童保育所づくりの運動を長続きさせるためには、親自身が学習活動を強化して、子どもや自分を取りまく状況を明らかにし、学童保育に確固たる信念を持つことが必要です。親たちの要求が質的に高められ、切実な要求となれば、すすんで運動せざるを得ないし、中途で投げ出せなくなるはずです。

次に、学童保育の内容を充実させることが運動を支えるということも忘れてはならないことです。いくら親の信念が固くとも、現実の学童保育所の内容がそれに応えるものでなければ運動は弱められます。また、学童保育所ができても運動は終りではありません。子どもは敏感で正直です。魅力のない学童保育所には行きたがりません。そんな子どもの態度に親は信念をぐらつかせます。学童保育が、現代社会の中で子どもが失ないつつあるものを取りもどし、子どもの真の教育の場となるように、子どもと親と保育者とが真剣に考え、日々積極的に取り組むことが、運動のエネルギーを拡大再生産し、地域の意識を変え、学童保育を、次代を担う子ども全体のものとして社会の中に明確に位置づけることになるのだと思います。

はじめに、運動の中心勢力は要求を持つ親だと書きましたが、正しくは、未来に向って伸びる子ども自身が中心で、その子どもの健やかな成長を願う親・保育者・教師・地域が一体となって運動を盛り上げるのだというべきかもしれません。また、そうなることが私たちみんなの願いでもあります。

## 20 学童保育についての勉強会の持ちかた

保育所とちがって学童保育は、歴史も浅く、未知数も多く、しかも学校教育とも深くかかわるので、運動を進める上での勉強会はかかせないものですが、勉強する内容としては、学童保育をつくるまでと、設置されたあとの大きく二つにわかれると思います。

〈つくるまでの勉強会〉

まず「学童保育とは何か」を知らねばなりませんが、これをどれだけ深く理解するかで、運動がまるっきり違ってきます。例えば、国や自治体で云っている〝鍵ッ子の保護〟という理解に終るのと、このパンフレットに書かれてあることを理解するのとでは、たいへんな違いで、これらを学ぶことで私たち自身が大きく成長します。親の成長は子どもの成長へ結びつきます。しかも〝学童保育とは何か〟はまだ究明しつくしていないので、学童保育ができたあとも、繰り返し勉強し深めていかなばならない課題でもあります。

つくる運動の初期には、直接の関係者だけの勉強会だけでなく、地域全体を対象にした「教育の問題」での学習会が有効です。子どもを持つ親なら誰しもが抱く不安や疑問をとりあげて、PTAや自治会などの地域団体と協力して、ときには教育学者を招いて開きます。ここには大勢の父母が集りますから、その機会を利用して学童保育のことを宣伝します。教育問題と学童保育問題は必ず結びついていますから、もっとも効果的です。

また、〝学童保育に預けると子供がかわいそうだ〟という不安は、かなり根強いですから、これには、進んだ学童保育での指導実践や子どもの声を知らせることです。

〈できたあとの勉強会〉

父母同志の勉強会、指導員同志の研究会、父母と指導員の、また学校の先生を含めての話し合いの三つが考えられます。このいずれにも共通して、もっとも大切なのは、子どもをどうとらえるか、それに伴って学童保育をどうとらえるかです。

私たちが今までにたどりついた子どものとらえ方、学童保育のとらえ方は、この本の各所に述べられていますが、これを抽象的な討論でなく、日常の生活の中で起きた具体的なできごとのなかで確め、修正し、深めていくことが、勉強会の究極の目的ではなかろうかと考えます。



それぞれの勉強会の持ち方では、父母同志の、あるいは父母と指導員間の勉強会では、子どものことについて、どんな些細なつまらないことでも、対立するような意見でも、何でも話せる雰囲気をつくりあげることでしょうし、指導員の研究活動へは、父母の支え、はげまし、援助が必要です。

## 21 設置場所は児童館か学校か、どちらがよいのでしょう

学童保育所をどこに設置するかということは、その学童保育が将来立派に成長するか否かを左右する大切なポイントの一つです。

つまり、学童保育所は児童がそこを家庭と同様に生活の本拠地としてすごす所ですから、何よりも安全で居心地がよくなくてはなりません。そのためには施設内容の充実はいうまでもないことですが、まず学校に近くて独立した家屋であることが非常に重要な条件で、これがみたされないと、折角の学童保育所もその機能を十分果せなくなり、児童や指導員が思わぬ苦労をすることになります。

最近、学童保育を希望する声が高まるにつれて、これを児童館に併設あるいは併合しようという動きがみられますが、現在の児童館は極めて数が少ないため、ごく限られた地域の少数の児童しか利用できないということが大きな問題点です。学童保育所は少なくとも一校区に一つあるのが理想ですが、現在の児童館だけではまさに焼け石に水で、そのため利用者が限定され、希望者がふるいにかけられるという事態も現におこっています。また学童保育の児童と一般の児童との取扱いに差をつけるということも決して好ましいことではありません。

次に学校に設置する場合ですが、空教室利用などは論外として、独立した施設であっても、校庭内にある場合は問題が残ります。まず第一に子供が完全に学校から解放されたという気持になれないこと、第二に施設が大きくなると、物理的な意味で学校教育に支障をきたすようになり限界があること、第三に校庭内にある以上、管理面で学校の教職員に精神的な負担がかかることなどがあげられます。

それではどんな場所が一番よいのでしょう。

学校に近く、敷地外で完全に独立した建物で、学童保育を主体としながら、しかも地域の児童も利用できる「学童保育会館」のようなものが、将来の理想の姿といえましょう。

葛飾区の中青戸学童クラブ父母会では、昨年六月からその運動をを進めています。

## 22 法的根拠や関係法規を知りたいのですが

学童保育についての独立した法律はいまのところまったくありません。ですからいまの学童保育は設置されている場所も、指導の内容も、入所の基準も、経営の主体や所管もまちまちというのが実情です。

しかし、根拠とされている法体系はいくつかあります。

そのひとつは、児童福祉法の保育所体系にもとずいて実施しようという考え方です。日本国憲法および児童憲章の精神にもとづいてつくられている「児童福祉法」には、「国および地方公共団体は、児童の保護者とともに、児童を心身ともに健やかに育成する責任を負う」（第二条）とさだめられています。したがって、学童の放課後、家庭に父母（保護者）のいない世帯の場合、とうぜん

国および地方公共団体が、すこやかな成長のための措置をとるべき義務があるといえましょう。さて、この考え方をもうすこし具体化している部分をみてみましょう。児童福祉法の第三九条（保育所の項）の第二項と第二四条（保育所への入所措置）では、学童でも保育に欠ける場合は、「それらの児童を保育所に入所させて保育しなければならない」とされています。しかし、ご承知のとおりの保育所の現状では、とても学童まで手がまわらない、ということで現実には実施されていません。

もうひとつの根拠は、社会教育のなかで学校施設を開放し、教育体系の一環としてとらえようという方向です。その考え方を具体化しているものとして、教育基本法の第七条第二項（社会教育のための学校の施設利用）、学校教育法の第八五条、社会教育法第四四条が考えられます。たとえば学校教育法第八五条では、「学校教育上支障のないかぎり、学校には、社会教育に関する施設を附置し、又は学校の施設を社会教育その他公共のために利用させることができる」（傍点筆者）となっています。また、社会教育法ではもっと積極的に「利用に供するように努めなければならない」（第四四条）とさだめています。学校施設の利用は、校庭の活用、設置費用が安上りといった好条件があって、東京をはじめ施設の大部分が小学校内に学童保育所を設けています。しかし、理論的にいって社会教育の範囲にとどめられるものかどうか、または、学童が学校から帰宅するという開放感が得られないなどいろいろの問題が派生していますので、将来のあるべき姿とはいえないわけです。

このほか「国庫補助による児童館の設置運営について」という厚生省事務次官通達（昭和三八年七月）にもとづく実施の形態があります。法的根拠は、児童福祉法第四〇条にもとづく厚生施設となっていますが、現実にはさまざまな問題をひきおこしています。そのことは、別項で勉強してください。



## 23 形態がいろいろあると聞きましたが

運営形態では、まず公立と民間とに大別されます。公立には、①文部省が補助金を出す「留守家庭児童会」、②地方自治体が独自財政で実施する「学童保育事業」、③「公立児童館で行う学童保育」、④労働者が部分的に実施している「働く婦人の家での学童保育」、⑤同和地区で行う「同和対策事業の学童保育」があります。

留守家庭児童会は市町村の教育委員会が実施していますがところによっては「不在家庭児童会」や「学童保育」と呼んでいます。これに対し自治体で行う学童保育事業は、区市町村の民生部や厚生部で行なわれ、一部民間に委託運営させている例もあります。

民間としては、①「私立保育園で行う学童保育」、②隣保館・児童館で行う「福祉施設併設の学童保育」、③父母が自主運営する「共同学童保育」があり、運動の活発な地域では、自治体から補助金をもらっていますが、財源は利用者や施設の負担となり、苦しい運営を行なっています。つぎに、いろんな形態が混在している大阪の例を紹介します。

大阪の学童保育の形態

一、〈留守家庭児童会〉

66

国庫補助が約六〇万、他に自治体からのもちだしで運営されており、場所は学校の空教室利用が大半で、指導員が三名（アルバイト二名、兼任教師一名）週三日以上開けばよいという実施要項になっています。実施数は多いのにあくまでカギッ子対策の枠内での事業のため保育日数や設備、指導員の身分保障など数々の問題をかかえ指導員や子どもが定着しないなどうまくいっていないところも多く、働く婦人の子どもを守るという立場がぬけている事業だと考えられます。

教育委員会から指定校になってしかたなく実施しているところが多いですが反面、父母の要求で実施されたところでは、指導員の数や、設備も独自のプレハブを建てさせるなど内容もかなり改善されています。

文部省では、四五年度から留守家庭児童会を少年活動促進事業、あるいは、学校開放に切りかえる方向をうちだしてきています。

その結果として、指導員が不特定多数の子どもの指導に当ることになったり、校庭開放が高学年の子どもに片よってしまうなど、実質上、「不在家庭児童」を守る対策ではなくなってしまっています。そのため、留守家庭児童会としての展望は、困難な状態が予想されます。

二、〈共同学童保育所〉

働く婦人が、学童保育の必要をかんじて生みだしたものですが、運営一切が父母の手でまかなわれているため、場所は自宅及び集会所を借りているとか設備、指導員の身分保障など問題も多く、保育料が高額で入所児童も制約されるなど困難をかかえています。保育内容としては、父母、指導員、子ども達が一体となれるため、前むきのものが生みだされる可能性があります。

三、〈福祉施設併設学童保育所〉

民間福祉施設（保育所の学童組、児童館、隣保館など）が卒園児の問題（地域活動の一貫）として学童保育をとりあげてできたものです。現状では保育所予算内で運営しきれない上、地域福祉活動にも予算がないため、学童保育を実施するのも困難で、共同保育と共通した悩みをかかえています。

（二、三については大阪市は四四年度から留守家庭児童対策事業として運営補助金を配布しています）

四、〈国立児童館の学童保育〉

児童館事業の一環として学童保育を実施していますが、職員が三名しかいないため児童館事業が十分できない、保育日数が少ない、保育時間が四時三〇分まで、など問題をかかえています。厚生省では、児童館で学童保育をしないと方針をだしているため、児童館での学童保育は実質減ってきています。

五、〈同和対策事業としての学童保育〉

部落を解放していく運動の一環としてできたもので、同和対策事業として運営費が保障されているため、設備、指導員の身分などもすすんだ条件にあります。

六、〈尼崎の学童保育—児童ホーム〉

67

公立の児童館が八館あり、その一部で学童保育を実施していましたが、四五年度からは児童館分室として、学校の空教室を利用して、児童館職員が配置され「児童ホーム」（六ヵ所）という名称で実施されるようになりました。
まだまだ内容や経費など不充分ですが、一応形としてととのっています。

## 24　共同保育をどのように考えたらよいですか

明神台学童保育の会は、明神台保育園の卒園児の父母が集って出発していますので、父母の間には、乳幼児の段階から共同保育を経験してきた共通の理解と、運動の蓄積がありました。各家庭を持ちまわりで解放して出発してから数年の後、横浜市の青少年館に対する助成金を得て県有地を借りプレハブ十五坪のセンターが出来あがりました。

共同保育のよさは一口にいって、「家庭と学校の他にもうひとつ楽しい子供の生活の拠点がある」ということに尽きます。

なによりも、子供の毎日の生活を充実させなくてはという心を、ひとりではなくみんなの力で実現しようという集りですから、会の力、エネルギーが全てを決定します。自主的な運営ですから、こまかい希望（保育時間・保育内容など）も実現されやすいのですが、反面、他人まかせでは絶対に立ちゆかない厳しさがすべてについてまわります。なかでも保育場所の確保、指導員の先生探し、運営費の捻出などの苦労は並大抵ではありません。会の子供たちも年々増える見込のため、いずれ狭くなりそうな建物、先生ももう一人必要、と心配は絶えません。

加えて、保育料が高いことで利用者が限定され、地域の中へ拡げることが困難です。これでは特殊な人たちのものだということにもなりかねません。やはり、現在の運営の良さを生かしながら公立化させるか、公費補助を大巾に増やさせて、もっと多くの子どもたちが利用できるものにしなければならないと考えます。



## 25　現在の学童保育は利用者が少ないとききますが

さいきん「留守家庭児童会」を「校庭開放」へきりかえ、「学童保育」を「児童館」へ解消する動きが始まっていますが、これをすすめる理由の一つとして、「学童保育はつくったが利用者が少ないじゃないか」と役所では言っています。「学童保育設置の請願」を審議する地方議会・厚生委員会でも、この利用率が問題となり、採決されないこともあります。

たしかに三〇～五〇名の定員に利用数が満たないクラブは多く、なかには、登録数は多くても常時くるのは数名というところもあります。役所ではこれらの数字だけを見て効果を判断していますが、その理由を追求しようという姿勢は殆どみられません。

ところが一方には、希望者が定員を上廻ったために全員が入れないでいるところや、運動の力で増設に増設を重ね、とうとう一校だけで一〇五名の児童数になっているところ（東京・中青戸小）もあります。一〇五名というといかにも多いように感じられますが、留守家庭児童数は一五％以上（三九年東京都平均）であることを考えると、一〇〇名というのは本来の姿であるといえます。

それでは何故利用者が少いのでしょうか、理由はそれぞれのクラブの実態から明らかにせねばなりませんが、一般的には次のようなことがあげられます。

まず子どもの立場から考えた場合①設置場所＝交通事情から通うのがたいへん。よその学校にあり交友関係に難点。②環境＝部屋がせまい、暗い、くつろげる場所がない、備品の不備。③指導内容＝禁止事項が多くのびのびとできない。いじめっ子がいる。クラブの生活（指導）に魅力がない。などで子ども自身が嫌がります。

つぎに母親の姿勢として、子どもが嫌がると〝かわいそうだ〟と安易に妥協し、前記のような条件を改善させるのでなく、塾やおけいこ事へかえてしまいます。また入学当初は預けるが、しばらくたつと勉強ができなくなるといって塾へ通わせます。

このような母親の考え方に大きな影響を与えるのが、学校側の姿勢と教師の理解度です。「学童保育へ行ったら子どもが悪くなる」と考え、口にする教師は案外と多く、そのような教師の態度に接した母親は迷ってしまいます。また学校側でも「福祉の仕事だから」といって積極的に知らさず、母親に聞かれてはじめて説明する例も多く、知らさせないでいる人もかなりいると思われます。

これに対し、利用者が多く、しかも年毎に増加しているクラブでは、父母会活動の中で設備や運営の改善をかちとり、指導員や教師と子どもの指導について話し合いを深め、指導員の待遇改善なども努力しています。また逆に、指導員が学童保育の果す役割を自覚し、指導内容を研究し、父母や教師の理解を深める努力をしているところもあります。

「学童保育は子どものためによくない」という考えは、おざなりの学童保育施策の生みだしたものであり、父母や指導員の力で改善していかねばなりません。



## 26　学校の先生たちが、学童の子どもをよく思っていないとききますが

南部工業地帯の一角をしめる大田区、なかでも糀谷・羽田・六郷などという地域は中小企業の密集地です。最近私の学校のＰＴＡで調べた所、約三分の二近くが共稼ぎ家庭でした。しかもこの中には幼児をかかえた母親の内職は含まれていません。こんな地域ですから、地元の人たちは全国でも最初の独立した学童保育所を闘いとりました。

ところが最近区内の二つの小学校で学童保育所設置に反対する運動が起こりました。これは教職員組合でも取りあげましたが、反対の最大の理由は、学校の中に併設するという所にありました。区の行政当局が学童保育所設置の意義と必要性を十分にとらえ、計画的に実現する努力をしないで、地域からのつきあげではじめて腰をあげる、従って予算措置も何もない——そこで学校内なら建物を建てるだけで済む、あるいは一部をそのまま利用するという行政の安易さに多くの先生たちが反対したのです。校舎の一角、あるいは校庭の一隅の利用が、本当に子どもたちの全面的な発達を促すといえるでしょうか。その上、子どもたちの保育に必要な施設そのものもまことに貧弱です。子どもたちが安心してすごせる学童保育施設を学校から独立した場所に設置するよう、教師も親もともに手をつないで要求運動を進めることが必要ではないでしょうか。

多くの先生たちは、学童保育について「働いているおかあさんは安心できるのでは」、「悪い遊びやむだ使いをしない」とはいいますが、学童保育という集団生活を通して子どもたちの成長・発達をどう促すかという面は見つめていないようです。また、「よくわからない、子どもはおやつが

もらえると言っているけど」、「厳格なのかどうか、行きたくないという子が出てきている」という声もききます。

なかには「人の前ではっきり物がいえる」、「集団で仲よくすることを覚える」など積極的な評価をする先生もいます。しかし、いずれにしろ学童保育の子だから、という見方はまずないといってよいのではないでしょうか。

太田のある小学校の先生は、今、学童保育所設置の運動を地域のおかあさんたちに呼びかけています。が、全体としてはまだまだ先生たちの認識が浅いということはいえると思います。おかあさんたちと先生たちがよく話しあい、理解を深めていくことが必要だと思います。

## 27 教職員組合はどんな動きをしているのでしょう

東京東部下町の足立区でも、母親はどんどん勤めに出かけ、鍵っ子はふえています。ほとんどの母親は地域の中小企業のパートタイマー、商店の店員などです。低所得層が多く、父母と教職員組合のとりくみによって、教育扶助を受けている生徒が小学生二二・八%、中学生三九・九%と高い比率を示しています。

学童保育所が昭和三十八年に設置されてから、父母の運動などにより十一ヵ所（そのほか一ヵ所日本女子大福祉課へ委託がある）あり、四四〇人定員に三三七人の児童が保育されています。（昭和四十五年四月現在）

指導員の待遇のひどさ（四十五年からやっと二三〇〇〇円、交通費その他何もなし）、施設・設



備の劣悪さ（全部小学校に併設、プレハブ専用舎と空き教室とが半々、専用電話、冷蔵庫なし、四十五年からやっとおやつ代十五円）など数々の問題をかかえています。

さて、四十五年度は区民の学童保育への関心と要求が高まり、区内に六つも「学童保育を作る会」が生まれ、新設運動が盛り上がりました。署名を集め、区の厚生委員を説得し、紹介議員の重い腰をあげさせ、幾度も区の福祉課長にも会いました。母親大会で各地の経験を、教師、指導員、父母が一緒に参加して学び、九月の足立区幼年教育研究集会にはその力が結集されました。分科会「学童保育」では、小学校の低学年担任の教師から、学童保育の必要性を強く訴える発言、母親から、休暇中の保育時間のことなどの強い要望が出今後、足立区内で学童保育をよりよく発展させるために「足立区学童保育連絡会議」を結成しました。教職員組合婦人部が中心になり、毎月の例会、ニュース発行、対区交渉など、各地区の「学童保育を作る会」や、教職員組合と連絡をとりつつ進めています。

また四十四年九月に、足立区教育委員会が行なった「留守家庭児調査」に対しては、教職員組合の代表が二回交渉を行ない、調査内容が学童保育設置だけが目的のもので他意がないこと、を確かめ決して悪用することのないよう確認させました。

また、三月の予算化を区議会に向けて、六つの新設運動の起きている小学校の教職員組合分会は、父母と手を結んでの校長説得、対区交渉など大きな役割をはたし、その学校だけの問題とせず、ブロック全体で「民主教育を守る会」などの活動の中に組み入れていきました。

それらの結果、区議会で六つの新設、おやつ代五円の値上げ、夏期、冬期、春期休暇中の一日保

育（四十四年までは一年中午後だけの保育）の予算が組まれました。

美濃部都政の中では、教職員組合と地域の父母が手を組んでとりくめば、こんなに成果があげられる、子供達を守っていけるんだという確信を持つことができたのです。

十八ヵ所にはなったといえ、まだまだ小学校の三分の一です。数をふやし、内容を充実させるためには、教員、父母、指導員がしっかり手をつないでいくことが大切だと思います。

## 28　校庭開放やあそび場づくりの運動との関係は？

民間で実施してきた学童保育を、地方自治体が公共の事業としてとりあげるようになったときの理由は、「かぎっ子を非行化と交通事故から守るために」ということでした。非行化云々は低学年の場合あてはまりませんが、交通事故は大きな問題で、その後も年毎にエスカレートし、とくに子どもの事故数が増加しています。

子どもの交通事故が増加していく原因としては、住宅の過密化のなかで空地がなくなり路上が子どもの遊び場となった反面で、自動車の生産台数は急増し、道路の許容量以上に小さな路地裏までも走り廻っていることがあげられます。ところがこれに対する根本的な改善策はたてられず、逆に子どもに〝敏しょうさ〟を要求する訓練を強いている有様です。学童保育においても、子どもの要求を無視して、安全第一主義、事故の場合の責任のみを考えて、外に連れ出すことを禁止しているところが多く、これは利用率減少の一因になっています。

学童保育には屋外のあそび場（できれば野球などできる十分な広さが）はかかせないものです。

が、屋外のあそび場を持たないところも以外に多く、そこではあそび場の確保はどうしても必要です。

一方〝あそび場〟の確保は地域の全ての子どもと父母の要求でもあります。そのため各地であそび場づくりの運動が起きていますが、学童保育の父母はこれに協力し、あるいは中心となって運動すべきです。とくに土地を探すのが困難な都市においては、地域ぐるみの運動が必要です。〝校庭開放〟に手近かなあそび場確保として注目されているのですが、文部省社会教育局が少年教育活動の中ですすめようとしている「校庭開放」は、従来の「留守家庭児童会」をこの中に解消し、あわせて全ての子どもの放課後の活動を統制することも考えられます。あそび場や校庭開放がどんなに運営されるのか、の監視も、つくる運動以上に大事です。あくまで、子どもが主人公であることを忘れないでいたいものです。

## 29　地域子ども会や新少年団との関係は？

私達大人が子供の頃を思い出すと『○○ちゃんと何々して遊んだ』というのを、なつかしく目に浮べます。

ところが、東京都教育庁の昭和四十三年の資料によると、テレビやラジオを見ている時間は二時間以上、外で遊んでいる時間は一時間強というのが小学生の校外でのくらし方です。子供達は遊びきらいになったわけではありません『やりたい遊びが親や先生に止められている』とか『場所が狭い』又『遊び場がない』と訴えています。

子供達は子供らしい遊びを奪われ、遊びを知らなくなった子供は、受身の文化にならされ、じっとなんとなくテレビを見ています。核家族化の中で、兄弟も少なく、学校でも選別される子供達は知らず、知らず、一人ぼっちの子供時代をすごすようになっています。

せっかく、保育園、学童保育所との集団生活を続けた子供達も、四年生になるとバラバラに離れなければならなくなります。ここに学童保育に引つづき子ども会への必要性があると思います。

子供の組織としては、地域子ども会等があり多種多様な活動をしています。なかには、自衛隊見学や自衛隊の指導するキャンプへの参加、防衛博の見学などが積極的に行われているのもありますまた、ボーイスカウト、ガールスカウト、海洋少年団、青少年赤十字団、少年消防クラブ、スポーツ少年団などは、キリットしたユニホームやキビキビした集団行動で子供達に「かっこいい」と思わせています。

しかし、みのべ知事が言うように、子供の文化が破壊する原因は、再軍備強化を中心とした高度成長のひづみからきたものであり、その中で蜃気楼のような「かっこ良さ」に目を奪はれない、まどわされない子供を育てるには、本当に民主的な子供の組織が必要なのです。

こうした中で、民主的な人々の援助でつくられている子供会や新少年団は、「子どもまつり」に見られるように、子供達が生き生きと活動しています、

私たちは、学童保育を出た子どもが引続き自主的民主的な集団のなかで、活動できるよう積極的に民主的な子ども会との提携を強め、あるいはそれを創りだしていかなければなりません。



# 三 学童保育の指導内容について

## 30 施設・設備・備品で最低必要なものはなんですか

子どもたちが放課後の生活を自由に伸び伸びとたのしむ場として考えたいものです。
この立場にたって必要のものを並べてみます。

1 部屋はゆったりとおちつけるように計画すべきです。といって家庭の茶の間とはまたちがうものでなければなりません。それは、子ども集団の文化活動の場でもありますから。

2 畳は、どうしても必要です。学校の普通教室くらいのひろさの部屋だとしたら、最底六畳は必要です。

3 畳との関係もありますが、テーブルと椅子も必要となります。テーブルは、子どもがのっても（舞台にすることも考慮）大丈夫なものが望ましいし、椅子は高低自由な個人用のものが適当です。

4 食器戸棚・書架・作品整理戸棚・消耗品整理棚などが子どもの人数によって必要となります。

5 子どもたちのためには、カバン置場・個人用のロッカーないしは引き出しがどうしても必要

でしょう。作品や学習道具・着換えなどの生活用品保管場所として

6 電気・水道・ガスはもちろんですが、適当な照明を考えた電燈数・利用に充分な電源・広くて蛇口の多い水呑み手洗い場所・子どもも使える利用しやすい炊事場などが必要です。

7 黒板・ストーブ・扇風器なども子どもの生活から考えたら最低必要なものであるでしょう。

8 家庭用薬品・フトンや毛布なども緊急用としては欠かすことができません。

9 下駄箱（学校のものより面積が広いもの）や雨具置場・緊急用の傘置なども必要です。

10 便所は当然ですが、外に足洗場があると便利です。

11 部屋のつくり方ですが、単に教室型の平板なものより、畳の部分だけちょっと高くするとか炊事場に出窓をつけるとか、テラスをつくるとかの工夫も必要です。

12 外のあそび場は、広いにこしたことはありません。児童公園みたいな遊び道具がないただの原っぱの方が適当です。

13 オルガン・プレーヤーも最低の備品に入るかもわかりません。

以上、おおまかなことだけかきました。要は、学童保育の内容をどうとらえるかで、おのずと工夫が生れると考えます。デラックスなものをひとつたてるより地域のなかに、小規模（三〇名くらい）のものをたくさんつくっていくことが大切だと考えています。

## 31 どんな指導内容が望ましいか

どんな指導内容が望ましいものなのかを考える場合、その基本的な前提として、学童保育は子ど



もたちの全面的な発達を支えていく重要な教育活動の一環であることを、きちんと位置づけることが必要です。

それは、ひとことでいえば、民主的な人格形成をめざす教育活動であるといえます。

そうした前提の上に立って考えてみると、わたしたちがめざす基本的な指導内容の方向は、大別して次の二つに分けられると思います。

(1) 子どもひとりひとりの自己確立

(2) 集団生活における連帯感の形成

つまり、ひとりひとりの子どもが一個の人格として平等に尊重され、同じように生活、学習の権利が保証されること、そうしたことを通して正しい判断力と行動を身につけた子どもたちを育てていくことだと思います。それは、とりもなおさず、集団生活の中で、どれだけ個人が尊重され、また、個人が集団全体を高めるために努力するかということでもあり、同時に集団が個人のために援助するかという連帯感の問題でもあります。

では、これを日常の指導の中で、どう具体化していけばよいのかを考えてみましょう。

それは大きく分けて次のようなものになると思います。

(イ) 遊びの指導

遊びたくても遊べない子どもたちは、遊びそのものを忘れてしまっています。遊びの回復は子どもたちにとって生活の権利の回復であり、遊びの創造は生活の発展でもあります。豊かなエネルギーを十分発揮できる遊びは、生活のルールを学びとる場でもあり、友だちとの触れ合いの中で人間

と人間との心の触れ合いと連帯感とを身につけていく場でもあります。と同時に、自分たちの生活を豊かなものに変革していく大切な要素でもあります。

(ロ) 文化的諸活動

新聞づくりは生活を見つめる目を育てるだけではなく、自己主張を形成しながら生活を変えていく積極性を身につけさせていきます。それは、子どもたちの自主性・自治活動への広がりをもっています。人形劇づくり、公演活動、版画づくり等々の各種創造、創作活動は、ひとりひとりの子どもの特性を引き出すと同時に集団の中に正しく位置づけられることによって、個人も集団も質的に向上させていきます。退廃的でなく、受け身でなく、自分たちの力による文化創造であり文化遺産です。これは、人間の価値を自覚させることでもあります。

(ハ) 労働の大切さ

あひるを育てようとした子ども達は、一生懸命池を作り小屋を作ります。うずらを育てて卵を売り、あひるにどじょうを与えます。小さな空地に野菜を植えた子ども達は、雑草とりに汗を流し肥料を与えて成長を楽しみます。そして、自らの労働を通して初めて生産の喜びと労働の大切さを知ります。

働くことを、物を産み出すことの尊さと厳しさを知っています。同時に、働く人たちへの正しい理解と連帯感を育て、働いている両親への信頼にもつながっていきます。

そういう意味で、生き物を育てること――飼育栽培活動は、欠くことのできない中味を持っているといえます。



以上、大変大ざっぱですが、私たちの考える基本的な指導内容の方向を考えてみました。より具体的なものとするためには、それぞれの施設の条件などによって違いはでてくると思います。とにかく、内容の問題については、今後、私たちが実践的に、理論化すべき課題でもあるといえると思います。

## 32 すすんでいるクラブの指導内容例を

私たちのクラブでは、子どもの自主性、連帯感を育てるために、つぎのようなことをやらせています。

**動物飼育**

商店街のなか、プレハブ一教室の施設なので大きなものが飼いず、うずらを飼っています。三羽から次々に増やしています。費用は、一ヵ月十円の動物費（子どものこづかいの中から）を集め、餌を買ったり、小屋を大きくしたりするのに使っています。毎日の掃除、餌やりは当番のしごと、日曜日には、日曜当番を決め、家から餌を運んできます。

最近、卵を生みはじめたので、この卵をどうするかを話合いました。一ヵ三円で売ることに決めて、子どもたちが自分たちの新聞にその決果を報告しました。いまのところ、五コ十五円で持ってゆき、家や近所の人たちに売っています。お金が貯ったら、数をふやす予定です。

**新聞づくり**

一週間に一回、「げんごろう」新聞を発行現在三六号、どういう記事にするか、記事つくり、ガリ

82

キリ、刷り、配布すべて子どもたちでやっています。班毎に作るので、一年生も二年生も全員で参加しています。一年生は絵を書いたり、二・三年生が、きれいに原紙に切ってあげたり、共同で一つの新聞をつくりあげているのです。

指導員の出す「めだかニュース」に負けられないと、毎週一回はつくっているのです。

子どもたちの話合いのことや、やっていることが、記事になっているので、父母も、たのしみにして、待っています。こんな記事もありました。

うずらのねだん

うずらが、たまごをうんだので、みんなでうずらのたまごのねだんをかんがえました。みんなは3円が、いいというので3円になりました。ぼくのいけんは、マーケットは、4円50せんなので、学どうは、大やすうりで、いこうとおもったからです。きょうで、うずらは、3つもたまごをうみました。（げんごろう、26ごう）

**紙芝居づくり**

共同制作の一つとして、紙芝居づくりがあります。本の中から、文章を短かくし、効果的な絵を入れて、一つの物語りをつくりあげます。班体制でつくりあげるので、当然一年生も手伝います。班毎につくり発表（誕生日会などで）も全員でやります。先日はそれを持って、卒業した二つの保育園を訪問いたしました。

子どもたちは、張り切り、保育園の先生たちは、卒業していった子どもたちの成長した姿をみて

大よろこび、楽しい一時を持ちました。そのなかで（小さい子どもには、わからなかったようだ）（長すぎたようだ）などと、自分たちの作ったものの反応を確かめ、次の制作に、役立ているようです。

**畠づくり**

近くの小さなあそび場のすみに班母に野菜を植えました。かぼちゃ、きゅうり、なす、二十日大根など、道路に面し、商店街にかこまれたこうばのなかで、かぼちゃ、なすなどを大きくする——ということに目標をおきました。

水、肥料、草をとるなどの世話だけでなく、当然、近くの子どもたちとの間に矛盾もおきます。仲良くしないと野菜が育てられないことを実践行動のなかで経験させてもいます。単に「仲よくしなさい」ではなく具体的な行動によってそれをなしとげさせようとしているのです。そのために立札をたてたり、幼児が畠にはいると注意したりしながら子どもたちは子どもなりの工夫をしているのです。

なすは七夕さまに飾ったり、二十日大根は持って帰って食べてきたりしています。

そのほか、五月には班母に布で五米もあるでっかい鯉のぼりを三つもつくったり、七夕さまも、百円の費用で頭と手を動かして班毎につくりあげたり、一人でなく、共同で力を合せながら一つのものをつくりあげる、こんな指導をやっているのです。

83

## 33 日課表、年間計画のつくりかたは

学童保育は、放課後、解放された子どもたちが自主的、創造的にいきいきとした集団生活を展開できる場です。その活動をより豊かにするために、日課表、年間計画をたて、計画的に指導していく必要があると思います。といっても、学校や保育園とは違うのですから子どもたちの自由な活動を疎外しないよう弾力性のあるものにしたいものです。それには、まづ、一人一人の子どもを大切に生かすと共に集団づくりをすすめていく心がけを柱にして、作成には子どもたちも参加させて話し合っていくことだと考えます。

実際には、保育時間、設置場所、年令構成、地域性など、それぞれの実態に適した、独自のものを作るべきですが、でき上った計画の字面をながめて満足することなく、実践の中で計画もたえず変化し進歩していかなければならないでしょう。

● **日　課　表**

一時〜三時　あそび（自由）

三時〜三時半　おやつ、話合い、読みきかせ

三時半〜四時　学習

四時〜五時　あそび（集団）掃除

● **年間計画**（東京都学童保育指導要領）

四月　開設式（クラブ紹介）生活習慣の樹立、自然観察の指導



五月　戸外運動（集団あそび）の指導、こどもの週間行事への参加

六月　室内ゲームの指導、衛生指導

七月　天体の観察（七夕かざり）、水の事故等安全指導

八月　規律正しい生活の指導、地域子ども会への参加

九月　自然学習の指導（草花、昆虫の観察）

十月　戸外活動の指導、自然観察

十一月　正しい読書指導

十二月　発表指導、自主的行動の養成

一月　戸外活動の強化、室内あそびの指導

二月　日頃製作した作品の展示、

三月　閉会式、反省会

## 34 集団としての規則をどうつくったらよいか

年令もちがうし、下校時間もばらばらですから、学校におけるクラス集団とはちがったむずかしさがあります。しかし、子どもというのは、なかなか「ちえもの」ですから、子どもを信頼しながら組織づくりを工夫する必要がありましょう。私たちが考えていることは、第一に指導員が管理者の立場からだけする規則づくりはやらないということです。

第二には、子どもたちの自発性、自律性を大切にするということです。第三には、人間として共

86

通に守らなければならない、具体的な「生活規則」をとおして、子どもに要求しておくことです。これはできるだけ、数を少なくしておくことです。例えば

① 生命を大切にする。

② 人の心がよくわかるようになる。

③ けんかだってしなければならないことがある

④ きめるまでよく考えて、きまったら必ず守る。

と、いうように、禁止事項のら列ではなくて、子どもたちが生活のなかでおこすいろいろの事件を、解決する基礎になるようにきめておくのです。

集団のなかで必ずどこにも現れる問題は、強い子がいばって弱い子を不合理に腕力で負かしてしまう、いわゆるボスの存在だと思います。「ボス」は、遊びの中でも抜群の実力をもっていますし仲間をえらんで手下にし、絶対に自分の言うことをきかせてしまいます。このたくましい生活力、統率力を、どうにかしてよいリーダになる方向に導きたくて、指導員は大変苦労いたします。

週一回位、おやつの前の約十分位を、共通のテーマによってそのときの日直当番の司会で話しあいをしていますが「机の上にのぼること」についての話し合いのときのことです。その日の日直のB君（二年）は、小ボスのような存在でしたが、大声で司会をするのが得意で、指導員に励まされ真面目に責任を果そうとしていました。一人一人が発言することになりました。いつも大声でわめき合う数人の男の子たちに圧倒されて発言できないでいた女の子たちも、勇気を出して「おやつ当番がせっかく机を拭いたところを、のぼってあるくときたないから、悪いと思います。」と言いました。大ボスのA君（三年）が、真中にどっかと構えていて、「面白いから机はのぼっていい」と答え、まわりの男の子たちに「いいって言え」という指示をしています。気の小さい子がびくびくしているのをかばおうとした日直のB君に対して、A君が、「さからうのか」という態度を示した時、やはり小ボスのC君（三年）もB君の味方となり、三人が激しいつかみ合いになりました。大ボスの権威にかかわるということでしょう、A君がくやし涙でわめいています。しかしそこに一つの変化がおこったのです。

しっかり日直をやりとげようとしていたB君を軸に、「机の上にのぼることは悪い」という論議を通じて、大ボスを孤立させる力が生まれていました。「のぼってよいという人が五人であとの十一人はいけないと言っています。皆さんどうしますか」と声をかけると、四年生のD君が「多数決にしよう」といいました。「多数決にしてきまったことは、反対の人も守れますか」それでも「ぼくは絶対にのぼることに賛成……」という二〜三の声がかえって来ました。「それでは賛成の人達にもう一度考えが変ったかどうか、きいてみましょう」と再発言を促した結果は、「僕やっぱり悪いと思う」と、順々に変っていきました。それでも残ったのはやはりA君なのです。

その後まだなかなか机の上にのぼる癖は完全に改まっていませんが、「正義のために団結する」という力が、少しでも芽生えるきっかけになったようです。

87

こうしてみなで考えてつくった「きまり」を守らなかった時は、グループ表の名前に×をつける×が四つついた人は次の日遊ばないで強勉する、など、班長会を随時開いたりして一日も早く規律

を自主的に子どもたちの手でできるようになってほしいと、努めています。

## 35 なん年生まで入れたらよいですか

公立では、ほとんど、小学校三年生位までとしているようです。それは、学童保育を、単に「カギッ子対策」ととらえ、保護事業と考えているからにほかなりません。

私たちは、「カギッ子」を中心としながらも、友だちのほしい子や、ひとりっ子や、みんなとあそびたい子などが、組織的、系統的、集団的に放課後の生活を営む広義の教育の場と考えていますから、年令などは制限したくないのです。小学校一年から中学三年までを対象にしたいとまで考えているのです。しかし、それは、指導の内容に深くかかわっておりますから、全国的には、その具体例はありません。少なくとも、現状では、小学校段階までは、入れておいたほうがよいように考えます。くどいようですが、指導内容がそれについて高まらねば、子どもをひきとめることは不可能だと申し上げておきます。

## 36 休校日、夏休みなどどうしたらよいか

学童保育の役割から考えて、休校日も夏休みも当然全日保育をしなければならないと考えます。

私たちの地域では、平常の保育時間は下校時から六時までとなっています。しかし通勤時間が長く六時では困る人が多いので、共同保育時代の実績をもとに、指導員に六時四〇分までの保育をお願し、その分の超勤分は、居残り希望の利用者負担として運営しています。また土曜日は四時までと決っているので、四時から五時の一時間は、父母会で交替で奉仕して解決してきました。

休校日、夏休みは九時から始りますが、夏休み中は終りが五時に変更になります。普通の休校日は、朝九時からでは困る人達は、父母会内でお互いに助け合い預りあっていますが、長い夏休みだと、どうしても朝と夕方の一時間ずつを解決せねばなりません。これを平常通り、時間外保育料を払って、指導員にお願いするとなると、夏期の特別保育料以外に相当な出費となります。

そこで、それの切り抜け策として、朝夕の一時間ずつを、父母が保育奉仕することを考えました。夏休み全期間中、平均に奉仕するよう日程表を作り、支えあってきました。

しかし、これは問題の正しい解決策とは言えません。私たちの願う保育時間を理事者側に認めさせるのが本筋です。今までは、このような形で何とかつないできたものの、長続きするものではありません。指導内容の改善と共に、この保育時間の問題は、私たち父母会の当面の課題となっています。

## 37 学力が落ちると考える人がいますが、学習のさせかたは

「学力」とはなんでしょうか。私は、げんみつな意味で理論づけるわけにはいきませんが、「学校の勉強」だけでつくものだとは考えていません。質問をなん回読みなおしてみても、ここでいわれている「学力」とは、「学校の成績」のような気がするのです。

学童保育は、塾でもなければ、学校の下請け機関でもありません。独自の意義をもつ、「人間づくり」の場であります。ですから、直接、学校の成績がよくなるような仕事はしませんが、子ども

たちを人間的に正しくゆたかにする仕事をつうじて、必然的に、勉強が好きになるような子どもを目ざしているのです。

私のクラブでは、つぎのような内容で、子どもの能力を育てるように心がけているのです。

1　自分の力で勉強する子に、

クラブに帰ってくる子どもひとりひとりの顔色や動作に注意し、学校でのできごとをできるかぎり聞くようにしています。そのなかから、自分の力で「勉強」するようなはげましを考え、工夫しながら、一定の時間、机に向かわせるようにしています。そして、友だちどうしで助け合いながら勉強する方法などもおしえます。

2　自分から勉強をさがす子に、

「宿題は？　勉強は？　」というかわりに、「きようは、アナタなにするの？　」とよびかけるようにしています。クラブの文庫から読みたい本をかかえてくる子もあるし、図鑑をめくって虫のことを丹念にしらべる子どももでてきます。ことさら、ワークブックや、テストブックなどで、勉強させることはいたしません。

ある日、二年の女の子が

「私、もう学校の勉強なんかしないよ」　といって、しばらく部室のなかをぶらぶらしていました。私は、見てみぬふりをしていました。ところが、しばらくすると彼女は、自分の席で、作文をかきはじめたのです。目を輝かせて、熱中しているのでした。私は、彼女に、「席にきて、勉強しなさい」といわないでよかったと思ったのです。



3　読書が好きになる子どもたちに、

文庫に本をいっぱい入れたい、それが私のねがいです。よみきかせをしたり、本の内容について、ひとりひとりと話しあったりしています。

入所して三ヵ月目の男の子が、「ふるやもり」を夢中になって読んでいました。そして、読書ノートに、一番おもしろかった場面を絵にかきはじめたのでした。

「もう読んでしまったの、よくかけたね。」とはげましながら、内容について話しあいました。「ふっ、ふふふ」とわらいながら話してくれる彼の満足そうな顔に、私も、心から、うれしくなったのでした。この日をさかいに彼は、本好きになり、

「先生ね、おとうさんから本買ってもらった」

と、目をきらきらさせながら、はなすようにもなったのです。あばれんぼうで落ちつきのなかった彼の変りかたに、おどろきもしたのです。

4　自然のなかで考える子に、

子どもたちは、あそびのなかで、いろいろなことを発見します。それを個別的、集団的に、より深く考えさせたり調べさせたりしているのです。自然だけではありません。友だちどうしの人間関係のなかでも、子どもは、いろいろ勉強しているのです。

成績だけに目を注ぐのでなく、大切な勉強、それが学童保育の中味だと考えますから、「学力がおちる」などは決して考えておりません。

## 38 参考になる本を紹介してください

学童保育に関する参考資料が出版されはじめたのは昭和三七年頃からで、それ以来今日まで、地域協議会や父母会等で作成したものまで含めると四〇数点にのぼります。このなかから比較的新しく、また入手可能と思われるものを拾ってみました。

《単行本》

学童保育物語／公文昭夫・今城ひろみ著／労働旬報社発行

よりよい学童学童保育のために―一九六八年版／学童保育連絡協議会編／児童文化研究所発行

働く婦人と保育所／東京保育問題連絡会、橋本宏子、鷲谷善教編／労働旬報社発行、

あめんぼクブラの子どもたち／大塚達男・西元昭夫編／鳩の森書房

地域教育運動／大塚達男著／鳩の森書房

《年一回発行されるもの》

子ども白書／日本子どもを守る会編・発行（東京都千代田区神田一ッ橋・教育会館内）

保育年報／全国社会福祉協議会編・発行（東京都千代田区霞ガ関3―3―4）

学童保育研究集会報告集／学童保育連絡協議会発行（現在第四回まで）

大阪学童保育研究集会報告集／大阪学童保育連絡協議会発行（東大阪市吉松九〇長瀬北小学校内学童保育気付）

ほかに「子どもを守る文化会議」「全国民間保育団体合同研究集会」「母親大会」などの討議資料と報告集があります。



《月刊および季刊》

全国学童保育ニュース／学童保育連絡協議会発行（会員に無料配布）

おおさかの学童保育／大阪学童保育連絡協議会発行

子どものしあわせ／日本子どもを守る会編／草土文化発行〈学童保育特集は四一年九月号、四三年三月号、四四年六月号〉

母と子／蒼生社発行（杉並区永福町五四）〈四四年三月号に城丸章夫氏の「学童保育と生活指導」あり〉

季刊・国民教育／国民教育研究所編／労働旬報社発行〈第二号に大塚達男氏の「学童保育を地域教育運動に」があり〉

議会と自治体／日本共産党中央委員会発行〈学童保育運動特集―一九七〇年二月号〉

住民の自治／自治体問題研究所編／自治体研究社発行(東京都千代田区一番町一五―一小池ビル)〈一九六九年八月号に西元昭夫氏の「立ちあがる学童保育指導員」あり〉

月刊・総評／日本労働組合総評議会発行〈一九六九年八月号に公文昭夫氏の「学童保育の現状とこんごの運動」あり〉

福祉広報／東京都社会福祉協議会発行（東京都文京区小日向四―一―六）〈一三九号に東京YWCA学院学童保育研究グループの調査による「学童保育の現状と問題点」あり〉

――以上、学童保育について書かれたもののみをあげました。

# 四　学童保育の指導員とは

## 39　指導員の仕事とは何でしょうか

指導員の仲間たちと「学童保育指導員というのは、大工仕事から子どもの健康診断までありとあらゆることができないと勤まらないものなのね」と話したことがあります。

児童の下校三十分～一時間前に出勤し、部屋の状態を子どもたちを受け入れることのできるように整え、一日の計画を打ち合わせて子どもたちを待ちます。〝ただいま〟の元気な声と共に一日の生活が始まります。〝おかえりなさい〟と言いつつ、学校に忘れ物はないのか、特にかわったことはと聞きながら、子どもたちの顔色、動作に異状がないのか見さだめます。そのあと必要な学習をさせます。そうしているうちに子どもたちはそれぞれの計画で遊び始めます。私たちは放課後の子どもたちの生活の中心は遊びであり、遊びは子どもたちの生活においては大人の労働と同じ重要な意義を持っていると考え、遊びにおける指導を重視します。この自由な遊びと同時に、全員での創作活動、誕生会等もクラブにおいては大切にされます。さらに、集団として当番、係の仕事がきちんと取り組まれるよう子どもたちを組織する仕事もあります。そうしているうちに、むかえのお母様方もみえ、話をしたりしているうちに一日の勤務時間は終了してしまいます。勿論この合間に、



傷の手当をしたり、ボタンつけ、つくろいもの等や、部屋の清掃、食器の消毒等もあります。子どもたちと接する間だけでも子どもたちの安全が確保され、しかも集団の一員として発達する権利が保障されるように、時には母親の役割、時には教師としての役割もあります。この他、育成日誌の記録、物品購入、月末ともなれば、月別保育状況の統計、育成記録、児童台帳の整理、入退会処理等、事務的な仕事もあります。さらには学童保育がよりよく発展していくためには先生方との連絡、父母会、運営委員会等も欠くべからざるものです。このように指導員の仕事は雑多で未分化、未整理のまま存在しています。現行においては、指導員の勤務時間即保育時間ということで子どもを安全に管理するだけで良い（めんどうな父母会などやらなくてよい等）とされていますが実態においてさえ、大別すると①施設管理者としての仕事、②児童に対する教育者としての仕事、③学童保育運動の担い手としての仕事、に整理して考えられます。これらの仕事のすべてが、働く母親の権利を守り、児童の発達する権利を守る場として学童保育が発展していく上で欠くことのできないものであるわけです。「専門職としての指導員」としての位置を今後さらに明確にしていかなければなりません。

## 40　指導員の採用条件は、資格は必要ですか

現在の学童保育指導員の資格は、まちまちで、なにが学童保育指導員の資格として適格かという決論はでておりません。東京都では民生局が出しているつぎのような条件によって、区市町村で適当に判断して採用しているようです。

(1) 保母または教員の資格を有するもの。
(2) 児童の保育に知識経験を有するもの。
(3) その他区長が適当と認めたもの。

昭和四三年の東京都の調査では、当時の学童保育指導員の資格保有者は、保母資格を持った人が一三%、教員の資格を持った人が一六・二%、その他が七〇・八%で、無資格者が一番多く、平均年令も三四・五歳でした。

その後、学童保育の存在と理解が広がるにつれて、保母養成学校や短大を卒業したての若い人で、学童保育の仕事に興味を持ち、意欲をもって飛び込んでくる人が増え、平均年令も年毎に若返っていると思われます。採用する側でも、さいきんは有資格者を優先する傾向が強まっています。また、全国的には、大阪や京都などでは、男性指導員が増加しています。

今後正規職員化されるにあたって、資格が問われるでしょうが、保母がよいのか、教員がよいのかという前に、私たちは、学童保育の独自性から、「学童保育指導員」としての専門職化を望んでおります。実際面でも、保母や教員の資格を持った人が必ず良い指導をするとはかぎりません。反対に、無資格者がすばらしい実践を行うことだってあるわけです。

いま東京都などでは、児童館への移行がすすめられていますが、そのような時でも、私たちは、学童保育指導員として確信を持って指導に当るべきです。今後職務内容が明らかにされ、制度化されるときの資格内容は、私たちがつくりあげていくべきで、資格の有無に関係なく正規職員化の線を進めていきたいと思います。



## 41 学童保育指導員の待遇はどうですか

東京都の例をとりますと殆んど非常勤職員で、定期昇給・退職金がなく身分保証もなされておりません。正規職員として扱われている指導員は渋谷区の保母資格者位です。

指導員の俸酬はまちまちで、月給二万円から最高三万二千七百八十円と大きな差があります。また、荒川区のように日給制をとっている区では、病気などの欠勤によって指導員の生活はたちまちおびやかされてしまう現状にあります。

また、冬季・夏季手当については公務員と同率に支給されている区は四区だけで、殆んどの区は公務員支給率の七割から八割五分程度で、年度末手当に於ては全く支給されていない状態で、又同じ仕事をしていながら目黒区のように全々支給されていない区もあります。

さらに最近国鉄・私鉄等の運賃が大巾に値上がりしているにもかかわらず、通勤手当をうけている区は全体の三〇パーセント程度でその他は指導員の自己負担です。

超勤手当も同様、全くでていない区もあれば、一時間二百五十円支給されている区もあり、休暇についても各区ばらばらです。

また、一施設に二名の指導員が配属されていますが、代替指導員がおりませんので病気をしてもゆっくり欠勤もできず、どうしても無理をしてしまいます。

学童保育が開設されてから七年もたった現在、東京都二十三区中二十一区で、また三多摩地区でも殆どの市町村で学童保育が実施されているにもかかわらず、その意義が充分に理解されず、まだ正規職員としての待遇を受けていません。

私たちはこのような待遇を一日も早く改善し、より充実した学童保育をと考えているのです。

## 42　学童保育指導員の問題点

「午後からで、編物でもしながら子どもを、見ていてくれればいいんですよ。」こう言われて採用された指導員はかなり多く、いまだに役所のなかには、指導員を単なる「おばさん」として、つまり「カギッ子預り所」の監督者としての認識しか持たない、持とうとしない姿勢が強く残っています。

しかし、そこに働く私たちの仕事は、この本の指導内容の項を読んでいただければわかるように、まさにあらゆる能力を要求されるようなもので、とても「おばさん」だけではすまされません。にもかかわらず私たちには、前項に書かれたような劣悪な労働条件が押しつけられています。そのため学童保育の意義を、積極的にとらえてとびこんできた指導員も、つぎつぎと転職していきます。現状は一つの職業として安心して打ちこめるには程遠いといえます。

このようななかで、東京都では、東京都職員労働組合の援助もあって「東京都学童保育指導員労働組合」が結成されすでに二年目の活動に入りましたが、労働組合では、「私たちは第一に生きていかねばならない人間として、第二に次代を担う子どもたちに日々接する仕事に携わる者として」次のような要求をかかげています。

〈くらしと健康を守るために〉　賃金を引上げ三万円以下の給料をなくさせる。定期昇給制実現。超勤手当、通勤手当、扶養手当の支給。区職員並に夏・冬・年度末手当を。退職金支給。健保、失保、労災保険加入。

〈権利を守るために〉　正規職員化実現。区職員並の有給休暇。研修費の保障。

〈労働条件等改善のために〉　代替指導員の常時確保。被服、運動靴、帽子の支給。

〈学童保育の正しい発展のために〉　施設・設備の充実。児童十五人に一名を限度とし一施設最底二名の指導員の配置。学童保育事業保険の加入。民間委託を公立に。学童保育クラブの民主的運営。一校区一学童保育の設置。

一年間の活動のなかでは、一七五名で発足した組合員が二七〇名に達し一〇区に支部が結成され、支部活動でそれぞれの待遇改善を実現させています。都全体としては正規職員化の促進のための働きかけを、都当局だけでなく、都職労、都知事、区長会、厚生委員長会などへ多面的に働きかけ、四六年度の懸案事項としてとりあげさせるところまでいきました。

しかし残された問題点として、約半数の指導員が未組織であり、この人たちは現状の方が気楽であるとして必ずしも正規職員化に賛成でないこと、父母への働きかけが弱く協力活動が皆無に等しいこと、正規職員化の裏づけとして必要な指導内容の充実面で弱さを残していること、などが考えられます。

しかしながら、東京における労働組合結成は、全国各地の学童保育指導員に勇気を与えており、京都市でもこれに刺激されて、学童保育指導員の連絡会が発足しています。

# 五 学童保育運動の課題

## 43 学童保育の未来像、制度化をどう考えたらよいか
### ――京都からの発言

学童保育は、まだスタートしたばかりで、その運営も形態も地域によって種々様々です。京都における学童保育も、その例にもれず、最初から公営として開設されたもの、共同保育、公費自主運営、運動の中から公営化されたもの、といったように、その地域、地域によって異っています。しかし、これら全てが根づよい住民運動の中から生まれてきたのであって住民の運動がなければ、現在の行政では学童保育はまったくの「計算外」になっているということの現われです。

私たちの長岡町では四つの小学校のすべてに学童保育所があり、希望者は全員入所できるようにしています。運営は府、町からの補助金と保護者負担（月額千円）をもとに、保護者が自主的に運営しています。男・女各一名ずつの指導員の身分保障はまだ十分に確立されてはいませんが、今夏中に失業保険、健康保険の実施をすることになっています。一ヵ月の賃金は二万八千円で一時金、休暇等は公務員に準じて行うことになっていきす。

現在私たちが進めている運動の中心的課題としては、昭和四十六年度町営化、そのための審議会設置、四十五年度赤字分全額町負担、指導員の身分保障の確立を柱としていますが、前出三点については去る六日町議会で確約がとれています。



共働きが当然のようになってきた現在、学童保育は日本全国のすべての町や村になければなりません。当然、国や自治体の責任で制度化されねばなりません。そして、将来は「学童保育」なんてケチな名称でなく、すべての子どもたちの自主的な活動の場としての、子どもたちの〝城〟であり〝子どもの国〟とならねばなりません。そこには広い遊び場があり、体育館、劇場、図書館があり、それは子どもたちが自由に使えるものでなければならないでしょう。

しかし、理想は理想として、現実の学童保育をどう制度化させていけばよいかは、非常な難問です。教育行政でか、福祉行政でか、児童館との関係は？　と種々見解が分れるでしょう。学童保育の独自性を考えるとき、教育でも、福祉でも、何れか一方だけでは片手落ちになることは明らかです。日本の縦割りの縄張り行政の壁を打破って、教育と福祉が子どもたちのためにがっちりと手を組むような行政をつくり出さねばならないでしょう。〝日本の夜明けは京都から〟のスローガンで、革新府政を守り抜いた京都で、その革新府政の足とならねばならない長岡町政のなかから、未来を担う子どもたちのための新しい施策を、大人の責任として創りださねばと考えます。

## 44 利用者の父母はどんなことを心がけねばならないか

「つめたい雨のなかを、赤ちゃんを背負い陳情書を手に議員の家をたずねたり、役所へいったり、毎晩おそくまで、どうしようどうしようと会議をしたり、ビラをつくったりした学童保育づく

りの苦労が忘れられません」

こういう感想をのべるお母さんたちがたくさんいます。学童保育所をつくるという仕事は、共同（私営）の場合も含めて並たいていの苦労ではありません。ところが、いったんそれができあがってしまうと、さいしょに苦労した人たちもなんとなくほっとしてしまう。二年たち三年たつと、建設要求運動当時の人たちも一人へり、二人へりして、新しい「歴史」を知らない利用者がふえてきます。父母会のあつまりもだんだんすくなくなり、なかには「役所がつくってくれた学童の託児所に父母会なんていらないんじゃないの」という父母や指導員まであらわれてきている現実があります。

学童保育にかぎらず、新しく生まれた事業には、いろいろな不備や問題が山積しています。また入所学童がふえ、事業が拡大していくにしたがって新しい矛盾や悩みが生まれてくるものです。たとえば、子どもがふえて建物がせまくなった。指導員の労働がきつくなり、小人数のときよりも子どもとの対話や指導がいやおうなしにうすくなる。画用紙やセロテープや野球の道具や積木の予算が無い。あるいは遊具が古くなった。夏には、ひる寝のゴザがほしい、宿題をみてほしい、等々、いろいろな要求や、要求がみたされない不満が指導員や父母のなかからでてきます。その結果、とうぜんのことですが、学童保育の指導や子どもの生活にさまざまなひずみがあらわれてくるでしょう。

川の水でも流れがとまると濁ります。ぼうふらもわきます。たえずきれいな水が流れるようにみんなで努力しなければなりません。そういう努力の中心的な担い手が、まず自分たちの子どもを、たえずきれいな水のなかで住ませたいとねがっている父母であることはいうまでもありません。

学童保育所は「建てた」だけでは目的の一部を達成したことにしかなりません。なぜなら、学童保育所をとりまく条件、すなわち教育の反動化、地域の自然環境、文化的たいはいなどの進行、学童保育を「恩恵」の考え方で非民主的に再編成しようとする文部省の方針などが、常に牙をむいて私たちにおそいかかってきているからです。

父母会の役割、その日その日の利用者である父母の仕事は、ますますたいせつになってきているということをしっかり認め合いたいものです。

## 45 父母会づくりとその仕事は何か――

現状の学童保育は、あまりにも多くの問題が山積しています。施設や指導員の待遇、正しい子どもの成長などについて、父母や指導員、また学校教師、地域の父母と共に手をつないで、どのように発展させるか、どう協力していくかなどを話合うこと、とくに父母と指導員が共同して学習することこそ父母会の大きな役割ではないかと考えます。

父母会を支えるものは、もち論会員の一人一人にあるのですが、すべての会員の力が同じ方向に集められたときもっとも大きな力を発揮します。

学童保育の父母会は、それが働く婦人の集りであり、学童が放課後解放感があるのと同様父母にとっても、ある意味ではＰＴＡと違い解放感のある場といえましょう。父母会活動の実際についても、のびのびとした親しみがあり、例えば父母と指導員が共に学習をする場合にも、どんなことでも一人一人の発言が保障されていて、父母からの要求、指導員からの要求との一致点を見出す上に欠かすことのできない大切な役割を果しているといえます。

私たちが運動をすすめていくばあい、たえず父母会の力だけでは解決できない大きな問題につきあたります。とくに学童保育予算の問題、児童館移行の問題などです。そのさい、たいせつなことは、他の地域の他団体との協力、共同行動です。三鷹市や葛飾区のように、父母会の区内連絡会を作って連絡を密にし、組織を活用することによって、つながりが強くなり、活動の効果をより一層高めていることなどもひとつの教訓となりましょう。

父母会作りについて、さいきん問題になってきている公立の学童保育の父母会があります。要求でできた学童保育、自治体の施策でできた学童保育の違いはありましょうが、父母側の「父母会がほしい」という要求は、保育園のときから、これを押しとどめることはできません。

これら、父母の要求を指導員は現実をよくたしかめ、とくに政策的にできている学童保育では、定員に満たないところもあり、自然安易に入会できるので、保育園よりも安易な父母の姿勢ともつながりがちです。そのため子どもを休ませたり、無責任なやめ方となったりします。これを本来の父母の姿に戻す必要があるのではないでしょうか。保育園ではまだ朝晩父母との交流がありますが、学童保育ではそれさえ乏しいのが現実です。そういう意味で父母会は唯一の父母との接しょくを保つ大切な場です。一人ひとりの子どもの理解の上にたって、今後ますます父母会組織づくりととり組んでいかねばならないと考えます。



## 46　指導員と父母の関係はどのようなものであるべきか

学童保育の指導員である私たちも学童保育にあずけている母親たちも働く婦人としての共通性をもっているのですから、立場はちがっても未来を担う学童を正しく守り育てていこうとする点では両者は対立することなく共に手を取りあわなければならない関係にあることをまず明らかにしておかなければなりません。

ところが、現実には学童保育実施の現場でさまざまな対立が生まれています。父母からは、指導員の指導のありかたについていろいろな不満がだされ、いっぽう指導員のがわからは、母親や父親のエゴイズム（自分の子どものことだけを主張する）にたいする批判などがだされます。この対立がエスカレートすると、日常の学童保育の指導や父母会運営にひずみがあらわれてきます。表面にあらわれないまでも、「かげ」で悪口をいいあうという事態さえ生まれてきます。そういう対立関係が生まれる要因は、①おたがいの職場の条件や生活についての意志疎通が十分でないこと、②統一された民主的な指導の指針（または理論）が確立されていないこと、③学童保育の発展、向上をはばんでいる相手が共通のものだという思想的な意志統一、そのための双方の勉強がまだまだ不足していること、④行政当局（国、地方自治体）による父母、指導者間の離間策がつよめられていること、などがあげられます。

しかし、まえにものべたように指導員と父母は、本質的に同じ労働者であり、共通の基ばんに立つものです。そして未来をになう子どものしあわせを追及する立場にたっていますので、この矛盾は必ず解消できます。

そのため私たちは民主的でなんでも話合える父母会活動をつよめ、日常運営、指導の問題、運動を発展させるための学習、共同の要求行動をなによりもたいせつにしたいと思います。

## 47　学童保育と学校教育の関係は

学校教育現場の教師たちが、今日、ことのほか心配していることのひとつに、共働き家庭の子どもの問題があります。都市はもちろんのことですが、農漁村でも例外ではありません。と同時にすべての子どもたちの放課後の生活についても心配しているのです。

学校教育を教室のなか、いわゆる20坪での勝負だけではないのだと自覚する教師たちは、子どもたちが全生活を、正しく豊かに生きるよう工夫と創意を加えながら指導をしているのですが、限界のあることは事実です。

「関係」ということを、ひとことでいってしまえば、学校教師と学童保育指導員が、独自の立場から、子どもたちの全面発達を保障するために、共同学習と、協力運動をうちたてるということになれましょう。教育運動としてしっかりと手を結ぶことだと考えます。このことに26や27の質問ともかかわりますので、ここでは、内容の問題に限定して、少し述べておきたいと考えました。

思い切っておおまかないい方をしますと、子どもたちが、学校教育のなかで得た知識や、経験をフルに活用して、生活のなかで実践行動化する。それが学童保育でもあると考えるのです。しかも学年の異なる集団のなかで実践・行動化するのですから、子どもたちは子どもたちなりの工夫を必要とするのです。

ここで、はっきりさせておかなければならないことは、学童保育を学校の下請け機関にしてはならないことでしょう。絵をかく場合を例にとりますと、指導員が美術教育の実践家でないかぎり、絵の指導を直接する必要はありません。子どもたちが、学校で指導されたとおりに、学童保育で、のんびりと自由にかく、それを見守ってやるのです。指導員がすることは、ひとりひとりがかいた絵の展示に工夫したり、積極的に子どもの技術を生かして、集団制作させたり、生活に取材させた紙芝居をつくらせたりする適応の工夫と、文化活動を組織するそのことが主要なものとなると考えます。

新聞活動などもよい例です。学校で得た作文力をつかって記事をかく、スケッチのカットを入れる。そして、学校ではなかなかやらせてもらいないガリ切りや印刷をするなどによってひとつの活動が組織されていきます。この場合、生活の事実にそくして正しくかく作文教育が学校でなされていない場合は、記事そのものが概念的になって感動のない新聞になってしまいます。

また、学校と学童保育で、全くちがった動きを見せる子どもがおります。子どもは、学校での生活と学童保育での生活を意識的・無意識的に区別しているのです。こんな子どもの場合は、特に学校教師との充分な話しあいが必要なのではないでしょうか。子どもの教育に責任をもつ教師・指導員は対等の立場で話しあうことが必要でしょう。



指導員は　31・32・39項などを参考にしつつ、学童保育独自の内容を追求しつつ、学校教師と同等の立場でしかも協同して、今日における「教育」そのものを明らかにしていく責任があるのです。

## 48　学童保育と労働組合との関係は

学童保育をめぐる労働組合のかかわりあいには、大きくいって二つの要素があると思います。ひとつは、学童保育事業にたずさわる指導員が、みずからの労働条件を改善し、学童保育の内容を向上させていくという直接的要素です。もうひとつは、学童保育を必要としている共働きの父母、あるいは現在学童保育へ子どもを通わせている父母を、組合員として組織しているさまざまな労働組合が、学童保育づくり、あるいはその内容改善とどう対処するか、という要素です。この後者の部分を間接的要素とよんでよべないこともありませんが、本質的にはいずれも現在の学童保育運動のなかで、指導的な役割をはたさねばならない任務をもっています。

学童保育にかぎらず、およそひとつの事業や施設を新しく創造し、その内容を改善、向上させていく場合、その運動の原動力となるのは、個人ではなく組織です。ちいさな単位でみても、学童保育クラブをつくるための父母組織（つくる会）、できたあとの父母会、さらには区内、市内の連合組織などが、大きな役割をはたしていることはいうまでもありません。

その組織のなかでも、もっと大きな力をもっているのが労働組合です。私たちの学童保育運動を県、市町村、あるいは国にむけての大きな運動（七〇年代の政府の文教政策や福祉政策の後退が進行するなかで、きわめて重要な意味をもちます）へ発展させていくためには、従来の連絡協議会や父母会だけの運動では限界があります。どうしても強大な力をもった民主的な労働組合の組織的なとり組みが必要になってきます。

とくに学童保育へ敷地を提供し、同一の子どもたちを扱い、教育的にもふかいかかわりあいをもっている教員組合、行政面、雇用条件の面で直接的な関係をもっている地方自治体の労働組合などは、とうぜん関連労働者、未組織（東京都では指導員労組があるが）労働者対策として対応すべきでしょう。この両組織をはじめ、子どもを学童保育に通わせている父母のいるすべての労働組合が、みずからの課題として積極的に運動へ参加することの重要性がつよまってきていると思います。

学童保育は、当面地方自治体にたいする直接的な設置要求、共同学童保育の公立化要求が中心となっています。したがって、労働組合の地域共闘組織（地区労、勤労協など）によるとり組みが重視されねばなりません。これらの組織による設置、公立化の請願、陳情行動は大きな力を発揮します。こういった労働組合、民主団体の地域における行動とあわせて国にたいする全国的な共同行動（学童保育を国の制度として確立させる）を、労働組合の中央組織を含めてつよめていくべきでしょう。

## 49　地域連絡協議会の必要性について

〔学童保育の誕生〕　三鷹市で学童保育がはじめて生まれたのは、昭和三八年で現在は七カ所に建てられています。はじめの頃は、空教室巡回のため、子供達も指導員もオドオド、ウロウロと遠慮がちで、学校側からも敬遠されどおしでした。それでも子供たちは元気に通い、働くお母さんたちは、大助りでした。



一方、学童保育のない学区の子供達と親は、困り抜いて自主保育を開始し、繰り返えし公立移管や新設の請願を続け、その結果、四三年五月に三鷹台、同九月に新川学童保育所が開所しました。こちらは、福祉事務所―社会福祉協議会―所管で、学校外に設けられ、対象児童も数校にわたっています。

四ヵ所となってから父母の代表が集って、話し合ってみると、どういう訳か、所管も違えば、（教育・福祉）、指導員の賃金日額も七百五十円と八百四十円と九十円の差があるほか、ボーナス等も違っており、施設・環境、遊び場、保育時間、内容、備品等が余りに異なり劣悪なのに驚いてしまいました。

〔連絡協議会づくりと取り組んで〕　そこで、同じ市で行なう同じ目的の施設でありながら、おかしいではないか。ということになり、過去の経験から、父母が一人で市当局にお百度を踏んでも実現のためしなく、又一ヵ所だけの問題でもないので、とうぜん四ヵ所共通の問題として、共通の相手である市当局に当らなければ、現状改善や、よりよい学童保育の実現は、不可能ということになり「三鷹市学童保育連絡会」を発足させました。

〔連絡会の活動〕　三人寄れば文珠の知恵といいますが、学童保育に通っている児童の家庭は、父子、母子、共働き等の家庭で、ただでさえ忙がしいため、どうしても集りにくい要素がありま す。しかし四ヵ所の父母会を寄せ集めることにより、意識の高い活動家を結集することとなり、一ヵ所だけの父母会の力量よりは、強力で深く広い力となり得ます。いろいろな事例経験を出し合う中から、手段方法もあみだされます。機関紙やよびかけの作成配布、対市交渉への動員や、資金カンパ・バザー等において、予想以上の力を発揮します。



三鷹市学童保育連絡会では、そういう力を寄せ合うことにより、合同懇談会開催、安全保育に関する要望書、学童保育意向調査、市職組との交流、都教組、地区協との連携、三鷹市保育所運動連絡会と共同歩調で、市議会と市当局へ予算要求書の提出、予算をつけさせる対市交渉などをおこなってきました。又請願では、「専用室の確保について」（四二年三月）「学童保育の拡充について」（四三年八月）「市立一小校区内の学童保育所新設と新川学童保育所の拡張について」（四四年十二月）「学童保育事業の改善について」（四五年三月）等は全部採択を見ております。

## 50　学童保育の研究活動の必要性について

私は、今年の一月に関民研（関東地区民間教育研究協議会）の研究集会に参加する機会をもちました。その「学童保育」の分科会で報告された実践は、私に大きなショックを与えました。

小金井市東学童クラブや埼玉のあめんぼクラブの子どもたちのいきいきした動きを聞きながら、〝本当にそんな子どもの姿があるのかしら〟〝小金井だから、共同保育だからできるのだ〟と思おうとしました。それでも興奮のさめない幾日を過しました。

二、三日後、集会に参加できなかった相棒の指導員に、聞いた実践のあれこれを話しているときです。問題は、子どもの質や環境ではなく、そこに「指導」があるかないかの違いではないかと気付きました。指導員を三年間続けてきたということで、子どものことを知っているような顔をしていた自分が恥しくてなりませんでした。

その日から新しいクラブ作りが始りました。隣りのクラブの指導員を含めて、週一回の指導内容を検討する時間をつくりました。これはクラブ同志の野球試合などの交流となり、子どもたちも代表者会議を持ち計画を立てるようになりました。クラブでの活動は「子どもしんぶん」によって、「クラブだより」によって家庭へも伝えられ、月一回の子どもたちの手になる「おべんとうをつくる会」に協力する母親もでてきました。「学童保育とは何だろう」という素朴な疑問を持った指導員が集って「学童保育研究集会」を作りました。指導員としての知識や技術の向上、相互啓発を目的に勉強をつづけ、講師の先生も数多く協力いただき、助言を得ました。しかし、その会は、どうしても先生方の「お話しを聞く」立場になり、自分達の実践を討議しあう場にはなりませんでした。

それは、学童保育の指導が個個の指導員に任されているところから、実践を出すことは「自分」を出すことになり躊躇してしまっていたのです。そのために、安易な聞き手にまわっていたのです。でも、学校でも家庭でもない、まったく独自な学童保育の指導を考えるとき、やはり「自分」を出し合うことなしには、発展はないと覚悟し、自分を出すことで、新たな出発を始めたのです。

学童保育の研究は、クラブの中だけに目を向ければいいというものではありません。子どもたちは、学校で、家庭で、ひろく社会全体、世界全体の中で呼吸し、いろいろなものを吸収しているのです。私たちはクラブの子どもたちの生活を足がかりに、これらの広い分野へも目を向けざるを得ないでしょう。そして、そこからも学ぶものがいっぱいある筈です。いま、斉藤喜博氏の著書（「一つの教師論」「授業」「教育学のすすめ」など）を読みつづけながら、教育という仕事の厳しさと重さ、をひしひしと感じ、それと共通の場に自分があるという感動を味っています。この感動に支えられて指導員の仕事もあるのだと思います。



# 学童保育運動の現状と課題

西　元　昭　夫

学童保育の増設は、一九七〇年代の婦人運動や労働運動の課題であるだけでなく、すべての学童の切実な願いでもあることは、前章でおわかりのことと思いますので、ここでは運動の現状と予想される新しい動き、それに対応する方向についてのべてみます。

私たちが「学童保育」と呼んでいるものは全国に約一〇〇〇カ所あると推定されます。四五年三月末の内訳は文部省が補助金を交付した「留守家庭児童会」が三八九カ所（四三年度実施数は四二二か所で三三か所減少している）

自治体が補助する「学童保育所」が約三四〇カ所（東京都二六七―四〇増加、横浜市二六、京都市二八、その他）。以上が公立でほかに民間の保育園、児童館、隣保館等で実施しているもの、および父母自身が自衛手段として行う「共同保育」がかなりあります（この実数は国でも調べていません）。この設置数は保育所の一三、四〇〇カ所に比べ一〇％以下です。

学童保育をつくり、改善し、内容を高める運動は、「学童保育研究集会」「日本母親大会」「子どもを守る文化会議」「全国民間保育団体合同研究集会」などで全国的に交流が行なわれていますが、最近では神奈川、愛知、京都、大阪などの府県単位での交流も活発になっています。また東京都では「東京都学童保育指導員労働組合」が結成され、労働条件の改善と正規職員化の運動を進めています。

昨年の「第四回学童保育研究集会」は東京で行い、二八五名が全国各地から集りました。集会の中で、要求事項が集約され、文部省へ要請を行いましたが、そこでまとめられた要求はつぎのとおりでした。

(一) 小学校ごとに公立の学童保育（留守家庭児童会）を設置してほしい。

(二) 対象児童を留守家庭児童だけでなく、遊び場のない一般児童まで広げ、放課後の自由な生活のできる場としてほしい。

(三) 施設の拡充・改善を発育ざかりで活動的な子どもの実情にあわせて、実施してほしい。とくに便所、手洗い場、屋外の遊び場は最低必要である。

(四) 子どもや父母の要求を無視した運営を一方的に押しつけるのでなく、運営に父母の参加を認め、毎日（週六日）実施、休校日の一日保育、また希望に応じて六年生までの保育を実施してほしい。



(五) 共同保育に対しても補助金の交付を行い、最底指導員の給料と場所の確保を公費で行ってほしい。

(六) 指導員の身分保障―正規職員化を実現し、さらに、学童保育の仕事は成長期の児童を指導する大切な仕事なので、専門職としての位置づけをしてほしい。

(七) 指導員の待遇について、社会保険の適用。生活できる給料。通勤費、時間外手当、ボーナスの支給。指導内容研究のための費用と時間の保障。を改善してほしい。

(八) 児童の傷害についての学校安全会の適用。

(九) 学童保育予算の増額、公費補助の増額。

私たちのこのような要求に対し、文部省では「留守家庭児童会は社会教育活動であって学童保育ではない」と強調し、「地方自治体が学童保育行政を留守家庭児童会へ肩代りさせたのは、自治体の怠慢であってわれわれの知らぬところだ」「文部省としては、今後はすべての児童を対象とした校庭開放や、子ども会の育成に力を入れたい」と云っています。

この校庭開放は、一校当り年間二七万円の予算で指導員を配置し、遊具を購入し、通信費その他の運営費にもあてるというもので、文部省では四五年度一〇〇〇校実施を目標に九〇〇〇万円（二七万円の三分の一が国庫補助）の予算を組んでいます。これは四四年度予算四八〇〇万円に比べて二倍近い増加です。

これに対し留守家庭児童会の割当予算額は四八〇〇万円で、四二年以来ぜんぜん増えていません。設置数はこれまでは毎年増加してきましたので結局は一ヵ所当りの補助金が削減されてきました。名古屋市の例では、四四年度七ヵ所の新設にともなって、八〇万円（一ヵ所年間）が三〇万円になり、週五日実施が週二日実施になっています。そして従来通り五日実施したいなら、不足分は受益者が負担せよというわけです。

このような例は各地に起っていると思われますが、住民運動や学童保育運動が活発で力を持っているところでは、例えば京都府城陽町では、文部省の交付金は二四万円（二か所）ですが町では五〇〇万円の予算を組むなど、自治体の負担で維持させています。

校庭開放そのものは、遊び場がまったく不足しているとき、僅か一〇〇〇校にとどまることなくもっと増やしてほしいものですが、そこでどのような運営がなされるかは十分監視していかねばならないでしょう。そして、学童保育の立場からは、留守家庭児童会を解消する方向でなく、父母や子どもの要求に応じた運営の改善と、新たな設置をかちとっていかねばなりません。

文部行政のこのような変化と共に、民生行政のなかでは学童保育を児童館へ解消させる動きが強まっています。もともと厚生省は、児童館で「家庭環境、地域環境、学友関係に問題があり指導者



を必要とするものの健全育成を図る」ので、学童保育所は特別に必要でないと、何らの対策も行っていません。

ところが住民と直結した地方自治体においては、働く父母の要求におされて、独自の民生事業として学童保育事業を開始しました。これの一部が留守家庭児童会へ吸収されたことは文部省のいうとおりですが、東京、横浜、京都をはじめ民主勢力の強い市町村では、引続き独自事業として学童保育を続けてきました。しかし最近になって、学童保育所を児童館に併設するか移行させる例が増えています。

東京都の例でみますと、青少年健全育成のための中期計画では、小学校四校に一か所の地区児童館を建てることに、なっています。杉並区では、これをさらに進めて、校区毎に児童館を建てる計画で、この児童館に学童保育を吸収していく意向をもっています。その理由としては①学童保育が貧しい家庭の子どもだけなら福祉事業として成りたつが、一般児童と貧富の差がないのに特別扱い（おやつ支給など）するのは世間的に問題になる。②学童保育は利用者が少ないので、政策的には児童館が有利だ。児童館活動を活発にして塾やお稽古通いの子どもたちをとり戻したい。③学童保育は制度化していないので建設費や運営費に対する上からの補助が少ない。④指導員の要求である正規職員化を児童館へ吸収することで区独自で実現できる。などをあげています。

児童館が増えることは誰でも賛成ですし、一般的には「学童保育をなくするのでなく、その中で実施するのだ」と云っています。しかし実質的に学童保育の役割を果せなくなっている例も少くありません。

118

学童保育が児童館や校庭開放へ移行される例はますます増えるでしょう。それにどのように対処するかは、それぞれの地域の実情によって異なると思いますが、考え方の基本は、子どもたちの生活をどうするかです。「児童館がいい」「いや学校だ」という建物や場所についての論議の前に、放課後の学童にとっては、単に保護する場や単なる遊び場ではなく、自主的な遊びや創造活動を、個人や集団で自由にできる場が必要だということを確認することでしょう。

千葉県船橋市の高根台団地では、自治会や民主団体が共同で、児童館の自主運営を市当局に要求し、すでに図書室の自主管理はかちとっています。住民の自主管理や父母の運営参加によって、児童館がほんとうに子どもの自主活動を保障するものになるなら、その中で学童保育の機能も立派に果せるでしょう。同じように、学童保育の場を地域の子ども達の自主活動の拠点として発展させること、校庭開放を足がかりにそのような条件をつくりだすこともできるでしょう。

しかしながらこのような条件をつくりだすことは、自治体や国の政治を民主的なものに変革していくなかでないと困難でしょう。現状では、放課後の子どもの自主活動を保障する場としては、学童保育の場が最も適していると考えられます。そこには、子どもの集団があり、働く父母の集団があるからです。今の時点で児童館や校庭解放へ移行することは、この子ども集団、父母集団を解消し、バラバラにすることになります。その上で、政府の意図する〝人づくり〟のための子ども組織への再編成されることになりかねません。

だから私たちは、児童館より手軽に数多くつくれる学童保育所をきめ細く設置することを要求します。そして学童保育が、地域の児童館の役割も果していけばよいのです。たえず問題になるおやつ支給にしても、貧困対策でない福祉行政の成果としてとらえ、一般の子どもへも支給することで既得権を拡大していけばよいのです。さらに、学童保育所の建設にも児童館並に国庫補助を出させるよう運動を進めるべきでしょう。

さいきん学童保育における指導実践が、教育研究の分野で評価され、学童保育を地域教育運動の場として重視しようという動きがあります。私たちの運動の弱点として、学童保育をつくるまでは切実なので熱心に活動するが、出来てしまえばあなたまかせ、という態度がありました。これが結果として利用率を低下させ、学童保育不要論の理由に使われています。

学童保育を親の都合でなく、子どもの立場からとらえ、施設を改善し、指導内容を重視していくことは、学童保育施策の変化に対応し、新たな発展をめざす上で、とくに大切な問題となるでしょう。

119

# あとがき

このパンフレットを編集するにあたり、編集委員会は「気軽に読めて、手軽に買える」ものと話し合いました。そのために、五〇の質問―回答を中心にしながら、どうしても基本的なこととして知っておいていただきたいことを、三つのやや長文の論文にまとめました。

手軽に買える―つまり安くということから各論、質問、回答共、云いたりないことがあるのは、否定できないと思います。その点は、前に連絡協議会で編集した『よりよい学童保育のために・一九六八年版』をあわせて読んでいただくと、より深く理解していただけると思います。

このパンフレットは、文字通り〝みんなでつくる本〟となりました。まず五〇の質問事項は、協議会会員よりアンケートで提出していただいたものをもとに作成しました。次に執筆については、会員である父母、指導員、教師の四七氏に依頼しました。病気や多忙の方もあり最終的には四〇名の執筆になりましたが、これは画期的なことだと考えます。

編集委員会で執筆者をリストアップしたときは六〇名もの数になりました。期日の関係もあり、連絡をとり易い方に依頼をしぼったわけですが、これだけの書き手がいるということにあらためて驚きました。しかも、それぞれの書き手の廻りには、その人を支え、書けるだけの実践を積みあげてきた、おおぜいの父母、指導員、教師がそして主人公である子どもたちがいるわけです。私たちは、この力を何よりも大事にしていかねばなるまいと思い、あらためて力づけられました。

各執筆者からいただいた原稿は、重復をさけるため、また全体の立場からの補足もあって、編集委員会で、多少手を入れさせていただいたものもあることをお断りしておきます。また三つの論文についてだけ、特に執筆者を明記したのは、今まで協議会として確めてきた統一見解の上に、新しい事態の中では、多少個人的な見解を加えざるを得ないだろう、その分の責任を明らかにする意味で、執筆者名を出そうということになったものです。皆さんの御批判、御意見をお持ちします。

さいごになってしまいましたが、常識を無視した短時日の出版を、心よく（かなり無理して）引受けて下さった、鳩の森書房の道本氏と皆さんには、心からお礼を申上げます。

編集委員会一同

123　　　　　　　　　　　　　　　　　　　　122

## 学童保育指導員の労働条件一覧表（23区） 44.8

| 項目<br>区名 | 主管課 | 身分 | 報酬 | 臨時的給与 ①夏期手当 ②時間外 ③交通費 | 勤務時間 | 休暇 ①年休 ②夏休 ③その他 | 社会保険 | 代替指導員 | 研修費 | 間食費 | 行事費 | 消耗品費 | 備考 |
|---|---|---|---|---|---|---|---|---|---|---|---|---|---|
| 渋谷 | 教委青少年係 | 正<br>非 常勤 | 非25,000 | ①33,000 ③出張実費 | 11：00～6：00 | ①なし<br>②5日 | 健・厚 | 1名 | なし | 1人1日<br>10 | 100×6 | 5ヵ所で<br>59万 | 週5日<br>勤務 |
| 世田谷 | 厚生部福祉課 | 非常勤 | 月30,000 | | 1：00～5：00 | 職員並 | 健・厚・失 | なし | 〃 | 10 | 100 | | |
| 新宿 | 〃 | 〃 | 23,000 | | 12：00～6：00 | | | 〃 | | .15 | 60×6 | 1日1人7 | |
| 江東 | 厚生部管理課 | 〃 | 22,000 | ①職員の7割 ③月 100 | 12：00～5：00 | ①なし<br>②10日 | 健・厚 | 〃 | なし | 15 | 140×3 | | 務服あり |
| 足立 | 〃 福祉課 | 〃 | 21,000 | ① 〃 ③ 〃 | 12：30～5：30 | ①6日<br>②5日 | 〃 | 〃 | 〃 | 10 | なし | 1日1人5 | |
| 江戸川 | 〃 管理課 | 〃 | 時給 180 | ① 〃 他なし | 夏9：00～5：00<br>冬1：00～5：00 | なし | 〃 | 〃 | 〃 | | 50×5 | | |
| 葛飾 | 〃 福祉課 | 〃 | 月22,000 | ① 〃 ③月 800 | 12：30～5：30 | ①4日2年目から1日<br>②3日 ずつ追加 | 〃 | 〃 | 〃 | 21 | 100×5 | | 夏アルバイト有事務服あり |
| 墨田 | 区民部区民課 | 〃 | 22,000 | ①職員の5割 他なし | 夏8：30～12：30<br>冬12：00～5：30 | なし | 〃 | 〃 | 〃 | 10 | 100×4 | | |
| 北 | 教委社会教育課 | 民間委託 | 15,000～<br>24,000 | ①1ヵ月分 ③500～1,000<br>②夏休み手当 5,000 | 下校時～5：30 | ①12日<br>②3日 | なし | 〃 | 〃 | 15 | 年間1クラブ<br>25,000 | 1日1人5 | |
| 板橋 | 〃 管理課 | 非常勤 | 18,000～<br>23,000 | ①職員の7割<br>② 139,150,159 | 12：30～5：30 | ①12日<br>②4日 | 健・厚 | アルバイト | 〃 | 15 | 3,500 | | 事務服<br>あり |
| 荒川 | 厚生部管理課 | 〃 | 日給 900<br>1,000 | ①約3万円 ③ 665<br>②夏のみ1日600-1日交替 | 12：00～5：00 | ①なし<br>②3日 | 〃 | なし | 〃 | 20 | 誕生会30<br>Xマス会50 | | |
| 台東 | 〃 | 〃 | 21,000<br>24,000 | ①月給×1.2<br>②時給 230円 | 1：00～6：00 | ①なし<br>②4日 | 健・厚・失 | 夏アルバイト | 年間全体<br>47,000 | 15 | なし | 1日1人4 | |
| 文京 | 〃 | 〃 | 22,000<br>25,000 | ①12,000・15,000<br>②夏・冬・春休み 600円 | 12：30～5：00 | ①なし<br>②7日 | 健・厚 | なし | なし | 15 | 50×5 | 1日1人7 | 事務服<br>あり |
| 品川 | 〃 児童課 | 〃 | 31,600 | ①月に割当<br>②時給 211 | 11：00～5：00 | ①半年に6日 ③生休1<br>②3日 慶休5 | 〃 | 〃 | 半年300 | 15 | なし | 1日1人10 | |
| 港 | 〃 管理課 | 〃 | 23,000 | ①職員の7割 ③ 1,200<br>②月 3,000 | 12：00～5：00 | ①10日 ③他は職員並<br>②職免5日 | 〃 | あり | なし | 15 | 3ヵ所<br>80,000 | | |
| 目黒 | 〃 | 〃 | 22,000 | | 下校時～5：00 | | 〃 | なし | 〃 | 10 | なし | 1ヵ所<br>5,500 | |
| 大田 | 〃 | 〃<br>民間委託 | 20,000 | ①年間1.5ヵ月<br>②1クラブ年20,000 | 1：00～5：00 | | なし | 〃 | 〃 | 15 | 年間1クラブ<br>26,000 | 年間1クラブ<br>75,000 | |
| 杉並 | 〃 福祉課 | 非常勤 | 29,640 | 職員並 | 11：15～5：15 | ①15日<br>②8日 | 健・厚・失 | 1名 | 100×6 | 10 | | | |
| 中野 | 教委 | 〃 | 日給 700 | | 1：00～5：00 | | | | | 15 | | 年間4万 | |
| 練馬 | 〃社会教育課 | 〃 | 30,000 | ①職員並<br>②休み中 300 | 下校時～5：30 | ①20日<br>②7日 | 健・厚 | なし | 400 | 10 | | 年間1クラブ<br>30,000 | |
| 豊島 | 〃 | 〃 | 26,500 | ①職員並<br>② 171 | 12：00～5：30 | ①16日 ③生休2 慶<br>②5日 休5（本人） | 健・厚・失 | 〃 | なし | 10 | | | |

### 各地の学童保育実施状況 —昭44.9—

| クラブ名（県名） | 運営形態 | 担当部課 | 実施場所 | 児童数（対象学年） | 指導員数（代替職員） | 実施時間（勤務日数） | 指導員資格（身分） | 報酬 | 社会保険 | 公費補助額 | 保護者負担額（月） | 父母会の有無 |
|---|---|---|---|---|---|---|---|---|---|---|---|---|
| 城南園ひばりクラブ（秋田） | 共同保育 | 教育委員会 | 社会福祉施設 | 50（1～5） | 2（なし） | 下校～5.30（6日） | 保母（非常勤） | 月額…15,000 | 有 | 年間 250,00 0 | 400～1,200 | なし |
| さくら保育園学童保育（埼玉） | 保育園経営 | | 保育園（物置の2階） | 15（1～6） | 1（なし） | 12～6（6日） | 保母（非常勤） | 月額…23,100 | 有 | なし | 1,000 | 有 |
| 御器所学童保育（愛知） | | | 個人宅 | 14（1～5） | | 2～6（2日） | 学生 | 交通費のみ | なし | 不明 | 不明 | 有 |
| 農業試験場内学童保育（北海道） | 共同保育 | | 職場内建物 | 6（1年） | 1（なし） | 1～5（5日） | （非常勤） | 月額…10,000 | なし | なし | 2,500 | 有 |
| 明神台学童保育（神奈川） | 共同保育 | | 自治会プレハブ建物 | 8（1年） | 1（有） | 下校～6（6日） | 保母（非常勤） | 月額…25,000 | なし | なし | 4,200～5,700 | 有 |
| 千音寺学童保育（愛知） | 共同保育 | | 市営住宅集会所 | 30（1～4） | 5（なし） | 1～6（2日） | 教員（非常勤） | 日額…1,000 | なし | なし | 1,000 | 有 |
| 仙北学童保育（岩手） | 共同保育 | 教育委員会 | 個人宅 | 23（1～4） | 1 | 1～5.30（6日） | （非常勤） | 月額…16,000 | なし | 年間 150,000 | 1,800 | 有 |
| 青山学童保育クラブ（岩手） | 共同保育 | 教育委員会 | 公民館分館 | 45（1～6） | 2（有） | 11～5.30（6日） | 保母・教員（非常勤） | 有資格者25,000 無〃18,000 パート1時間 100 | なし | 年間 150,000 | 1,000 | 不明 |
| 武里団地学童保育（埼玉） | 共同保育 | 教育委員会 | 校庭内プレハブ | 24（1～3） | 2（有） | 11～5.30（6日） | 保母・教員（非常勤） | 月額…10,000 | なし | 年間 60,000 | 1,500 | 有 |
| 福岡町学童保育（埼玉） | 共同保育 | | 校庭内未使用校舎 | 60（1～4） | 3（なし） | 下校～5.30（6日） | 教員（非常勤） | 月額21,000～24,000 | 不明 | 年間80,000（社協より） | 2,400 | 有 |
| さかえ隣保館学童保育（大阪） | 保育園併設 | 民生部 | 保育所併設 | 25（1～4） | 3 | 下校～6（6日） | （非常勤） | 月額…27,000 | 有 | なし | 1,400 | 有 |
| 常盤平学童保育園（千葉） | 運営委員会に委託 | 教育委員会 | 専用建物 | 30（1～3） | 2（有） | 下校～6（6日） | 教員（非常勤） | 月額…21,600 | なし | | 1,750 | 有 |
| 北田辺保育園学童組（大阪） | 保育園併設 | 民生部 | 保育園内3階 | 20（1～3） | 1（なし） | 9～5.30（6日） | （非常勤） | 月額…21,000 | 有 | なし | 4,000 | 有 |
| 多摩川住宅学童保育会（調布市） | 共同保育 | | 団地内集会所 | 30（1～4） | 2（なし） | 12～5（6日） | 教員（非常勤） | 日額…750 | なし | なし | 2,500 | 有 |
| 植生留守家庭児童会（大阪） | 公立 | 教育委員会 | 幼稚園空教室 | 30（1～4） | 3正規…1 アルバイト2 | 下校～5 正規…6日 アルバイト…5日 | 正規 1 アルバイト2 | 正規…月22,228 アルバイト…日700 | 正規あり アルバイト なし | | なし | なし |
| 千鳥児童会（愛知） | 公立 | 教育委員会 | キリスト教会館内 | 60（1～4） | 3（なし） | 12～6（6日） | （非常勤） | 日額…1,100 | なし | 有 | 有 | 有 |
| しいのみ児童会（大分） | 公立 | 教育委員会 | 学校内空教室 | 18（1～3） | 2（なし） | 1230～5.30（5日） | 保母（非常勤） | 日額…700 | なし | 年間 300,000 | 650 | 有 |
| 草加市学童保育クラブ（埼玉） | 公立 | 民生部 | 校庭内プレハブ | 35（1～3） | 2（なし） | 12～4（6日） | （常勤） | 月額…30,000 | 有 | 有 | 600～1,500（保育園方式） | 有 |
| 長瀬北小学童保育（大阪） | 公立 | 教育委員会 | 学校内空教室 | 39（1～3） | 5（有） | 下校～7（6日） | 保母、教員、社会福祉司（常勤） | 月額34,000～37,000 | 有 | 年間 5,002,000 | 0～1,800 | 有 |
| 上甲子園学童保育（兵庫） | 公立 | 民生部 | 専用プレハブ | 30（1～3） | 2（2） | 1～6（6日） | | 月額…17,000 | なし | 月 7,500 | 700 | 有 |
| 桂児童館学童保育（大阪） | 公立 | 民生部 | 児童館 | 45 | 4（なし） | 下校～（6日） | 保母（常勤） | 市の職員給与 | 有 | | 700 | 有 |

126

### 主要都市における学童保育施策　（昭和43年度実施状況）

| 都市名 | 東京都 | 横浜市 | 名古屋市 | 京都市 | 大阪市 | 広島市 | 福岡市 |
|---|---|---|---|---|---|---|---|
| 所管 | 民生局児童部<br>児童課育成課 | 民生局青少年部<br>青少年課 | 教育委員会社会教<br>育部青少年教育課 | 民生局母子<br>課育成係 | 教育委員会 | 教育委員会 | 教育委員会 |
| 名称 | 学童保育事業 | 学童保育事業 | 留守家庭児童会 | 学童保育事業 | 不在家庭児童会 | 留守家庭児童会 | 留守家庭児童会 |
| 設置数 | 227か所 | 26か所 | 補助事業　8か所<br>委託事業　9か所 | 22か所 | 20か所<br>（国補事業） | 27か所<br>（国補事業） | 10か所<br>（国庫事業） |
| 運営主体 | 区市町（都は補助） | 学童保育運営委員会 | 教育委員会<br>委託はＰＴＡ | 京都市 | 教育委員会 | 教育委員会 | 教育委員会 |
| 実施日数 | 週　6日 | 週　6日 | 週３～５日 | 週６日 | 週６日 | 週６日 | 週平均５日 |
| 対象学年<br>定員数 | 1～3年（区によって6年まで）　定員30～40名<br>（最高105名） | 1～3年<br>15～40名 | 低学年<br>30～60名 | 低学年（1～3年）　60名 | 1～6年<br>60名以上 | 低学年<br>40名 | 低学年<br>60名 |
| 経費補助額（年額） | 総　額　149,988千円<br>1か所　844千円<br>〈内訳〉<br>〔人件費月21,000円×２名<br>おやつ代　1人1日10円<br>消耗品　1人1日5円<br>管理費　月 5,000円<br>ほかに新設費　10万円<br>（以上は都の補助額で区市町支出は別途） | 総　額　25,306千円<br>民生局既設分<br>11か所<br>11か所当り<br>586,320円<br>教委より移管分<br>15か所<br>1か所当り<br>400,000円<br>（委託料） | 総　額 9,100千円<br>1か所80万円<br>委託事業は<br>30万円 | 総　額<br>17,836千円<br>新設費70万円<br>1か所当り<br>552千円<br>×18か所<br>732千円<br>×3か所<br>804千円<br>×1か所 | 総　額<br>12,000千円<br>1か所<br>60万円 | 総　額<br>20,040千円 | 総　額<br>10,822千円<br>1か所<br>既設費<br>10,67千円<br>新設<br>1,117千円<br>交通費<br>52千円 |

《五〇の質問の回答執筆者紹介》―（）内は所属クラブ名、順不同

―東京―今城甚造、公文昭夫、菅野正幸、竹中千枝（以上葛飾区中青戸）　内山滋子（江東区大島四丁目つくろう会）　関聰子（足立区教組婦人部長）　太田イネ子（北区神谷）　山中泰子（台東区石浜）遠藤光子、牛渡洋子、村磯清子（以上杉並区指導員労組）　長野光子（練馬区第二小）　佐藤悦子（板橋区七小）　岸雅子（世田谷区上北沢）　荒井聖子（港区港南）　岸本直美（渋谷区代々木）　山口功（太田区教組）　原島豊、西元昭夫（以上大田区糀谷子供の家）　目黒慈一、山田松美（以上三鷹市協議会）　橘静子（小金井市東学童）　今井紀子（調布・狛江協議会）

―埼玉―松本ちさえ（学童保育連絡協議会）　大塚達男、佐藤功、長谷維郎、石田芝子、原田冴子、今関英子、大倉弥生（以上福岡町学童保育の会）　田中島法夫（草加市松原団地）

―千葉―菅野昭代（船橋市高根台団地）　月沢宏（船橋市）　森川すみ（松戸市常盤平団地）

―横浜―中村雅子、渡辺澄子（以上保土谷区明神台団地）

―京都―野村洪機（京都府乙訓郡長岡町神足小）

―大阪―綾直人、坂東千代子（東大阪市、長瀬北小、大阪学童保育連絡協議会）

127

子どものねがい親の願い

1970年8月　　¥150

編　者　学童保育連絡協議会
東京都千代田区神田小川町3-5

発行者　道　本　裕　信

発行所　鳩　の　森　書　房
東京都文京区小石川5－6－21
TEL(944)6730 振替東京18511

# 学童保育の実態調査についてのお願い。

1970・8・18

学童保育連絡協議会

暑いなか、毎日ごくろうさまです。

夏には、各所で研究会が開かれ、学童保育の実施状況の交流も行なわれますが、学童保育の実態は各地でまったく多様であり、全国的に実態を知りたいという要求が出されます。学童保育連絡協議会では、きたる10月に開かれる「第5回学童保育研究集会までに、全国的な学童保育の実態を明らかにしたいと、別紙のような調査を行うことにしました。皆さんの御協力をお願いします。

*記入していただいた調査表は一冊の資料にまとめますが、ご協力いただいた方には、一冊差上げます。

*とりあえず会員だけに調査表を送りますが、ほかに協力していただけるクラブがあったらお知らせくださるか、調査して記入してください。

*Ⓐ表は、あなたが住んでいらっしやる区市町村について、わかるだけでもよいですから記入してください。Ⓑ表は、あなたのクラブについて記入してください。

*記入した調査表は、9月15日までに届くよう送ってください。

送り先 ―― 東京都千代田区神田小川町3－5　学童保育連絡協議会

*Ⓑ表記入上の注意

- 設立までのあゆみは、父母の要求運動でできたのかどうかなどを明かに
- 運営形態、施設形態はⒶ表の分類を参考にして
- 運営主体は、公立の場合主管課を記入してください。
- 指導員の保有資格とは、現在勤務中の指導員が持っている資格の種類です。採用の条件には、自治体で決めている資格を記入してください。
- 指導員給料の算定基ソとは、月給制か、日給制か、時給制かを明かにしてください。
- 指導員同志の交流の機会とは、区市町村内での交流状況について記入してください。

## 都道府県および区市町村の調査表 Ⓐ

＜実施状況＞　都道府県名　　　　区市町村名

| 小学校総数 | 校 | 生徒総数 | 名 | 留守家庭児童数 | 名 |
|---|---|---|---|---|---|

| 学童保育設置数（留守家庭児童会を含む） | | | 運営形態別 | | | | | | | | | | | |
|---|---|---|---|---|---|---|---|---|---|---|---|---|---|---|
| | | | 児童会 | | 公立学童 | | 民営学童 | | 共同保育 | | その他 | | 合計 | |
| | | | 設置数 | 定員 | 設置数 | 定員 | 設置数 | 定員 | 設置数 | 定員 | 設置数 | 定員 | 設置数 | 定員 |
| 施設形態別 | 学校内 | 空教室 | | | | | | | | | | | | |
| | | 併用教室 | | | | | | | | | | | | |
| | | プレハブ | | | | | | | | | | | | |
| | | その他 | | | | | | | | | | | | |
| | 学校外 | 独自家屋 | | | | | | | | | | | | |
| | | 児童館併設 | | | | | | | | | | | | |
| | | 公共建物借用 | | | | | | | | | | | | |
| | | 民間建物借用 | | | | | | | | | | | | |
| | | その他 | | | | | | | | | | | | |
| 合計 | | | | | | | | | | | | | | |

＜自治体の施策＞

| 主管課 | | | 学童保育関係予算総額 | | 44年度 | 45年度 |
|---|---|---|---|---|---|---|
| 自治体の考え方 | | | 内訳 | 国・県の補助金 | | |
| | | | | 区・市・町・村の予算 | | |
| | | | | その他の補助金 | | |
| | | | | 父母負担の概況 | | |

＜要求運動＞

| 住民の要求と自治体交渉活動の近況 |
|---|
| 運動体の結成状況と各団体の協力関係 |

クラブについての調査表　Ⓑ

〈運営および経費〉

| | | | | | |
|---|---|---|---|---|---|
| 名称 | | 所在地 | | TEL | |
| 設置年月 | 年　月 | 設置までのあゆみ | | | |
| 運営形態 | | 運営主体 | | | |
| 運営経費総額 | 年額　円<br>月額　円 | 運営経費のうちの公費補助額 | 年額　円<br>月額　円 | | |
| 運営費内訳 | 人件費<br>おやつ代<br>教材費 | 公費補助内訳 | | | |
| | | 父母負担額 | 月　円 | 内訳 | |

〈施設・設備の実態〉

| | | | | | | | | | |
|---|---|---|---|---|---|---|---|---|---|
| 施設形態 | | 建物の広さ | ㎡ | 間数 | | 定員 | | 常時利用数 | |

建物の平面図

たたみの部屋　有　無　疊数（　　　）

炊事場の　有　無

手洗場の　有　無

図書室・学習室の　有　無

屋外のあそびばの　有　無　広さ（　　　）

その他の設備

※ほしい設備はなにか

主な備品・教材

※ほしい備品・教材はなにか

〈指導員の待遇と要求〉

| | | | | | | | |
|---|---|---|---|---|---|---|---|
| 指導員数 | 名 | 男　名<br>女　名 | 年令　才<br>才 | 保有資格 | | | |
| 身分 | | 正職員の格付け | | 採用の条件 | | | |
| 勤務時間 | 平日　時～　時 | 休校日は | | | | | |
| 給料 | 月額手取　円 | 算定基礎 | | | | | |
| 諸手当 | ボーナス<br>通勤手当<br>超過勤務手当 | その他 | | | | | |
| 現物支給物 | | | | | | | |
| 有給休暇 | 年　日 | 社会保険加入の種類 | | | | | |
| 代替要員 | 有　無 | 研修費の有無と額 | | | | | |
| 指導員同志の交流の機会はあるか | | | | | | | |

※指導員の要求はなにか

〈父母の活動と要求〉

父母会の有無と活動のあらまし

教師・労働組合・PTA・地域団体との協力関係は

※父母の要求、子どもの要求はなにか

# 第5回 学童保育研究集会のおさそい

学童保育を要求する声はますます強まるなかで、最近では、児童館や校庭開放への解消も強まっています。働く母親のために単に預ければよいという学童保育でなく、子どもの生活権、教育権を保障する学童保育のあり方を、皆の力であきらかにしたいものです。

と　き　10月10・11日

ところ　名古屋市・日本福祉大学

主　催　学童保育連絡協議会
　　　　第5回学童保育研究集会実行委員会

おすすめします

子どものねがい親の願い　一五〇円〒35
＊学童保育のてびき……学童保育連絡協議会編

あめんぼクラブの子どもたち　四五〇円〒50
＊学童保育の実践記録……大塚達男・西元昭夫編著

現代っ子としつけ　三八〇円〒50
＊親子のかけ橋・かかせないしつけなど……三上満・小森香子・加藤則夫著

読書相談室　三八〇円〒50
＊児童書良書三〇〇冊の解説と手びき……代田昇・増村王子著

□お申込みは、学童保育連絡協議会または鳩の森書房＜東京都文京区小石川5－6－21＞へ代金をそえてお申込みください。

キ……リ……ト……リ

| 購読申込書 | | |
|---|---|---|
| 書名 | | 部 |
| | | 部 |
| | | 部 |
| | | 部 |
| 住所・おなまえ | | |

□日　　程

| | 9.–10. | 10.–10.30 | 10.30–11.00 | 11.00–12.30 | 12.30–13.30 | 13.30–17 | 17–18 | 18–21 |
|---|---|---|---|---|---|---|---|---|
| 10日 | | 開会式 | 基調提案 | 記念講演 | 昼食 | 分科会 | | 協議会総会 |

| | 9.–12.30 | 昼 | 13.30–15 | 15–16 | 16–21 |
|---|---|---|---|---|---|
| 11日 | 分科会 | 昼食 | 分科会まとめ | 全体会 | |

□基調提案「学童保育運動の現状と課題」

□記念講演「70年代における学童保育の役割と制度化の方向」（仮題）
　　日本福祉大教授　浦辺史

□分科会（構成と主要テーマ）

①小学校区毎の学童保育設置をめざして
　＊つくる運動の経験交流とすすめ方
　＊どこにどんなものをつくればよいかを明らかに

②よりよい学童保育のために
　＊つくったあとの改善運動の経験交流
　＊指導員の待遇改善、身分保障のために
　＊父母会活動と指導員の労働組合活動

③学童保育の指導内容はいかにあるべきか
　＊いままでに明らかにされた考えを学ぶ
　＊基礎的技術、指導案作成などの研究

④学童保育の指導実践を交流し深める
　＊分散会―共同保育、公立学童保育、留守家庭児童会、大集団（40名以上）の指導などに分散交流
　＊合同で交流し学び合う

⑤学童保育を地域の中にどう位置づけるか
　＊児童館、子ども会、校庭開放との関係を明らかに
　＊地域教育活動、PTA活動などのなかへどう広げるか

□全体会―分科会申し合わせ報告と今後の課題確認

□学童保育連絡協議会―役員選出その他

◎参加申込……だれでも参加できます
　＊参加費　300円をそえて下記へ申込んでください
　＊申込先＝東京都千代田区神田小川町3の5
　　学童保育連絡協議会
　　または、各地連絡協議会へ
　＊申込〆切　9月25日、宿泊予約は〆切日までにお願いします

キ……リ……ト……リ

第5回学童保育研究集会　参加申込書

| 県名 | 氏名 | | | 住所 |
|---|---|---|---|---|
| | | | | |
| 所属（クラブ・学校） | | ○印 | 男女 | 指導員　父母　学生　その他 |

| 宿泊希望は○印を | 10日 | 11日 | 民宿 | 旅館 |
|---|---|---|---|---|

# 第五回学童保育研究集会・速報

1970 9.20

学童保育連絡協議会発行


## 全国研究集会に経験と実践を持ちよろう!!

10月10~11日

### 参加者五〇〇名を目標に 各地でのとりくみすすむ

第五回学童保育研究集会は、初めての地方開催（今までは東京）とあって、実行委員会が結成されて準備が進められています。

実行委員会には、学童保育連絡協議会のほか神奈川、愛知、京都山城地方、大阪、広島の地方連絡協議会代表が参加し、開催地の名古屋では、「名古屋保育問題研究協議会」も協賛を表明しています。

各地では、東京・関東＝五〇名、神奈川＝二〇名、愛知＝一五〇名、京都＝五〇名、大阪＝一〇〇名、広島＝一〇名とそれぞれ参加者目標をたてて、県段階の実行委員会をつくるなどして、活発に準備活動を展開しています。大阪では、独自のチラシ二五〇〇枚を作成して配布すると共に、九月二五日に大阪集会計画しています。京都でも三〇〇〇枚のチラシを作成し、これを機会に京都府全体の連絡協議会結成も進めようと準備しています。神奈川では、ニュースで宣伝すると共に県内の社会福祉や婦人団体などを訪問し、代表派遣と傘下組織への呼びかけを要請して廻っています。また、東京都学童保育指導員労働組合でも、まず執行委員全員が参加することなどを話し合っています。

### 文部省は四六年度予算案で 留守家庭児童会の予算計上を中止か？

文部省社会教育局では、四六年度の予算要求に当って、校庭開放の予算を大巾に増加し、反面、留守家庭児童会としての予算計上は中止する考えです。これは、今年度までは、校庭開放と留守家庭児童会の予算枠を別々に計上していたものを、来年度からは、留守家庭児童会を校庭開放と同一に考え、統合した形で予算計上を行うというものです。留守家庭児童会も一種の校庭開放だという考えかたです。

校庭開放の予算は、四三年度五〇〇校、四四年度七五〇校、四五年度一〇〇〇校（九〇〇〇万円）、四六年度要求額三五〇〇校（三一五〇〇万円）と急増していますが、一方留守家庭児童会の予算は、四一年度の四八〇〇万円のままで、全然増えていません。そして四四年度は四三年度より実施数が三三校減少し三八九校になっています。このままで行くと、四五年度は更に減少し、四六年度はすべて校庭開放へ解消されることにもなりかねません。

文部省社会教育局青少年課では、一部の留守家庭児童だけでなく、全ての少年全体の問題がでているので、校庭開放の方がより効果的であると云っています。そして校庭開放では、一校当り年間二七万円を基準費用と考えています。二七万円の⅓を国が負担するわけですから、一校当りの補助金は年間九万円で、現在の留守家庭児童会に対する補助金も四六年度以降は九万円だけという結果にもなりかねません。現状を維持するとすれば、当然地方自治体の持出し財政が多くなります。

文部省の施策の変化に、各府県の教育委員会がどのように対応するかは、留守家庭児童会の存続にとって大問題となります。各地で、教育委員会所管の市町村では、早急に市町村の意向を打診し、考えを明らかにしていくことが大切です。

### クラブ毎、地域毎の要求を、全国集会へ持ち寄ろう !!

同時に、このことを父母や関係者の間で討議し、留守家庭児童会の施策をこれ以上後退させず、逆に父母と子ども達の要求にもとずいて改善させていく方針を出し、ただちに要求行動を展開すべきです。そして、それらの要求、行動を全国集会へ持ちより、全国的な運動へ発展させましょう。あわせて、文部省がどうしてこのような方向転換を考え進めるのか、その根源をも明かにせねば、これに対抗する運動の発展は望めないと思いますので、この点についても討議を深め、意見を全国集会へ持ってきていただきたいと考えます。

### 分科会―話し合う内容は―

九月十五日の実行委員会では、各分科会毎の司会者会議を持ち、各分科会の内容や進行について話し合いました。

#### ①　小学校区毎の学童保育設置をめざして

これから新たに学童保育づくりに取組む人、現在つくる運動を続けている人、あるいは、つくる運動で豊かな経験を持っている人に集っていただいて、経験交流を深めながら、①学童保育とは何か、②つくる運動の進め方、③どのようなクラブが望ましいか、④どこにつくればよいか、などを明らかにします。

②よりよい学童保育のために

既に学童保育が設置されているところでの、①建物や設備の改善、②指導員の待遇改善、③父母会活動の進め方、などについて経験交流を深めます。とくに共同保育の場合、公立学童保育の場合、留守家庭児童会の場合など、それぞれに事情が違うなかでの運動の進め方、共通な問題などを明らかにする。そして、これらの改善が子どものために何故必要かを明確にしていきます。

③学童保育の指導内容はいかにあるべきか

この分科会では、学童保育の指導はいかにあるべきかという、基本的な考え方を学ぶことに重点を置きます。いわば基礎講座的な性格を持たせます。進め方としては、第一日目に大阪、愛知、東京の提案者から、日常の指導実践をこまかく発表してもらいます。第二日目は、まず指導報告を素材にして、助言者から指導についての基本的な考え方を話していただきます。そのあと、いくつかの柱を設定して討議を深めます。

④学童保育の指導実践を交流し深める

この分科会は、学童保育の指導の基本的考え方（これまでの勉強会やニュース・出版物で明らかにされた範囲での）は既に理解しているという前提の上に立って、さらに指導の向上を目指すためのものです。進め方は、まず①共同保育、②公立学童保育、③留守家庭児童会の三分散会に分れて、共通な条件の中での経験交流と討議を行います。そこでは、①今までに困ったこと、②成功したと思われること、③どこに指導の重点を置いているか、などを発表し合い、討議を深めます。そのあと、全体で問題を出し合い、異った保育条件の中での経験も学びながら、討議を深め、共通の課題と研究の方向を明らかにしていきます。

⑤学童保育を地域の中にどう位置づけるか

この分科会では討議の柱として二つのことが考えられます。①よりよい学童保育をめざす上で、土地、建物、遊び場などを確保する上で、現在の学童保育運動の中だけでは解決できない限界、地域全体の協力を得なければ獲得できない壁があります。そのために学童保育に対する理解を、ＰＴＡや地域の中へどう広げるかという問題と、②最近、学童保育を児童館や校庭開放へ解消する動きが強まっていますが、何故児童館や校庭開放ではいけないのか、地域の子どものための諸施設の中で、学童保育の果す役割は何であり、どのように位置づけられねばならないのか、子ども会や親子読書運動や教育を語る会などの地域活動との結びつきはどのようなものであるべきか、の二つに大別して討議を深めます。しかし、その際、学童保育とは何かが明確でないと、話し合いの焦点がボケるので、あわせてそれを明かにする必要があるでしょう。

研究集会参加は、当日も受付けますが、宿泊希望は事前に（できるだけ早く）お申込みください

分科会の助言者、各係紹介

| 分科会 | 助言者 | 司会 | 提案者 | 記録 |
|---|---|---|---|---|
| ① | 藤本幸作（広島市議） | 石田昭二（広島） | 岩田（広島）（大阪寝屋川） | （東京） |
| ② | | 横田昌子（大阪）（名古屋） | 男神台父母会（横浜） 小林（京都） 東京指導員労組 | （神奈川） |
| ③ | 大塚達男（連協委員） | 益田豊爾（大阪）（名古屋） | 岩佐信子（大阪）（愛知）（大阪） | （東京） |
| ④ | 鈴木孝雄（埼玉） 松本ちさえ（東京） | 大塚濶生（埼玉）（大阪名瀬北小） 高坂（名古屋） | | （東京） |
| ⑤ | 宍戸健夫（愛知大学） | 野村英機（京都） 坂井（名古屋） | 大畑忠（京都） 室橋（名古屋） | 中村雅子（神奈川） |

会場案内図

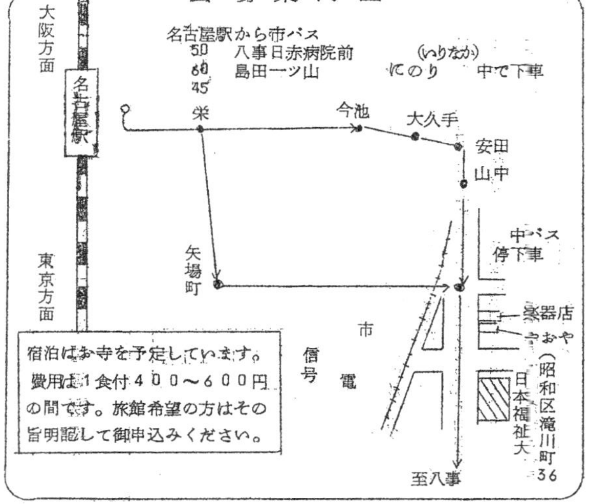


宿泊はお寺を予定しています。費用は1食付４００～６００円の間です。旅館希望の方はその旨明記して御申込みください。

# 学童保育の実態調査・中間報告

＊　学童保育連絡協議会では、会員の皆さんにお願いして、全国的な学童保育の実施状況を調査しています。はじめ、研究集会までにまとめて、資料を作成する予定でしたが、回収がおくれて、間にあいませんでしたので、とりあえず、９月末までに回収できた分の一部分を中間報告いたします。

＊　今回行った実態調査は、Ａ表（都、府県単位の実施状況）とＢ表（クラブ毎の実態）とがあり、それぞれの調査項目は別項（裏面参照）のとおりですが、これがまとまると、学童保育の実態を知る上で、今までにない貴重な資料となります。

＊　この調査は１１月中にはまとめて、印刷いたしますが、同資料の購入を希望される方は、下記申込書にて申込み下さい。
なお、調査に御協力いただいた方には１部贈呈いたしますが、それ以外は、財政上の都合で、予約制といたしますので、御了承下さい。

申込先＝東京都千代田区神田小川町３－５
学童保育連絡協議会
（研究集会．会場でも受付けます）

値　段＝２００～３００円の予定　送料３５円程度

――――◇――――◇――――◇――――◇――――

学童保育・全国の実施状況（仮題）申込書

| | | | | | |
|---|---|---|---|---|---|
| 氏名 | | 住所 | | 部数 | |

B表　中　間　報　告

{ ―　無記入<br>〃　上記と同じという記号

| クラブ名称 | 運営形態 | 運営主体 | 運営経費総額（公費補助額） | 父母負担額 | 施設形態 | 指導員 | |
|---|---|---|---|---|---|---|---|
| | | | | | | 身分 | 給料 |

＜福　島　県＞

| | | | | | | | |
|---|---|---|---|---|---|---|---|
| かつら児童会 | 留守家族児童会 | 福島市教育委員会<br>社会教育課 | 年（300,000円） | 1,200円 | ― | 無 | ― |

＜群　馬　県＞

| | | | | | | | |
|---|---|---|---|---|---|---|---|
| 風の子（学童保育所） | 共同保育 | ― | 月額30,000円 | 3,500円 | アパート | ― | ― |

＜埼　玉　県＞

| | | | | | | | |
|---|---|---|---|---|---|---|---|
| 高砂学童保育室 | 公立学童保育 | 草加市福祉事務所 | ― | 月額50円 | プレハブ<br>2教室分 | 保母・主事補 | 25,000円 |
| 武里学童保育の会 | 共同保育 | 武里学童保育の会<br>父母会 | 年1,000,000円<br>月額70,000<br>（100,000） | 2,000円 | プレハブ | ― | 47,000円<br>3 |
| 草加松原団地<br>学童保育室 | 公立（市立） | 市福祉事務所 | 年　80万<br>（80万円） | 1,500円<br>1,000 | 中学校内<br>プレハブ | 市正職員 | 本給<br>33,000円位 |

＜千　葉　県＞

| | | | | | | | |
|---|---|---|---|---|---|---|---|
| 市川小学校<br>留守家庭児童会 | 留守家庭児童会<br>児童館 | 市川市役所<br>教育委員会<br>青少年課 | 年　172,650円 | 600円 | 空教室 | 本人も分からないが準職員のよう | 29,000円 |
| 高根台第二小学校<br>（ひまわりルーム） | 留守家庭児童会<br>市の委託事業 | 運営委員会 | 年　550,000円<br>月　45,000円<br>（550,000） | 1,800円 | 校内で<br>プレハブ<br>教室 | なし | 27,000円 |
| 船橋市立高根台第一小学校<br>留守家庭児童会<br>（アニマルクラブ） | 留守家庭児童会 | 留守害庭児童会<br>運営委員会 | 年　1,168,340円<br>月　97,361円<br>（年500,000円<br>月　45,454） | 2,300円 | 児童館<br>併設 | ― | 26,600円 |

＜東　京　都＞

| | | | | | | | |
|---|---|---|---|---|---|---|---|
| 萩中学童保育所 | 児童館併設 | 大田区役所<br>福祉課 | ― | 700円 | 3階建鉄筋の3階及屋上 | 地方公務員 | 3名については地方公務員並み |
| 小平第7小学校<br>学童保育クラブ | 公立学童保育 | 小平市福祉事務所福祉課 | ― | 400円 | 学校内保育室おどり場改造 | 嘱託職員 | 23,000円 |
| 三鷹市新川学童保育所 | 公立学童 | 三鷹市社会福祉協議会 | 年　1,640,000円<br>月　136,000円 | 0 | 公共建物借用（老人の家併設） | 社協嘱託 | 23,700円 |
| 七小学童保育所 | 〃 | 〃 | 〃 | 0 | 校内併設<br>空教室借用 | 〃 | 〃円<br>（26,700） |
| ふたばクラブ | その他 | 福祉事務所が日社協に委託 | ― | 700円 | 公共物借用 | ― | 16,000円<br>30,000円 |

1.

| クラブ名称 | 運営形態 | 運営主体 | 運営経費総額（公費補助額） | 父母負担額 | 施設形態 | 指導員 | |
|---|---|---|---|---|---|---|---|
| | | | | | | 身分 | 給料 |

＜東　京　都＞

| | | | | | | | |
|---|---|---|---|---|---|---|---|
| 滝山学童保育所 | 公立 | 久留米町 | — | 0 | プレハブ | 嘱託 | 23,000円 |
| 青山児童館<br>学童保育クラブ | 児童館併設 | 港区　厚生部<br>管理課施設係 | 港区内3つの児童館に対して4〜500万円のうちから | 300円 | 児童館 | 非常勤及び常勤 | 32,000円<br>前後 |
| 小金井市四小<br>学童保育クラブ | 公立学童保育 | 小金井市　社会福祉協議会 | — | 0 | 学校内<br>プレハブ | 社協<br>非常勤職員 | 22,563円 |
| 小金井市立東小<br>学校学童クラブ | 公立学童クラブ | 〃 | — | 250円 | 児童館<br>併設 | 社会福祉協会　非常勤職員 | 22,553円 |
| 板橋区立板橋第7小学学童保育クラブ | 〃 | 社会教育課<br>管理課 | 年　855,100円<br>（855,100円） | 0 | 学校内<br>空教室 1 | 非常勤職員 | 25,000円〜22,000 |
| 国分寺市西元町<br>学童保育クラブ | 国分寺市立<br>学童保育 | 福祉課　保育課 | — | 500円 | 独立<br>プレハブ | 臨時職員 | 26,000円 |
| 西糀谷こどもの家 | 大田区 | 区厚生部<br>児童福祉課 | — | 100円 | プレハブ | 非常勤職員 | 20,000円 |
| 本町児童館<br>学童保育クラブ | 児童館併設 | 小金井市社会福祉協議会 | 7,371,000円<br>（3,471,200） | 300円 | 木造<br>平家建 | 小金井市<br>非常勤職員 | 22,553円 |
| たんぽぽクラブ | 公立学童 | 福祉事務所 | 1,165,000円<br>（1,100,000） | 0 | 独自<br>家屋 | 社協職員 | 23,480円 |

＜兵　庫　県＞

| | | | | | | | |
|---|---|---|---|---|---|---|---|
| 西宮市立上甲子園学童保育所 | 市が地域の団体に委託 | 青年愛護協議会 | 年　535,000円<br>（全額） | 600円 | プレハブ<br>一教室分 | パート | 17,000円 |
| 名和児童ホーム | 公立学童 | 尼崎市民生局<br>青少年部育成課 | — | 500円 | 空教室 | 尼崎市職員 | 34,880円〜33,400円 |
| 尼崎市武庫児童館内学童保育 | 〃 | 〃 | 年24,886,000円 | 500円 | 児童館<br>併設 | 市職員 | 33,000円 |

＜神　奈　川　県＞

| | | | | | | | |
|---|---|---|---|---|---|---|---|
| 百合ケ丘<br>学童保育の会 | 共同保育 | — | 月額　3,000円 | — | 公団団地の一室 | — | 20,000円 |
| たんぽぽ子供会 | 〃 | 参加している子供の父母 | （年額294,000円<br>月額　20,000円） | 1,000円 | — | — | 18,000円 |
| 鵠沼学童クラブ | 〃 | 学童保育をすすめる会及び父母会 | — | 3,000円 | 民間建物借用 | — | 15,000円 |
| 愛泉ホーム<br>ひまわりくらぶ | 市の委託事業 | 神奈川県<br>愛泉ホーム | 年　451,000円<br>（586,320） | 600円 | セツルメント | ホーム職員 | ホーム規定 |
| 明神台学童保育 | 共同保育 | 青少年センターで共同保育 | 年　615,000円<br>月額　51,250円 | 4,000円〜6,000円 | — | — | 28,000円 |
| 多摩川住宅<br>学童クラブ | 〃 | 名摩川住宅<br>自治会 | 年　164,493円<br>（744,000） | 2,000円 | 団地集会所 | — | 23,000円 |
| 上和泉<br>学童保育所 | 狛江町 | 狛江町 | 年 2,874,000円<br>（2,874,000） | 0 | プレハブ | 正規職員 | — |

| クラブ名称 | 運営形態 | 運営主体 | 運営経費総額（公費補助額） | 父母負担額 | 施設形態 | 指導員 身分 | 指導員 給料 |
|---|---|---|---|---|---|---|---|
| ＜東京都＞ | | | | | | | |
| 東伏見学童保育クラブ | その他 | 保谷市福祉事務所 | 年 803,437円（559,200） | 0 | 児童館併設 | 非常勤 | 23,000円 |
| 本町学童保育所 | その他 | 〃 | 年 740,356円（559,200） | 0 | プレハブ独立家屋 | 〃 | 23,000円 |
| ＜長野県＞ | | | | | | | |
| 下諏訪小学校学童クラブ | 町社会教育 | 町教育委員会 | 年1,139,000円<br>94,900円<br>（150,000） | 0 | ― | 嘱託 | 23,000円 |
| ＜滋賀県＞ | | | | | | | |
| いずみの家 | 共同保育 | 共同保育の会 | 0 | 6,000円 | ― | ― | 20,000円 |
| ＜大阪府＞ | | | | | | | |
| さかえ隣保館 | 財団法人隣保館活動 | 保育所併設 | 年1,600,000円<br>月額130,000円<br>（168,000） | 1,400円<br>～<br>700円 | 隣保館 | アルバイト1<br>職員1<br>ボランテイア1 | 32,000円<br>～<br>22,000円 |
| 枚方市開成家庭児童会 | 留守家庭児童会 | 教育委員会社会教育課 | 年2,824,400円（1,824,400） | 1,300円 | プレハブ | 委嘱制 | 20,000円 |
| 古市留守家庭児童会 | 児童会 | 〃 | 年 813,000円（813,000） | ― | 公共建物借用 | アルバイト | 20,000円 |
| 寝屋川市学童保育つくる会 | ― | 〃 | 〃 | 1,000円 | ― | 市職員 | 日給1,400円 |

3.

第5回

# 全国学童保育研究集会

―討論資料―

1970.10.10～11.

於・日本福祉大学（名古屋）

主催・学童保育連絡協議会

ようこそ、全国の仲間たち！
働く母親の権利を守り、真に、子どもたちのしあわせを築く学童保育の運動を、大きく前進させましょう。

〈日程〉

| | 9:00 | 10:00 | 10:30 | 11:00 | 12:00 | 12:30 | 1:30 | 3:00 4:00 | 5:00 | 6:00 |
|---|---|---|---|---|---|---|---|---|---|---|
| 10日 | 受付 | 開会式 | 基調報告 | 記念講演 | | 昼食 | 分科会 | | | 総会 |
| 11日 | 分科会 | | | | 昼食 | 分科会のまとめ | | 全体会 | | |

〈内容〉

▨基調提案「学童保育運動の現状と課題」

▨記念講演「70年代における学童保育の役割と制度化の方向」

日本福祉大学教授　浦　辺　史

▨分科会　①　小学区毎の学童保育設置をめざして

②　よりよい学童保育のために

③　学童保育の指導内容はいかにあるべきか

④　学童保育の指導実践を交流し深める

⑤　学童保育を地いきの中にどう位置づけるか

▨全体会　「分科会申し合わせの報告と今後の課題確認」

▨学童保育連絡協議会総会　「役員選出その他」

〈宿舎案内〉

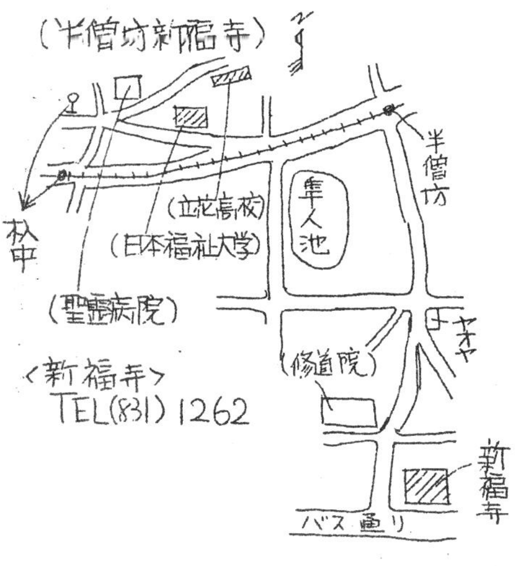


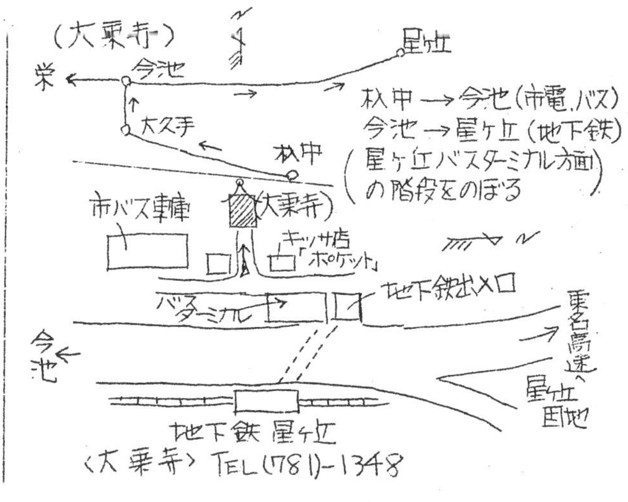

# 開会のあいさつ

学童保育連絡協議会

会長　近藤亮三郎

早いもので，豊島学童保育クラブが，地域の自治会の努力によって，東京にはじめて開設されてから，13年余になります。当時，私がその責任者となって，各自治会長から，ポケツトマネーや，区役所から年間1万円の補助金を出させ，民間施設を借用し，3者1体となって民主的に運営してまいりました。この間，東京都や区に対して，強力に交渉を続けた結果，学童保育の必要性を認めさせ，施設は年々増加され，東京以外の各自治体にも普及し，今日に至っております。勿論，各地域における関係者の努力をみのがすわけにはいきません。

今日，学童保育事業の運営は，各地域でそれぞれ異っていますが，指導員の方々は，児童の心の交流を深め，指導内容を豊かにするために，最大の努力に対し，ほとんどの自治体の施策は，指導員の身分保障もせず，低い給与で働かせているのが実状です。指導員の責務の重要性からみて，自治体は，当然の義務として，給与の改善と身分保障をすべきであります。しかしながら，自治体の行政は，これらを自発的に改善しようといたしません。したがって，要求のつみ重ねの中から，獲得する必要があります。

前述のように，地域の小さな力から，今日の学童保育を，全国に発展させた関係者の力は偉大であります。今後この力を結集することは，施設の内容・充実とともに自治体の姿勢を改革されることと信じます。

第5回学童保育研究集会に当り，諸氏の努力と運動に敬意を表し，今後共に頑張ります。

# 基調報告　要旨

## 学童保育の増設とよりよい改善をめざして

学童保育連絡協議会

集会に参加された皆さんと，皆さんをこの集会へ送り出してくれた多くの人たち，そして子どもたちの共通の願いは，第1に，公立の学童保育をもっと増やしてほしいこと，第2に，現在ある学童保育をよりよいものにしてほしいことだと思います。

(1)　1小学校区に1か所以上の設置をめざして

学童保育をたくさん設置してほしいという要求は，大都市だけでなく，農村の中の小都市でも強くなっています。働く婦人は年毎に増加し，昨年度は1,048万人（全労働者の32.8％）に達し，この中の50.5％が既婚婦人となっています。更にパートで働く婦人はこのほかに65万人いると云われています。留守家庭児童も当然増加し，厚生省の調査では，児童のいる世帯のうちの43.5％　699万世帯が共働き世帯で，483万人（学童総数の33.3％）の児童が留守家庭児童と推計されています。

これに対し，学童保育の設置数は，留守家庭児童会を含めて約730か所で，多目にみても2万9千名の児童が利用しているに過ぎません。また保育所の設置数と比べると，わずか1／10に過ぎません。

しかも，働く婦人は今後ますます増加します。労働省の調査では「繁栄の日本」「大国日本」のムードの中で，3万円以下の賃金の労働者は，全体の47.5％に達していることを明らかにしていますが，下ることを知らない物価高の中で，共働きは，やむを得ない自衛手段となっています。さらに，資本家の側も，若年労働者の不足を主婦の労働で補う方針を打出していますが，このように婦人の働くことが一般化するなかでは，保育問題は社会問題となり，特定の人の個人的問題ではなくなりつつあります。一方，婦人労働者の増加にもかかわらず，男女間の賃金格差や，婦人の２５才ないしは３０才定年，結婚・出産による退職規定は強まり，全体として「パート」による再雇用政策を強め，低賃金のままで労働力を吸収していくうという方向へ進んでいます。私たちは，婦人が，単に生活のためにやむを得ないから働くということでなく，婦人が働くことで社会に進出し，持てる能力を発揮することは，民主的な社会の発展に欠かせないことと考えているわけですが，婦人の働きつづけたい要求を満たすには保育所と，それに続く学童保育は欠かせないものです。さらに，婦人労働者の地位を高めることは，労働者全体の地位を高めることにつながるもので，保育問題は労働運動の課題ともならねばならないものです。

学童保育の設置は，このように共働きの家庭や労働者の要求であるだけでなく，全ての子どもたちにとっても必要なものだと云えます。今日，子どもたちをとりまく環況は「遊び場がない」「兄弟や遊び友だちが欲しい」「宿題は，勉強はとママゴンに追いかけられる」「差別，選別教育やマスコミ文化の中で，個性や創造性どころか，遊ぶ能力すら奪われる」という状態をつくりだしています。

これに対し学童保育の場では，子どもの野性や　やんちゃ性を大事にしながら，子どもたちが，ひとりで，あるいは集団で，「あそび」をつくりだし，集団の中で人間を理解し，連帯感を育て，自分たちの手と頭で文化創造を行うなど，子どもが主人公となり，１人１人が大事にされる実践が生れています。このような放課後の生活の場は，単に留守家庭児童だけでなく，今日のすべての子どもにとっても必要な場ではないかと考えます。

このように学童保育は，それが正しく運営されたなら，働く父母だけでなく，子どもたちにとってもなくてはならない場所になるもので，1小学校区に1か所以上は必要なものです。現在，学童保育設置の要求が表面に出ていない地域でも，潜在的な要求として存在しているものだと考えます。

ところが，政府と地方自治体の学童保育に対する施策は，全体として私たちの要求に応えるものでなく，後退の動きすらみられます。文部省は46年度の予算で留守家庭児童会の予算を計上せず，これを「校庭開放」と同一視しようという意向を明らかにし，東京都や京都などの施策のなかでは，児童館へ解消傾向が強まっています。この両者共，「学童保育をつくったが利用者が少ない」「特定の子どもだけでなく，すべての子どもを守る必要があるから」という理由をあげています。しかし，学童保育が正しく，受けとめられ，施設や運営の改善が進められている地域では，1校だけで80～100名以上クラブも出現していますし，新設の要求は増加する一方です。

私たちは，「校庭開放」や「児童館」はそれなりに必要だと考えています。しかし，文部省が進めようとしている校庭開放や現在の児童館が，子どもたちの自主的な活動を保障してくれるものかどうか，また，共働き家庭の子どものいこいの場が確保されるものかどうか，十分たしかめねばならないでしょう。とくに文部省が進めてきた教育行政の改変―改悪―の中で，今回発表された中教審の基本構想が具体化されていくなかで，文部省が進めようとする校庭開放が，どんな役割を果していくのかを明らかにしながら，私たちは運動を進める方向を探していかねばならないと考えます。このことは，全ての分科会で討議していただきたいと思います。

(2) 学童保育のよりよい改善のために

学童保育の改善では，施設・設備や指導員の労働条件などの物理的な外的な面の改善と，指導内容の向上という内的なものの，2ツの面が考えられます。この両者は車の両輪で何れが悪くても前進しません。

A）外的な条件の改善については，学童保育はまだ制度化されていないところから，各地で，多様な形態と条件が生れています。同じ東京都内の中でも大きな格差がつくりだされています。このような格差を生んでいるものは，自治体の福祉・教育行政に対する理解度を計るバロメーターであると共に，その地域における住民の要求行動の広がりと強弱をも物語るものだと考えます。

私たちは，いくつかの先進的な条件をかちとったところの運動に学び，全体をそれに近づけていかねばなりません。とくに，運動を支えているつくる会や父母会などの組織づくりと，創意ある工夫など，こまかく教訓を引き出すことが大切だと思います。そして，各地の多様な運動例から一般的に共通な法則を引きだしていただきたいのです。

もう一方で，私たちは，学童保育の施設，設備（広さ，間取り，備品など）について，子どもたちの生活条件や正当な要求を満たせる最低基準をつくる必要があります。単に学童保育所をつくればよいというだけでは，子どもたちが集らないことが，今までの経験ではっきりしていますし，逆に，一部都市でみられるようなデラックスな児童館が，必ずしも子どもの魅力を満たすものでないことも明らかです。子どもは何を望み，何が必要かを明らかにしながらの基準づくりが必要です。

学童保育指導員の待遇では，一部に正規職員化されているところもありますが，全体として身分は保障されていないし，それだけで生活できる給料は支払われていません。現状では，殆どの自治体が，「半日間子どもを預ればよいのだ」という考えのもとに指導員を採用し，指導員の待遇も考えていますが，学童保育の指導が子どもたちに与える影響の大きいことを考えるなら，「教育の一分野」であるという格付けと，それに見合った待遇を考えるべきです。

現在の指導員の待遇も，地域によって様々な格差があります。私たちは，おくれた，低い条件を，高い方へ引上げる努力を続けながら，最終的には指導員の正規職員化をめざさねばならないと考えますが，そこまで到達するには，労働組合などの指導員自身の組織づくりと活動の強化によって，全ての指導員が交流し，要求を話しあえる場をつくることが必要だと考えますし，更に，このような指導員の活動が，父母会や地域の活動家によって支えられねばならないでしょう。

B) よりよい学童保育づくりのもう一つの面，指導内容の向上についても，私たちは，かなりの実績をつくりあげてきました。学童保育における指導方法については，新しく，未知な分野であっただけに，指導員の個人的な主観によって様々に考えられがちでした。学童保育連絡協議会では，昭和37年発足以来，指導のあり方の研究や勉強会を続けてきましたが，ここでは，保育園における実践，学校おける民間教育運動の実践などに学びながら，学童保育独自の指導を追求してきました。このような研究活動は，大阪その他地域でも続けられ，今日では，いくつかの優れた実践を生みだしています。最近出版された「あめんぼクラブの子どもたち」にみる実践はその1つですが，このような優れた実践が多くの人に知られていくことが，更に多くの実践を生み，学童保育の指導についての一定の基準をつくっていくことになると思います。今までは，このような評価の基準が，一般に知られていないために，学童保育が正しく受けとめられていないことが多いですが，学童保育全体の発展のためには，優れた実践を多くの人に知ってもらうことが非常に大事なことだと考えます。

優れた指導を生み出す直接のにない手は指導員ですが，父母が学童保育を子どもにとってどのような場と考えるかは，指導を向上させる上で欠かせないことだと思います。子どもたちは学童保育だけで生活しているわけではないので，学校教育や家庭の中での生活にも目を向けねばなりません。学校教育は国や現在の政治を動かす資本家の要求に応じて，一定の方向へどんどん変えられつつあります。家庭の中にもマスコミを通じていろんな悪影響が入り込んできています。これらが子どもに及ぼす影響や，これに対する対抗策を明らかにしながら，学童保育での指導が果す役割も明らかにしていかねばならないと考えます。

(3) さいごに，学童保育をもっと増やし，よりよく改善するためには，一人一人の要求を，クラブ毎，地域毎の要求と運動を結集し，大きな力にして，自治体や国の政治を動かしていかねばならないと考えます。

今までの学童保育運動をふり返ってみますと，東京や大阪での運動が中心なって全国集会が持たれていくなかで，府県単位やブロック毎，市区町村毎の協議会が結成され，それを機に一段と運動が広がり，強まっています。このようななかで運動のにない手も，当初の父母だけの集団から，これに地域の民主団体や教師団体，指導員集団が加わるなど，運動のにない手の層が巾広くなっています。

先にも話したとおり，学童保育の前途は，多難だと思われます。その中で，私たちが要求する学童保育を増やし，改善していくには，父母や指導員や，教師や民主団体は，それぞれどんな役割を果していけばよいのか明らかにしていただきたいのです。予想される困難さに打ちかつには，地域毎の運動のつながりと，全国的な運動のつながりを強め，大きな力に結集して，自治体や国の政治を民主的なものに変えていくなかでこそ，可能だと考えます。

## 「分科会　提案要旨」

### ○第一分科会

### 「小学校区毎の学童保育設置をめざして」

大阪　（寝屋川）

寝屋川市の学童保育運動

寝屋川市は，この５月，人口二十万を突破した，全国的にも，過密化現象の著しい衛星都市である。若い人口の流入，働く婦人の増加していくなかで，乳幼児保育への要求は高まり，ようやく保育運動として定着してきたなかで，学童保育への要求も起こってきた。

ことしの１月，市立たちばな保育所父母の会で，学童保育の学習会を開き，学童保育所をつくる会準備会が発足した。市内の各保育所の父母にもよびかけ，２月に学童保育所をつくる会第一回総会を開いた。学童保育所設置のための請願署名活動，市会議員への協力要請，枚方市の家庭児童会見学，市民へのアピールビラ配布，市長，教育長，民生部長への陳情書提出等，精力的に運動をくりひろげた。

請願書は，（署名２，５０７），３月末市議会で審議され，文教民生委員会へ付託された。一方，４月から会員の手で共同学童保育も始めた。

その後，対市交渉，駅頭ビラまき，各種保育集会への参加，学童保育所見学と活動を続け，6月には，学童保育所設置のための予算（305万）が市議会を通過した。

8月末，つくる会第三回総会で，運動をふりかえりよかった点として，

o 他市の運動の経験をよく学んだこと。

o ねばり強い対市交渉。教育次長5回，助役1回，人事課1回。

o 場所，開所時期，指導員の身分等，要求を明確にし，最後まで押し通したこと。特に，指導員の身分保障に重点をおいたことは成功。

o 超党派で全議員に訴え，市民運動にもっていったこと。一議員の積極的協力。

o 市職，教組の協力を得たこと。

o 運動の経過，方針を，学童保育ニュース（3～8月で6号）で会員に知らせたこと，などがあげられました。

新設学童保育所の現状

o設置場所．．．．池田小　中央小　啓明小　（各所定員40名）

o施設．．．．専用プレハブ一教室，コンクリート土台，廊下つき，畳十畳，けい光灯5，水道，流し台，プロパンガス。職員室と保育室とのインターホーン

o備品．．．．児童用机，いす，指導員用机いす（戸棚）（ロツカー）黒板。

o指導員．．．．1か所2名。市の技術職員として待遇。

o指導時間．．．．平　常　　10時～6時

土　曜　　12時～6時

休業日　　9時～6時

## 第2分科会

# 「よりよい学童保育のために」

神奈川　（明神台）

### 明神台学童保育の会の歩み

〃学童保育をつくる会〃が１９６５年９月発足。
他地域での運動，経験などの学習や資料集め，学童保育見学，団地内学童の生活調査，団地自治会，各サークル，小学校ＰＴＡなどに訴え，会員をよびかけるなどの仕事をすすめながら設置の具体案をたてる。

１９６６年度春から，家庭保育開始　この間，設置場所さがし運動を続け，１９６８年，団地内県有地を借用し，青少年センター建設の工事に入り，１９６９年４月より家庭保育から共同保育へ移る。

### 問題点

1. 必要にせまられ共働き家庭から生れた保育の会のため，運営が利用者父母だけに限られたため地域にねざした運動になっていない。
2. 県有地借用の時，保育の会では認可されないため団地自治会として借用したので建設された建物は自治会のものとなった。

　学童保育利用者は団地では一部の者のため居住者，自治会，学童保育の関係が確立されていない。

3. 会員が１７名のため，一家庭負担額が多く，誰もが利用しやすい学童保育ではない。
4. 短期間，不定期利用の希望者がいるので，この要求にどうこたえるかという問題がだされている。

### 改善運動

1. 対市交渉

　民生局との話し合い，市，区へ陳情，請願を行う。

2. 学校

学級懇談会で担任と話す。家庭訪問の時学童保育を見学してもらう。校長との懇談。資料配布活動。

3. 地域との交流

地域ＰＴＡ委員，新婦人の会と懇談会をもち，学童保育は特定の人のものだけでないことを話し合う。

◎ よりよい学童保育のために

京都 （京都市学童保育所指導員連絡協議会

1. 京都における学童保育とその改善運動の現状

① 学童保育の現状

② 府下の運動から学ぶもの

2. 京都市学童保育所指導員連絡協議会のとりくみ

① 運動の経過

② 当面の課題

③ 連協活動のめざすもの

3. よりよい学童保育のために

◎ よりよい学童保育のために

東京都 （学童保育指導員労組）

1. 私たちは何故組合を作ったか。

1. 基本的な要求は何か。

1. どう運動を進めてきたか， 1. どう変ってきたか。

1. 現状と問題点 1.児童館問題

東京都における学童保育は，働く母親のやむにやまれぬ要求で昭和３８

年より都の自主事業として始められたが，いわゆる〃カギッ子対策〃として実施され，そこに働く指導員も，単なるパート的な子守り程度にしか考えられていませんでした。

「都から支出される一定額に，各区が上積みする」という形式のため，子どもの処遇についても指導員の待遇についても各区バラバラの形式でした。

指導員も暗中模策のうちにも，日々子どもと接する中で「これは大変な仕事だ，単なる片手間ではできない。」という意識に目ざめはじめました。各区で待遇改善の運動が進められていくうちに，どうしても東京都全体の指導員が一つにまとまる必要がでてきました。そして杉並区が中心となって「東京都学童保育指導員労働組合」が結成され，基本的な要求「正規職員化をかちとる」ということを目標に当分，それまでの間，各区の格差是正，賃金の大巾アップ，諸手当の公務員並みの支給などで，着実にその成果をあげてきました。

又，都知事，民生局，都議会等行政担当局及び区長会，厚生委員長会への請願，陳情，要請，又，区段階での交渉を重ねていくなかで正規化へ一歩でも近づくよう努力を重ねてきました。

指導員の組合，全加入を目標に組織拡大をおこなったり，ハガキ作戦，署名活動をおこなううちに，ようやく正規職員化についても話が具体化し，民生局との交渉という段階までこぎつけました。

しかし，子どもの環境はどうかと見わたすと依然として空教室利用，児童館との同居など，いわゆる間借り的存在で，独立建物は，ほんのわずかです。

最近，児童館で行なわれていた学童保育が利用者が少ないという理由で廃止された例（新宿区）もでてきています。

これらのことは，学童保育が，まだ保育所のように社会的な問題となっていない，学童保育の位置づけが明確にされていないなどの理由があげられると思います。

## 第3分科会

### 「学童保育の指導内容はいかにあるべきか

◎ 集団づくりについて　　　東京　（学童保育指導員労組）

『集団づくり』というテーマを持った。まず，手がかりとして『現状』を出し合い，話合った。その内容を分類してみると次の通りである。

1. 人数。年令。性別などから起きる問題
   - 。人数が少ない為，集団とならない。
   - 。同じクラスの友達と遊べない。
2. 遊び場の問題
   - 。校庭が工事の為，使えなかった。
   - 。動物などの飼育の場がない。
3. 遊びの中での問題
   - 。子ども達のする遊びをどう発展させるか。
   - 。小グループに分かれて遊んでいる。
   - 。リーダーがいないと，バラバラになってしまい，何をしてよいかわからない。
   - 。遊びの中における指導員の立場。
   - 。まとまって遊ぶ状態にむらがある。
4. 子供達にできる労働，仕事の実践
   - 。お便所掃除をすすんですることにより，働く喜びを知る。
   - 。野菜づくりを通して，協力と学習上の新発見をする。

。子供達のできる範囲内での歌集づくり。

5. 特別な状況にある子供の問題

。父親が蒸発した子供

。身体的に障害のある子供

。自分に有利なこと以外，興味を示さない。

。甘ったれの子供。

6. 指導上の問題

。『集団づくり』まで手が回らない。

。集団に入れない子供をどうするか。

。時間を守らせるには，どうしたらよいか。

。一人一人の問題を，どのようにして集団に返したらよいか。

。少人数で班づくりをした。

7. 指導員の現状の問題

。指導員として，『集団とは何か』を把握していない。

。指導の目標をとらえていない。

◎ わらべクラブの夏休みの実践　　愛知（わらべクラブ）

ふだんは5名（そのうち，週3回は2名だけ）という集団にならない子ども集団に3人の子どもたちが加わりほとんど毎日，8人という一定の小集団の中で楽しい夏休みの保育が始った。

1. 母親と指導員との話し合いにより，夏休み中の計画・目標を決める

。夏休みでなければできないことをやろう

◦一人一人の子どもの欠点を長所に変える働きかけをしょう。

◦宿題を実践できるような行事を行なう。

2. 夏休みの保育実践の中で問題は，ボロボロでてきた

◦勉強時間の一時間にどんな勉強をやらせたらよいものか。

◦昼食 ー 栄養のかたよりに悩む。

◦子どもの人数が少ない日は「遊び」をほとんど指導員にたよってしまう。本来の子どもの姿とは？

○ いじめっこ・ボスの存在が他のすべての子どもたちの上に重くのしかかる

◦ボスのいいなりになる子どもたち

◦保育に来ることを恐れる子どもの出現

◦子どもたち，全体がビクビク

3. 中間総括（母親と指導員との話し合い）

◦集団づくりー問題がおきるたびに，話し合いをさせてはどうか。

ボスの存在が保育全体の中心的な問題点であった。

計画のまずさから，夏休み後半には，宿題の工作がどっさりたまり，遊びの時間が犠牲になった。あと残りは少し，絵・作文・読後感想文などが子どもたちも，指導員も，親をもあせらせる結果となった。

4. 総括（母親と指導員との話し合い）

◦母親と指導員との話し合い不足により，いろいろまずい点がおきた。

◦夏休みの計画だけでなく，年間をとおしての計画が必要である

◦母親と指導員が一致協力して保育をすすめる点に欠けた ー 母親が指導員に出す要求は多少きびしすぎた。

◦ボスの他の子どもに対するいじめ方には，少なからずマスコミ（テレビ・マンガ）の影響がある

◎学童保育の研究活動

大阪　大阪市コミュニテイ
研究協議会学童保育研究会

学童保育研究会のあゆみ

学童保育の指導員は各施設一人か二人の少人数であること，その上，学童保育とはなにか，どんなことをすればよいのか全く手さぐり状態でした。大阪では夏休みを中心に夏季学童保育の問題を取りあげ研究をすすめていましたが，日常の学童保育を実施する施設が増える中で，毎日の学童保育をどうしていくのかということから，お互いに学習の必要をかんじて三つ程の施設で交流を始めました。その後少ない施設でやるよりももっと皆といっしょにやれる形をという訳でセツルメントの学童保育部会の活動としてとりあげられ月二回，定期的に開かれるようになり名称も学童保育研究会と名付けられました。一回は学童保育の理論，もう一回は学童保育の技術という形で，昭和４１年からずっと続けてきました，６年間，いろんな事がありましたが，研究活動の中で指導員がお互いにはげまし合い，学童保育の指導員としての展望をもてたことが成果だったことです。それでも毎年春になると指導員が入れかわり，研究会のメンバーが変わるのがなやみの種でした。

○　学童保育の理念

学童保育は学校でも家庭でもない独自の分野として，あそびを中心にして子どもの力を伸ばすものではないかという理念づけが研究会の討議の中で深まってきました。

また，地域とのかかわり合いがつよく，学童保育は地域活動の一つとして地域の中にあり地域住民と共にその中味をつくっていくものであり，学校教育，父母との結びつきをつよめる中で学童保育は発展していくことがたしかめられています。

○ 学童保育の指導案

ゲームや歌，創作活動，絵画，劇，野外活動，新聞つくり，作文，など子どもの放課後の生活を豊かにするためにいろんな実践がとりくまれ，その一つ一つを研究しあいましたが，それも遊びの中から生まれたものを発展させる，創作意欲をわかせるような場をつくってやるなどを大切にし，とにかく子ども達がたのしくってたまらないような内容，環境をつねに指導員が配慮すること，その中で一人一人のもつ能力をのばすことが指導案として大事なのではないかという段階にきています。

## 第5分科会

## 「学童保育を地域の中にどう位置づけるか」

京都 （第5回学童保育研究集会の成功をめざす
京都実行委員会） 事務局
城陽町立久津川児童館指導員 大畑 忠

1. 地域における子どもの生活の現状
   ① 全体的には
   ② 共働き家庭の子どもの場合は
2. 京都の学童保育運動の地域の中での位置
3. 京都の地域教育運動
4. 京都の学童保育運動の地いき教育運動としての発展のために

# 学童保育連絡協議会 総会 資料

1970、10、10

開会・議長選出
活動報告・会計報告
運動方針提案
役員選出・その他

## ☆活動報告

- 文部省交渉　・地域協議会での活動　・全国集会への参加
- 父母会・指導員の活動　・指導内容研究活動　・出版
- 運営・事務局体制

## ☆会計報告　―別紙―

## ☆会員数　―1970、10、1現在―

（ ）内は新加入

| | 〈団体〉 | 〈個人〉 | | 〈団体〉 | 〈個人〉 |
|---|---|---|---|---|---|
| 東京都 | 18(5) | 132(32) | 愛知 | 2 | 16(6) |
| 神奈川 | 4(1) | 12(6) | 三重 | | 4(1) |
| 埼玉 | 2 | 27(8) | 奈良 | | 1 |
| 群馬 | | 1(1) | 京都 | 1 | 6 |
| 千葉 | 2 | 8(3) | 滋賀 | | 2(2) |
| 宮城 | | 1 | 大阪 | 3 | 15(2) |
| 岩手 | 1(1) | 2(1) | 兵庫 | | 5(1) |
| 秋田 | | 1 | 愛媛 | | 1(1) |
| 新潟 | 1(1) | 1(1) | 福岡 | | 1 |
| 長野 | | 1(1) | 熊本 | | 1 |
| 福島 | | 1(1) | 大分 | | 1 |
| 北海道 | | 2 | 合計 | 34(8) | 242(67) |

(1)

＊２〜３ページは、原資料において欠ページになっていました（六花出版）

私立・共同経営の学童保育が早急に「公立」となること、または、大巾な補助金獲得が実現する運動にもつとめる。

以上の運動をすすめるために、学童保育所の場所、施設、設備、備品などの専門的研究をも深めなければならない。

3、学童保育指導内容の実践・研究・運動を拡大・深化する。

施設はできたが子どもが集らない。父母から指導に対する苦情がでる。全国的にみると多少こうした傾向のあることはまぬがれない。この原因を指導員の責任にのみ解消させてはならない。指導員と父母の共同の問題としてとらえ、真の原因を追求し、子どもたちの可能性を全面的にひきだし発達させるための指導のありかたを研究しなければならない。この実践と研究が、「つくる運動」「改善運動」に大きく作用することを自覚すべきである。

今までに得られた成果を多くの父母、指導員に普及浸透させるとともに、より深くチ密な実践・研究を計画的・系統的に、ひとりひとりが、または集団的にきわめていかなければならない。このことが、政府や自治体の学童保育観を打ち破る本質的な力となり得るからである。

4、組織の強化と拡大をはかる

学童保育に期待する人たちの増大からみるとき、私たちの会への結集はまだまだ少ない。個人会員にしても、組織加入にしても、私たちの積極的な働きかけによれば倍増は決して不可能ではない。今後一年間、活動計画を具体化するなかで、会員ひとりひとりが行う日常活動の中で、会員数を二倍にしなければならない。また、会の質を高め、力量を強める必要は、情勢が具体的に教えている。そのためには、会員ひとりひとりの学童保育理論と実践の積みあげを基礎として、会活動をより活発にする必要がある。

## 5、活動計画

イ、会員は各地域における「連絡協議会」づくりに力をつくす。

ロ、政府や自治体の動向、各地域の運動の実態、各施設の現状など、学童保育に関する資料の蒐集と調査を巾広く的確に行うよう努力する。

ハ、父母会員は指導員ないし指導員労組等と連携を深め、指導員の身分保障や待遇改善の運動に協力・援助を行う。

ニ、指導員は父母会づくりや父母会活動に協力・援助し、クラブにおける子どもたちの生活や指導内容を父母に定期的に報告し、指導についての研究会等を組織する。

ホ、父母と指導員は協力して、学校教師や地域の諸団体・個人に協力を呼びかけ、学童保育の新設運動や改善運動にとりくむと共に、学童保育に対する周囲の理解を深めるための学習会等を計画する。

ヘ、研究部が開催する月例研究会の内容充実につとめると共に、オルグ活動のできる指導者の養成を行う。また、各地域における研究会活動を活発にするための援助を行う。

ト、学者・研究者の援助によって、会員の理論水準を高め、実践・運動への力量をつける。顧問ないし講師団編成等を考える。

チ、研究と運動の成果を普及・浸透させるための学習会の開催や刊行物の編集に工夫する。（パンフネラ集の発行。学童保育の理論と実践に関する単行本の編集）

リ、月刊ニュースの定期刊行と内容の充実をはかる。

ヌ、運営委員会・常任運営委員会の確立と定例化。常任運営委員会に必要な専門部を設置し執行機関的要素を強める。事務局体制の強化。

ル、年一回、全国規模の研究集会の開催。

ヲ、全国および各地域における民主的な組織や団体、または諸会合に、活動方針が示す方向で参加する。

ワ、関係ある諸組織・団体との交流を深め、会の目的のめざす方向で、協力提携活動を行う。

カ、児童館職員、校庭開放指導員など子どものための施設で働く人びとと交流を深め、運営や指導のあり方などを追求する。

6. 協議会の体質を明確に

連絡協議会という名目ながら実質的には、研究協議会的な体質になっている。各地に運動体としての連絡協議会がつぎつぎに誕生していくにともなって、これらとの関係が複雑になっていくが、本会を個人加盟を原則とする協議会に変え、会員は各地協議会の推進者となっていくような体質改善について研究、発展の方向で検討する。

役員　（会長）近藤　　1 2 3
（副会長）松本ちさえ　　1 2 3
2
2
（事務局長）西元昭夫　　3
4
（運営委員）

# 第5回

# 全国 学童保育研究集会

報　告　書

＊ 1970年 10月 10・11日

＊ 於 ：日本福祉大学(名古屋)

＊ 主催：学童保育連絡協議会

＜日　程＞

9:00　10:00　10:30　11:00　12:00　12:30　1:30　3:00　4:00　5:00　6:00

| | | | | | | | |
|---|---|---|---|---|---|---|---|
| 10日 | 受付 | 開会式 | 基調報告 | 記念講演 | 昼食 | 分科会 | 総会 |
| 11日 | 分科会 | | | 昼食 | 分科会のまとめ | 全体会 | |

＜内　容＞

◇　基調提案　「学童保育運動の現状と課題」

◇　記念講演　「70年代における学童保育の役割と制度化の方向」

日本福祉大学教授　浦辺　史

◇　分科会　①　小学区毎の学童保育設置をめざして

②　よりよい学童保育のために

③　学童保育の指導内容はいかにあるべきか

④　学童保育の指導実践を交流し深める

⑤　学童保育を地いきの中にどう位置づけるか

◇　全体会　「分科会申し合わせの報告と今後の課題確認」

◇　学童保育連絡協議会総会　「役員選出その他」

# 目　次

# は じ め に

第５回全国学童保育研究集会は，１０月１０・１１日，名古屋の日本福祉大学付属立花高等学校で開かれました。集会には，２０都府県から指導員，父母，教師，学生など，４００名以上が参加しました。中でも，東京，京都，大阪などは，地方の実行委員会などをつくって，５０名をこす代表団で参加し，学童保育運動が大きく前進していることを示しました。又，地元愛知も，８０名をこす参加者が結集し，全国集会の成功をささえる大きな力になりました。

集会第１日目は，開会式につづいて，浦辺先生（日本福祉大学教授ー学監ー）の記念講演が行なわれ，そのあと，学童保育連絡協議会からの基調報告が行なわれました。午後からは，5つの分科会にわかれて，各分野毎に熱心に討議が進められました。

第一日目の夜は宿舎で，連絡協議会の総会が開かれ，一年間の学童保育運動の高まりをふりかえりながら，今後の方針について話し合われました。

第二日目は，一日目につづいて，午後まで各分科会討論が深められました。午後は，全体集会の中で，各分科会の討論の報告し，まとめが行なわれ，二日間にわたる学童保育研究集会は，成功のうちにおわりました。

# 開会のあいさつ

学童保育連絡協議会
会長　近藤亮三郎

早いもので，豊島学童保育クラブが，地域の自治会の努力によって，東京にはじめて開設されてから，13年余になります。当時，私がその責任者となって，各自治会長から，ポケットマネーや，区役所から年間1万円の補助金を出させ，民間施設を借用し，3者1体となって民主的に運営してまいりました。この間，東京都や区に対して，強力に交渉を続けた結果，学童保育の必要性を認めさせ，施設は年々増加され，東京以外の各自治体にも普及し，今日に至っております。勿論，各地域における関係者の努力をみのがすわけにはいきません。

今日，学童保育事業の運営は，各地域でそれぞれ異っていますが，指導員の方々は，児童の心の交渉を深め，指導内容を豊かにするために，最大の努力に対し，ほとんどの自治体の施策は，指導員の身分保障もせず，低い給与で働かせているのが実状です。指導員の責務の重要性からみて，自治体は，当然の義務として，給与の改善と身分保障をすべきであります。
しかしながら，自治体の行政は，これらを自発的に改善しようといたしません。したがって，要求のつみ重ねの中から，獲得する必要があります。

前述のように，地域の小さな力から，今日の学童保育を，全国に発展させた関係者の力は偉大であります。今後この力を結集することは，施設の内容・充実とともに自治体の姿勢を改革されることと信じます。

第5回学童保育研究集会に当り，諸氏の努力と運動に敬意を表し，今後共に頑張ります。

# 研究集会によせられたメッセージ・祝電

メッセージ

日本共産党中央委員会

愛知保育団体連絡協議会

愛知学生セツルメント連合

祝　電

「第五回学童保育研究集会の御盛会を心からおよろこび申し上げます。子どもの世活を守り，子どもの発達を保障するために，今後とも，この協議会が，いよいよ充実し発展されるよう祈ってやみません」

京都府知事　蜷川虎三

「集会の御成功を祈ります。共に子どもたちの幸せのためにがんばりましょう」

東京都知事　美濃部亮吉

「第五回学童保育研究集会に参集された皆さんに心からのあいさつを送ります。働く母親と子どもたちの権利を守るために研究集会が大きな成果をうみ出すことを期待し共に児童福祉の拡充と学童保育の前進のためにがんばりましょう」

日本社会党中央本部

「日頃，学童保育運動にたずさわっておられる皆様に心から連帯のあいさつを送ります。働く母親が年々増え学童保育に対する私たちの要求は切実です。国の自治体がいそいで対策をたてるよう私たちも斗いを強めます。共にがんばりましょう」

新日本婦人の会中央委員会

「集会の御成功を心から期待しています。学童保育の内容の充実を期するために共にがんばりましょう」

参議院議員　藤原道子

# 記 念 講 演 要 旨

講 師　浦 辺　史
（日本福祉大学学監）

## 1. 学童保育の現状と本質

学童保育の問題がとり上げられるようになったのには2つの大きな要因がある。1つは，低学年の子ども達が，学校が早く終って家に帰っても，遊び場もなければ，母親も留守だという，生活環境の破壊である。この生活環境の破壊は現在の経済成長の中から生まれた。われわれ自身の生活が不安定な状態におとし入れられ，そのため，子どもの生活，特に，低学年の十分に守られるべき子どもの生活が非常に不安定になってきた。これが最大の原因であろう。もう1つは，母親が働くことが一般的になってきたが，母親が働く以上，子どもが安心して家にいてくれなければ困るし，社会の手で守られないと，子どもがわき道にそれて困るということで，働く母親の不安が増大したことである。

こういう状態に対して，従来，いろいろな手がうたれて来た。1つは，良心的な教師が，奉仕的に子どもの世話をしているケースである。しかし，これは数が非常に少なく，一方では教育の管理体制が強化され，いろんな雑務が教師に押しつけられたり，教育内容が規制されたりで，自由な時間がなく，うまくいかないという悩みがある。2つは，保育所の卒園児の親が，相互扶助で共同保育所の形でとり組んだという流れがある。これが一番重要で，親が主体になってやっているケースである。3つは，大都市には，少数だが子どもを守ろうとする　保館やセツルメントや社会館という施設があって，そこの指導員や館長が，地域の，母親の働いている家庭の子どもを集めて面倒を見ようというケースである。

一方，行政の側からは，非行防止対策，カギッ子対策として，留守家庭児童会とか児童館という形の施策があるが，これには，子どもの見方に非常に問題がある。役人たちは，母親が働いていると，母性愛が足りなくて情緒が不安定で非行化する，という予想なり予断なりを持っている。（実際は，総理府の青少年局などの実態調査でも，予想と違ってむしろ生活に自覚を持って，自主的に行動するという面のあることが明らかにされている。）

留守家庭児童会という形で，一部の子どもだけの世話をすることには，一般の生活環境が破壊されている現状では，地域住民の中から若干の不満も出ている。その中で，校庭を開放してみんな遊ばすとか，地域に遊び場を作るとか，在来の子ども会をもっと頻繁に開いて，留守家庭の子どももその中に含んでやった方が良いという動きや考え方が最近は強く出ている。

ところで，学童保育の本質とは，放課後の子ども達が，自主的，民主的に仲間集団を作り，そこで，学校教育では得られない創造性や共同性を培う民間の教育運動ということである。それは同時に，一面においては子どもの母親の生活と権利を守る運動でもあり，婦人労働運動の側面が密接不可分の形で横たわっている。先日の教科書裁判でもはっきりと指摘されたように，今日においては，子どもは権利の主体としてとらえられている。子どもは発達する権利があり，そのために，学習する権利がある。この，子どもの教育権を保障するのは，基本的には親権を担っている親であり，親権を行使出来ない親が一時的に親権を委託する教師・保母・指導員である。広くいうと，国民大衆が子どもの教育権を保障するということである。国（行政）の仕事は，教育の環境を整えることにとどまる。

このことは，学童保育を考える場合にも大変重要で，施設は公の責任で作らせ，指導内容は，指導員と親とが責任を持つというのが基本的な姿である。そのためには，学童保育運動が組織的に行われなければならない。第1に，親が学童保育に責任を持つ親権者として組織され，子どもの教育要求をふまえて行動する必要がある。同時に，毎日の教育に当っている教師や指導員が組織され，専門的な教育技術を高めることが必要である。次に，学童保育に集まってくる子どもも組織化しなければならない。この，子どもの組織化は，その創造性や共同性を培うためには不可欠な条件だが，日本では一番立ち遅れている。

2. 学童保育の制度化

現在，関係者で問題にされている。学童保育の制度化は，民間の教育運動を制度化するという点で問題があるが，金を引き出す場所を確保するという意味では必要であろう。行政の側では，教育行政と福祉行政とで学童保育を押しつけ合いをして，結局，留守家庭児童会は社会教育の仕事になってしまっている。そうした状況下では，国が留守家庭児童会に出している予算を毎年ふやすために，せめて社会教育法の中にはっきり規定することが必要かもしれない。また，地域では，せいぜい児童館を作るということだが，数が少ないし，近所の子どもが多数押しかけて，母親が働いている家庭の子どもは排除される可能性もあるので，児童福祉法でいう，保育に欠ける子どもを収容する建物を作り，余力があれば他の子どもの世話もするという学童保育所の要求が基本的には必要ではないか。この学童保育所を児童福祉法の中の福祉施設の一つとして規定づける要求も制度化の一方法だと思う。

このように，1学区1学童保育所の要求を実現するためには，社会教育法なり児童福祉法の中に，一定の施設として制度化することが必要だが，学童保育が民間の教育運動であるという本質をはずさないなら，学童保育の建物を公費で作らせ，指導員の人件費を公費で出させることが基本の要求となるわけで，そのために，直接には地方自治体と交渉しなければならないし，現状でも有利な条件をとり得るのではないかと思う。

ところで，問題は人で，現在の留守家庭児童会では週に何回という非常勤の形で指導員が配置されているが，親は毎日開くことを要求し，常勤の指導員を必要としている。しかし今の制度では金の出所がないので，１つの方法として，大都市の小学校には必らず組を持たない教師を１人余分に配置せよと要求することを提案したい。すでに同和地区などでは，例えば福祉教員という形で子どもが非行化しないように，長欠しないように，家庭訪問をもっぱらの仕事とする，組を持たない教師がいる。大都市でも生活指導の教師が多いので，こういう教師１・２名余分に配置させ，訓練して，学童保育に当てるというのは１つの考え方ではないかと思う。

学童保育は何よりも子どもの発達を基本に考えるわけで，子ども自身のイニシアティヴでそのすべての営みが行われなければならない。学校教育で失われた童心をよみがえらせるには，学校の教室の連続という形で学童保育をするのは誤りである。子どもの創造性を培うのに一番大事なことは遊びで，遊びの中で仲間意識なり連帯感なりを育てることが重要になる。したがって，学童保育所は，子どもが自由に使え自主的に管理できる場所であることが要求される。独立の建物で，子ども達が生活の拠点として自主的に管理をし，共同性活をし，集団の力で社会の頽廃文化から自己を防衛することが必要である。また，遊びの中で仲間意識を培うために，自分達で動物の飼育をしたり，花を植えたり，新聞を出したり，本を集めて文庫を作ったりという活動が考えられるが，そのためにも，子ども自身も一定の会費を出して，自分達が管理できるお金がなければまずいのではないかと思う。

3. 社会主義国の学童保育

社会主義の国，例えばソ連の場合を見ると，婦人が男子と同じように働いている。その中には，母親が圧倒的に多いわけで，当然，資本主義国以上に学童保育の問題は大きな問題になっている。ソ連では１９５０年代に都市の集団住宅化が進み，若夫婦と子どもという核家族がたくさん出てきたので，仲間同志で共同保育を始めた。今日では学童保育を必要とする子どもが４５０万近くいるといわれているが，すべて制度化されていて，教育委員会の所管で措置されている。学童保育は長い日の学校，長い日のクラスという施設で行われている。８年制または１０年制の学校の低学年の部分は早帰りなので，母親が働いていて夕方でなければ迎えに来られない子どもが多い学校では定員２５人の長い日のクラスを作っている。異年令の混合クラスで，教師１人と養護職員１人が配置され，教師は教育に責任を持ち，養護職員は子どもの生活の世話をする。内容は，給食（おやつ）・休息・遊び・散歩・スポーツ・学習と，日本の学童保育と変らない。その他に，母親の長期出張や父子家庭などの子どもに対しては全寮制の学校がある。月曜日に学校に来て，週末から休日にかけて，父親と共に過す。５００人程度の学校で校長以下７０人くらいの職員が子どもの世話をする。両親が働いていることが基本的な条件だから，教育機関が子どもの時間外の保育をふくめて，いっさいの面倒を見るということで，学童保育も日本と違った形で親の要求をかなり満たしている。国の負担は，子ども１人当り，普通の8年制ないし１０年制の学校が１００ルーブル（１ルーブルは４００円）であるのに対して，学童保育の場合は１５０ルーブル，寄宿学校の場合は７００ルーブルで，国は必要な施設には十分な財政的負担をしている。

この他，日本と非常に違うのは6～8月の夏休みで，この時期には町にはほとんど子どもの姿はない。みんなキャンプに行っているわけだが，日本のキャンプと違って3～4週間の長期で，１つのハウスに１０数人の子どもが教師と共同生活をしている。そういうブロックがいくつか集まって，１つのピョニールキャンプを形成している。体の弱い子どもはサナトリュームで医師の治療をうける。これらのキャンプは，多くは労働組合が持っていて，組合員の子どもがみな利用するので，必然的に混合の子ども集団ということになる。

その他，地域にピョニール会館がたくさんあり，子どもが学校から帰ったあと遊ぶのに都合の良い，いろいろな文化的な生活施設がある。私の見たレニングラードのピョニール会館にはクラブの数が７００もあり，人工衛星のクラブがあるかと思うと電気機関車をいじっているクラブ，花を植えるクラブ，シベリアから虫を取ってきて並べているクラブなどいろんなクラブがあり，それに皆，大人の指導員がついている。このように，それぞれ専門の知識を持った指導員が常に見守り，援助をするので，子どもが非行に走ることもなく，よく組織されている。

## 4. 結び

学童保育というのは，基本的には教育が何らかの世話をすべきで，そのためには，組を持たない教師を配置することが資本主義の社会でも考慮されていいのではないか。また当面は社会教育法なり児童福祉法の中に制度化するという要求を地域あるいは全国的に出していくべきであろう。さらには，地方自治体を革新的なものに変えることによって，制度の十分できていない現段階でも，地方自治体の責任で学童を守るための金を出させる道はあり得る。以上の点からも，もっと広い。地域の住民運動の一環として学童保育問題を考えていく必要があるように思う。

# 基　調　報　告

## 学童保育の増設とよりよい改善をめざして

報告者：学童保育連絡協議会

西　元　昭　夫

この２日間の集会を通して，参加者全員で考え，明らかにしていただきたい課題について述べてみます。集会に参加された皆さんと，皆さんをこの集会へ送り出してくれた多くの人達，そして子ども達にとっての共通の願いは，第１に公立の学童保育をもっと増やしてほしいこと，第２に現在ある学童保育をよりよいものにしてほしいことだと思います。

(1)　１小学校区に１カ所以上の設置をめざして

大人の立場からみた必要性

学童保育設置の要求は大都市だけでなく，農村地帯まで衣がっていますが，その背景にはまず働く婦人の増加があります。労働者の調査による４４年度の婦人労働者数はつぎのとおりです。

| | | |
|---|---|---|
| 雇用労働者 | 1,048万人 | |
| パート雇用労働者 | 65万人 | 計 1,253万人 |
| 家内労働従事者 | 140万人 | |

雇用婦人労働者は，この３年間に１２０万人増加し，全労働者数の３２.８％を占めるようになっています。しかもこの婦人労働者中の５０.５％が既婚婦人です。また，家内労働従事者数は別の調査では３００万人と推定されており，働く婦人の実数は1,５００万人を超えるでしょう。

働く婦人の増加から，当然留守家庭児童の増加も考えられますが，厚生省の調査では，６９９万世帯（児童のいる世帯の４３.５％）が共働きで，留守家庭児童は４８３万人（学童総数の３３.３％）と推計しています。

これに対し，現在の学童保育設置数は公立が約７３０か所（留守家庭児童会約４００，学童保育約３４０）で，これを利用している児童数は，多い目にみても２9,０００名にしかなりません。このため，自衛手段として共同保育や民間施設での学童保伊６ｒ。全国に３００か所以上もあり，ここでは財政面や運営面で大きな困難をかかえています。

しかも，働く婦人は今後ますます増加することが予想されます。労働省の調査では賃金が３万円以下の労働者は，全体の４７.５％に達していることを明らかにしていますが，「繁栄」ムードの蔭で値上りを続ける物価高の中では，共働きはやむを得ない自衛手段でもあります。さらに，若年労働力の不足に悩む資本家も，この不足を主婦の労働で補う方針を打出し，日経連の中にパートタイマー雇用管理研究会を設けて対策にのり出しています。

ところが，このような婦人労働者の増加に

もかかわらず，働く婦人の地位は高まらず，かえって低下傾向も強まっています。男女間の賃金格差はひらき，結婚・出産による退職規定，２５〜３０才定年制などは強まり，全体として「パートによる再雇用」で低賃金のまま労働力を吸収していく方向へ進んでいます。

現在の学童保育設置数は，保育所の設置数と比べて僅か十分の一です。このことは婦人労働が中断されることを物語ると思いますが，婦人の働き続ける権利を保障する学童保育の増設は，婦人労働者の地位を高めるだけでなく，労働者全体の地位を高めることへつながるものです。

このように，学童保育を増やしていくということは，婦人の労働＝母親の労働＝が一般化するなかでは，単に共働き家庭の個人的問題ではなく，社会問題であり，労働運動の課題でもあるということです。

子どもの立場からみた必要性

今日，子どもをとりまく環境は「遊び場がない」「兄弟や友だちがほしい」「宿題は，勉強は，とママゴンに追いかけられる」「差別・迸別教育やマスコミ文化の中で，個性や創造性どころか，遊ぶ能力さえも奪われる」という状態をつくりだしています。ひと頃，現在の子どもを批評して三無主義（無気力，無関心，無責任）といわれましたが，さらに無感覚，無思考などもつけ加えられています。これは大人の社会や文化が，大人が行う教育がつくり出したものですが，これらの風潮のなかで，人間性の軽視が，民主主義の実質的否定が一般化しつつあります。

これに対し，学童保育の先進的な実践のなかでは，子どもの野性ややんちゃ性に依拠しながら，子どもたちが一人で，あるいは集団で「あそび」を発見し，自分の頭と手で自分たちの文化を創りだしています。また，集団生活の中で，人間を理解し連帯感を育て，１人１人を大事にする規律を生みだし，子どもたち自身が主人公である生活をつくりだしています。

このような学童保育での生活は，単に共働き家庭の子どもだけでなく，今日のすべての子どもにとっても必要な場ではないかと考えられます。学童保育の持つこのような役割り　今日の学校や家庭ではなし得なくなっている独自の教育の場　が認証されるなら，学童保育に対する要求はさらに衣汎なものになるでしょうし，１小学校区に１カ所以上は欠かせないものになるでしょう。

国や自治体の施策の変化

ところが学童保育に対する施策は，全体として私たちの要求に応えるのでなく後退の動きすらみられます。文部省は留守家庭児童会を校庭開放へ移行し，いくつかの自治体では学童保育を児童館へ解消させようとしています。

文部省は，４６年度の予算では，留守家庭児童会の費用を「校庭開放」の中に組み込み，同一視する意向を明らかにしています。今までも留守家庭児童会の予算枠は全然増やさなかったのに対し，４３年から始った校庭開放の予算は年毎に増やしてきましたが，一歩進めて，留守家庭児童会の校庭開放への解消を明らかにしたわけです。

この校庭開放は，１校当り年間２７万円の費用（基準額）でボランティア１名と多少の遊具を準備し，全児童を対稲とするというものですが，２７万円の３分の１の９万円が分部省の補助額となります。したがって，今までの留守家庭児童会に対する補助金も９万円に削減されることも考えられます。

一方，東京都や京都などの施策のなかでは，学童保育を児童館へ解消していく傾向が強まっています。児童館の中で学童保育を行っているというものの，学童保育専用の部屋も，専門の指導員もいないところが増え，いろいろと問題をおこしています。

この両方共，「学童保育をつくったが利用者が少ない」「特定の子どもだけでなく，すべての子どもを守る必要があるから」という理由をあげていますが，学童保育の利用者が少ないのは，現在の学童保育が施設・設備・運営の面で不備が多く，子どもたちに嫌われているからです。逆にこれらの不備を，父母や指導員の力で改善していっているところでは，８０名～１００名というマンモス学童保育も出現しています。それに，学童保育の新設要求は増加する一方です。では，何故，このような学童保育の解消が進められようとしているのでしょうか。この点を話し合いのなかで明らかにしていただきたいと思います。

私たちは「校庭開放」や「児童館」はそれなりに必要だと考えます。遊び場は少ないし，文部省が云っているように，すべての子どもを守らねばならないことは事実です。しかし，そこでどのような守り方をするのかが問題となります。一つには，学童保育の立場からは，共働き家庭の子どもに必要なくつろげる部屋と，責任を持ってみてくれる指導員が確保されるのかどうかが問題になります。二つには，すべての子どもの立場からも，そこでどのような指導がなされるかが問題となります。

校庭開放や児童館の指導と，学童保育における指導の明らかな違いは，前者は不特定多数のたえず入れかわる子ども達を１人の指導員が見ていなければならないことです。そこには子ども集団はなく，一人一人がてんでばらばらに遊びにくるのが普通です。これに対し学童保育では，子どもは集団で生活し複数の指導員が見ています。この子ども集団は指導によって自主的・意識的な集団へ発展させることができます。そして，さらに大事なこととして，働く父母を中心とした父母集団も組織できることです。この布母集団のなかでは，子どもの教育や環境づくりについて，ヒマのある教育ママ的発想で運営されがちなＰＴＡなどとは質の違う話し合いができます。

いま，中教審が発表した「初等・中等教育

の改革に関する基本構想試案」が問題視されていますが，これは１９６０年代以来系統的に進められてきた，小学校から高校までの教育課程や学習指導要領の改定を正当化し，さらに，それを幼児の段階から一貫して進めようという，教育制度改定の総仕上げともいえるものです。

「基本構想試案」を読んでみますと，“個性の尊重”“一人一人を大切にする教育”など，私たちが望み，口にする言葉が随所に使われています。しかし，言葉は同じでも中味が違うことを，私たちは，今までの改定の結果から学びとらねばならないでしょう。

１９６０年に池田内閣が出した「人づくり政策」佐藤内閣が出した「期待される人間像」１９６８年から７０年にかけて行なわれた小・中・高校の教育課程と学習指導要領の改定と，引続いて追求されてきたものは，能力と適性に応じた教育の多様化と教育内容のレベルアップをうたいながら，卒業後すぐ企業に役立つ人間づくりであると云えます。企業の担い手となる３～５％のハイタレントのほかは，中級技術者，技能者，労働者とそれぞれ計画的・組織的に育成しようということです。

まず小学校では漢字が増え，算数では集合，関数，確率などが導入され，成績によるふるい分けがますますはっきりするでしょう。中学校へ入ると進度による差別教育が行なわれ，進学クラスと就職クラスに分けられます。高校では底辺向け科目とエリート向け科目が新設されます。これが，さらにエリートには飛び石進級を認めるなど特急コースも用意されますが，今回の基本構想では，一歩進めて幼児からこの差別・迸別の洗礼を受けることになりそうです。

このような差別・迸別の進学体制のなかで，母親がせめて我がるだけはエリートコースに乗せたいと血眼になっているとき，一方では，「大国日本」「繁栄の日本」「アジアの指導者」意識を育て，国防意識を育てる教材が準備され，人権の尊重，平等，平和等を主張する教材が削除されていきます。また，スポーツ少年団やボーイスカウトなどの各種少年団の組織化も活発になり，ここでは体力づくりが強調されています。こうして学校の内外を問わず，すべての分野で子どもの自主活動が規制されつつあります。

このような現実をみるとき，政府の教育政策は，教育を人間形成の手段とみるのでなく，高度経済成長と高利潤を追求し，さらに海外への進出を狙っている独占企業に役立つ人間づくりの手段にしているわけです。このような方向の中で進められる「校庭開放」が，どんな役割りを果そうとするのかを，私たちは十分監視しなければならないでしょう。

私たちは学童保育の実践の中で，学校で問題児扱いされている子どもが，あそびや集団生活のなかで指導性を発揮し，素晴らしい能力をみせることを数多く体験しています。子どもの持つ“良さ”は自主的な集団の中でこそ発見でき，伸ばせることも学んできました。ですから，校庭開放や児童館の運営の中で，子どもが主人公となった生活が，子どもの自主的な集団づくりができるかどうかが鍵だと思います。そして，この子ども集団を支え援助していける指導員と父母の集団づくりが保障されることも欠かせないことです。これらが保障されれば，私は校庭開放でも児童館でもかまわないと思いますが，現在の移行をみると，「全ての子どもを守る」「学童保育だけを差別視しない」という名目のもとに，安上りに，しかも放課後の子どもの生活をも意図する方向で組織しようとする狙いがあるような気がします。

(2) 学童保育のよりよい改善のために

学童保育の改善では，施設・設備や指導員の労働条件などの物理的な外的な面と，指導内容の向上という内的な面があり，この両者は車の両輪で何れが悪くても前進しません。

物理的条件の改前

学童保育はまだ制度化されていないところから，各地で多様な形態と条件が生れ，区市町村毎に格差がつくり出されています。このような格差をみるとき，学童保育の実施状況は，地方自治体の福祉・教育行政に対する理解度を計るバロメーターであると共に，その地域における，住民の要求行動の広がりと強弱の度合をも物語るものだと考えます。

私たちは，先進的な条件をかちとっている地域の運動に学び，それを目標にして全体を引上げていかねばならないと考えます。その場合，とくにその運動を支えた父母や指導員，および周囲の団体などの組織づくりや活動について，きめ細かい配慮や創意ある工夫などの教訓を引き出し，それを一般的な共通な法則まで高めることが必要でしょう。

もう一方で，学童保育の施設・設備（広さ・間取り・必要備品など）について，子どもたちの要求を，生活条件を満たせる最底基準をつくることが必要です。指導員の待遇については，教育の一分野であるという格付けとそれに見合った待遇，当然正規職員化が目標となるでしょう。これらの改善運動では，父母の活動が最も大きな力を発揮するので，父母会づくりは最底必要です。また東京都では，指導員の労働組合が結成され，都職労の援助で活動を展開するなかで，待遇改善は進み，正規職員化も日程にのぼっていますが，指導員の自主的な交流と組織づくりも積極的に進め，さらに，指導員と父母の協力関係をつくっていかねばならないでしょう。

指導内容の改善

学童保育の指導方法については，まったく未知な分野であっただけに，指導員の個人的な主観によって，さまざまに考えられていました。学童保育連絡協議会では，昭和３７年に発足して以来，指導方法の研究会・勉強会を重ねてきましたが，そこでは，保育団における実践，学校における民間者育研寄運動の実践などに学びながら，学童保育独自の指導のありかたを追求してきました。このような研究活動は東京だけでなく大阪その他の地域でも続けられるようになり，今日では，いくつかの優れた実践を生みだしています。

私たちが生みだした実践のしつが，最近「あめんぼクラブの子どもたち」として出版されましたが，このような実践例が多くの人に知られていくことが，さらにたくさんの実践を生むことになり，学童保育の指導についての基準をつくっていくことになると考えます。現在はこのような実践が知られていないために，指導員や父母の中にも，学童保育が正しく受けとめられないでいることが多いと思いますが，学童保育の発展のためには，優れた実践を多くの人に知ってもらうことが，今，非常に大事なことだと考えます。

優れた実践を生み出す直接のにない手は指導員ですが父母が学童保育をどのように考えるかも，指導を向上させる上で大きな問題となります。「あめんぼクラブ」と同じような子どもの生活は，今日では各地に見ることができます。しかし，あめんぼクラブが素晴しいと思うのは，そこには，子ども達の日常生活から子どもの要求をとらえ，行動を評価していく目と，それを組織的に自主活動として高めていける指導力を，指導員と父母集団が持っていたということです。おそらく，すべての指導員の方は，子どもたちのあそびや行動の中に，ハッとさせられる。子どもって素晴らしいなあと思わせられる体験を持っておられると思います。問題は，単に感心するだけでなく，それをどう評価し，発展させられるかです。そういう力量を，どうしたら身につけられるかを，ぜひ明らかにしていただきたいのです。

また，子ども達は学童保育だけで生活しているわけではないので，学校教育や家庭の中での生活にも目けねばならないでしょう。現在の学校教育は政府や政治を動かしている資本の要求に応じて，どんどん変えられつつあります。家庭や社会にはんらんしているマスコミ文化も同様です。これらが子どもにおよぼす影響や，これに対する対抗策も明らかにしながら，学童保育での指導が果さねばならない役割も明らかにしてほしいと考えます。

(3) 地域協議会の結成と活動の強化

さいごん，学童保育を増やし，改善していくには，私たち一人一人の力を，大きな力まで高めねばなりませんが，当面，地域毎の経験交流と対自治体交渉の強力な武器となる地域協議会づくりについて話し合っていただきたいと思います。今までの学童保育運動をふり返ってみても，東京や大阪での運動が中心になって，全国組織が生れ，全国集会が持たれていくなかで，府県単位やブロック毎区市町村毎の協議会でくりが進みました。そして，そのことが一般と運動を広げ，強めることになってきました。そして，一方では，運動の担い手も，当社の父母中心から，今日では地域の婦人組織や民主団体も参加した巾広いものになっています。このような運動の広がりは，地域協議会の結成に負うところが多いのです。

先にも話したとおり，学童保育の前途は多難だと思われます。その中で，私たちの目指す学童保育を増やしていくには，父母，指導員，教師，民主団体は，それぞれどんな役割を果さねばならないかを明らかにしながら，活動を強め，地方自治体の施策をより充実したものに変えさせ，それを全国的なものに広げていくなかでこそ，国の施策も変えさせることができると考えます。

学童保育の実施状などについてふれることができませんでしたが，各地の実施状況の調査とまとめを学童保育連絡協議会で行っています。下記へお問合わせ下さい。

東京都千代田区神田小川町　３－５
学童保育連絡協議会
TEL〔０３〕２９３－７５７３

# 第１分科会

小学校区ごとの学童保育設置をめざして

約５０名の参加者が，なにを話しあいたいのかを出しあいました。

「子どもを保育園にいれているが，学童保育を作りたい。」「夏期子どもクラブを開き好評だった。全日制の子どもクラブを作りたい。」「共同保育で運営が苦しい。子どもをふやすにはどうしたらよいか。」「週２日制の留守家庭児童会があるが全日制のものが欲しい。（愛知）」「全校区に学童保育をつくることが３９年の市議会できまったのに，できていない。（奈良）」等の悩みがだされました。

「空教室やプレハブでおこなわれていた学童保育が児童館に併設されようとしているが，マイナス面が多い。」「文部省の留守家庭児童会対策に怒りをおぼえる。」と発言がありました。

「５年前から研究を重ねながら学童保育をつづけている。留守家庭児童会の名目で補助金をもらって内容は学童保育でやっている。（京都）」「指導員を６年やっている。どのようなクラブが望ましいか発言したい。」「教員の立場から発言したい。」児童館職員として，保育園園長として，学生として，と幅広い参加者を得て，寝屋川の運動の報告をききました。

＜報告＞

◎寝屋川市における保育所運動

大阪の衛星都市の一つである寝屋川市は，人口２０万余，全国的にも過密化現象の著しいところです。若い共働き層の増加とともに，保育要求もたかまり，公立保育所での乳児保育の実現，共同保育所づくり，公立保育所父母の会づくりの運動へとひろまってゆきました。昭和45年4月には，寝屋川保育運動連絡会もできました。

○学童保育所設置要求運動

昭和45年1月，学童保育の学習会を開き，10数名でしたが，学童保育をつくる準備会に切りかえました。

入会希望書付きの呼びかけを800枚配布し，100枚余り回収できました。

2月第1回総会をひらき，約30名あつまりました。考えられる。ありとあらゆる方法を出しあい話しあいました。その後，役員会を何度ももち，三人以上集まると話し合ってきました。

学童保育所設置の請願署名を集めたり，市会議員への協力要請，枚方市の留守家庭児童会見学，市民へのアピールビラ（1万枚）駅頭配布と精力的な運動をくりひろげ，3月市議会に提出した請願書（署名2.507カンパ約10万）は文教民生委員に付託されました。また，4月には，共同学童保育所をはじめました。

その後も，5回にわたる対市交渉，駅頭ビラまき，各種集会への参加，学童保育所見学と活動を続け，6月には学童保育所設置のための予算（305万）が市議会を通過しました。

8月末のつくる会第3回総会で運動をふりかえり，よかった点として，

(1)他市の経験をよく学んだこと。

(2)ねばり強い対市交渉。

(3)場所，開所時期，指導員の身分等，要求を明確にし，最後迄押し通したこと。特に，指導員の身分保障に重点をおいたことは成功。

(4)超党派で全議員に訴え，市民運動にもっていったこと。

(5)市職，教組の協力を得たこと。

(6)運動の経過・方針を学童保育ニュースで全会員に知らせたこと，等があげられました。

◎新設学童保育所の現状（寝屋川市）

○設置場所………池田小・中央小・啓明小（各所定員40名）

○施設………専用プレハブ一教室，畳十畳水道，流し台，プロパンガス。

○備品………児童用机，いす，指導員用机イス，（戸棚，ロッカー）黒板。

○指導員………1ケ所2名。市の技術職員として待遇。

○指導時間，平常十時～六時

土　曜　　12時～6時

休業日　　9時～6時

以　上

<報告についての討論>

次に報告についての質問をし，意見を出し

あいました。管理運営を市の社会教育課がやっており，指導員の採用も市がやっていることが指導内容に影響するのではないか。行政は金を出だすと内容を規制してくるから，運営の主体を明らかにしておく必要があった。作る運動よりも作ってからの運動がもっと大変である。と話しあいました。

＜各地の報告＞

①団地で子どもたちが放置されている。教師が父母に呼びかけ，市教委と交渉して，４０人定員の学童保育をつくった。指導員の他に補助指導員として教師が交代で２０〜３０分指導にいっている。（大阪）

②地域の新婦人，教師などを中心として運動をすすめた。父母会が学童保育を支えている。１５人からはじめて，現在５０〜６０名になっている。遊園地の中に独立した建物をつくっている。住民の要求が法律の適用を変えさせている。（東京）

③地域住民の願いを基礎に，児童館，留守家庭児童会を発展させる。国の意図とちがったものができてきている。常に学童保育運動の原点にもどって本質をつらぬいてゆく必要がある。（京都）

その他多くの報告がありました。

＜討論＞

①学童保育とは何か

学童保育は，単なる「子守り」ではない。平和を愛し，友情を育て，たくましく実践してゆく子どもをつくる第３の教育の場です。まず，あずかる場所として出発しましたが，失われた遊びの場を回復し，子どもたちの人間関係を発展させてゆけば，地域の交流の場となっています。

制度化されていないので，地域社会の実情にみあったものを作りあげてゆくことが大切です。

②つくる運動のすすめ方

(1)　運動をおこしてゆく母体

現在，保育所に子どもをあずけているお母さんが切実な要求を持っています。その人たちが中心となって，回りに働らきかけて理想像を研究し，実態を調査します。

学童保育を必要としている子どもや母親の要求をほりおこし，ひろめてゆきます。（○内職・パート，農繁期，○集団のない子どもなどの混在，カギッ子）

(2) 1部のもののために公費を使えないという考えをほりくずします。児童福祉法，地方自治法，などいろいろな角度から自治体が１人１人の子どもに責任を持つことをはっきりさせ，公営のものを作らせてゆきます。

(3)最悪の場合は，自分たちだけでもつくる。

(4)児童館の中に，学童保育を吸収させようとしているが，マイナスの面が多い。運動場が小さい。設備が悪い。カギッ子への特別な配慮ができない。職員の労働強化。

（東京）

(5)学童保育運動のレールのひかれようとする時期です。留守家庭児童会や児童舘など全国的な問題も曲り角にきています。連絡協議会を強くしてゆきましょう。

(6)革新的な自治体だからできるんだ，と考えるのではなく，味方をふやし，力関係を変えてゆくことが大切です。議員をつれて見学にいったり，商業新聞にとりあげてもらったりして，誰れにも運動に参加してもらいましょう。

③どのようなクラスがよいか

(1)場所……学校はできるだけさけたいが，適当な場所がない場合，やむをえない。

(2)指導員…人数は最低2人は必要です。欠ける時があるので3人ほしい。

高学年の遊びの指導などに男性の指導員がほしい。

指導員の資格がはっきりしていないから，養成基準をはっきりさせ，社会福祉大等で資格を得るようにした方がよい。

(3)高学年の学童保育について

いまの学童保育はカンヅメ保育なので，高学年になり行動半径が広がると満足しなくなります。しかし，学童保育をやめさせることが解決にはなりません。

(4)人が集まらない問題について

地域の実態を調べなおす。学童保育については，あまり知られてないので，ビラ等のみでは，内容を理解してもらえません。

(5)傷の時の責任

学校安全会等を利用できるようにするとよい。

(6)基本的には，子ども達の手で自主的に管理運営ができるようにし，預けることによって，子も親も変わるようなクラブがのぞましい。まだまだ討論が出尽くされませんでしたので，来年への宿題となりました。

④どこに作ればよいか

地域の実情にあわせて作る。子どもが安心して遊べる場が保障されるべきです。

そのためにも児童公園の設置運動とともにすすめてゆきます。

＜申し合わせ事項＞

①学童保育の制度化の運動をすすめよう。

②留守家庭児童会予算削減の方向に反対しよう。

③経験交流の場をたくさんもちましょう。

④一校区一ケ所以上のクラブを設置させましょう。

⑤指導員の身分を専門化させる運動をすすめましょう。

＜その他＞

学童保育の用語などをはっきりさせ，討論をしやすくする配慮があるとよいと思いました。

（記録　喜多川，田中）

# 第 2 分 科 会

第二分科会は，指導員を中心に各地で運動している父母，学生，それに学童保育を担当している行政側の職員など５０名の参加ではじまりました。まず名古屋の池内わらべクラブから提案“わらべクラブの父母会活動”がありました。わらべクラブは名古屋ではじめて共同保育所を作った親たちが中心になっていて，劣悪な愛知の学童保育の状況のなかで，父母，指導員が一体となって子ども像をつくってゆこうという努力がされていること，財政を支えるため月２回の廃品回収を行い，子どもも参加し，保育内容の一部として位置づけられていること，共同保育所時代の寄り合い所帯がつづいていて地域に根づいた運動として発展していないという弱点をもっていることなどがはなされました。これに対して京都の母親から，経験にもとづいて，「どうして子どもを含めた廃品回収などやるまえに自治体をつきあげるような運動をしないのか？」という質問があり，わらべクラブの父母，指導員から「運動をしても，共同保育に対する自治体の財政援助など夢のようであることが明らかになるばかりである。」という答が返りました。この提案，質問，解答を基調に，京都，大阪，愛知，埼玉などから，住民を強力に組織して，補助金を獲得し，公立化も実現した経験や，それまでに発展する以前に４年も５年もにわたる共同保育における苦しい活動をし，そのなかで実績を作り，それを基礎にして自治体交渉をして行ったことがはなされました。ここでは保育内容から，各地の学童保育所の運動が歴史的に次から次へと出されて，討論方向が定まらないため，再度，討論方向について参加者にはかって，提案を先に進めて，全体的に討論をすすめてゆくことになりました。そこで，神奈川の明神台学童保育から“明神台学童保育の会のあゆみ”という提案がありました。この提案では場所の獲保をめぐる運動，学校に対するはたらきかけの経験などがはなされました。前者では，共同保育であるために場所の獲保はむずかしく，明神台では団地自治会のセンターを利用しているが，いろいろな団体の共同使用のために地域の目がうるさいことがはなされ，このような状況に対して，署名活動などを通じて学童保育についての理解を得てきて，センターの運営委員会にも加わって活動していることがはなされ，後者では学級懇談会において担任教師にはなしたり，資料を配布したりして理解を求めたりしたが，学校側の留守家庭児童に対する認識が殆んどないために運動がむずかしいことがはなされました。

この提案については後の討論のなかで，場所の獲保，学校の理解，運営の苦しさなどは全国各地の経験が出され，学童保育運動が当面している全国的な課題であることが明らかになりました。つぎに京都市学童保育指導員連絡協議会から，正規職員化の運動について提案がありました。指導員の労働の激しさにもかかわらず低賃金，それに身分保障が明確でないことから，指導員の交替が激しくて，そのような劣悪な条件を改善していくにも組織的な運動がすすまないこと，同時に指導員の交替が激しいということは子どもを永い目で指導できないので子どもの成長にとってもよくないこと，以上の点を基礎にして京都市学童保育指導員連絡協議会を結成したことがはなされました。後の討論のなかで，公立学童保育所，共同学童保育所共に，父母の連絡会や，教職員組合，保母，民主団体の参加の下の自治体の民主化の運動のなかでこれらの課題を位置づけてゆく必要があることが，大阪の寝屋川の経験，京都府下城陽町，埼玉県福岡町，春日部市の経験を討論するなかで明らかになりました。つぎに東京都学童保育指導員労働組合の提案がありました。ここでは組合結成までの経過，結成後の活動，それに都が，学童保育を児童館に移行しようとしていることについてはなされました。学童保育の指導員が日々の実践のなかで自分たちの職務の重大さに目ざめ，子どもの幸せを守ることの役割を明らかにし，そのような役割をもっている指導員が責任のもてる指導をするためには，自分たちの生活も保障されるような待遇をされなければならないという基本的な一致点でもって組合を結成し，その一致点でもって，正規職員化と生活給の保障を目ざして運動をすすめていること，それと同時に現在東京都がすすめようとしている学童保育を児童館に移行してゆく政策について，日々の指導の経験から，児童館移行が，子どもにとって，また児童館職員の労働条件にとってもよくないこと，学童保育はやっぱり“学童保育”としての独自性をもつ子どもの教育の場であることがはなされました。すなわちこの中では指導員の待遇改善と保育条件（場所，指導員の数など）の改善の運動が統一的にすすめられねばならないことがまとめられました。特に児童館移行の問題については京都で現に児童館で学童保育が行なわれているところの指導員の経験が出されました。組合結成の経験については，各地（京都，大阪など）から質問がありました。それは組合結成の過程などについてでしたが，根本にあるのは“生活給”を保障してゆく運動であるということでした。以上が第二分科会の提案内容及び討論のなかで出された中心的なものですが，分科会のテーマが“よりよい学童保育のために”となっており，その“よりよい”が，指導内容の面においても，学童保育運動においても，指導員の待遇においても，学校教育とのかかわりにおいてもというようにさまざまな面から問題を提起することができて，討論方向が定まらないという面がありました。それは，各地の参加者の経験を，歴史的に（すなわち，学童保育の要求の起りから公立化の過程までという風に）明らかにしてくれたためにふるものでした。しかしこれらのことはこれから運動をすすめようとしている愛知や，滋賀，三重などの参加者の間では大いに役立ったということがはなされています。分科会の中で明らかになったことは次のようなことでした。

a．京都，大阪，東京，などの運動のすすんでいる地域の経験を聞くなかで，その地域も共同保育の経験をもっている。すなわち長い間運動をしていること。

b．共同保育をしているところでも，根づよい自治体交渉をくりかえしながら公立化と補助金獲得の二本柱でもって運動をしてゆくこと。

c．指導員が学童保育に全力を注げ，保育内容においても子どもの要求に根ざした実践ができるように，指導員の生活を守るために身分保障をかちとること。

d．それぞれの地域で，学童保育を“教育の場”として位置づけるために，地域の教職員組合，民主団体とのつながりを深め，児童福祉，民主教育の発展をはかること。

e．以上の点をふまえて，学童保育をタテに，住民主体の行政をつくり上げる必要があること。

# 第　3　分　科　会

大阪の学童保育研究会，名古屋のわらベクラブ（共同保育），東京の学童保育研究会の三者からそれぞれ提案があった。

名古屋のわらベクラブからは一夏休みの保育について親が指導員に対して一方的に要求を押しつけ，しかも，指導員がそれをうのみにしてしまったことから混乱が生じ「たまった工作をやってほしい。」,「宿題帳を全部点検してほしい。」というような事態を生じたが，指導員と親と話し合いを進めてゆく中で，親としてしなければならないこと，指導員としてしなければならないことを認識した上で学童保育の独自性と役割を追求していかなければならないということがわかった。又，学童保育とは「子どもの要求を堀りおこしていくこと」ではないだろうか。という発表があった。

大阪からは「遊びを基本とした集団化の意義」，東京からは「集団づくり」という立場でそれぞれ提案があった。

次に「学童保育は独自の分野である」という確認のもとに四つの柱をたて話合いの中心とした。四つの柱とは次の通りである。

①指導員の仕事とは何だろうか。

②子どもをどうとらえたら良いか。

③指導内容の計画，工夫。

④学校とともに，父母とともにやっていくにはどうしたら良いか。

①と②については名古屋から出された「木のぼり問題（子どもたちが熱中していた木のぼりが公園の管理事務所からストップさせられた）」を討議する中で，指導員は援助者であり組織者であり，子どもに事実を細かく見つめさせ「管理人のおじさんはこういっているよ。みんなはどう思う？」と要求をひきだしていくことが望ましい。一助言者の大塚先生から一私たちはもっと子どもの生活を知る必要がある。学校，家庭など子どもの置かれている環境を把握して，どんなことに喜び悲しんでいるのか，どんな心理の動き方をしているのかを知っていかなければならない。

そして，とりもなおさず，集団の前提となるものは，一人一人の子どもを大事にすることではないだろうか。指導員は一人一人の子どもがもっている生活や心理をとらえながら一人の悲しみ，喜びは皆の悲しみ，喜びであるという連帯感を育てていかなければならない。具体的には，何げない動作でふれあいながら子どもたちと直接ハダで接していくこと。そして子どもたちを多面的に見てゆくこと。（いろいろな角度から子どもたちをとらえる）が必要なのではないか。

次に，共同保育から，バットのしんが折れてしまい使えなくなってしまったところ，折った子どもが家からお金をもらってきてそれで買ってほしいと言われたがどうしたら良いかという問題について討議された。

○家からもらってくるのではなく，子どもたちの小づかいを少しづつ集めたらどうか。

○母親たちに話してかってもらったらどうか。

○ないからどうしたら良いかを子どもたちに話合わせる。

○野球の概念にとらわれるのではなく，他の物でつくったらどうか。

○バットがなくてもできる遊び（ゴロベースなど）を工夫させる。

大塚先生からは

「バットのしんが折れるなんてびっくりしちゃった」と子どもたちに共感を示し，「でも，先生このお金困ってるんだけれど，どうする？」と問題を提起し，バットがくるまではバットがなくても遊べる方向にもってゆくことが望ましい。それでなくても現在の子どもは道具のけらいになっている傾向があるのではないか。

との助言があった。

次に自転車乗りに関して，危険だから禁止した方が良い，子どもたちにきまりを守らせて乗らせたいと指導員の間で意見が分れてしまったということから，自転車遊びについて話合った。

○地域の実情もそれぞれ異ってはいるけれ

ども地理的条件の許す範囲でやらせたい。

○自転車遊びは，他の遊びとちがう。乗れるという技術は小学校の間にやる必要がある。

○地域の子どもたちの全員の乗りたい希望があるなら，父母にも子どもたちの“乗りたがっている事実”を知らせ，安心して乗れる場の確保という地域の運動に発展できたら良いのではないか。

○子どもたち同志で許可証をつくったり，乗れない子を皆で助けるという方向にもっていったらどうか。

以上のことと関連して父母との結びつきをどうするかということで話合いが進んできた。父母の要求は何なのかを知るとともに，自分（指導員）の努力を親に知らせる方法としてクラブ通信の必要性がだされた。かっこいいものを作るのではなく事実をそのまま書いてゆけば，実践記録にもなってゆくし，家庭ではそれを通じて親子の対話にもなってゆくのではないだろうか。

最後にまとめとして，学童保育の意義については，

○異年令の集団化に意義がある。

○子どもの遊び，子どもが考えたことを実践してゆく場である。

○子どもたちが楽しんで通える場でなくてはならない。

○子どものかくされた面をひきだすこと。

申し合せ事項として

○クラブ通信をつくって来年はもちよろう。

研究課題として

○学校や地域にどう入ってゆくか。

第四分科会　原稿未着のため掲載できませんでした。

# 第 5 分 科 会

―学童保育を地域の中にどう位置づけるか―

(1) 分科会のねらい

(2) 参加者の要求

(3) 問題提起　　京都の学童保育運動

(4) 各分野における学童保育の問題点

(イ) 留守家庭児童会

(ロ) 児童館の中の学童保育

(ハ) 公立学童保育

(ニ) 共 同 保 育

(5) めざす学童保育像

(6) 児童館の役割と矛盾

(7) 校庭開放が意味するもの

(8) 地域にねざす学童保育

# 第　5　分　科　会

ー学童保育を地域の中にどう位置づけるかー

(1)分科会のねらい　子どもを学童保育へ預けてこれで安心して働けるとほっとしたのはつかの間のこと。子どもが，楽しく喜んで通える学童保育であって欲しいと願い，そこにまた，新しい仕事が生まれます。また，指導員も，子ども達が生き生き活動できる子ども集団をつくる努力が必要とされます。ごく当然のことなのですが放課後の生活の拠点をつくるために，なぜ苦しい運動がくりかえされねばならないのかとまどうてとがしばしばです。

その矛盾を追求し運動を発展させるためには学童保育だけでは解決できないことを，数々の運動，実践交流の中で気づきました。

まず，第一に，学童保育にはさまざまの形態があること。第二，学童保育は学校が終った子どもが利用するので学校・ＰＴＡと深いつながりがあること，第三，地域の児童のための諸活動と校外活動としては，同じ点にたっていること。第四，文部省が，留守家庭児童会を校庭開放へ解消する動きをもっていること。

学童保育を地域にねざして発展させていくためには，これらの問題をどう考えねばならないかを明らかにしていくというねらいをもって，第五分科会は，計画されました。

(2)参加者の要求　学童保育を実践する中で

(イ)学童保育児童と一般児童との関係

(ロ)共同保育は，必要にせまられた特定の人から運動が生れる。この共同保育の改善運動の中で，地域の中へどう根ざしていくのか。

(ハ)流動的な子どもを組織するために地域へどう働きかけねばならないか。

(ニ)子ども会と学童保育の関係。

(ホ)児童館活動と学童保育の関係

(ヘ)文化活動（親子劇場，読書など）と学童保育活動をどう結びつけるか。

など，たくさんの要求をもって，子どもを守る会，教員，自治体労働者。セツルメント施設，学生，児童館職員，学童保育指導員，父母と各分野から参加し，子どもが自主的に活動できるところはどんなところかを討議されました。

(3)問題提起

＜京都の学童保育運動＞

京都市　「京都学童保育をすすめる会」などから要求運動が高まり，民主市政の誕生から（１９６６年）始められた。現在１６２校のうち２８ヶ所の公立学童保育所が設置されており，運営の主体は京都市民生局母子課が運営を学校や民間団体に委託している。

指導員の待遇，月給１５,５００円。１９７０年１月に京都市学童（保育指導員連絡会を発足。

特徴的な運動としては，

ｏ市原野学童保育所は，学童保育運動や，複式学級化反対運をとおして地域に「子どもを守る会」が生れる。

ｏ唐橋学童保育所は，ＰＴＡの民主化運動や学童保育運動をとおして「子どもを守る会」が生れる。

ｏ修学院・今熊野・朱雀第３などの学童保育所は，地域の新日本婦人の会の班が，積極的に運動をすすめる。

ｏ桂児童館は，新日本婦人の会「桂班」などが中心になり学童保育を中心とした児童館をつくる（市立民営）

福知山市　　１９６５年に，福知山市同和教育研究会が，同和教育運動の一環としてとりくみ，父母，母親連絡会，新婦人，自由労働組合，部落解放同盟教職員組合，京都府職員組合福知山支部，市職員労働組合などにより期成同盟も組織した。差別をなくす同和教育運動としてとりくまれているのが特徴。

現在，１８校のうち４ケ所の留守家庭児童会。

向日町　　１９６４年頃，保育所に子どもを預けているお母さん達から運動が生まれ，新婦人が中心となり運動をすすめる。

２校のうち２ケ所留守家庭児童会開設

指導員月収２万４千円。社会保険あり。

宇治市　　市教委によるカギッ子調査（１９６６年）により独自事業として「不在家庭児育成学級」を設置（１９６７年６月）

行政による恩恵的施策の色彩が濃かったが「子どもを守る会，木幡班」などにより運動がすすめられた。

現在，１１校のうち７ケ所，留守家庭児童会を設置し，宇治市教育委員会が運営の主体となっている。指導員の月収１６,０００円

長岡町　　６７年乙訓母親大会を契機に，母親と教組などにより始まりは教組の積極的な支援を得て運動がすすみ，「京都子どもを守る会」に運営協議会として団体加盟し「働く母親の学級」として「乙訓婦人学級」にとりくむなど，地域教育運動として発展しつつある。４校のうち４ケ所留守家庭児童会設置

運営主体は，長岡学童保育運営協議会。

指導員月収２８,０００円

舞鶴市　　６６年より父母から市に設置陳情を行い，開設へこぎつける。

２７校のうち１ケ所の留守家庭児童会。運営主体は舞鶴市教育委員会。

亀岡市　　１４校のうち２ケ所の留守家庭児童会

運営主体は，市教育委員会。

城陽町　　運動の経過

１９６８年２月，保育所を出た子どもが，学校へ入ってからも放課後の子どもの生活を保障するために学童保育を「育友会」へ地域の教育の問題として提起した。

育友会の補導部でとりくみ，町当局へ提出，１９６８年１１月町議会で「設置請願」を採択される。

１９６９年４月久津川，寺田地区に留守家庭児童会が誕生し，父母会も発足した。指導員は，城陽町職員組合に加入した。

また，８月には，久世小学校新設にともなり，学童保育所開設の要求運動を始めた。

これらの運動の中で，「学童保育とは何か」ということが明らかにされ，また，指導員の身分保障もすすみ7.４００円の月給制になった。しかし，７０年１月に，学童保育所を児童館に吸収する方針を発表し，４月より実施された。児童館における学童保育の位置づけを明確にしていなかったため，学童保育の子どもたちが面白くないということで去年の半分くらいにへってしまった。

学童保育担当者や，活動内容の確立の困難にぶっつかる。

児童館の中ですべての子どもを対象として活動するのではなく，当面，共働き家庭の子どもたちを中核として運営し，その上に立ってすべての子どもを対象にして子どもの組織づくりをすすめるべきだという方針をもっている。

今後の課題

(1)父母集団と指導員集団が働く仲間として一人一人の子どもを大切にするために力を合わせねばり強く運動をすすめること。

(2)子どもを育てていく責任は，親にだけでなく政府と自治体にもあることを事実をとおして具体的に明らかにしていくこと。

(3)父母集団・指導員集団の要求に正しくこたえる自治体の民主化をすすめること。

(4)父母，指導員，教師などを中心にし，新日本婦人の会や育友会などによびかけ「子どもを守る連絡会」の組織づくりをすすめること。

4.各分野における学童保育の問題点

①留守家庭児童会

空教室利用の場合，子ども達の放課後の生活の拠点の場となる児童会が，学校の中では解放感もなく，自分の場という安定感がない。また，学校内の設備，備品の使用の仕方，生活のルールなどいろんな形で問題がある。

「木」をみればのぼりたい。けれども「植物を大切にすること」「のぼるものではないこと」を教えられている子ども達は，欲求を押えられているのです。教師の立場から「学校にあるものはすべて学習のためだし，また，のびのび遊ばせたい願いは，学童保育指導員と同じだけれど，その場合でも安全第一として禁止している。下が芝生とか，落ちても大丈夫な状態なら不安はないが，現在の状況では学校としては，禁止せざるをえない」という発言が大阪から出されました。

けれども，学童保育指導員としては，木のぼりは，冒険心をもつ子どもにとって，まず楽しいこと，のぼれない子どもをのぼれるようにさせる集団的援助。その中でつくり出されるルールは，子ども達が互いに変化し高め合っていくのだから体験させたいという考えもあります。

つまり「植物」これは，学校では理科の教材ですが，学童保育では，それにとどまらず集団活動の教材に発展させていくことができるのだということが確認できましたが，学校内での留守家庭児童会では，規制が多すぎて子ども達の生活を豊かにさせきれないものがあるのではないかという不安が出されました。

㋺児童館の中の学童保育

児童館には，いろんなクラブがあります。クラブ利用の児童と学童保育利用の児童との活動範囲と交流が一番問題にされました。

①グループ活動やおやつの時，学童保育の子どもだけ特別扱いになってしまうので一般児童はあきらめてはいるが問題を感じている。（京都）

②児童館は，学童保育の専任指導員が配置されない場合もあるし，また職員の交替もあるので内容が高まりにくい。（名古屋）

③児童館は，働く婦人の要求で建られたものではないので，学童保育が，どう位置づけられるか不安である。（名古屋）

㋩公立学童保育所

指導内容も地域の学童保育で独自な立場でつくり出しにくいということと，父母会の設置も困難なことや，みんなでつくりあげ自主的にすすめてきたのではないので，地域との交流が弱い。（東京）

㋥共　同　保　育

行政側で学童保育を設置してくれるのをまっていては間にあわないということで，必要にせまられた父母が自主的につくりあげた学童保育です。つくるための場所さがし，設備の確立，指導員さがしをめざし，きびしく大きな運動が展開されていきます。

この点で，留守家庭児童会，公立学童保育所などとまた異った問題が出されました。

＜指導面では＞　父母と指導員が話し合って指導をすすめていきやすいし，子どもの立場にたった活動ができることや，子ども達から出された要求を組織化して個人や集団を高める指導が実践されやすいというよさをもつ。けれども，共同保育とは，学童保育の出発点です。だから，子どもの数がすくないことや，個人の家を開放してもらった家庭保育が多いことなどから，集団教育として実践することが困難であったり，地域の児童活動と交流しにくい弱さをもっているという悩みが，名古屋から出されました。

＜運動面では＞　共同保育は，前記したように，父母の力を中心にしてつくられたものです。その中で運動をはじめる段階で，学童保育は単に共働き家庭の子どものいわゆるカギッ子対策としてでなく，婦人労働を保障すると同時に，地域児童の放課後の生活を守り，かつ，教育運動の一環であることを確認しました。教組，ＰＴＡ，地域の民主団体に働きかけ共に運動をすすめてきた地域にくらべ幅広い運動にすべきだとわかっていても，地域住民の理解と協力体制がととのうのを待っていては，まにあわないということで利用者父母だけで運動をすすめたので地域からうきあがり協力がえられないという問題をかかえている地域（学童保育所）がありました。

5.めざす学童保育像

私達が，地域にねざした学童保育にしようと語り合っても，子どものためにはどんなものがいいのかを明確にし，意志統一していなければ，外的条件にだけとらわれたり，それぞれの立場でしか語りあえなかったりという誤りを生み出すのではないかということで，私たちのめざす学童保育像を確認しあいました。

行政，地域性が異なることにより学童保育の形態，現状は，さまざまだがまず，共通していなければならない大切なことは，集団のうけとめ方である。

おおぜいの子どもが，かたまっているのを集団とはいわない。みかけは，バラバラでも，そこに集まる一人一人が働きかけ，かかわりあってる姿が本当の集団ではないだろうか。

そして，集団が組織されているところでは，指導員が中心でなく，指導員と子どもが一体になって学童保育を運営している。

＜学習＞ 教科書中心の学習をする学校とちがい，学童保育は生活にねざした学習を実践できる。

＜遊び＞ 子どもが一番自主的に参加できるものであり，子どもがつくりだすあそびを組織し，援助していくことが集団のすばらしさである。

学校の中で学力のおくれやなにかで問題とされている子どもでも，自分の場をもてる学童保育の中では，すばらしい面を出している。

又，指導員も，一人一人をたんねんに見ることができ，それが，子どもの可能性を発見しのばすことにつながっているのです。

この点から考えると，重要なことは，建物そのものではなく，子どもの自主性を育てる活動とは何か。実践する場をいかに確立させるかではないかと，協議会の西元さんより助言されました。

6.児童館の役割と矛盾

児童館とは「児童厚生施設として3才以上の幼児または小学生1～3年の学童で家庭環境，地域環境および学友関係などに問題があり，指導者を必要とするものの健全育成を図る」。というものです。学童保育は，これに該当するとして児童館内で実施されているわけです。けれども，現実には，児童館内で学童保育を実施しているところは少ないし，また，実施していても，月曜休館，かばんの持ちこみ禁止，専任指導員は配置できず，専用室も確保できない現状です。

こういう中で二通りの意見が出されました。

(1)児童館は，児童福祉法に基き設置され，すべての児童の健全育成をめざすということではあるが，共働き父子，母子，自家営業など働く者の立場からの要求を満たすという意味では弱いので，館内に学童保育を設置することは不安である。

(2)学童保育だけでは，閉鎖的になりやすいので，児童館内に設置した方が，一般児童と共通の活動ができ，また，つくる段階でも，地域の児童の問題として展開できるので運動は大きくなりやすいのではないか。

また東京の場合は，

空教室利用の弊害が叫ばれるようになってから児童館を建てる時は，学童保育を併設するという都の指導により，最近，児童館に，学童保育の専用室を設け，専任指導員をおくところが増加してきています。

また指導員問題にしても東京都学童保育指導員労働組合ができてから，正規職員化の要求が強くなってきましたので東京都としては，児童館の職員にすると正職化しやすいと考えているようです。けれども，この場合，児童館職員と勤務体制のことで大きな問題がでてきます。

児童館職員から（東京，北区）は

学童保育なりの素晴しさはあるが，一般児童とつながりが欠けた活動であることから東京都は，学童保育を児童館への吸収案を出したが，北区児童館会議の中では，反対論がでている　という発言がありました。

児童館が悪いとか不必要だということではないのです。

問題なのは，児童館にかたがわりをさせ積極的にとりくまない国，地方自治体の施策のなさであること。

児童館は，大切だけれど，本来の児童館の機能を果しきってないことと，働く者のその子どもの要求をくみあげていくものではないことが問題だということが，話し合われました。

### 7.校庭開放が意味するもの

校庭開放令が出てから留守家庭児童会が解散されたが，なぜ，そうならざるをえなかったかを学習したいという要求が大阪から出されました。

文部省は，４６年度の予算で留守家庭児童会の予算を計上せず，これを「校庭開放」と同一視するという意向をもっています。

理由として「学童保育をつくったが利用者が少ない」「特定の子どもだけでなくすべての子どもを守る必要がある。」「一般児童と同じ扱いをさせておくほうが，差別的な目でみられない」。などをあげています。

けれども，校庭開放は，子どもにどんな影響を与えるかを問題にされました。

たとえば，ピオネールのような形で，民主的な組織をつくり，子ども自身自主的に活動できる場が保障され，指導員が配置されるなら校庭開放でも期待できるけれど，今の日本の場合，ただ校庭で自由に遊んでいいというだけになるのでこのままではいけないという意見もだされました。

8.地域に根ざす学童保育

共働き家庭の場合は，学童保育が放課後の児童の生活の根拠地であり，一般児童は，家庭が根拠地になります。
だから，共働き家庭児童は，“ただいま”と学童保育へ帰ってきて，この根拠地を中心にして児童館や校庭へあそびに行き，一般児童と交流をもち活動する　　学童保育と児童館や校庭開放との関係は，こういうものでいいのではないかという質問が名古屋から出されました。

しかし，助言者，宍戸先生から

学童保育は，単なる，かばんの置き場であってはならない。つまり，学庭の代償的なものではなく，生活権，教育権を保障するものでなくてはならない。
安心して働けるように預って欲しい，子どもが，のびのび生活でき解放的で暖い集団であって欲しいという素朴な要求をうけとめねば発展はしない。しかし，それだけでは弱い。遊び，労働，文化活動を主体にし，まわりの環境に働きかけ，かえされつつ環境をかえていく学童保育をつくっていかなければならないという発言がありました。

また，現在，学童保育は低学年だけが対象になっているところが多いが，このように素晴しい集団で育った子ども達は，どう変わっていくか，そこまで責任をもつべきではないだろうかということも問題にされました。

神奈川県愛泉ホームでは，学童保育は，低学年だけを対象にしているが，地域の児童の放課後の生活が守られていないことは一般児童もかわりがないので，上級生（学童保育を出た児童も含めて）を中心とした。学習，クラブ活動を通して子どもを組織している。
学童保育も，総合福祉センターの一部になることが望ましいという姿勢をもっています。

また，東大阪市の長瀬北小学校の学童保育の子ども達は，地域の子ども達が建物の中で遊ぶのを最初は，いやがった。とくに雨の日など，多くの子どもがあそんだり，中学生などがくるとリードされるので自分達の場がなくなるということで，雨の日は，大きい人は仲間に入れないということを話し合いできめた。けれども，この中で子ども達が発見したことは，大きい人が仲間に入ると遊びがおもしろいということでした。遊びの中で評価することにより地域の子どもの交流をもとめたのです。

このように，地域の子ども（とくに学保を出た子ども）は，子ども集団のリーダーとなれるよう指導を続けていく活動をしなくてはいけないのではないかと確認しました。

九州から参加された方が，東ドイツを訪問した時のことを話されました。
東ドイツでは１９６２年より午後からの学校として学童保育が実施され，一般児童は，午前中で授業が終り共働き家庭の児童は，午後この教育をうけるのです。指導員になる人は，母親の中から希望者をつのり，2年間国の指導をうけるそうです。

現在の日本では，ここまでのぞめなくても生活に根ざした教育を実践できる学童保育を地域の運動にして育てていかねばならないことを学習しました。

## （アンケートから）

「様々な立場から，熱心に討議されたことに大変感げきしました。もう少し多くの人に話していただきたかった。地いきの人々とどう結びつくかという点がまだ不充分のようだ」

＜大阪　教員（25才）女＞

「実践例に基き，参加者全体が「自分ならどうするか」という立場になって考えられたと思う。私自身は実践はしていないけれど，十分話し合いの中にとけこめた，実践報告だけでなく，討論にまで進んで，意義があったと思う」　＜愛知　厚生（20才）女＞

「討論の柱えてた司会者団で提示しそれに従って報告や意見を出すようにしたらよかったと思います。又，一致点などは確認して整理していけば，次の集会の土台になっていくと思います」　＜三重　教師（39才）男＞

「現実の中でぶつかっている困難さを出し合いながら中味を充分に話し合えた，実践の交流の中から本来のあり方をさがしていく手だてがわかったような気がします。母親，指導員のつながりが大切だと思いました。

＜東京　指導員（25才）女＞

「記念講演は私たちに展望を与えてくれた。分科会は大変べんきょうになった。今後，学童保育をつくる会でがんばりたい」

＜兵庫　父親（33才）男＞

＜学童保育に関する文献紹介＞

「学童保育物語」公文昭夫，今城ひろみ著　—労働旬報社—

「よりよい学童保育のために」—1968年版—　—学童保育連絡協議会—

「働く婦人と保育所」—労働旬報社—

「あめんぼくらぶの子どもたち」—鳩の森書房—

「子どものねがい親のねがい」—鳩の森書房—

「学童保育研究集集会報告集」—学童保育連絡協議会—

「全国学童保育ニュース」—学童保育連絡協議会—

# 全国 学童保育ニュース

NO. 35
1部 30円

1970.11.10
学童保育連絡協議会　発行
東京都千代田区神田小川町3－5
Tel(03)293－7573　振替東京21951


## 学童保育連絡協議会総会報告

## 運動の発展のために，一人が一人の会員拡大を

さる10月10～11日に名古屋で行なわれた第5回学童保育研究集会は，20都府県から，400名以上が参加し，今までになく熱気のこもった集会となりました。

今回の研究集会は，初めての地方集会ということもあって，全国協議会と各地（神奈川，愛知，京都，大阪，広島）協議会とで実行委員会をつくり，準備されましたが，各地で組織的に取組まれたことが，集会を成功させる大きな力となりました。とくに京都では，集会参加の取組みとあわせて，京都府全体の連絡協議会づくりにも取組み，カンパ24万円を集めるなど，精力的かつ模範的な取組みをしています。参加者の内訳はおよそ次のとおりです。愛知100名，大阪71名，東京50名以上，京都50名，兵庫，神奈川，埼玉各20名弱，その他奈良，三重からの参加が目立ち，初めての参加として富山，石川などがありました。

集会の裏方一切を引受けてくれた愛知県協議会の仲間たちは，会場の日本福祉大が，学生紛争で使えなくなり，前日になって会場変更するなど，まことに御苦労さまでした。

学童保育連絡協議会としては，10日夜総会を行い，今後1年間の活動方針を決め新役員を選出しました。

### 1970年度活動方針

今日，働く母親の激増のなかで，学童保育に期待をかける父母の声はますます増大しつつある。具体的には，各地の「学童保育をつくる会」の増加，協議会への入会者や照会・助言依頼の増加，また，保育関係研究集会や母親大会，子どもを守る文化会議等の「学童保育分科会」への結集度と，参加者の発言・報告で，運動の高まりを知ることができる。

しかし，政府のめざす新しい国家主義と海

外進出政策のなかで，国民生活は，みせかけの繁栄と平和とはうらはらに，公害・物価高・低賃金と絶えず犠牲を強要されている。なかでも働く婦人の権利・働きたい婦人の要求は，奪いとられ無視されつづけている。このなかで，政府とそれに追随する自治体は，多くの国民の要求であり，政府・自治体の責任である「学童保育」の課題を，無視ないしはねじまげようとする姿勢に終始し，今日この姿勢はより強化されようとしている。すなわち，

＊　「婦人は家庭に帰れ」の思想攻撃は巧妙美名のもとで，学童保育を校庭開放や児童館へ解消・すりかえる傾向が強められ，文部省は，４６年度予算では「留守家庭児童会」の予算を組まず，校庭開放と同一視していこうとしている。

また，子どもたちをめぐる教育・文化状況も，中教審や社教審の答申が示すように，人的能力開発政策による差別と選別の教育，軍国主義化の偏向教育が強行されようとしている。加えてマス・コミの害悪，増大する交通災害，失なわれる自然と遊び場，これらのなかで，無限の可能性を持つ子どもたちは，発達する権利さえ奪いとられようとしている。そして，ややもすれば，私たちが今までに，実践と研究のなかで創りあげた，学童保育の指導内容も否定されることになりかねない。

以上の情勢のなかで，私たちは，今日までに残した成果に学び，弱点を克服して，今後一年間，次の方針にもとづき，実践と研究にとりくまねばならない。

## １，小学校区毎に学童保育所をつくる運動をいっそう発展させる。

各地ですすんでいる運動の連けいを深め，政府や自治体の構想や考え方などの調査を含めた情報交換につとめ，資料を整備し，協力体制を強化する。

現在，本会が発行したパンフやニュースは，重要な資料や手引きとして多くの人たちに読まれ，運動の助言を求める人も多くなっているが，これは，本会が学童保育の専門研究団体として位置している結果である。私たちは，この自覚と責任において「つくる運動」の推進力としての力量を充実し，運動の担い手にならなければならない。

## ２，よりよい学童保育をめざす運動と研究を充実させる

現在の学童保育は公立，私立，共同保育と多様で，公立の中にも留守家庭児童会，児童館施設，学童保育と様々である。私たちは，すべての施設が公立であることを要求する。そして，公立では「救済事業的発想」に反対し，真に子どもたちの発達を保障するにふさわしい施設であることを求め，その運動を展開し，希望者全員が入所できる条件確保の運動にも努める。私立，共同経営の学童保育は，早急に「公立」となるか，大巾に補助金を獲

得するよう努める。以上の運動をすすめるために，学童保育の場所，施設，設備，備品などの専門的研究をも深める。

### 3，学童保育指導内容の実践・研究活動を拡大・深化する。

施設はできたが子どもが集らない。父母からは指導に対する苦情がでる。全国的にみると，多少こうした傾向のあることはまぬがれない。この原因を指導員の責任にのみ解消させてはならない。指導員と父母の共同の問題としてとらえ，真の原因を追求し，子どもたちの可能性を全面的にひきだし，発達させるための指導のあり方を研究しなければならない。この実践と研究が，「つくる運動」「改善運動」に大きく作用することを自覚すべきである。

今までに得られた成果を，多くの父母・指導員に普及浸透させるとともに，より深くチ密な実践・研究を計画的・系統的に，ひとりひとりが，または集団的にきわめていかなければならない。このことが，政府や自治体の学童保育観を打破る本質的な力となり得るからである。

### 4，組織の強化と拡大をはかる

学童保育に期待する人たちの増大からみるとき，私たちの会への結集はまだまだ少ない。個人会員にしても，団体加入にしても，私たちの積極的な働きかけによって倍増は不可能でない。今後一年間，活動計画を具体化するなかで，会員ひとりひとりが行う日常活動の中で，会員数を2倍にしなければならない。

また，会の質を高め，力量を強める必要は情勢が具体的に教えている。そのためには，会員ひとりひとりの学童保育理論と実践を高め，会活動をより活発にする必要がある。

### 5，活動計画

イ，会員は各地域における「連絡協議会」づくりに力をつくす。

ロ，政府や自治体の動向，各地域の運動の実態，各施設の現状など，学童保育に関する資料の蒐集と調査を巾広く的確に行うように努力する。

ハ，父母会員は指導員と連携を深め，指導員の身分保障や待遇改善の運動に協力・援助する。

ニ，指導員は父母会づくりや父母会活動に協力・援助し，クラブにおける子どもたちの生活や指導内容を，定期的に知らせ，指導についての研究会等を組織する。

ホ，父母と指導員は協力して，学校教師や地域の諸団体・個人に協力を呼びかけ，学童保育の新設運動や改善運動にとりくむと共に，学童保育に対する周囲の理解を深めるための学習会等を計画する。

へ，研究部が開催する月例研究会の内容充実につとめると共に，オルグ活動のできる指導者の養成を行う。また，各地域における研究会活動を活発にするための援助を行う。

ト，学者研究者の援助によって，会員の理論水準を高め，実践・運動への力量をつける。顧問ないし講師団編成等を考える。

チ，研究と運動の成果を普及・浸透させるための学習会の開催や，刊行物の編集に工夫する。（パンフ第3集の発行。学童保育の理論と実践に関する単行本の編集）

リ，月刊ニュースの定期刊行と内容の充実。

ヌ，運営委員会，常任運営委員会の確立と定例化，常任運営委員会に必要な専門部を設置し，執行機関的機能を強める。事務局体制の強化。

ル，年一回，全国規模の研究集会の開催。

オ，全国および各地域における民主的な組織や団体，または諸会合に，活動方針が示す方向で参加する。

ワ，関係ある諸組織・団体との交流を深め，会の目的のめざす方向で，協力提携活動を行う。

カ，児童館職員，校庭開放指導員など，子どものための施設で働く人びととの交流を深め，運営や指導のあり方などを追求していく。

## 6，協議会の体質を明確に

連絡協議会という名前ながら，実質的には単一組織の研究協議会的な本質になっていることと，各地に府県単位の連絡協議会がつぎつぎに結成されていき，これとの関係が複雑になっていく（例えば会費の二重納入など）ことから，本会を個人加盟を原則とする研究協議会に変え，会員は各地協議会における中心活動家，推進者となっていくよう義務づけるような。体質および名称改善を，発展の方向で検討する。（これについては，研究協議会となると，研究が中心になって，運動がおろそかになるんじゃないか等の反論が出され さらに，各地協議会や全国的な運営委員会等で検討を進めていくことになった。）

## 新役員を選出　（敬称略）

会長：近藤亮三郎

副会長：松本さちえ
ほかに，愛知，京都，大阪の協議会から各1名を選出

事務局長：西元昭夫

運営委員：各府県単位に1〜2名を選出してもらい，東京都は数名を選出する。

### おねがい

活動方針にもありますが，会員拡大をお願いします。次頁に協議会申し合わせ事項と，入会申込書を刷り込みました。なにとぞ，御活用下さい。

# 運営委員会報告

1971.1.1.

学童保育連絡協議会事務局

明けましておめでとうございます。

昨年中にとうとう報告できなかった運営委員会（12月20日）の結果をお知らせします。当日の出席は、岩手県、埼玉県、神奈川県と、東京からは指導員労働組合、港区と練馬の父母会から代表が出席しました。

## 1、常任運営委員の選出

次回総会までの間の日常活動を検討し仕事をすすめていく常任運営委員を次のように選出しました。

東京都より——○指導員労働組合よりブロック毎に数名選出。
○父母代表として、港区（荒井聖子さん）、葛飾区、渋谷区（公文昭夫氏）より選出。各1名
○三多摩学童保育連絡協議会から2名選出。
千葉県より——船橋市高根台・菅野昭代さん。
埼玉県より——春日部武里・桑野義男さん。ほかに福岡町より1名。
神奈川県より—横浜市明神台・中村雅子さん
従来の事務局より—松本ちさえ、太田イネ子、河野みつ江、大塚達男、西元昭夫の各氏。

## 2、事務局体制のけんとう

常任運営委員会に「企画・事業部」「情宣部」「組織・財政部」「研究・調査部」を設け、常任運営委全員が何れかの部に所属し、仕事をすすめますが、各部の代表で事務局会を構成します。

そのほかに、かねてから要望のあった、事務局に専従者を置くことについて、けんとうしました。

専従事務局員を置くことについては、事務局長より財政の現状（別表）と4月より半専従者（週3日半日から出発）を置くために、会費の完納と会員およびニュース購読者の拡大の提案があり、これをもとに話し合いました。

話し合いのなかでは、全国協議会と地方協議会の二重加入問題があらためて問題になりましたが、大阪からは「具体的な問題は大阪の協議会に援助をもとめるようになっており、全国協議会が疎遠なものになる傾向がある。全

国協議会に何を求めるかを、あらためて明らかにせねばならない。大阪としては、各地協議会の上に積み上げられた単一組織として考えた方がよいのではないかと話し合われているが、今大事なのは各地協議会を拡大・強化することである」という発言がなされました。

そして、大阪のような条件―具体的援助は地方協議会で処理し、独自でニュースも発行する―は、各地協議会が強化されるにつれ、他地方でもやがてそうなる可能性があるが、一方では、全国協議会と直結しニュース等を送ってもらった方が、より有効である地方もまだあるので、二本だても考えたいということになり、結論としては、つぎのようになりました。

① 全ての学童保育クラブに、協議会会員が最低1人はいるような条件をつくりだそう。つまり未組織をなくするよう努力する。

② 全ての会員が、まわりにニュースの購読者をもとう。会員がクラブの父母または指導員にニュースを拡大し、話し合いが持てる条件をつくりだす。

③ 大阪など、地方協議会の活動が進んでいるところでは、地方協議会への会費の何%かを上納する体制を考え、何%位の上納が可能で適当かをけんとーしてみる。

④ 以上のことを2月いっぱいに取組んでみて、専従体制を最終的に決める。二重加入、会費上納%等も、それまでに各地協議会でも話し合ってもらい、そのときに結論を出す。

☆協議会財政現状報告―― 4～11月の平均　月間収支

| ＜収入＞ | | | |
|---|---|---|---|
| 会費 | 11,500 | 事務所・電話代 | 2,900 |
| ニュース等売上 | 2,720 | 事務費・雑費 | 720 |
| べんきょう会会費 | 730 | 会議費（会場、交通費） | 950 |
| 本販売利益金 | 3,720 | 分担金（他団体加盟費など） | 500 |
| 寄附（共同募金会） | 10,670 | 行動費（主に各集会に本販売にいく費用） | 360 |
| | | ニュース印刷費 | 8,850 |
| | | ニュース・本発送費 | 5,630 |
| | | 事務局手当 | 5,000 |
| | | 〃　定期代 | 2,400 |
| 計 | 28,670 | 計 | 27,310 |

会費の未納は約126,800円で、月平均10,560円の未収金となります。

支出はこのほかに第5回学童保育研究集会用の持出し分として95,560円があり、これを月平均にすると12,000円になります。

協議会財政の現状では、会費を完全に回収し、学童保育研究集会を独立採算制とした場合、月に約11,920円の余裕金が出てきます。しかし、4月から半専従を置き、また、常任運営委員会の活動費や、運営委員会の交通費等を考えると現在の支出に20,000円プラスした、47,000円位の収入は必要となります。

この20,000円の増収は、ニュースの購読者300部＋新入会員（個人）50名で達成できます。

3、活動計画の具体化

つぎに、総会で承認された活動計画についてけんとうしました。

A) オルグ活動のできる指導者養成

さいきん、各地のつくる会や父母会などから、助言者派遣などの要請が増加しており、これに応じられる人を多くする必要があります。中央では差し当って、常任運営委員会の度に、必ず学習をあわせて行うことにしますが、各地協議会でも、活動家の養成を考えて下さい。

B) 学童保育指導員学校の常設

学童保育をふやしていく上からも、学童保育の場ですぐれた指導実践をつくりだし、学童保育の意義と理解を広げていかねばなりません。しかし、子どもの指導は、頭で理論がわかつたからできるというものでもなく、一般理念だけでなく、具体的な理論と技術の習得が必要です。しかも、学童保育にぴったりの養成学校等はまだ存在していません。したがって、月何回か夜行うとか、夏休みなどに集中して何日間か開くなど、いくつかの方法で、指導員学校を開設したい。各協議会からの意見をお寄せ下さい。

C) 顧問、講師団の編成

指導員学校や各地で行なわれる集会の講師として、すぐ依頼できる先生方を、顧問・講師団としてお願いしようということになりました。とりあえず、今までに協力をお願いしたことのある先生方をあげてみました。各地で適当な先生がいらっしゃったら追加して下さい。

〈民間教育団体〉－敬称略－

全生研ー城丸章夫
日生連ー鈴木孝雄
日作　ー田宮輝夫
新体連ー伊藤高弘or他
全幼教ー西or渥美
新しい絵ー箕田源二郎
~~版画教育ー大田耕士~~
版画教育ー大田耕士
演教連ー冨田博之or他

〈児童文化〉
　児童文学者協会－古田足日
　日本子どもの本研究会－代田昇
　造形　－井内定夫
　あそび　－加古里子

〈保育関係〉
　全社協－近藤しげき
　東京保育連－三輪

〈学童保育〉
　塩屋アイ　　小山研一
　松本ちさえ
　大塚達男
　佐藤エカ
　早乙女勝元

〈大学・他〉
　社大－鷲谷善教
　日福大－浦辺史
　愛知大－宍戸健夫
　　　　－小川太郎
　民研　－深谷鍋作
　守る会－羽仁説子
　婦人問題－橋本宏子
　国研　－藤田昌士

〈総評〉
　福祉－公文昭夫
　婦人－高橋菊江

〈注〉京都、大阪にも適当な方がいらっしゃると思いますが、追加して下さい。

D) 出版活動－どういう本が必要かを話し合いました。

- 今まで都会中心の内容のものだけだ、農村の実態にそくしたものがほしい。　各分野で「あめんぼ」的に深められたものを、
- 各地で小冊子をつくり、それを全国的にまとめていく。
- 子どもと親を勇気づけるもの－現実に学童保育の子どもはしっかりしていると評価されているが、孤立化とのたたかい、集団の中での成長をえがいたもの。子どもの変化が親の変化をうながした例など。
- そのような成長はなかなか書いてもらえない。聞くのがせいいっぱい。聞いてまとめるという作業が必要だ。

E) その他－次のことを決めました。

☆クラブ間、子ども同志の交流を積極的に進める。

☆クラブの見学をかねた、交流会や学習会、会合等を計画する。

☆運営委員会参加の交通費は、従来どおり協議会で負担する。

☆東京都学童保育連絡協議会の結成を早急にすすめる。1月末から2月初旬目標に。

－以上－

# 全国 学童保育ニュース

NO. 36
1部30円

1971.2.20
学童保育連絡協議会　発行
東京都千代田区神田小川町３－５
Tel (03)293－7573　振替東京21951


## 子どもの中の学童保育を掘り起こそう

### ――明神台の子どもたちに学んで――

### ＜学童保育へのちゅうもん＞

５年　諌山まり

今，学童保育のたってるばしょは，学童保育のたつ前，竹やぶだったところで，43号かんの子どもらや，ほかの，号かんの子たちの人気ものだった，そうだ。そこへ，学童保育の　たてものが，子どもたちの　目の前でドカン！と　たってしまったので，しばらくの間，子どもたちは，がまんに　がまんをして，見ていたが，ついに，がまんが　できなく　なり，学童保育がたって　しばらくして石をなげて，たてものを　こわそうと　したりした。

わたしは，こんな　ことを　された時，そうか，おとなだけだと思ったら，子どもたちまで，学童保育を　反対していたのか……とか，学童保育が　たったおかげで，たくさんの子どもの，あそびばが，なくなってしまって，ほんとに，いけないな……という２ッの考えが　まざって，とっても　かなしかった。

でも，少したって，犬おばさんや（近所のおばさんで，よく叱られた）子どもたちも，わかってくれた　らしく，おばさんたちは，いじわるを　しなくなって　子どもたちは，ほかの所で　あそぶようになった。

でも，おばさんたちや　子どもたちは，ほんとうに　学童保育を　りかいしてくれたのか……いや　それは　ちがう。まだ三分の一くらいしか　りかいしていないと思う。

三分の三，つまり，全部　りかいしてもらわなくては，いけない。全部りかいしてもらうと　学童保育のみんなは　いやなめにもあわなくって，いいし，もっと　もっと　たくさん，学童保育を　つくって，大ぜいで生活し，私みたいに，学んだことを，下の人たちにまで　教えて　あげてあげれば，いいと思う。こんなに　なるためには，まず，43号かんの人々，明神台の人々，かな川けん，

日本じゅう　の人々，世界じゅうの人々としらせていく，りかいしてもらわなくてはだめ。

　このためには，一ばん小さい 43 号かんの子どもたちに　りかいしてもらわなくてはならない。時々，センターによんで，いっしょに　ゲームしてもらったり，学童保育でなにを　学ぶかを　おしえて　あげて　少しずつ，りかいしてもらったら　いいんじゃないかな。

　そうなって，子どもたちが　りかいしたら，おとなたちも　少しずつわかって　もらえる。

　私の　ちゅうもんは，子どもたちに，ゲームをいっしょにしてもらったり，いろいろ学童保育の生活や　学んでいることをわかってもらう，つまり，少しの時かんでもよいから，いっしょに，生活して　もらうということだ。

　横浜市・明神台学童保育の子どもたちは，今年，新年にあたって，学童保育への注文を書いた。ここに紹介した作文は，そのとき，諌山まりちゃんか書いたものです。

　私はこの作文を読まされて驚いてしまった。とくに，明神台から世界中へ広がり，また，足元の４３号館が出発点だと，きちんとかえってきている思考の適確さに感動した。学童保育を世界へ広げねばならないという自信にも感心した。

　指導員の中村雅子さんの受売りじゃないかと疑ってもみた。そこで，まりちゃんの他の作文も読ましてもらった。この２年間に書いた作文・詩は８０点を越していた。まりちゃんだけでなく，ほかの子ども達も，やはり同じ位の作文を書いている。その作文の殆どに中村さんの返事・感想が書いてある。つまり対話が行なわれているのだ。子どもたちは，その返事が嬉しくて，せっせと書いたという。

　その例を，やはりまりちゃんの作文から紹介してみよう。

### ＜平和のくる日は，いつ＞

　２５年前の，今日，空が，さけ，おそろしいげんばくがおちた。

「水を，水を下さい……。」

人々は，苦しみ，さけび，つづけた。

アメリカ人……あなたたちの，体の中には，あたたかい，赤い血は，流れているの？

あたたかい心は，あるの？

　せんそうは，２０万人の命を，とった。

　せんそうは，にげた。

あとにのこったのは……あとにのこったのは，体も顔も，めちゃめちゃに，された人々が残った。

　ひどい……あまりにも，めちゃくちゃだわ！

せんそうは，それだけでは，すまなかった。

今は，手をのばし，ベトナムまでも手を出した。へいわは，せんそうと，たたかって，まけた。（８月６日テレビを見たあとのもの）

＜中村さんの返事＞

まり，たしかに戦争はおわってないわね。へいわは，自分の利益だけを考える人にこわされる時もある。でも，完全に負けてしまう時はないと思う。この世の中に，いのちを大切にする心のある人がいる限り，必ず，戦争と，平和をこわす人々とたたかう人がいると信じています。先生もその中の一人になりたい。ならねばいけないと思ってます。たとえ，今，その仲間が少なくても，努力したいわ。

なかにはこんなのもある。

＜中村先生は＞

中村先生は，やさしく，きれいだなァ。
中村先生は，いいなァ。
おせじじゃないよ。
若いからなァ。
いいなァ。
学童保育の先生で。
いいなァ。
だから，私，先生，大すきなんだなァ!!

＜中村さんの返事＞

まりちゃんにほめられたら
はずかしくなるな。
まりちゃんに，ほめられても，はずかしくないように，がんばるね。
学童保育の先生になって，本当によかったと思ってる。

そしてまりちゃん自身，学童保育を，つぎのように感じとっている。

＜学童保育で＞

学童保育で，おたんじょう会をした。
学童保育で，えんそくへ行った。
学童保育で，キャンプをした。
勉強をした。いろんなことをした。ゆうちゃんが入ってきた。二学期になった。
考えてみれば数えきれないほど，いろんなことをした。
そして十才になった。

＜みんなといっしょ＞

みんなといっしょの方が楽しいや。
先生もいるもん。
勉強できるもん。
たのしいや。
だから悲しいことがあっても，フー！とふっとんじゃう。
悲しいときは，あたたかい春風がふくんだ。
いつもいつも春みたいなんだ。

まりちゃんの作文を，つぎつぎに読んでいくと，「せんそうについて」という凄いものから，「弟といっしょの時」という，お母さんの帰りを待ちわびる寂しいものまで多様だ。そして，全体を流れているのは，素直なのびのびした姿勢だ。何でも言えるんだ！　それを聞いてくれる先生がいるんだ！　という安心感だ。だからこそ，まりちゃんは，もっと多くの子どもたちが，学童保育を利用できればよいと，はっきり言い切っているのだ。世界中に誇示できる自信をもっているのだ。

## 集団が生みだすエネルギーに驚く

巻頭の作文について，指導員の受売りじゃないかと疑ったと書いた。それは一面事実だ。中村さんは，自分はこう生きたい。子どもたちもこう生きてほしい。と思うことを，ズバリ，ズバリ，子どもたちと対等に話し合っているからだ。子どもたちは，そのことから，たくさんのことを学んでいると思うからだ。

でも，作文にあらわれてくるのは，ただの受売りではない。それらは，子どもたちの体を，子どもたちの頭を，そして子ども集団の葛藤の中をくぐり抜けて，再創造されているのだ。決して借りものではない。

私は，明神台の子どもたちに，多くのことを学んだ（いま，それを紹介する余裕がないが，明神台の実践の1部が『保育の友』3月号と『子どものしあわせ』4月号より3回に紹介される）。私の直接の体験で言うと，夏休みの1日，子どもたちと紙版画を楽しみにでかけた。各人がつくりあげた版画を合評したが，その批評の的確さにまず驚いた。経験を十分積んでると思われた。ところが，それからいくらもたたないうちに，こんどは自分たちだけで共同製作にとり組み，2組に分れて全紙大の版画をつくりあげた。そして年末から今年へかけては，自分たちの生活を表現した版画カレンダーづくりに取組んだ。3色刷りのできばえも立派で，売ってほしいという希望者が続出しているそうである。

ここまで発展した蔭には，中村さん自身の版画の独習と研究が大きな支えになっているようであるが，たった1回の導入から今日までの成長のテンポの早さと，エネルギーの凄さは，今まで指導して歩いたクラブには，ついぞなかったことである。やはり，自主的集団づくりが進められてきた，この2年間の生活がつくりだした底力のせいであろう。そこでは，1人ひとりの能力や力の限界を越えた大きなエネルギーが生み出され，そのエネルギーの渦の中で，1人ひとりはまた高められていくのだ。

## 子どもの声で学童保育の良さを伝えよう

最近，行儀はよいが自主性のない子どもがどんどんつくられている。中教審構想の進行は差別・選別を強化し，さらに子どもたちはバラバラにされ，共同することの楽しみとそしてこの貴重な体験を知らないままに育てられていくだろう。いま，これらの子どもたちを，自分の要求を持ち，自分の頭で考え，自分の意志で行動できるように変えることが，何よりも大事だと考えるが，そのために，学童保育の子ども集団がつくりだしたすぐれた実践は，まりちゃんが言っているように，他の子どもたちのものにもしていかねばならないだろう。

そのもっとも有効な手段として，子どもたちの声で，行動で，学童保育の良さが，自主的な集団生活の素晴らしさが語られるべきだろう。子どもたちの中のこのような学童保育を大胆に掘り越こすことを提唱したい。

いま，横浜市では，このほど発足した「横浜市学童保育連絡会」の発会式が準備されている。母親たちは，発会式を，子ども連れで気楽に参加できるものにしたい。これから学童保育を利用する母と子に，学童保育の中身を知ってもらう会にしたいと話し合った。

これを受けた学童保育の子どもたちは，「自分たちのお父さんお母さんでさえ，自分たちが学童保育をどんなに好きかを十分理解してくれていないのに，学童保育の紹介は大人にまかせてはおけない」と話し合い，クラブ毎に，自分たちの生活を劇にしたものや，自分たちのつくった紙芝居などを発表することにして，練習に励んでいる。そして，この子どもたちの活発な動きに刺激されて，重い腰をあげつつある父母もいると伝えられている。再び言う，子どもの中の学童保育を掘り起こそう！

## 子どもの中の学童保育とは何か

はじめに紹介したまりちゃんの作文を読んで，私たち部外者は素晴らしいと思う。ところが中村さんは「初めの頃の子どもや私たちが置かれた苦しさを思い出し，涙が出る」という。そして「そんな体験をくぐり抜けてきた子ども達が，こんな作文を書くのはあたりまえのこと，特別なことではない」という。たしかにそうだろう。

私たちが〃子どもの中の学童保育を掘り起こそう〃という場合，学童保育の優れた実践を，良い例を，子どもの生の声で伝えていくことだけにとどまってはならない（このことは，学童保育の果す役割が十分認識されていない現状では，特に重視されねばならないことではあるが）。学童保育の欠かんも含めて，子どもが，学童保育をどう受けとめているかを引出すことだと思う。

引出す方法も，作文を書かせるとか，話し合いをさせるとかだけではない。子どもの何げない言動，あそびの中から，子どもの考えや要求をどう汲みとれるか。そういう視点を指導員や親が持てるかどうか。そして，汲みとった子どもの要求や言動を手がかりに，子どもの自発性を育て自主的な集団にしていくことこそが，子どもの中の学童保育を掘り起こすことになろう。

その点で，中村さんが，自分を子どもにぶっつけ，その反応を子どもの中から引出していってることは，学んでよかろうと思う。子どもの自発性を尊重する姿勢でなら，指導員や親がどんなことをぶつけようとも，子どもは決して大人の言いなりにはならない。子どもはすぐれた自主性の持主である。このことを私は明神台の子どもたちに教えられた。(N)

＜第38回勉強会報告＞

# テーマ　集団づくりについて

■1971，1，28　記録＝河　合　恵美子

先月はボスの問題が多く出されました。ボスをどうみるか，悪い者と見るのか，または，それだけエネルギーを持っている者なのか，ボスだからいけないと決めつけた指導をするのでなく，ボスになるには，それだけの力を持っているのだから，その力を良い意味の力にかえてゆく，だから，そのボスになっている子どもだけを指導することも必要だが，子ども集団全体がそのボスになっている子どもをどういうふうに正しいものにしてゆくのかが，私達の本当の意味でのボス退治になるのではないか，そんな具体的例をあげ話し合いました。

集団から，はみだす子どもについても問題が出されました。反対に集団に入ってくる子どもはどういう子どもなのか，集団からはみ出ていくと言うことは悪いことなのか，集団そのものがそのような子どもをかかえこむというものになっていないから，集団からはみ出すことになるのではないか，これは指導内容にかかわるもので，先生の言う事を何でもハイハイと聞く子を良い子と思いがちで，果して子どもの成長の中で本当にそれが正しい成長になっているか。例えば「遊び」の場合，それが全体の遊びになっているかどうか，なかには，先生におこられるからイヤイヤ参加している子どももいる。そのような子どもを良い子だと見まちがってしまって，集団になかなか入ってこない子に指導員の視線はむけられがちである。なぜその子が集団に入ってこないのか，その子に何をすれば集団から離れる子どもが入ってくるのか，それは指導の中味に関係してくる。これらに続き，今月もいくつかの問題が出されました。

## 田無市の指導員の方から

自閉障児を預かるようになった。皆で自己紹介をしたところ，集団の励ましによって自分の名前をはっきりと言うことが出来た。

かんしゃく持ちで意思表示の出来ない子どもで，なくし物をしても自分でさがそうとせず，みんながさがしてくれるのを待っている。そのうちお帰りの時間が来てみんな帰ってしまったら，その子は泣き出し，なくし物を見つけられず校庭を泣きながら歩いていたところ，担任の先生が「忘れ物でしょう」と言って，その子に帽子を渡した上に車で家まで送りとどけた。

クラブでの指導上の問題なので学校の教師との責任をはっきりしたかった。あくる日，担任と話し合いを行った。序々によくなっているからと余り理解していず，学校では生活習慣までゆきとどかない，家庭にも原因があるのではないかと担任は言う。この問題について責任の所在がはっきりしないで悩んでいる。

## 台東区の指導員の方から

運動会を間近にして子ども達はマラソンを始めた。みんなの走る距離を合計すると，どこまで走りつくのだろうかと言うことで，地図に走っただけを記入しながら目的地を決めて走ることになった。ちょうど万博開催時でもあったので，まず万博にゆこう，そして日本一周をしようということで毎日走り続けた。その中でいつも仲間から認められない子どもも集団の中に入り，目的地に向ってはりきっている例や，また，ケンカなどをキッカケに日記指導を行っているなど実践例が出されました。

## 渋谷区の指導員の方から

係活動の問題が出された。クラブの中で係が孤立化し，皆のものになっていない点など提起された。クラブの中で係は必要なのか……係とは何なのかについて，それぞれの実践から意見が出されました。それを大塚先生にまとめて頂きました。

先生が係と言った時，イメージとして何を思うか。係とはこうあるべきである。必要な物だ。だから誰に必要だと考えると，先生，すなわち管理者である自分に必要だと言う立前論として最初考えがちである。子どもに係は必要かと聞くと，やはり必要だと言う。子どもの気持も先生と同じ意味で係を考えている。どうして係がいるのと質問すると，「それはね，お室はきれいな方がいいから」「本棚はきれいな方がいいから」と子どもは言う。それを言う時の子どもには，「ボク」「わたし」にその係があった方が都合がいい，私はしたくないけど係があれば都合がいいと考えがちで，先生も，子どもも「係とはなんだろうか」と言うことを立前論としてでなく素朴に考える必要がある。

子どもが日常活動している中で，要求として出てきた係，自分からの要求としてこんな係がないと困るんだとして出てきたもの，これが係としての大事な基点となる条件だ。“必要なんだ”という意識を毎日の活動の中でどう作っていくのか。子ども達の活動の中で要求を引き出させておいて，そこから係が必要なんだと追いこんでゆくのが，組織者としての仕事であり実践の中味になるのではないか。

もうひとつは，係は固定したものもあるが，流動性のあるものと考えたい。学童保育の中で一年中同じ係と固定したものでなく，活動の中で新しいものが生まれてくると思う。そして昨日の係で今日はいらなくなる係もある。新しい係が出てくる場合もある。だから機能的な物と考えてみてもいいのではないか。

最後に集団生活をしていれば，かならずやらねばならない係だってある，ということを子どもに気づかせる。これも集団化の問題である。室を自主管理してゆくためにどうしても必要な固定した係を決める場合，それは最少限にとどめるという事が原則である。係を決めるという時，これが大きくクローズアップされ，しかもこれがたくさんになるへ孤立化となって現われてくる。子どもからの要求がないのに，あるべき係というものに子どもを入れこみ，やらなければいけないような倫理観みたいなものを押しつけてしまう。そうすることによって，集団から完全に離れてしまう係活動になってしまう。これを防ぐには，係だけが自分の中にとどまるのでなく，たえず集団に返してゆくという方法も必要だ。

係活動を指導してゆく上に，自分なりの仮説（体制）を組み，見通しのある指導を行う事も必要である。子どもの要求したものをどう組織するのか，その中に出てくる活動をどう指導するのかが係活動として大きな課題となる。

係活動の問題と共に今日出された中の日記指導については，日記の中から子どもの生活と心を見い出すことが出来る。文章がじょうずになるとか，字がきれいに書けるようになるという表現法よりも中味が重要であって，文の内容から共に共感し，共鳴し子どもの心と密着した指導を行う上にも，ぜひ日記指導を，また学童保育を「総合的な学習の場」とするためにも，指導内容のひとつとして取り入れてゆく必要がある。

---

## 岩手県の学童保育

### 県下で９カ所，農村地区にも

学童保育の運動は全国的にひろがり，「つくる運動」や「運営・指導」の内容もさまざまな特色をもっています。

送られたニュース・資料の中から今回は岩手の学童保育の実情を紹介します。

昨年９月６日，岩手県盛岡市の青山学童保育クラブで，岩手県学童保育連絡協議会の第１回のあつまりが開かれました。

この会には，同県下にある９カ所の学童保育のうち６カ所から，指導員，父母代表が出席，また，現在運動中の２カ所の代表，地域代表など３０名が出席して経験交流や活発な討論がおこなわれました。

現在，同県下でおこなわれている９カ所の学童保育は，全部民間共同運営で，施設も市の建物，公民館，学校の保健室を使っているところが各１カ所，その他は民家を借りたり自分たちで建て物を建てたりして発足しています。

岩手県でいちばん早く発足したのは盛岡市にある青山学童保育クラブで４０年４月から，翌年同じ盛岡市の仙北学童保育クラブができ，各地にひろがりました。

各学童保育の児童数は，一ばん古い青山学童保育が４１名，４４年にできた久慈学童保育「みつばちの家」が小人数で１１名，あとは２，３０名です。

保育料（おやつ代など含めて）は１７００円～２３００円で，家賃を払っているところもあり「指導員の給料支払いがとどこうったり」という苦しい事情をみんなかかえています。そういう中で，市や町当局に対する補助金要求の運動を熱心におこない，２０万円～１５万円の補助金を獲得しています。

県母親大会で運動をひろげ，経験をひろめてきた岩手県の学童保育運動は，父母の熱心な運動への参加がうかがえます。全国協議会におくられてくるニュースや資料などにも，たくさんのおかあさんたちの手によってつくられていることを感じます。そして，学童保育運動の目標の中にも，地域全体のこどもたちを守る立場から児童館建設の要求をかかげ，運動しているところもあります。

３カ所の学童保育クラブがある盛岡市では学童保育相互で，こどもたちの交流会がおこなわれています。こうした催しはきっとこどもたちによろこばれ，またいい勉強にもなっていることと思われます。

また，青山学童保育クラブでは，毎年夏休みに一泊の林間学校をおこなっていますが，これには父母も参加します。４４年度には前森山集団農場（引揚者の集団農場・２４戸）で合宿し，農場のこどもたちとの交流や虫とり，農場の見学などをしました。昨年の夏休みには秋田県のわらび座を訪れ，田沢湖畔でわらび座のこどもたちと交流会をおこない，みんな感激して帰りました。こうした催しができることは，大都市周辺の学童保育にとってはまったくうらやましいことです。

全国的に学童保育運動が発展し，学童保育同士の交流でこんな合宿がさかんにできるようになったら，どんなにかすばらしいことでしょう。　　　　　　　　　　　　（Ｋ）

## ＊おねがい

各県の学童保育の歩み・現状などを，協議会に送られてきた資料にもとづいて，今後もまとめていきます。各県では，それを読んで欠けているところを，補充していただけませんか，資料やメモを送って下さい。

## 各地の動き

＜神奈川＞昨年11月15日に，神奈川県社会福祉会館にて，「第２回神奈川学童保育研究会」が持たれた。会では①児童の生活権と教育権を守るための学童保育。②学童保育に対する国や自治体の動きと横浜市の請願運動。③校庭開放や児童館への解消が意味するものは何か。④学童保育では何をしなければならないか。について報告と問題提起があり，そのあと，実情交流と討論が行なわれた。

その後，横浜市では，昨年末から今年へかけて，「横浜市学童保育連絡会」結成の準備がすすめられ，今年２月28日，に子どもも参加した発会式が計画されている。

＜三重＞昨年１２月１３日，津市の三重県教育会館にて，「三重県学童保育連絡協議会」の結成式が持たれた。三重県の学童保育は，津市と四日市市にあるだけで，その他は要求が強まりながらもまだできていません。連絡協議会の結成は，第５回学童保育研究集会への参加ではげまされ，三重県保育問題学習会が成功するなかで，県下の学童保育運動を統一させるために結成がすすめられたもので，結成式では県下各地に学童保育を育てていく方向を定めている。

＜京都＞昨年12月6日，長岡町中央公民館にて，京都府教育委員会主催による『京都学童保育研究集会』が，150名の参加者を得て開かれた。記念講演として，宍戸健夫先生が「学童保育の現状と課題」を話されたが，この講演内容は，京都学童保育連絡協議会の申し入れによって，府教委でリーフレットにして配布することになった。分科会は＊指導内容はいかにあるべきか　＊学童保育の設置・改善をどう進めるか　＊指導員の勤務条件や父母会活動について　＊地域の中にどう定着させるか　などが持たれました。

また，この研究集会に引続き，「京都学童保育連絡協議会・結成大会」が行なわれ，当面の運動課題として，①１小学校区に１学童保育所をつくろう。②施設・設備改善のための運動や研究を発展させよう。③指導内容の向上・発展のための交流を深めよう。④指導員の生活と身分を安定させよう。⑤父母の会，保護者会の組織化とその活動を強めよう。⑥京都学童保育連絡協議会を強化しよう。を決定。会長＝水口正（京教組・京都子どもを守る会），事務局長＝北村英機（長岡町指導員）などを選出しました。

一方，指導員労働組合結成の動きも始っています。長岡町の学童保育指導員は，昨年末より労働組合結成の準備を始め，準備会として，長岡学童保育運営協議会へ，年末１時金を含む待遇改善の要求を提出しています。これを受けた同運営協議会では，協議会財政は赤字がはっきりしていることから，町当局へ補助金の増額を要求しました。その結果，町から１５万円（要求金額）の補助金を出すことが回答されています。

## ■ありがとうございました■

### ―いただいたニュース―

「会報」第10号／岩手・仙北学童保育クラブ

「青山学童クラブ会報」6月20日～8月20日まで4号分／岩手・青山学童クラブ

「保育だより」9月22日／千葉・高根台第一小学校留守家庭児童会

「めだかニュース」27～37／埼玉・福岡町どろんこクラブ

「なかあおとがくどう」No，23／東京・葛飾区中青戸学童クラブ父母会広報部

「学童保育ニュース」No，7／東京・練馬区上石神井学童保育所作り懇談会

「糀谷子どもの家父母会ニュース」No.1／東京・大田区糀谷子どもの家父母会

「子どもの家だより」No.8／東京・大田区糀谷子供の家学童クラブ

「石浜こどもクラブだより」No.15～21（No.18より橋場こどもクラブだよりに改名）／東京・台東区橋場こどもクラブ

「学童保育研究会・しんぶん」No.26号／東京・台東東泉こどもクラブ内気付

「すみだの保育」／東京・墨田区保育問題連絡協議会

「学童保育指導員労組機関紙」第1号～3号／東京・学童保育指導員労働組合教宣部

「学童保育所だより」No.5～6／東京・三鷹市新川学童保育所

「たんぽぽ」No.4／東京・福生市学童保育クラブ

「滝山学童クラブニュース」No.8～9号／東京・久留米町滝山学童クラブ父母会

「神奈川学童保育ニュース」／神奈川・学童保育連絡会

「明神台だより」／横浜市明神台学童クラブ

「千鳥児童会だより」No.6／名古屋市キリスト教社会館内児童会

「学童保育だより」第32号～34号，特集号／京都・長岡町学童保育運営協議会

「かぜのこニュース」第1号～3号／京都・城陽町久世児童館

「なかよしニュース」第1号～4号，りん時1号／京都・城陽町久津川児童館

「おおさかの学童保育」No.2／大阪学童保育連絡協議会ニュース

「りんぽかんだより」67号／大阪市浪速区さかえ隣保館

「学童保育の会会報」第31号／大阪市東淀川団地学童保育の会

「グループ新聞」No.9／広島市キリスト教社会館

「がくどうっ子」No.1～2／愛媛・松山市夏期学童保育所実行委員会

「福岡保育問題研究」No.10／福岡保問研

### ―こどものしんぶん―

「ばんびの家子どもしんぶん」第3号／岩手・仙北学童保育クラブ

「げんごろう」32号～42号／埼玉・福岡町どろんこクラブ

「いしはま・こどもしんぶん」62号～70号／ただし65号から移転のため「はしばこどもしんぶん」に改名／東京・台東区橋場こどもクラブ

「がくどう・え・しんぶん」／東京・大田区糀谷子どもの家

「プレハブしんぶん」「よとのたしんぶん」№11～12／横浜・明神台学童クラブ

## ―記録・文集―

「なつやすみ日記」／埼玉・福岡町どろんこクラブ

「第2回キャンプ」「がけっぷちの夏やすみ」／横浜市明神台学童保育クラブ

「子どものにっき」「けけのこにっき」／東大阪市長瀬北学童保育クラブ

「つくし」6号／大阪市浪速区さかえ隣保館

## ―パンフレット・資料―

「福島市第三小学童保育設置の運動」／福島・福島市・佐久間好子

「就学児童の生活と保育対策」／山形・小国町立おぐに保育園・佐藤せつ

「前橋学童保育を進める会，結成資料」／群馬・前橋市学童保育をすすめる会

「学童保育所〝いずみの家〟ができるまで／大津市・小林達夫

「大阪の学童保育」№2／大阪市コミュニティセンター研究協議会

「がくどうっ子」／愛媛・松山市道後夏期学童保育報告集

---

## ＜あとがき＞

＊ニュースの発行がたいへんおくれて申し訳ありません。名古屋大会のあと，新しい運営委員会の体制づくりがおくれ，大切な時期を空転させてしまいました。

この間にも学童保育をつくる運動は，さまざまな形が各地にひろがっていますが，こうした運動の展開に応えるニュースづくりは，まだまだたいへんです。当面月1回発行をとりもどすため頑張ります。みなさんからも実践記録や資料をお寄せください。（桑野）

＊編集の仕事は始めて：とにかく人手がないのだから，私でもやらなければいけないんだと心に言いきかせてやっています。

皆さんからいただいたニュース・資料・子ども達の文集や新聞を整理していると，日本中に学童保育の渦がまいているように思えます。連日がんばっていられる皆さんのためにも，毎月発行に努力します。（荒井）

＊今までみたいに，かけ声だけでない編集体制が生まれました。これでやっと，私自身のマイ・ペース発行になってたニュースも，不定期状態から脱皮できそうです。各県の歩みと現状報告という新しい企画もスタートしました。やがて〝日本の学童保育の歩みと現状〟がつくれるでしょう。（西元）

---

全国 学童保育ニュース

NO. 37
1部40円

1971年3・4月合併号
学童保育連絡協議会　発行
東京都千代田区神田小川町3－5
Tel（03）293－7573　振替東京21951

# 大阪，愛知で研究集会開かる

## 横浜では連絡会が発足

### 第3回大阪学童保育研究集会

―― 2月14日・東大阪長瀬北小学校 ――

大阪学童保育連絡協議会の主催で，大阪府社協，大阪市社協，東大阪市社協，大阪市コミニュティセンター研究協議会の後援を得て開かれ，参加者は愛知，京都，奈良，和歌山，神戸，尼崎からもあり201名。集会テーマは「こどものすこやかな成長のために学童保育の果す役割を確認しよう」。

記念講演は大塚達男氏の『学童保育と子どもの成長――あめんぼクラブの実践の中から』分科会は①学童保育の現状ー政府の児童対策と学童保育。②学童保育はいかにあるべきかー父母，指導員の役割を明らかに。③こどもの現状と学童保育ー学校教育と学童保育。④共働き家庭とこどもの成長ー働く婦人の悩み，生き方。⑤学童保育をふやすためにー地域の民主的運動と学童保育。⑥よりよい指導員をめざしてー指導員の現状と生きがい。という6分科会が設けられた。

全体会では，大阪府に向けて「各小学校区に学童保育に関する事業を求める請願署名運動を起そう」の訴えが出され，さらに，「学童保育の役割を再確認し，政府が早急に抜本的な対策を打ち出すことを要請する」決議文を採択した。

なお，報告書（100円）希望の方は下記事務局まで申込まれたい。送料35円。

東大阪市吉松90　長瀬北小学校学童保育内，大阪学童保育連絡協議会・事務局

### 第2回愛知学童保育研究集会

―― 2月28日・葵記念会館 ――

愛知県下には45年現在で31カ所（名古屋市8カ所）の留守家庭児童会がありますが，学校や民間の施設などを使い，専門の施設は1カ所もありません。名古屋市内では，県費

の補助の他に市費によってＰＴＡ委託の留守家庭児童会を行っていますが，開設数も２４カ所（市内の小学校１８０校）です。

こうした中で，働く母親を中心とした地域ぐるみの学童保育に対する要求は強まり，各地で民間の共同保育による学童保育が続けられ，また，新しくいくつか生まれようとしています。民間の学童保育所は県下で９カ所ありうち，６カ所は週６日を実施しています。しかし，県や市から補助金が一切できないで行うのですから大変です。

集会では，こうした中で，学童保育所づくり，よりよい学童保育のために，指導実践の交流などについて話しあわれました。

## 子どもが主役を演じた発会式

２月２８日・横浜市連絡会

横浜市には運営委託の公立学童保育が２４カ所あるが，ほかに明神台，南日吉，大正地区，笹山，多摩プラザーなどの団地から，学童保育設置の要求が出され，既に殆どが共同保育を実施している。

これらの共同保育に対し，市当局は，「場所が確保できれば」「運営委員会が結成されれば」公立化してもよいようなポーズを示しながら，ここ何年来補助金すら出さないできている。

初めは個々に交渉していたこれらの運動体では，「別々だと適当に言いくるめられてらちがあかない」と，昨年来『横浜市学童保育連絡会』を　成し，統一した力で市交渉を繰り返してきている。

連絡会の発会式にあたり，同会では①子ども連れが気楽に参加できる，子どもも一緒に楽しめる会にしたい。②新しく学童保育を利用したい親子が学童保育の内容を理解できるものにしたい。と話し合い，学童保育の子ども達にも問題をなげかけた。

明神台学童クラブでは，子ども達は，「学童保育の内容を知らせるなんてことは，大人にはまかせておけない」と，自分たちのクラブでの生活を劇『一日は楽しい，悲しい』に創りあげ，練習に取組んだ。大正地区や南日吉のクラブの子どもたちも，合奏，紙芝居，寸劇などの出演を決めて取組んだ。これらの子どもたちの意欲は，はじめ積極的でなかった親たちの重い尻をあげさせ，発会式が間近になるにつれ，〝みんなでつくる〟という雰囲気が盛り上っていった。

発会式は，明神台団地の集会所で行なわれた。参加者は父母５４名，子ども６２名。子どものなかには，学童の子ども達が誘った友だちや保育園児など，子どもだけの参加もあった。午前中は各クラブの子どもの発表を楽しみ，午後は，父母は経験交流の話し合いを行い，この間子ども達は，明神台クラブの上級生がたてたプランのもとにゲームを楽しんでいた。

午前中の発表の中の圧巻は「一日は楽しい，悲しい」の劇で，お母さんたちは「まるで，みんながきょうだいみたい」とささやきながらみていたが，後日まとめられた報告書にも「今年一年生になる娘は，私は学童クラブなんか行かないよ，お母さんお家で仕事をすればよいじゃない。と言っていたのに，私も学童クラブに入るわ，お母さん会社に行っててていいよと，本当にうれしそうにいわれ，子どもと一緒に発会式に行ったことがよかった」という感想文が寄せられている。

また，この発会式は，子どもの中にも大きな影響を残した。午後のゲームの中でリーダーの子どもたちは，クラブ同志でかたまらないような座り方の配慮をみせたが，翌日の明神台クラブでの反省会でも，「昼からの子ども会の方がすばらしかった」「みんながふざけたとき，明神台の子と同じように注意できた。きっと，きがねなく注意できたということは，仲間になったっていうことだよね」と話しあっていた。笹山団地から寄せられた感想文にも，「プログラムをすすめていくにつれて，わたしたちは，だんだん友だちになっていくようにおもわれました。――終りちかくになると，もう，ずっとまえから友だちのように，話しかけてくれたり，やさしくしてくれたりしました。それがとてもうれしかった。はじめは，はずかしそうにしていたわたしまでが，声を出して笑ったり，となりの子としゃべったりしていました。１日だけでも，みょうじん台の子たちと，友だちになれたことがとてもうれしかった」と書かれていた。

父母の交流会では，①各地の学童保育づくり，②よりよい指導のあり方を考える。③よい指導員とは，④運動のすすめ方，などが話しあわれた。指導については，精いっぱい遊べること，自主的集団遊びが大切で，遊びの中に学習があること，子どもの自主性はほうっておいて育つものではないことなどが確かめられた。また，指導員を探すのには，どこでも苦労しているが，お母さんの中から積極的に育てるべきである。ことなどが話された。

---

**埼玉県の学童保育**

## 新興住宅地にひろがる学童保育運動

埼玉県の学童保育は福岡町の「あめんぼクラブ」と「どろんこクラブ」，春日部市の武里学童保育」など，共同運営で６０～７０名の子どもたちがいるところ，３年前から市立で実施され，現在２カ所にある草加市の学童保育，これらのほか，熊谷市や県西部の所沢などでも共同で学童保育を実施しているところがあります。

あめんぼクラブについては，昨年実践記録「あめんぼクラブの子どもたち」が出版され全国に紹介されました。切実な要求をもつおとうさんおかあさんが集まり，新日本婦人の会や小学校ＰＴＡ，団地自治会など地域の団体の協力も得ながら，みんなの協力で築いてきた感動的な記録でした。

武里学童保育も「あめんぼ」と同じような経過を経てきました。この学童保育のある武里団地は，昭和４２年田んぼをうめてつくられた６千世帯のマンモス団地です。この団地ができて春日部市は４万だった人口が６万になり，いまでは８万を越す急増です。お粗末な住宅計画と地方自治体の無策は当然のこととして住民の中から無数の不満や要求を生み，自治会を中心とした運動となって発展しました。学童保育の運動もそのひとつとしてはじまりました。

当初は，共働きの切実な要求をもつおかあさんたちの夏休み中の共同保育として，集会所を借りて発足しました。しかし，公団は学童保育には集会所は貸せない，という態度をとりました。それでおかあさんたちは知恵を働かせ，毎日内容を変えた「勉強会」ということで会場を確保しました。市に対しては，議会があるごとに市立学童保育の実施を要求する請願をし，会場確保のため市の協力をもとめ，翌年４月からは集会所を市が借りて学童保育をやれるようになり，さらに３年目の４月から，団地内にある大畑小学校内のプレハブ空教室を，学童専用施設として使えるようになりました。

こうした運動の中で，子どもたちも多くなり，昨年度もう１教室を増設し，昭和４６年度の市の予算では，１５万円の補助金と学童保育教室の移転費６５万円が計上されました。ここではこの４月から新しい１年生が２５名入り，みんなで６０名を越しました。同市内では別の地区でも学童保育の運動が起っています。

草加市の学童保育は新日本婦人の会と子どもを学童保育に入れたい希望をもっていたおかあさんたちが，市と交渉をつづけ，４４年から市立学童保育所を松原団地（５９００世帯）の栄中学校庭に建てさせました。その後さらにもう１カ所が開設され，松原団地にある学童保育では子どもたちも増えて現在父母の会を中心に施設をひろげる交渉をすすめています。

全国有数の人口急増県で，しかもそれが東京への通勤圏に集中しているため，これらの地域では自然破壊がすすみ，子どもたちの遊び場が失われる一方，共働き家庭も多く，学童保育の実施を要求する運動が各地にひろがっています。上尾や与野でも，「つくる会」ができています。

しかし，これらの地域の自治体は，人口急増や都市化の負担が大きく，小学校の建設も追いつかないなど，子どもたちにも犠牲が強いられています。これらの地域では学童保育の運動も地域の民主主義の運動に支えられ，またその運動のひとつとしてとり組まれています。

## ＜第39回　勉強会報告＞

# テーマ　学童保育の児童館移行を考える

とき／1971年2月26日
ところ／東京ＹＷＣＡ学院
記録／河合恵実子（文責・西元）

東京都では学童保育を児童館の中に位置づけていく方向がはっきりだされ，既に北区では，今までの民間委託だった学童保育を公立化するに当り，児童館分館として位置づけています。今回はこの「児童館と学童保育の関係」についての勉強会を行いましたが，当日は東京都民生局からも担当者の方２名が参加しました。

### 児童館へ移行した後の問題点

はじめに，児童館へ併設になった学童保育所から，問題点が出されました。

＜杉並区＞児童館職員と同じ事務所を使用し，その中の小さな厨房でおやつ作りをしているが，手作りができない。児童館と学童保育では仕事内容と勤務時間が違うので，両方が一緒になることはむずかしい。子どもたちも，今まで学校の校庭で思いきり遊べたが，児童館には広場がなく欲求不満を起している。役所では，児童館全体が学童保育の遊び場だと考えているが，実際には，子ども達は規制された遊びに２日で飽きてしまった。今のところ児童館に入ってよかったと思うことはない。

＜港区＞児童館でないと学童保育の設置を認めない方針だ。地域で６年間も学童保育を要求しているが，児童館がつくれないため学童保育も実現せずにいる。児童館内で学童保育を行っているところの父母の話では，学童保育の指導員が何時の間にか消えて，児童館の仕事をしている。毎年交替しているらしいが，父母は不安を感じている。

＜足立区＞児童館の利用状況をみていると中学年以上が主体で，低学年は少ない。指導の内容でも低学年児のとらえ方が不十分な気がする。デラックスなおもちゃなどはあっても，年令に応じた遊びの指導などはなく，子ども全般を漠然と眺めているにすぎない。

注・学童保育を児童館に併設しているところで，学童保育の専用室がなく，一般児童と同じ扱いで指導し，おやつのときだけ別室へ行くか，一般の児童が帰ってからおやつにするかしているところがかなりあり，そこでは上記のような漠然とした指導となっている。児童館職員の間でも，このような現実について，子どもの交通整理をしているに過ぎないと語っている。

### 都民生局の考え方

＜都職員の説明＞児童館については，児童

福祉法第４０条に規定された，「児童に遊びを与える。遊び場を提供する」が柱になっているが，それ以上にはっきりしたものはない。

現在都が進めようとしている構想は，児童館を地域のセンターとして，学童保育も含めた形のものを考えている。これは内部で検討し正式な結論は出ていないが，学童保育は児童館のひとつの事業として考えている。

このことは，学童保育を特定の児童として扱うのは好ましくないと言う考えからで，特定児童のみの指導という考えに行政的マイナスがあり，それを受ける児童の側にも必ずしもプラスになると思えないからである。

留守家庭児は下校後一定時間看護に欠けるということで，一般児童と環境は異なるし，特に低学年では自主的活動がまだ完全にできないので，この点は配慮する。

児童館の事業については，全ての児童を対象に遊び場として開放する。この場合，多くの児童館は設備が小さいので遊びにアキがくる。それをカバーするのが指導方法であり，その方法として，各種のクラブ活動を設け，児童の自主運営をできるだけ行うよう配慮している。一方，日常生活の中でも集団指導が児童館の運営主体となるのではないかと考えている。

しかし現実の児童館は必ずしも満足すべきものではない。地域にありながら地域に根ざした施設となっていない。住民がもっと児童館の運営に参加し，地域のものであるという意識が定着することを考えている。現在ではまだ官製のものだ。そのなかで，学童保育の子どもは毎日来館するから，一般児童の中心となり引きつけていく役割ももてるのではないか。

現在，割合に良く運営されていると思うのに小金井市の児童館がある。ここでは午前中週３日幼児クラブ（年度毎募集）で集団指導を行い，その間に母親たちは別の場所でグループ活動を行っている。そして，母親たちの中から運営についての意見も出されるようになっている。午後は一般児童クラブ活動があり，集団指導を行っているが，学童保育は専用室と専門の指導員が配置され，児童館の大きな行事以外は学童だけで生活しているようである。学童保育では父母会がつくられ要求も出されるようになっている。

＜注＞小金井市の児童館にＹＷＣＡ学院の学生が実習で参加しており，この人たちの体験として，学童保育指導員と児童館職員とが，考え方が一致しているところではクラブ活動が生きいきしているが，考えが不一致のところは大きな亀裂になっている。との発言があった。

## 討論の中で出された意見

＜港＞児童館の運営を考える場合，学童保育の子どもを中心に考え，その施策を全体に適用するべきじゃないか，学童保育の子どもは集約された矛盾を持っているのであり，その子ども達に必要な施策は全ての子どもにとっても不必要だということにはならない。全体の子どもを基準に考えていく場合，逆に内容がうすめられていくんではないか。例えばおやつなど，学童保育だけ出ることに他の子どもが不満を持っているが，児童館利用の全ての子どもに出してよいのではないか。

母親が家に居ても放置されている子どもはいっぱいいる。そういう子どものことを考えて運営してほしい。クラブに入りたいという子どもに対し，「じゃあボーイスカウトに入りなさい」ということが行なわれているが，大人が勝手に子どもを分類し組織することがいいことだろうか。

＜杉並＞児童館の設備についても，既成遊具でなく，子どもがもっと伸びのびと自由に行動できる空間が，思いきり集団遊びのできる場がほしい。

＜台東区＞行政面での制限が多く，外へ連れ出せないなど，指導内容が限られてくる。

＜大田＞都と区の考え方が違うんじゃないか，今聞いた都の考え方だと希望が持てるが，区段階では父母の集りを禁止し，責任や管理中心の考え方で規制している。

＜練馬＞現在，児童館の中に学童クラブが併設されているところは，運営が一体となって行なわれている例は少なく，場所の提供のみで終っている感じがする。両者の職員の身分差も運営面に影響があるのではないか。

学童保育でも男性指導員がいると子どもたちが喜ぶと思うが，区に何名か配置して巡回するようなことはできないか。

＜――＞学童保育指導員と児童館職員との研修の機会を都で計画してほしい。

＜――＞学童保育を—→児童館の中で一般の子どもと区別しないで行うことは一面では良いことだが，留守家庭児童は下校後の殆どの時間を児童館における指導やクラブ活動に参加したとしても，１日のうちには，10分でも30分でも，ゆっくりくつろぎたい時だってある筈だ，一般の子どもが家に帰ってくつろげるのに対し，瞬間的にしろ保育に欠ける条件がある。それを充たす条件が児童館の中になければ学童保育は解消されることになる。その点は具体的にはどう考えられているか。

＜――＞学童保育では専門の指導員が，固定した子ども集団を，長期的・系統的にとらえて指導しており，集団指導を行いやすい。児童館の場合，対象児童が流動しており，本当の集団指導を行うには，職員の仕事に対する体制も考えていかねばならないのではないか。

＜港＞児童館として外へ漠然と連れ出すことに困難があるなら，児童館の園外保育の場所を指定し，そこに行けば指導者が居るというところまでやってほしい。

## 意見に対する都職員の回答

＜おやつについて＞おやつを全体にという希望はある。行政上の考え方としては可能だが，財政的に困難な面がある。一方，おやつは受益者負担がよいという考え方もある。

われわれとしては，一般の施策を高めれば留守家庭児の条件も向上するという考えでいきたい。あくまで差別せずにできるんじゃないかという考え方だ。

＜各種の規制について＞子どもを預ける父母は，行政に必要以上に期待する向きもあり，安全な保護が第一眼目になっている。このため区が必要以上に規制する例も出てくるのではないか，区からも子どもが怪我したとき都が補償してくれるか？，という意見が出されたりする。

都と区のズレについても，学童保育は区市町村の固有事務であり，住民へのサービスとして行っている事業であるから，都からの行政指導はできるが，運営面については自治の侵害となるので強制できない。この点父母の要求が一番強いから，父母と指導員が一体となり，区側に働きかけ，一つひとつ実績をつくっていく運動が必要ではないか。

＜保育に欠ける状態の補償＞学童保育併設の児童館については，児童館職員２名のほかに，学童担当者２名を追加して配置し，独自の部屋を確保するための補助金を出すようにしている。

＜公園の指導員配置＞民生局としては，都内の全部の公園にボランティアを置く構想をたてたが，予算策定でボツになった。ただし児童厚生施設の児童遊園地には指導員を置くことになった。

＜男性指導員の採用＞採用は区で行うのだが，男性は駄目という制限はしてないと思う。ただ，試験の結果など女性の方が成績がよいということはある。男性指導員の悩みとしては，遊戯等が不得手だということがある。

＜児童館職員と学童保育指導員の合同研修＞学童保育と児童館が一体となって運営されている良い例は，まだないと思う。職員間の身分の違いがなくなれば，運営面の改善も進むと考える。このため学童保育指導員の児童館職員としての正職化を進めたい。両者交流の研究会は実現していないが，現在の都児童館における研修でも，実技研究のみに終っている。

＜補助金の交付額＞児童館の場合，１施設当りの設置費は国庫補助８０万円。都補助１０５２万円（４６年度）がある。運営費については，国と都からそれぞれ１３万５千円ずつである。

学童保育に対しては，１施設当り月額で指導員人件費２万６千円の２名分，児童処遇費が１人１日２０円の２５日分，維持管理費５千円となり，ほかに設備費として新設の際10万円がでている。市町村の場合，これの$\frac{8}{10}$が都の補助で$\frac{2}{10}$は市町村負担となる。区部は財調で処理される。

## 子どもの要求にそった運営を

さいごに，学童保育にしろ児童館にしろ，

子どもの施設の運営のあり方は，子どもたちの置かれているいろいろな環境の中で，子どもが何を要求しているか，本来子どもたちにとっては，どのような放課後の生活が最も望ましいのかを，子どもから学び，それを充たせる場として考えていかねばならない。指導内容も，子どもが主人公である立場から考えるべきで，集団指導もその根底に子どもの自主性，自発性に依拠する立場が貫ぬかれねばならない。これは学童保育と児童館に共通な課題であり，学童保育と児童館というそれぞれの場，それぞれの条件の中で追求されるべきではないかが確認された。

## 児童館職員交流集会に参加させていただいて

昨年の第５回学童保育研究集会に参加する中で，東京の児童館の方から学童保育を児童館に設置するのに反対している人もいるという報告をきいて心配しておりました。東京では，児童館内の設置が基本になっているところが多いので，職員の方からの反対があっては場所の確保できない地域ではいっそう設置が困難になると思っていたのです。けれども，たった５カ月の間に，児童館の方達が熱心にこの問題ととりくまれ，また，学童保育について研究も深められていることを強く感じました。そして反対の原因の大部分は，児童館内の設備の不充分さと，遊び場（屋外での）がないためにあることを知りました。

児童館の方から，父母の協力の問題について質問され，やはり児童館も地域の子供達のためにあるのですから，積極的な父母の協力が必要になるのは当然のなりゆきと思います。

また，児童館は子供の交通整理をしているようなもの，たえず利用者が変化することをいわれていましたが，これは学童保育が集団の生活の中でこそすばらしい子供をつくりあげるということを実践されたいくつかの例を考えると，本当に子供のためにある児童館は，そこがすべての子供の生活の場となる条件をもっていなければならないはずですし，そうした子供の集団を児童館の中でつくるとすれば，学童保育の子供達を中心にしなければならない必然性があるように感じました。

それは，無認可の保育所が今の保育所をつくりあげたように，学童保育所が子供にとって今迄にない生活の場をつくる土台の役目をはたしているのでないかと思います。

ともかく父母の側としては，一日も早く子供にとってまにあわせでない場を，職員，指導員のかた達と作っていかなければ，そして，私達がもっと具体的な構想をもたなければと思いました。（荒井聖子）

＜注＞さる３月７～８日に行なわれた，東京都児童館職員の第２回自主研究会に，学童保育からも１０名近くが参加しました。

実践報告

# 日本一周のマラソンに取組んで

## ――体力づくりと仲間づくりを――

東京都台東区田中こどもクラブ　大輪よし　立花光子

### 体育活動への導入

毎年夏休みに子どもたちが特に力を入れるのは野球である。そこで昨年は「計画性」を持たせるため，野球試合を計画した。練習は大きい子が小さい子の面倒をみながら，連日きびしいトレーニングが続けられたが，練習の甲斐なく，他クラブとの試合は中止になった。子どもたちの残念さをそのままにしておけず，クラブ内のグループ試合をかねて，夏休み最後の体育大会を開いた。とび箱，卓球障害物競走，バレーボールなど6種目の競技を行なったが，自信のない子には自信をつけさせるなど，その練習ぶりは大変なものだった。こうして体育活動はすっかり子ども達の中に定着してしまった。

### 日本一周目標のマラソンが始まる

工事のため校庭が使えなくなった或日，2年の男の子が「先生，屋上で遊べないのかな」といった。8月下旬でコンクリートの上は熱い。いろいろと遊びをかえるがうまくいかない。そのうち，「マラソンをしよう」と，1人，2人と走りだした。そして終ったあとで「ぼく15周走ったんだ」「ぼくなんか25周だよ」「またあしたも走ろうよ」と話していた。

翌日，また屋上でマラソンが始った。「みんなの走った距離を合せたら，どこまで行けるかな」と声をかけてみた。「わかんないよ」という中で「どこまで行けるか調べてみようか」という子がいた。続いて話は発展し，「万国博へ行こう」「いや日本一周をしよう」ということになった。

そこで，みんなで屋上へ上り，距離を計った。片道112メートルである。その日の走行距離から計算し，日本地図にかきこんでいった。その後，私たちは資料あつめに歩いた。

子どもたちはマラソンに熱中していった。学校の休み時間にも屋上で校庭でマラソンを続け，クラブに帰ってくると，その距離を黒板に書く，そのうち「リレーの選手になった」と喜び勇んで知らせる子もでてきた。運動会で走った距離，遠足で歩いた距離も書きこまれていった。

### 大阪着――万博へ発展

運動会も終り，雨の日が続くと，子どもたちの遊びは室内中心に変り，コオロギが卵を生んで大さわぎをするなどのなかで，子どもたちの目標はうすらいでいった。

そこで，指導のなさを反省し，ある日女の

子が１人で校庭を走り２０周と書いたとき，「あと５７.８キロで大阪に着きます。校庭だと８２６周です」と黒板に書いた。子どもたちの意欲は再びもり上り，１１月２１日には大阪についた。この５６４.６９４キロメートルという数字には，数々の喜びと苦しみがこめられていた。子どもたちは「着いたから万博をやろうよ」と計画をたて，準備に取組んだ。

万博当日，出席者は１６名，私たちもお客様になって各館の説明を聞いてまわった。口かずの少ない子のところでは多くの質問をした。「おい，くるぞ」「しっかりやれよ」「まかしておけ」と，主役としての誇りに満みちた子どもたち。私たちの想像した万博は，絵ハガキや写真でみたものの域を出なかったが，子どもたちが創り出した万博は，「まかしておいて」の言葉どおり，生き物館，コオロギ館，図書係り館など，クラブの生活と結びついたもので，子どもたちに一本とられたと，２人で大喜びした。子どもたちは，学級の友だちや，学校の先生，家族に招待状をだしていた。また，クラブの卒業生も招待され，各館の全体責任者になって応援するなど，楽しい数日となった。

## 万博が残したもの

＜うけつけ＞　田中弘男

ぼく，うけつけは，おとうさん，おかあさんがきたとき，いらっしゃいませ，おなまえをどうぞ，はいわかりました。あちらへどうぞ，といいました。また，そとにいたときは，どうぞ，おはいりになってくださいといいました。

＜しょくぶつがかりかん＞　大島玲子

だしもの，こんしゅうの花，クロッカス。せつめい，これはこんしゅうの花です。これは１１月１９日にロッカーからだしてくれたクロッカスです。クロッカスのきろくをだした。あと，こんしゅうの花のまとめたものをだした。おじさんたちにきかれたこと，「これはなんですか」「これはクロッカスです」「これはいつきた花ですか」「まいしゅう１かいくる花です」，しつもんされたらこたえました。きかれたときは，はずかしくて，あかくなりました。

子どもたちは，万国博のまとめをつくろうと相談し，各館の記録を作文に書いた。この万博の取組みのなかで，手あたりしだいに人をたたくので仲間はずれになりがちなA君は，会場づくりにねじりはちまきで，人の２倍も頑張り，キーホールダー館の館長に選ばれた。また，かねてめだたない存在のBちゃんも大活躍し，「やればできる」と自信をつけたようである。

## 未来おにの発明へつづく

再び マラソンは続けられた。同時に〃手つなぎおに〃〃かんけり〃が流行した。なかでも〃手つなぎおに〃（ためおに）が最も人気があり，全員が集中した。

てつなぎおには走行距離がわからない。子どもたちは「どのくらい走っているのかな」と言いだした。このあそびを発展させたもので，走った距離のわかる工夫はないものか，距離を計るには校庭のトラックをつかえばよい。と私たち指導員は話しあった。

翌日，手つなぎおにをしたあと，反省会では，「みんな走る距離をきめようよ」「すごく走っているよ，かければ日本一周は楽だよな」「ぼくなんか，浅草まで走ってるみたいだよ」と思いおもいに話している。「でも，頭の中で計算した距離は書かないことにしようね」と念をおし，私たちの考えた遊びを話すと，「肉だんみたいだね」という。

そこで，手つなぎおに，肉だん，ひまわりマラソンなどといった遊びをミックスした新しい遊びが創りだされた。さっそくルールが決められ，遊びが始った。１回目で大変な人気であった。

名なしのこの遊び，３日後には〃未来おに〃と命名された。日本でただ１つの遊びであろう。そして，地図の書きこみはぐんぐんのびていった。

## 子どもたちに励まされて

私たちもマラソンの仲間入りをして，「足が痛いから今日はやらない」というと，「先生初めだけだよ，今日やらないと，今度の時また足が痛くなるよ。走った方がいいよ」と逆に教えられる。階段を上る時痛い思いをしても，子どもたちに励まされて走ってしまう。おかげで，今は走っても足は痛まない。

日本地図への書きこみも工夫され，今は子どもたちの案で，クラブでのおべんとうをつくる会と駅弁とが結びつけられ，今，岡山のまつりずしつくりが計画されている。

未来おにとマラソンで１００周を走ってしまう子。「あの子がおにになるとこわいよ」という未来おにの特技者も生れた。今目標になっているのは，夏休みに釣り大会を行い，北海道の冬期オリンピックも行いたい。「走れないところはどうするの」ときけば「海底トンネルで走るよ」「かもめにのって飛ぶよ」とすかさず答が返ってくる。子どもたちの夢ははてしない。

いつだったか研修会で，「大人のみたつまらないものでも，子どもにとっては宝物である」と聞いたことがある。言葉でも同じだということを感じる。子どもたちは何を言おうとしているのか，その言葉の裏に何を秘めているのかをつかみ，子ども達のガキ大将となり，子どもの言葉，行動を大切にしながら，今後も指導していきたいと思う。

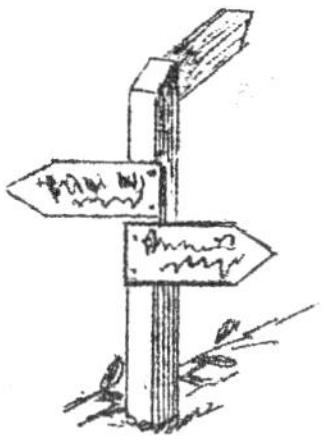

## 月例「研究会」年間計画

学童保育連絡協議会で主催している月1回の研究会の46年度の計画がまとまりました。各会とも提案者，助言者を準備して行います。地方からも文書による参加をお願いします。日・時は原則として第3水曜日の午後6時半～9時。場所はお茶の水の東京YWCA学院にお願いする予定です。

◇　◇　◇

5月：年間の指導計画をどのようにつくるか。

6～7月：あそびの援助と創造活動

8月：子どものからだと保健指導

10月：文化活動の指導と援助（屋内）

11月：〃　〃　（屋外）

12月：行事のやりかた（年間なんのために，どんなことをやってきたか）

1月：行事のやりかた（ひとつの行事の初めから終りまで）

2月：父母と指導員の結びつき

3月：運動の課題とこれからの活動

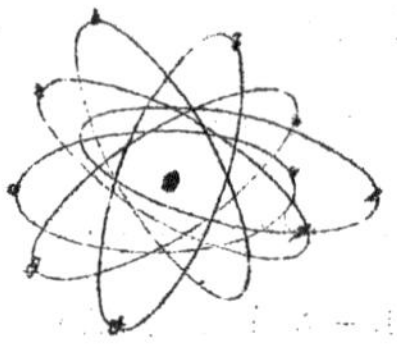

## ＜お知らせ＞

＊　新学期を迎え，つぎの月刊誌が学童保育のことを掲載しています。『保育の友』3月号・全国社会福祉協議会発行／特集・今後の学童保育を考える―千葉・高根台の菅野昭代さんや横浜・明神台の中村雅子さんの実践記録など。『子どものしあわせ』4，5，6月号・日本子どもを守る会編集，草土文化発行／学童保育の子どもたち―明神台の実践記録。『母と子』4，5，6月号・蒼生社発行／学童保育の子どもたち―大塚達男氏の執筆。

＊　つぎの出版物を事務局で取扱っています。

『第5回学童保育研究集会報告集』￥200

『横浜市学童保育連絡会・発会式報告集』￥100

『保育の友』3月号，￥140

『少年・少女を育てるために』第1回関東指導員学校の講義録，￥150（新少年団全国センターの発行で，少年団指導者向けのものですが，城丸章夫・加子里子氏の講義などすごく参考になります。）

『あめんぼクラブの子どもたち』￥420

『子どものねがい親の願い』―学童保育運動の手びき―￥150

なお，送料は別，約1冊35円

# ＜学童保育を卒業した子どもたち＞

――学童保育は殆どが３年生まで。しかし学童保育に残りたいと希望する子どもは多い。学童保育から追い出された子どもをどうするかは，私たちの今後の課題としていかねばならぬ問題です。そのような気持から，子どもと指導員の声をひろってみました。

## 学童保育とおわかれ

３年　　武智美佳

４月になると保育とおわかれです。

私は４年生になるのはうれしいけれど，保育とわかれるのはいやです。でもけんがあるとじどうかんには，はいれるけど，保育にははいれません。

保育の思い出は，たくさんあります。ドッチボールをした思い出が，いちばんよかったです。先生の，しごとをおてつだいするのがいちばんすきです。

４年生になっても保育があったらな，と思った。でも１年生が，はいって来るから，へやがせまくて，はいれなくなってしまうからだめです。

――東京都小金井市・東小学童保育
文集11号『つくし』より――

## 卒業生シリーズ

卒業してから（学童保育を）１人ひとりがバラバラになるか，また，それが当然のように私たちは考えていましたが，田中くんと関くんが，一緒に宿題をしていることがわかりました。家にだれもいない関くん，家で仕事をしているおばあちゃんのいる田中くん，両方のはなしあいで，関くんのおかあさんの帰宅時間まで，行動をともにしているという。そして「先生，むずかしい漢字，できたんだよ」と翌日クラブに報告にくる。

ここにもクラブの生活の延長があったこと，家庭同志のいたわりあいがあったことを，子どもたちの口からきけたことが，私たちにとって大きな感動であり，励ましでもありました。＜東京・台東区田中こどもクラブのクラブだより「あゆみ」№２５より＞

---

## ■ありがとうございました■

### ――いただいたニュース――

「保育所運動連絡会ニュース」№３１
／大阪・大阪保育所運動連絡会

「学童保育の会々報」第３２号／大阪・東淀川団地

「新田学童保育クラブニュース」№１１
東京・新田学童保育クラブ

「おおさかの学童保育」№３／大阪・大阪学

童保育連絡協議会ニュース

「にこにこくらぶだより」No.7，8，10
／京都・長岡学童くらぶ

「わんぱくだより」12月10日発行／京都
12月21日発行号

「百草子どもクラブニュース」No.1／百草団地自治会教育児童部

「グループ新聞」No.10／広島市キリスト者社会館

「橋場こどもクラブだより」No.22～25

「学童保育だより」38号～45号／長岡学童保育運営協議会事務局発行

## ── パンフレット・資料 ──

「学童保育のなつやすみ」─アンケートの集計1970，11．25発行

「第5回全国学童保育研究集会」─報告資料集─／大阪学童保育連絡協議会

「昭和45年度年間指導計画」／東小学童保育クラブ

「第2回かながわ学童保育研究集会」パンフ

「わたくしたちが考える理想的な学童保育」について／長岡学童保育運営協議会

「京都学童保育連絡協議会・結成大会」にあつまりましょう。同「経過報告」／京都学童保育連絡協議会

「児童生活」第4号／川崎・青空こども会─子供の家

「横浜市の学童保育の現状」／神奈川学童保育連絡会

## ── 記録・文集 ──

「夏休み子どもクラブの思い出集」／東京・百草団地自治会教育児童部

「がくどうほいくこどもまつり──もりのなかま」11月28日

「つくし」文集10号／ひがし小がくどうほいく

「アニマルクラブ」うんどうかい文集／昭和45年10月

・人形げき『ふしぎなたけのこ』制作たけのこクラブ

## ── こどものしんぶん ──

「アニマル新聞」第2号～第6号／千葉・高根公団アニマルクラブ新聞部

「はしばこどもしんぶん」70号～74号／はしばこどもクラブ

「学童保育だより」第13号／大阪・浪速区さかえ隣保館

「プレハブしんぶん」「よとのたしんぶん」No.13～14／横浜・明神台学童クラブ

## 会員とニュース購読者の拡大をおねがいします

——運営委員会の決定より——

昨年12月に持たれた運営委員会では，常任運営委員の選出，事務局体制，指導員学校の開設，講師団の編成，出版活動の検討とともに，事務局に専従者を置く可能性についても討議されました。これは，昨年の第5回学童保育研究集会後の総括会議の席上で，「専従者の確保は必要であり，事務局はそのための具体案を提出すべきだ」という要請に基づいて議題にとりあげられたものです。

現在の協議会の財政状態は，昨年4～11月の8ヵ月間の収支から月平均を算出したとき，収入28.670円,支出27310円ですが，会費の未収金が月平均10.560円あります。いま，会費徴収が完全に行なわれたとしても余裕金は11930円で，とりあえず半専従者を置くとしても20.000円程度の増収入を図らねばなりません。この増収分はニュースの購読300部と新会員50名の拡大で達成できます。

このため運営委員会では，①すべての学童保育クラブに，協議会会員が最低1名はいるような状態をつくりだそう。つまり未組織をなくそう。②すべての会員が，まわりにニューース購読者をもとう。つまり会員がクラブの父母や指導員のなかにニュース読者をつくり，運営や指導面で共通な場で話し合える条件をつくっていこう。③以上のことを今年の2月までに取組んでみて，その上で専従体制をどうするかを考えよう。ということになりました。

このことは，東京・練馬や横浜市などで，運営委員を中心に取組まれ，ニュース購読者や会員拡大が行なわれていますが，事務局としても，このことを会員全体に知らせることを怠っていたため，全体としては取組まれていません。

一方，事務局の作業体制は，実質的に半専従として動いている西元が，第3回全国民間保育団体合同研究集会実行委員会の書記局長を引受けねばならなくなったため，いっそう実務処理がおくれ，各地からの連絡や要求に十分応じられないでいます。

このような窮状を早く克服するために，あらためて，会員拡大とニュース購読者の拡大に取組んでいただくよう訴えます。

会員：年間会費1000円

ニュース購読：1部30円＋送料15円
×12カ月分＝540円

**あとがき**　地方選挙における革新陣営の前進は，学童保育の将来にも，明るい希望を持たせるものでしょう。住民自治の活動をいっそう強めるなかで，学童保育の発展もかちとりましょう。

# 東京地区学童保育研究集会・資料

1971・5・16 － 文京区立才2中学校

主催：学童保育連絡協議会／東京都学童保育指導員労働組合

〈会場案内〉

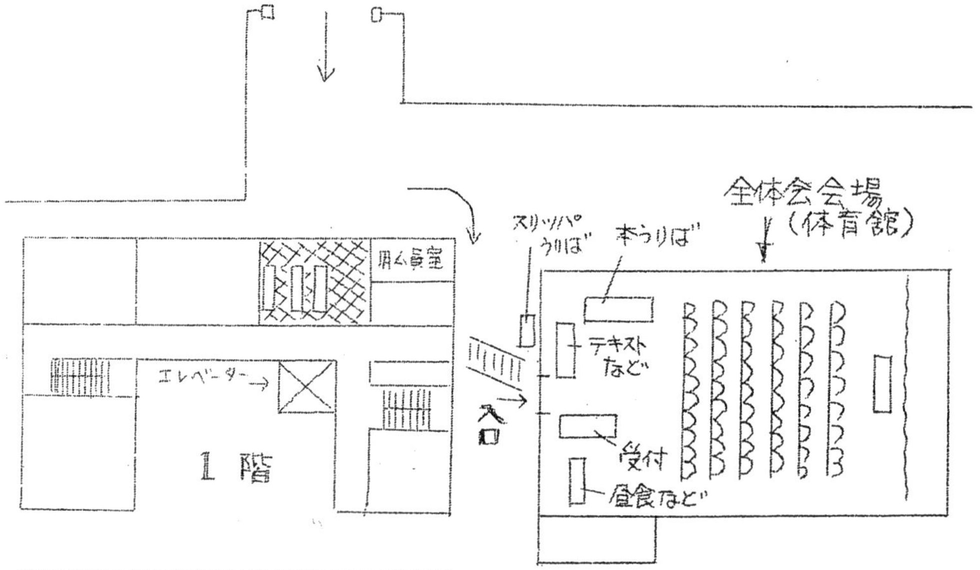


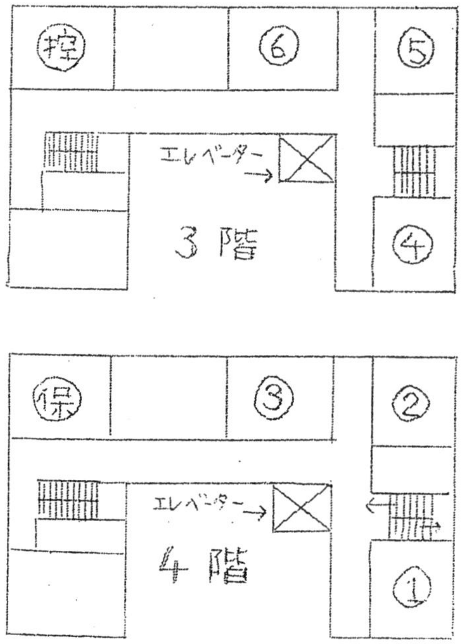


〈分科会会場案内〉…左図参照

第1分科会……①
第2分科会……② } 4階
第3分科会……③

第4分科会……④
第5分科会……⑤ } 3階
第6分科会……⑥

保育室……保 － 4階

事務局・控室……控 － 3階

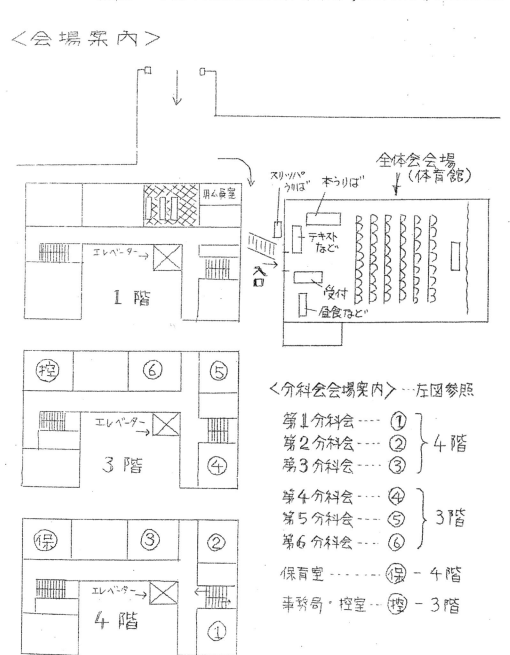

## ＜日　　程＞

▶ 開会（10：00）－司会：河野

あいさつ・・・・・・・学童保育連絡協議会 代表

▶ 記念講演（10：20）

『学校・地域と学童保育』・・・講師：城丸章夫 先生（千葉大教育学）

▶ 報告と提案（11：10）－報告者：西元

『東京における学童保育の成果と課題』

▶ 討論・発言（11：30）－司会：大塚

発言予定 ―― 指導員労組、三多摩連協、父母代表、神奈川連絡会

―――――― 昼　　食 ――――――

▶ 分科会（13：00～16：00）・・・・・・・・・・・・・・・司会，記録，助言

＊分科会の進め方－1)助言者が問題提起し方向づけする（10分）。
2)経験交流と討議。
3)まとめ（成果と課題）を助言者が行う。
4)記録は助言者へ渡し、助言者は3枚(400字)にまとめる。

第1分科会／父母会づくり・父母会活動・・・及川・村磯・桑野

＊どんな活動を行っているか　＊どうつくるか
＊なんのために、どんな活動をしていくか

第2分科会／新しくつくる運動・・・・・・・・・・辻内・鳥潟・西元

＊なにから始めるか　＊運動母体づくり　＊運動の進め方は－市民への働きかけ、当局への働きかけ、など。

第3分科会／改善運動（施設・設備・運営・待遇）・・・・斉藤・原・斎藤

＊改善すべき点は何か　＊行政の考え方は、
＊父母の役割、指導員の役割　＊運動のすすめ方は

第4分科会／他分野との交流 ………… 田所・　・大塚

＊どんなことを行っているか、各分野からの内容紹介
＊運動としての統一点はなにか　＊問題を明らかにしよう。

第5分科会／指導内容交流・研究 …… 山中・牛渡・鈴木

文化・創造活動を中心に

＊助言者の提案をもとに、実践を交流しながら研究

第6分科会／指導内容交流・研究 …… 立花・関谷・佐藤

集団づくり、自治活動を中心に

＊助言者の提案をもとに、実践を交流しながら研究

---

＜東京における学童保育の成果と課題＞

成果　1．全国に先がけて、自治体独自の施策を実施。

2、法的根拠を明確にし、遊び場のない児童も含む目的。

3、設置数、補助額など、他に比較して多い。

4．指導員労働組合結成で、改善が進む。

5、新しい役割 ― 第3の教育の場 ― の発見。

課題　1、設置数の不足 ― 要求のあるところにすぐ設置ー1校1か所、児童館建設

2、利用率の向上 ― 施設、運営の改善ー悪い原因、解決策の検討、悪い理由など明かん。

3．指導員が定着して働ける条件を、身分保障を ー実践も2〜3年かかる

4、児童館移行は児童本位、地域に適応したありかたで。

5、格差是正 ― 高いところへ全体を引き上げる。

6、子どもを生き生きさせる指導の確立、そのための研究体制を。

7、父母会活動の強化と連絡協議会の結成。ー　参加者ー連絡会を 団体でけんとうー連絡会へ 実4ー3者

8．学校との協力体制の確立。
えんりょしないー週刊朝日。

参考資料

▶ 東京都学童保育事業の目的

小学校低学年児童で、放課後帰宅しても、保護者の労働、疾病などで適切な監護を受けられないか、その地域に適当な遊び場のない児童について放課後の一定時間、組織的に保護指導し、これら児童の事故防止と健全な育成を図る。

法的根拠 ― 児童福祉法第2条（国、地方公共団体の児童育成の責任）
同・第24条（市町村長は保育に欠ける児童を保育所に入所させ保育せねばならない。但し、保育所がないなどやむをえないときは、その他の適切な保護を加えねばならない）
同・第39条（保育所）　第40条（児童厚生施設）

▶ 昭和44年度実施状況　（45・3・31 現在）

| | 小学校 | 学童クラブ 設置数 | 設置率（%） | 定員数（A） | 登録数（B） | 出席率（%） Aに対し | Bに対し | 校 | 父母 | 児童館 | 他 |
|---|---|---|---|---|---|---|---|---|---|---|---|
| 千代田 | 14 | | | | | | | | | | |
| 中央 | 18 | | | | | | | | | | |
| 港 | 27 | 3 | (11.1) | 120 | 85 | 43.9 | 56.8 | | | 1 | |
| 新宿 | 36 | 3 | (8.3) | 140 | 86 | 28.6 | 43.1 | | 5 | | 2 |
| 文京 | 21 | 9 | (43.0) | 400 | 311 | 50.7 | 64.9 | 9 | 2 | 1 | |
| 台東 | 29 | 6 | (20.7) | 250 | 133 | 38.1 | 70.3 | 9 | 2 | | |
| 墨田 | 29 | 4 | (13.8) | 160 | 93 | 26.1 | 49.7 | | | | |
| 江東 | 35 | 7 | (20.0) | 280 | 222 | 47.6 | 62.2 | 3 | 1 | | |
| 品川 | 37 | 14 | (37.8) | 460 | 380 | 63.1 | 72.2 | 5 | 3 | | |
| 目黒 | 22 | 3 | (13.7) | 150 | 115 | 26.2 | 36.9 | 5 | | | |
| 大田 | 60 | 9 | (15.0) | 350 | 402 | 50.0 | 39.8 | 4 | 4 | 1 | |
| 世田谷 | 60 | 7 | (11.7) | 280 | 196 | 49.1 | 67.6 | 2 | | | 3 |
| 渋谷 | 22 | 5 | (22.7) | 260 | 189 | 47.6 | 63.2 | 5 | | | 3 |
| 中野 | 28 | 28 | (100) | 880 | 411 | 29.0 | 64.2 | 1 | | | |
| 杉並 | 41 | 18 | (43.9) | 835 | 546 | 53.7 | 81.4 | 10 | 2 | | |
| 豊島 | 29 | 14 | (48.3) | 560 | 288 | 43.4 | 72.8 | 8 | 1 | 1 | 1 |
| 北 | 42 | 21 | (50.0) | 840 | 443 | 47.2 | 76.5 | 6 | 5 | 1 | 2 |

名古屋 3
岩手 1
京都 1
都民生協 2

| | | | | |
|---|---|---|---|---|
| 埼玉 | 7 | 6 | | 1 |
| 千葉 | | 2 | | 1 |
| 神奈川 | 6 | 3 | | 1 |

| | | 学童クラブ | | | | 出席率% | | | | | |
|---|---|---|---|---|---|---|---|---|---|---|---|
| | 小学校 | 設置数 | 設置率(%) | 定員数(A) | 登録数(B) | Aに対し | Bに対し | 指 | 父母 | 児館 | 他 |
| 荒川 | 27 | 8 | (29.6) | 257 | 238 | 69.8 | 72.3 | 7 | 4 | 1 | 1 |
| 板橋 | 45 | 16 | (35.6) | 720 | 474 | 46.8 | 69.4 | 15 | 3 | 1 | 2 |
| 練馬 | 46 | 12 | (26.1) | 360 | 274 | 52.3 | 64.7 | 9 | 5 | 2 | |
| 足立 | 57 | 12 | (21.1) | 480 | 342 | 46.6 | 63.3 | 8 | 1 | | |
| 葛飾 | 48 | 8 | (16.7) | 405 | 281 | 79.2 | 77.3 | 3 | 2 | | |
| 江戸川 | 45 | 7 | (15.6) | 280 | 219 | 55.4 | 68.8 | | | | |
| 〈区部計〉 | 818 | 214 | (26.2) | 8467 | 5728 | 47.7 | 66.9 | | | | |
| 八王子 | 30 | 2 | (6.7) | 100 | 73 | 55.0 | 68.6 | | | | |
| 立川 | 14 | 1 | (7.1) | 40 | 47 | 63.4 | 50.7 | | | | |
| 武蔵野 | 12 | 4 | (33.3) | 160 | 100 | 27.7 | 44.8 | | | | |
| 三鷹 | 12 | 4 | (33.3) | 135 | 134 | 53.1 | 56.4 | 2 | 7 | | |
| 青梅 | 10 | 2 | (20.0) | 170 | 98 | 63.9 | 53.3 | | | | |
| 府中 | 15 | 1 | (6.7) | 40 | 35 | 57.7 | 62.3 | | | | |
| 昭島 | 9 | 4 | (44.5) | 200 | 123 | 30.8 | 56.6 | | | | |
| 調布 | 15 | 1 | (6.7) | 60 | 47 | 81.0 | 92.2 | 2 | 7 | | |
| 町田 | 23 | 5 | (21.7) | 250 | 226 | 70.0 | 76.8 | | | | |
| 小金井 | 8 | 5 | (62.5) | 160 | 160 | 100.6 | 97.5 | 5 | | | |
| 小平 | 15 | 4 | (26.6) | 130 | 83 | 39.9 | 55.5 | | 2 | | |
| 日野 | 10 | 2 | (20.0) | 80 | 56 | 46.1 | 54.7 | 1 | | | |
| 東村山 | 9 | 1 | (11.1) | 40 | 15 | 21.1 | 61.4 | | | | |
| 国分寺 | 8 | 1 | (12.5) | 40 | 32 | 46.9 | 59.2 | | | | |
| 国立 | 6 | 2 | (33.4) | 75 | 72 | 70.9 | 73.9 | | | | |
| 田無 | 5 | 4 | (80.0) | 200 | 157 | 63.5 | 84.9 | 1 | | | |
| 保谷 | 7 | 2 | (28.6) | 60 | 63 | 97.1 | 87.3 | | | | |
| 福生 | 5 | 1 | (20.0) | 40 | 33 | 50.3 | 55.0 | 2 | | | |
| 村山 | 6 | 1 | (16.7) | 40 | 37 | 77.6 | 58.7 | | | | |
| 大和 | 6 | 1 | (16.7) | 40 | 36 | 95.0 | 98.9 | | | | |
| 清瀬 | 6 | 3 | (50.0) | 120 | 84 | 76.6 | 100.1 | | 1 | | |
| 久留米 | 8 | 2 | (25.0) | 70 | 42 | 31.8 | 49.8 | 6 | | | |
| 〈市部計〉 | 280 | 53 | (18.9) | 2150 | 1753 | 61.6 | 73.3 | | | | |
| 〈総計〉 | 1098 | 267 | (24.3) | 10617 | 7481 | 54.6 | 70.1 | 128 | 58 | 10 | 16+2 |
| 狛江 | | | | | | | | | 1 | | |
| 稲城 | | | | | | | | | | 1 | |

## ▶ 学童保育所の拠点

| | 専用建物 | 児童館 | 学校内<br>プレハブ | <br>空教室 | <br>普通教室 | 併設 |
|---|---|---|---|---|---|---|
| 総計 | 17 | 22 | 63 | 113 | 19 | 33 |
| 区部 | 6 | 17 | 51 | 102 | 16 | 22 |
| 市郡部 | 11 | 5 | 12 | 11 | 3 | 11 |

## ▶ 学童保育登録児童数・推移

| | |
|---|---|
| 昭和40年度末 | 2781名 |
| 41 | 4720 |
| 42 | 5566 |
| 43 | 7104 |
| 44 | 7481 |

## ▶ 児童健全育成関係施設(44年度末)

| | |
|---|---|
| 児童館 | 91 |
| 学童保育 | 267 |
| 児童遊園 | 174 |
| (児童委員) | 489名 |
| 小学校 | 1098 |

## ▶ 児童福祉施設最低基準 (地区児童館の規模)

集会室、遊戯室、図書室および便所の外、育成室、湯沸場を必設する。

事務室、休養室、その他室を必要に応じて設置する。

基準面積は(児童1人当りの)

地区児童館
- 集会室 — 1、65 $m^2$
- 遊戯室 — 2、47
- 図書室 — 1、65
- 育成室 — 1、65

保育所
- 乳児室 — 1.65
- ほふく室 — 3.30
- 保育室または遊戯室 — 3.30

↓

比較してみてください ←

学童保育・育成室の面積は(45年3月末現在の平均規模)
- 教室 ---- 1.57 $m^2$
- 校内単独施設 --- 2.39
- 校外 〃 --- 2.84
- 併設 ---- 3.18

* 育成室(児童館以外の拠点で行うもの)については特別に決めてないが1人当り基準面積を1.35 $m^2$ 以上とする

## 都が考えている地区児童館の事業

1、施設の公開 ― 地域内全児童に公開する。

2、幼児の集団指導 ― 平日の午前中、保育園、幼稚園に通園しない幼児を、登録等により決定し、一定期間専任者を定めて遊びの指導を中心に行う

3、留守家庭児童の指導 ― 平日の午後、小学校低学年の留守家庭児童を登録等により決定し、専任者を定め遊び、生活指導、家庭学習の補充を行う。（現在78館中22館が実施）

4、クラブ活動 ― 平日の午後、登録等により児童を決定し、運営はできるだけ子どもの自主性にまかせる。現在、音楽、美術、手芸、科学、読書クラブ等が実施されている。

5、行事 ― 休日に、地域内全児童を対象に行う。

6、地域内遊び場の巡回指導 ― 平日午前中、幼児対象（実施していない）

7、子供会、母親クラブの育成 ――
8、地域組織活動のリーダーおよびボランティアの活動援助 ――
　｝組織づくり援助、場の提供、ボランティアの活用（実施されてない）

9、勤労青少年の育成 ― 夜間、集会の場の提供、相談（実施されてない）

10、相談受付 ― 随時、児童の健全育成の相談に応じ、関係機関へ紹介（実施されてない）

11、啓蒙活動 ― 児童健全育成に関する思想活動の紹介（現在不十分）

12、ケース・ワーク

なお、このような地区児童館を、中期計画（シビルミニマム）では、小学校4校につき1か所建てる計画で、最終的には、各小学校区1館を目標にしたいと云っている。

# 月例べんきょう会 5月のお知らせ

## とき・1971・5月20日・午後6時半～9時
## ところ・お茶水－東京YWCA学院

参加費：50円(会員30円)

（6時半まででしたら、学院内で、安くて家庭的な食事ができます。喫茶もあり。）

〈会場案内〉

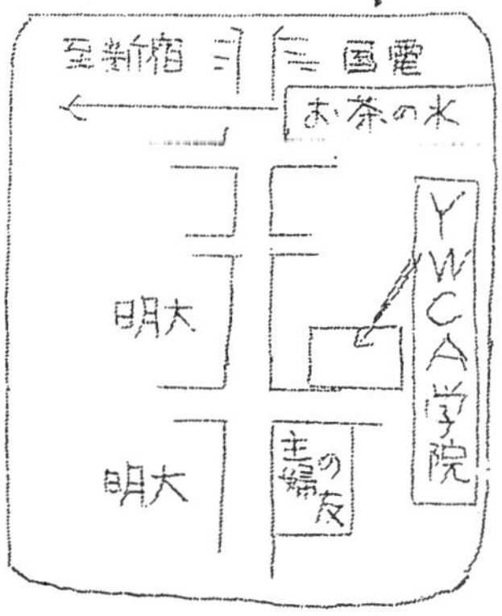


## テーマ・年間の指導計画をどのようにつくるか

助言者／鈴木孝雄 先生
提案者／松本ちさえ さん

──年間計画は必要なものなのか、

必要だとしたら、どんなものがつくれるのか、

たてた計画は、必ず実行せねばならないのか、

計画をたてる狙いはどこにあるのか ──等々を

提案者の計画を素材にして、参加者のけいけんを出しあいながら深めます。

### 学童保育連絡協試会では

毎月1回（原則として第3木曜日の夜）、指導内容の研究・学習会を行っています。毎回、助言者と提案者を準備します。協試会会員外も自由に参加できます。また、お母さん方も毎回参加されていますが、もっとたくさんのお母さん、お父さんが参加されることを希望します。

6・7月は「あそびの援助と創造活動」です ──助言は大塚達男氏

お問合せは ── 千代田区神田小川町3－5
学童保育連絡協試会まで Tel (293) 7573 (呼)

# 第6回学童保育研究集会のお知らせとお願い

学童保育連絡協議会

## (Ⅰ) 会員ならびに学童保育関係者の皆様へ

第6回学童保育研究集会は、11月21〜23日に東京で行うことに決まりました。

ご承知のとおり、文部省は46年度から「留守家庭児童会」の補助金を打ち切ってしまいました。現在実施中の留守家庭児童会には校庭開放の予算をあてるといっていますが、将来は全面的に校庭開放へ切りかえていく意向です。学童保育は一部の自治体を除いて、全国的には留守家庭児童会として実施されていただけに問題は深刻です。

これに対応した自治体の動きでは、留守家庭児童会打切りの方向と、反対に自治体財政で肩代りする方向とに、2分されていこうとしていますが、学童保育新設を要求する運動は全国的に高まり自主運営の共同学童保育が続々と生れております。

また、厚生省行政のなかでは、児童館建設が住民要求を反映して全国的に進み、この児童館で学童保育を肩代りする動きが広がっています。

第6回学童保育研究集会は、このような行政の変化のなか、ある意味で運動の曲り角となろうとしているなかで開かれます。当協議会運営委員会では、今回の研究集会の役割を検討し、中心課題に『子どもにとって学童保育とは何かを、あらためて追求しよう』をすえることを決めました。

私たちが過去20年間にかちとってきた運動の成果、指導員・父母そして子どもたちの努力で生みだしてきた実践成果、地域の民主化運動や教育運動の中で果してきた役割と成果等々を集約して″学童保育は子どもたちに何をもたらしたか〃″子どもたちにとってはどんなところでなければならないのか〃を明らかにし、あらためて行政に対する私たちの考え、運動の方向を明確にしたいというわけです。

ところが、このような集会を準備する当協議会事務局体制はあまりにも弱体で、ここ数カ月ニュースの発行も停止している有様です。集会成功のために、皆様の積極的なご協力をお願いします。

## (Ⅱ) 第6回学童保育研究集会の日程と内容

と　き／1971年11月21、22、23日

ところ／東京・お茶の水・駿河台ホテルほか

参加費／600円(資料代共)

宿泊費／1,800円(1泊2食)

<日　程>

| | 9:00 | 11:00 | 12:00 | 12:30 13:00 | | 15:00 | 17:00 | 18:00 21:00 |
|---|---|---|---|---|---|---|---|---|
| 21日 | | 受付 | 開会式 | シンポジウム「子どもにとって学童保育とはなにか」ほか、分科会説明 | | | 夕食 | 交流会 |
| 22日 | 分科会 | | 昼食 | 分科会 施設見学(バスにて) | | | 夕食 | 連絡協議会総会 |
| 23日 | 分科会 | | 昼食 | 全体会 | 閉会式 | 東京集会 | | |

◇シンポジウム出席者

愛知・京都・大阪代表、協議会事務局代表、東京指導員労組代表、東京都民生局より（要請）

◇分　科　会

①つくる運動、改善運動

②父母の組織づくりと父母会活動

③指導員の組織づくりと活動

④指導員の仕事とは何か

⑤指導内容研究－集団づくりと子ども

⑥指導内容研究－あそびの援助と文化活動

⑦児童館・地域と学童保育運動

⑧学校教育と学童保育

⑨学童保育行政の研究

◇施設見学－東京都内施設２～３カ所を貸切バスにて見学。人数に制限あり、申込みは早目に。費用別途徴収

◇保育所・昼食は準備します。

## (Ⅲ)　協力していただきたいこと

1. 準備委員会への参加

集会準備活動に東京および周辺の方はご協力ください。次の予定で準備委員会を開きます。

＊１０月１０日・１０時～１６時　会場・事務局予定

＊１０月２４日　　　＊１１月３日（司会者打合せ含む）

2. 資料提供

各分科会毎に討議資料を作成いたします。できるだけ多くの経験を集約したいので、「クラブだより」「会のニュース」などを送ってください。

3. 会費・本代の払込みを

「協議会ニュース」が出てないためか、最近会費の納入が途絶えて事務局財政は８月から赤字になっています。手不足でまだ会費未納分の請求書も作成できずにおりますが、とりあえず１年ないし半年分の会費納入と、パンフレット代金の回収にご協力ください。

4. 各地で小研究集会を

府県単位、区市町村単位での準備集会を計画してください。第６回研究集会は、この全国集会に参加できない多くの人のものでもあります。地域で分科会の討議などを計画してみてください。要請いただけば運営委員会からも討議に参加します。

連絡・問合せ先

東京都千代田区神田小川町３－５
学童保育連絡協議会
電話（03）２９２－０６３１
夜間連絡（１１時以後が確実）７４１－[redacted]西元まで

◇集会チラシ・申込書は別途作成いたします。

# 第6回全国学童保育研究集会 案内

主催・学童保育連絡協議会

とき・1971年11月21日(日)、22日(月)、23日(祭)

ところ・東京都　文京第二中学校（21日の会場）

駿河台ホテル（22、23日の会場）

## おさそい

学童保育行政は、いま、曲り角にさしかかっています。

文部省は、46年度から留守家庭児童会の補助金を打切り、校庭開放への解消を意図しています。自治体実施の学童保育事業では、児童館移行が増加し、全国的な傾向になりつつあります。

このような施策の後退とは逆に、学童保育をつくる運動は農村にまで広がり、自衛手段の共同学童保育は続々と生れています。

今回の研究集会の中心課題は、『子どもにとって学童保育とは何か』を明らかにすることです。

私たちが20年の運動のなかでかちとってきた施策、指導員と父母と子どもたちの努力で生みだしたすぐれた指導実践、地域の民主化や教育運動の中で果している役割などを集約しながら、〝学童保育は子どもに何をもたらしたか〟〝子どもにとってはどんなところでなければならないか〟を確め、行政の変化に対する私たちの運動の方向を明確にしていきます。

全国各地からの、多数の参加を期待します。

1.「うさぎとわたし」　<紙版・38×54>

神奈川県鎌倉市稲村ヶ崎小学校　1年　岡本貴子（G. 6）

# 第６回学童保育研究集会の日程と内容

＜日　程＞

9:00　11:00　12:00　12:30　13:00　15:00　17:00　18:00　21:00

| | | | | | | | |
|---|---|---|---|---|---|---|---|
| 21日 | ／ | 受付 | 開会式 | シンポジウム『子どもにとって学童保育とはなにか』ほか、分科会説明 | | 夕食 | 交流会 |
| 22日 | 分科会 | | 昼食 | 分科会／施設見学（バスにて） | | 夕食 | 連絡協議会総会 |
| 23日 | 分科会 | | 昼食 | 全体会 | 閉会式 | 東京集会 | ／ |

◇シンポジウム出席者（敬称略）－交渉中も含む－

中平　正（東京都民生局）、本谷八朗（愛知父母代表）、塩見幸夫（京都教師代表）横田昌子（大阪保育所運動代表）、東京都指導員労組代表、連絡協議会運営委員会代表、　司会・益田豊爾

◇分　科　会

①つくる運動、改善運動
②父母の組織づくりと父母会活動
③指導員の組織づくりと活動
④指導員の仕事とは何か
⑤指導内容研究－集団づくりと子ども
⑥指導内容研究－あそびの援助と文化活動
⑦児童館・地域と学童保育運動
⑧学校教育と学童保育
⑨学童保育行政の研究

◇施設見学－　東京都内施設２～３カ所を貸切バスにて見学。人数に制限あり、申込みは１１月３日着で〆切ます。費用別途徴収。

◇その他－
- 保育所は準備します。
- ２１日の文京二中はスリッパを御用意下さい。会場でも販売します。
- ２２日、２３日は昼食を準備します。希望の方は参加申込書に記入しておいてください。１食２００円
- クラブでつくった作品（文集、絵、はんが、ニュースなど）の展示コーナーを設けます。
- クラブ、団体で作成したパンフレット類の販売希望は事務局まで事前に申込んでください。

参　加　費　　６００円（資料代共）－資料を別途希望の方は￥２００で販売します。

宿　泊　費　　１，８００円（1泊2食）

申込方法　　参加費、宿泊予約金計1,０００円をそえて、下記あてに申込んでください。不参加の場合予約金は返却できませんが、資料等をお送りします。申込〆切１１月１０日。　お問合わせは協議会事務局へ

申　込　先　　東京都三鷹市大沢[redacted]　大町ゆり子宛（〒181）

＜会場案内＞

文京第二中学校 ―― 東京駅およびお茶の水駅から地下鉄丸の内線池袋行にのり、本郷三丁目にて下車、改札口を出て左側の道路へ出て右へ１０ｍのところ。

駿河台ホテル－お茶の水駅の水道橋よりの改札口をでて、左へ、明大横。

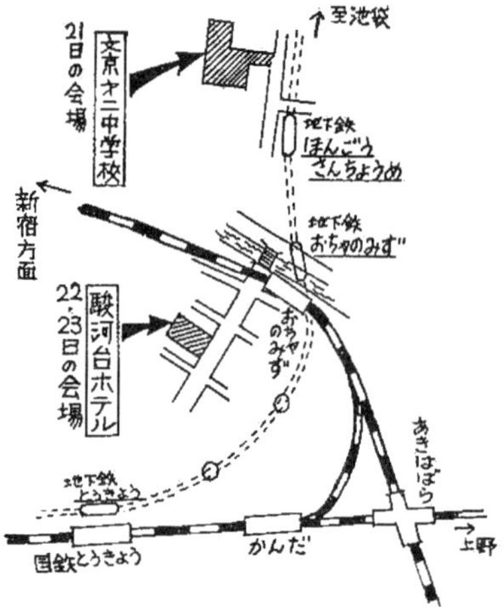


…………………………　キ　リ　ト　リ　…………………………

第６回全国学童保育研究集会　参加申込書

| 受付番号 | 都道府県名 | 現住所 | 氏名 | 性別 |
|---|---|---|---|---|
| | | 〒□□□-□□ | | 男<br>女 |

| 所属 | | |
|---|---|---|
| 所属 | 学童保育指導員　父母　自治体職員<br>児童館職員　教師　学生　研究者　その他 | クラブ名・学校名など |

| 参加分科会 | | 宿泊希望日 | | | | 昼食希望 | | |
|---|---|---|---|---|---|---|---|---|
| 参加分科会 | 1　2　3　4　5<br>6　7　8　9 | 宿泊希望日 | 21日 | 22日 | 23日 | 昼食希望 | 22日 | 23日 |

正確に記入および○印をつけてください。

乳幼児・幼年教育の専門誌

月刊『ちいさいなかま』発売中

編集・全国民間保育団体合同研究集会実行委員会

創刊号＜特集＞ 子どもはなかまをもとめている ……………（売切れ）

9月号＜特集＞ ゆきとどいた保育とわけへだての
ない教育を育てるために ………………（発売中）

10月号＜特集＞ 子どものからだと健康 ………………（発売中）

11月号＜特集＞ あそびを育てよう ………………………（近　刊）

12月号＜特集＞ 園の行事を考える。

新年号＜特集＞ ことばと文字の教育を考える

2月号＜特集＞ 父母の会の活動

3月号＜特集＞ 新学期を迎えるために

◇A5版　68頁　￥150　定期購読受付中

◇発行所　鳩の森書房　東京都文京区小石川5－6－21
TEL （03）944－6730

各号に学童保育の実践を収録しています。

## 学童保育の参考書を取扱っています

◇子どものねがい親の願い ── 学童保育の50の質問と回答──
￥150　学童保育連絡協議会編

◇あめんぼクラブの子どもたち──学童保育の指導と運動 ──
￥420　大塚達男・西元昭夫　編

申込みは　**学童保育連絡協議会**

東京都千代田区神田小川町3－5
TEL （03）292－0631

# 全国学童保育ニュース

NO. 39
1部30円

1972年4月20日
学童保育連絡協議会発行
東京都新宿区百人町2－10－7
Tel(03)368-9902　振替東京21951


## 北（北海道）と南（福岡）で学童保育連絡協議会が発足

文部省が「留守家庭児童会」の補助金を打ち切り，「校庭開放」へ解消してからまる1年たちました。この間に各自治体の教育委員会では，従来実施してきた留守家庭児童会の打切りを表明したり，今後は「留守家庭児童会」という名称は一切口にするな（学童保育などとは尚のこと厳しく禁止）という通達を出すなど，文部省の方針にそった施策が，一応は進められました。

ところが1年たった今日，私共の知る限りでは，留守家庭児童会が実際になくなったという例は聞いていません。むしろ，当学童保育連絡協議会に対しては，これまで学童保育づくり運動のなかった地域からの，運動の進め方についての問合わせが増加しました。そして，今年に入って北の北海道・札幌市と，南の九州・福岡市に，期を同じくして「学童保育連絡協議会」が発足しました。

この両市の「連絡協議会」発足は，何れも活発な対市交渉が続けられるなかで，運動をさらに拡げ強めるために結成されていったものですが，両市とも，従来の留守家庭児童会を減らすのでなく，47年度予算では逆に増設（札幌市7か所増－未確認，福岡市4か所増）させています。

このように学童保育づくりの運動は，国の施策の後退と裏腹に，地方自治体行政では一定の前進を勝ちとってきています。大阪府の学童保育関係予算の復活や，東京都（23区）における学童保育指導員のいっせい正規職員化も，前進を物語るものです。

### 札幌市学童保育連絡協議会の結成

さる1月15日に発足しました。結成までの運動の母体となったのは，共同保育「中の島学童クラブ」の父母たちです。この共同保育は，5人の母親が中心となって運動し，市教委が留守家庭児童会を設置してくれないために，共同保育として発足（４５年１１月）し，その後も対市交渉を続けてきました。

そして，１年間の運動の中で，市教委は当初「留守家庭児童会は国の補助もとまるのでむしろ減らす方向」と言っていたのを，「現状維持」に変え，さらに「増やす（２か所）」と方向転換させてきたのです。

一方，市内に１４か所あった留守家庭児童会では，父母の共通した悩みは，指導員の身分が不安定（１年毎更新）で落着かないということでした。

このようななかで結成された「学童保育連絡協議会」では，『留守家庭児童会施策の充実に関する請願』を署名７８０をつけて提出し，市議会の審議の模様を「がくほれんニュース」で相次いで報道しています。市議会への請願は，ほかに，中の島かぜのこクラブと羊ケ丘子どもクラブからの助成要求，および篠路地区に新設の要求が陳情されています。

そして，最近になって，２か所増設の予定が，いっきょに７か所増設になるようだという便りがとどいています。いま，札幌市学保連では，今年中に北海道各地の学童保育に呼びかけて，道内の交流の場をつくりたいと準備していますが，早ければ今年中に，北海道学童保育連絡協議会が結成されるでしょう。

札幌市学保連の連絡先は

札幌市[redacted]　後藤治　方

電話（０１１）８２１－[redacted]

## 福岡市学童保育連絡協議会の結成

福岡市に留守家庭児童会が開設されたのは１９６６年（４１年）で，１９７０年までに１２か所になっていました。ところが１９７１年２月になって，新聞紙上で「国の補助がなくなり児童会は４月より廃止」という記事をみて驚いた父母５０名が，市教委に交渉して，４６年度だけは存続することを約束させました。

その後，３月には，市議会へ「留守家庭児童会の存続と新設に関する請願」が署名３３０４名分をつけて提出され，第一回福岡市留守家庭児童父母連絡会が開かれました。

請願，陳情，署名活動はその後も続けられ昨年１１月の「第６回学童保育研究集会」には父母連絡会から代表をカンパで送り，報告会を持ちました。

そして，今年１月２２日に行った市長交渉のあと，交渉参加者によって「父母連絡会」を「福岡市学童保育連絡協議会」へ発展させることが決められたのです。そして，２月には，市独自の費用で，留守家庭児童会を存続させ，さらに４か所の新設が決定したのです。

連絡協議会では，今年は内容の改善要求と父母会の組織がために力を入れる方針を出して，定期的な学習会を行うことを決めています。福岡市学保連の事務局は，

福岡市大字馬出久々原４４９－１１

電話（０９２）６５－４１０１

## 東京都下の国立市，東久留米市にも

東京都下国立市でも，今年1月22日に「国立市学童保育協議会」が発足しました。

結成の中心になったのは中央学童保育所の父母会で，昨年１０月に行われた『子供の教育を考える国立集会』に，学童保育の分科会が設けられたのを機会に，国立の学童保育を語る共通の場をつくろうということになったものです。

そこで，各学校から代表を出し，１２月までに各父母会で検討，父母会のないところは父母会をつくって検討し，今年１月に入って正式に発足，要求をまとめて，福祉事務所に申し入れることになりました。

共通の要求としてまとめられたのは，①広場のある学童保育がほしい。②新設される学校のそばに保育所と学童保育を。③学年延長を――無理なら季節（夏休みなど）保育をぜひ実施してほしい。④フリーの代替要員指導員の配置を。⑤男性指導員を（特に夏休み）などです。

同じく都下の東久留米市の場合は，６か所ある学童保育毎に，内容改善等の対市交渉を父母会が繰返してきていましたが，今年に入って，「東久留米学童保育協議会（仮称）」の結成準備がすすめられています。

なお，これら都下各地の運動は，「三多摩学童保育連絡協議会」（事務局・三鷹市[redacted]田中荘　山田松美さん）で交流が行なわれ，ニュースも発行されています。

## 大阪府が学童保育補助金 ５千７００万円を計上

大阪府の４７年度予算に対する社会福祉関係者の要求運動は，かつてない規模の高まりをみせ，昨年１２月に行った決起集会には，２０００名の施設長，従事者，保護者が集まりました。大阪学童保育連絡協議会も昨年より請願や度たびの陳情を続けていましたが，学童保育への府の補助が復活しました。

学童保育関係の補助金は，教育委員会の予算のなかに，健全育成費として5714万6千円（内記は従来の校庭開放事業名目が1714万6千円で，新たに学童保育のために4000万円）がくまれました。

しかし，学童保育事業は市町村が実施するために，市町村がどのような行政を行うかでこの予算の活用され方も変ってきます。今後はそれぞれの市町村での要求運動がより重要になるでしょう。

一方，大阪市では，まだ明確な方針が出されていませんが，昨年より年２か所建設が決った公立児童館も，全て民間委託（社会福祉協議会運営）にきりかえる方針を明らかにしています。（大保連ニュースより）

□愛知の学童保育行政………………………………愛知学童保育連絡協議会報告

# 民生・教育とも対策も誠意もなし

愛知県では，文部省が留守家庭児童会をなくし，校庭開放へ解消していく方針を出した（46年度より）のにしたがって，留守家庭児童会への県費補助が大部分打切られてしまいました。しかし，住民の学童保育を望む要求はますます強まり，今年に入っても，民間の学童保育が，各所につくられています。

## ＜おくれていた対策＞

愛知県の留守家庭児童対策事業は，41年度頃から文部省の方針に従いはじめられていましたが，その内実は極めて貧弱なものでした。

45年3月の時点でみてみると，県下34カ所定員合計1200～1300名。しかも月曜から土曜日まで実施されるいわゆる，6日制はわずか2カ所という状態で，学童保育専用の施設が1カ所も有りませんでした。県下に10万人居ると言われた留守家庭児童対策としては，対策とすら言えない実情でした。このことは，基本的には，当時の文部省の留守家庭児童対策の貧弱さの問題ではありましたが，他の大都市の東京，大阪などが，不十分ながらも独自の施策を行なっていたのと比較して，国の方針をそのままうけ入れる愛知県の姿勢の問題でもありました。

この姿勢は46年度文部省が，留守家庭児童会の校庭開放への解消をうち出すと，直ちに県費補助をうちきるということにあらわれました。

## ＜留守家庭児童会への補助打ち切り＞

留守家庭児童会への補助はうちきり，制度としても留守家庭児童への独自の対策をやめていく方針に従い，名古屋市にあった8カ所への補助はうちきられ，県下のものについても漸定的に実施されるのみとなりました。

文部省，県費補助が打ち切られた名古屋市では，市独自の費用によるPTA委託の留守家庭児童会がありました。しかしこれは，178校中24校にしかなく，日数も週2～3日，ほとんど長期の休み（夏，冬，春休み）には，実施されないなど，県費補助のものより内容は貧弱でした。

46年度からは市においても県の方針に従い，留守家庭児童会は廃止「児童クラブ」という形となりました。PTA委託であったものについては補助金，実施日数共，若干増加しました。しかし県費補助であったものは教育委員会直轄からPTA委託となったため，8カ所中4カ所は半額以下，残り4カ所も2

カ所分として8万円も少ない補助額となりました。

## ＜民間で学童保育を実施＞

民間では，39年頃より，団地，住宅地で働く母親を中心に，学童保育運動がすすめられ各地へ広がり，44年11月には，愛知学童保育連絡協議会が結成されました。以後，公立学童保育所の増設と内容の充実，民間への補助金要求の署名運動などが行なわれてきました。

72年4月1日現在，民間の学童保育は12カ所あります。

県・市からの補助が一切ない中にあって，9カ所が週6日制を実施し，指導員の給与も公立なみを確保しています。

しかし6日制の所では，3000～8000円の父母負担，場所も個人宅というところが4カ所というように，学童保育を維持していくこと自体が困難な状態です。

しかし，父母，子ども，地域の人々の協力で継続している所もあり，団地自治会の協力で，学童保育づくりが進められつつあるところなどもあります。また，PTA委託の「児童クラブ」でもPTAの民主化と併せ，週6日実施を確保している所も出て来ています。

県としては，学童保育は児童館活動の中で位置づけるというわずかな方向性も岩倉市で実施されつつあるにすぎない状況です。岩倉市では，児童館活動の中に位置づけられることにより，市の正規職員が配置され，運営費も独自にくまれるようになりました。

## ＜現状と運動＞

愛知県としては，今年度も学童保育に対する対策はたてられず，これまであった留守家庭児童会は，ほとんど校庭開放へ切りかえられてしまいました。

名古屋市も，愛知学保協の請願や数度の交渉にもかかわらず，いまだに，学童保育をどこで扱うかが決っておらず，民生局にしても，全く対策らしいものを持っていません。教育委員会は，〝学童保育はやらない〟の態度をはっきり示し，現在行っている児童クラブについても，今年は1カ所も増やしていません（現在30カ所）。

現在，それぞれの民間学童保育所から，市へ向けて請願を集中する運動を強めていますが，4月12日，戸田学童保育所の補助金要求が，市の総務民生委員会で審議されたときも，市の態度ははっきりせず，保留になってしまいました。

このように，公立化の運動は相変らず厳しい状態ですが，民間では，この4月から新たに2カ所（仲田荘，瓦町）が生まれ，それぞれ週6日実施で出発しています。

また，名古屋市以外でも，岡崎市，佐織町，知立団地などで，学童保育所づくりの運動がはじまっています。

愛知学童保育連絡協議会としては，会の中

心メンバーがいろんな事情で動けなくなり，運動は発展しているのに，それをまとめていくことが困難になっていますが，今後も対市交渉や県に向けての請願活動を強めながら，さらに多くの民間学童保育所をつくっていく方針を出しています。

全国の皆さん，自治体の学童保育対策などの資料がありましたら，愛知の運動の武器にしたいと思いますので，ぜひ送ってください。

連絡先　名古屋市中川区[redacted]
[redacted]　戸田荘[redacted]
小山研一　宛
電話（052）431-[redacted]

---

## 東京都（23区）学童保育指導員の正規職員化が実現

東京都の学童保育に働く指導員は4月1日より，非常勤のままで働きつづけることを希望した若干の人を除き，全員正規職員となることができました。

当初都としての財政処置は$\frac{1}{3}$正規化（$\frac{1}{3}$ずつ3年間かかって全体を正職員にしていく）ということでしたが，都交渉とあわせて行なった各区毎の連日にわたる要請行動の結果，区の自主財源をもち出して1年目で全員を正規職員とすることが決定されました。また，民間委託で行なわれていた区も7月1日直営化その時点で正規職員とするというようにほぼ全面的に私たちの要求がうけ入れられました。

今回の正規職員化は〝今後児童館事業の一環として学童保育を実施していく〟という基本方針の下に，児童館職員としての〝児童厚生〟というあたらしい職務をつくることによって実現されたものです。

東京都では，中期計画にもとづき，児童館建設は4校区に1カ所を当面の目標とし，最終的には全校区に1カ所を実現していく。その中に必ず育成室を設けそこへの職員は今回私たちがなった〝児童厚生〟を配置していくという考え方であります。そのように考えると，指導員の正規職員化ということは，今後の学童保育の発展にとって大きな力となるものでした。

しかし区によっては，午前中から勤めるのだから児童館の事務を手伝え，とか，幼児教室を分担するとか，同じ正規職員同志なのだからということで1週間毎に学童保育の担当者がかわることなど考え一部では実施されています。

私たちは正規職員化は，あくまでも学童保育を充実させるためのものであるという立場で，午前中の勤務内容は，学童保育の指導内容を発展させられるものにすること，勤務時間帯についても学童保育の実態から決定していくことなどを要求しています。

今回の正規化運動では〃個人的には正規化反対〃〃正規になったらとてもやっていけない〃〃午前中一体何をするのか？午前中から勤める必要などないのでは〃という人も含め，〃みんなで考え，みんなで行動すれば，どんな厚くみえたカベでもうち破ることができる〃という確信を一人一人がつかむことが出来ました。

しかし，児童館事業の一環としての学童保育のあるべき姿については今後，実践の中で，みんなの成果をもち寄り研究していかなければなりません。これからも皆の知恵を寄せあつめ，放課後の子どものゆたかな生活を創りあげるような学童保育，児童館をつくり出していきたいと思います。

（指導員労組　佐藤俊子）

## 東京都における学童保育指導員正規職員化の条件――要旨――

⑴　身分は特別区固有職員とする。

⑵　職層名は主事とし，職務名は児童厚生とする。

⑶　採用資格基準――次の何れかに該当すること。①厚生大臣指定の児童福祉施設の教員養成施設の修了者。②大学の関連学部の関連学科卒業者（心理教育社会福祉児童および福祉）。③保母または職員免許状を有する者。④高卒以上の学歴を有し，当該実務に２年以上従事した者。以上の資格をもつもので昭和４７年３月末日現在５５才未満のもの。

⑷　給与――行（一）６等級に格付し，行政系高卒・短大卒程度の初任給基準を適用。経験加算は１４号を限度とし，学童保育従事期間は原則として８割で換算。年金，退職手当算出については非常勤期間は考慮しない。

（５）特例――①年令５５才未満で採用資格基準を有しない者は，一般業務として採用し給与等は一般業務の例によるが，従事職務については従前の職務を尊重する。なお，高卒者で実務２年未満の者については，２年以上実務に従事した直近の昇給期に児童厚生に転職させる。

②年令５５才以上の者は第２種臨時職員として採用する。給与等もこれの例による。

### お知らせ

横浜市学童保育連絡会が『学童保育と子どもたち』というパンフレットを作成しました。内容は，横浜市の現状と運動，指導，実践，子どもの作文，部外者の声，父母の声などで，各地の運動にも参考になりそうです。Ａ５判４６頁２００円です。

事務局で取扱っていますので，ご活用ください。

実践報告

# 春休みの全日保育のなかで学んだこと

名古屋市・戸田荘学童保育　高梨俊博

学童保育の指導員となって，右も左もわからない状況の中での春休みの全日保育は，さまざまな面で疲れました。

朝8時からの全日保育は，本当に休みの時間がありません。肉体的にも精神的にも疲れます。学童保育が，現在1つの教育の創造の場として考えられているとき，それを少しでも実現したいという気持が強く働き，あせったこともありました。

戸田荘学童保育の歴史は，まだ浅く，基盤を固め，多くの仲間をふやしていくという段階にあるとき，私一人の力ではできない問題があまりにも多すぎると感じました。これからは，お母さんとの話し合いを日常的に持てるようにし，共に保育内容をつくっていきたいと思います。

## 新しい息吹きのなかで

新しい子ども達を迎えて，体は疲れたけれど，新しい息吹きを私に吹きこんでくれたのは子どもたちでした。

指導方針としては，学童保育にはやくなれてもらうことと，1人びとりの子どもの状況をつかむことを目標とし，子どもの生活をみつめることから始めました。

## 3月27日（晴）子ども11名

新1年生を相手にするのは初めてなので，ちょっぴり不安があった。新しい環境の中で子どもたちが固くなってはいけない。気持を楽にさせようということで，実践に向う。

きょうは，初夏のような陽気だった。集会室でみんなが集まるまでは自由遊び。集まったところで「春を探しに行こう」ということで，福田川の土手へ行く。土手にはつくしが芽を出し，タンポポが黄色の花を咲かせていた。子ども達と手をつないで歩いているうちに，心が浮き浮きしてくる。陽ざしも強く暑いくらいである。

子ども達は外へ出たことで，集会所にいたときより解放的になったのだろうか，いろいろな話をしてくれ，たくさん歌をうたった。先輩の子ども達は，自分たちでどんどん歩いていくが，新入りさんたちは，指導員のまわりをはなれない。だが，タンポポやつくしをつみ，かけっこをするうちに，行動範囲を広げていく。幸代ちゃんは，つくしとりに熱中しポケットをいっぱいにする。雅美ちゃんやチエミちゃんはタンポポを一生懸命とっている。男の子達は，「カエルがいないかナ」と田んぼや川をのぞきながら歩いていく。

こんなことで午前中をすごし，「午後からも行こう」という子どもの要求で，また散歩へ出かけ，とうとう散歩で1日をすごした。

午後の散歩の中で，雅美ちゃんやチエミちゃん達が，「もうなれちゃった。また明日集会所へ来よう」「おもしろいもんネ。また明日こよう」と言ってくれ，指導員の心配をふきとばしてくれた。

### 3月28日（晴）子ども11名

春休み第2日目。きのうにひきつづき散歩に出かける。午後は，ちょっと遠くの藤丸団地の公園まで行き，帰ってきてザリガニ取りと，のびのび走り回る。きのうよりはずっと明るいふんいきだった。散歩は新1年生の要求が強く，「保育園のときは遠くまで行けなかったもん」と，遠くまで歩いてみたい気持が強いようだ。

### 約束――おやつの時以外に，学童保育でおかしをたべたら，おやつはなし

今日はおやつのとき話し合いをした。4人の子どもが，おやつ以外におかしを食べたので，「これでいいのだろうか」と問題を投げかけて，子ども達で決めたことである。

学童保育の中で，子ども達が自分のこずかいでお菓子を買うことを「いけない」と叱るのでなく，どうしたらよいか子ども達で考えてほしかったし，そのなかで，学童保育とはなにかをつかんでほしかった。

吉際くんが司会で話を進めていった。

指「どうしてお菓子を食べるの」

山「だって，おなかすくもん」

指「おなかすくのは，山口くん1人かな。みんなだって，僕だっておなかがすくよ。だからおやつの時間があるんだよ。1人で勝手に食べていいのかしら……」

子ども達のおなかがすくという状況はよく理解できるが，無原則になっては困ると考えた。新1年生を前にして，話しあいや約束事を決めるのは，むずかしいことであったが話を続けた。

指「お母さんは，おやつ代を毎日30円ずつ出してくれているんだ。そのほかにまたお菓子代をもらってきては，お母さんもたいへんだよ。学童保育はみんなのものだし，自分勝手にいろいろな事をやってはいけないと思うんだ。お菓子を食べられない子どもは，きっといやだと思うな。だから，みんなでどうしたらよいか考えて，約束を決めよう」

吉「えーと。おやつの時以外にお菓子をたべたら，おやつなしにしよう」

みんな「それがいい，それがいい。そういう子は，泣いてもおやつはやらんことにしよう」

ということで，これをもう一度みんなで確認し，約束とする。

話し合いは，まだまだみんなの意見を反映させることはできなかったし，この約束が本当にみんなのものになっていくのは，これからの実践によってであろう。

### 3月31日　子ども11名

子ども達1人びとりの状況が，おぼろげながらもつかめるようになる。
*ちょっと甘えん坊でゆかいな雅美ちゃん。
*泣き虫で気の弱いチエミちゃん。
*おとなしいと思うが，わりに大胆な行動をするユキヨちゃん。
*心はやさしいが，ちょっと暴れん坊の中野くん。
*目立たず，おとなしい前島くん。
*体は小さいが，自分を主張する岡島くん。
*きかん坊でいたずら好きな坂田くん。

いろいろな個性，性格をもった子ども達だが，この学童保育の中で，より強くたくましく育ってほしいという思いが心にあふれる。

子ども達とつなぐ手に，かわす言葉に，私は大きな願いと希望をたくさねばならない。指導員が疲れていても，子ども達は小さな体をぶつけてくる。とにかく頑張らなくては。1人ひとりの子ども達が，指導員に何のこだわりもなく，ぶつかってきてくれるのがなによりだ。

今日，チエミちゃんが，28日に決めた約束を破った。公園へ遊びに行ったとき，そこにいた子どもにアメ玉を数人がもらった。他の子は「おやつなしだぞ」とみんなに言われて，アメ玉を返したが，チエミちゃんはポンと口の中に入れてしまったのだ。

約束どおり，チエミちゃんにおやつはなかった。おやつのとき集会室のすみにポツンと立っている姿はかわいそうだった。ちょっときびしい約束だナと思ったが，このような中で，集団のきまりとは何かを，体で認識していくのではなかろうか。

**4月1日　　子ども11名**

きのう休んだ岡田くんが，集会所へ「おはよう」と元気な声をかけて入ってきたとき，誰もそれに答えず「おまえは誰だ」「おれはおまえなんて知らないぞ」と，1人，2人から始まりみんなが冗談に言いはじめた。

しばらくたって，社会見学の計画をたてるために話し合いを始めようとしたとき，岡田くんが半分泣きながら「いやだ」と言いだした。「どうしてなの」と聞くと，「さっきおれのことを，あんなにいったからいやだ」と言いだす。私はこれをとりあげた。

指「さっきみんなは，岡田くんのことを，〝お前は誰だ〟〝おまえなんか知らない〟と言ったでしょう。どうしてそう言ったか理由が聞きたいナ」

――子どもたちは誰も答えない。日頃子どもたちは，〝バカ者〟〝このクソッタレ〟〝アホウ〟などを連発している。面白がって使っている。

指「みんなには名前がちゃんとあるでしょう。その名前は，みんなが生まれたとき，お母さん，お父さんが，ピッタリした名前をつけてくれたんだよ。その名前があるのに，〝バカもの〟〝オタンコナス〟とか呼んだら，みんな嫌な気持になるでしょう。よーく考えてごらん……」

このような日常のできごとを，その時，そ

の時にとらえ，しっかり働きかけをしていかなくてはと考え，また，岡田くんのことをとおして，みんなが，１人ひとりを大切にできるようにしたい，という気持がいっぱいでした。小学１～２年の段階では，まだ１つひとつの言葉の意味を理解していないし，自分と他人との関係がようやくわかりかけてくる頃だとも思えます。１つの出来事をいろんな事象と関連させて考えさせたいと考えます。

## 春休みを終えて

４日に入学式をおえた新しい仲間達。春休みの間は，まだ不安定な様子だったのが，もう堂どうと「小学生だ」と言ってるようです。

この春休み全日保育のなかで感じたことでは，まず第１に，子どもたちは，まだ弱いものではあるが，自分達で何かを創りだしていく力をもっているということです。例えば女の子達は，わらばん紙に絵を書いて「本をつくるんだもん」と，絵本のようなものをつくったり，折り紙をしながら自然とお話しをつくってしまい，指導員も目をみはらせます。これらの力を，集団の中で本当に発揮させることはまだできませんでしたが，今後は，こまかいところでみられたこのような子ども達の力を，豊かに伸ばしていきたい。

第２に，もう小学生なんだという自覚が強くみられます。２年生に「なんだ保育園か」と言われると，「ちがう，小学生だ」と強く主張していきます。お兄さん達との共同生活のなかで，自信をつけたものでしょう。

第３に，子ども達の遊びが１人になりがちです。こぢんまりとした，静的な遊びになりがちです。これは，学童保育の生活にまだ慣れきっていないということ，友だちどうしの名前もしっかりと覚えきれてないということからもくるのかとも思いますが，本来，子ども達は，体，手，足をせい一杯動かして遊ぶものなんです。年毎に遊びの退化を感じますが，これからの学童保育では，みんなの力で楽しい遊びをつくりだし，たくましい身体と心をもてるようにしたいものです。

春休み保育で建てた目標の子どもたちに早く慣れてもらうことと，指導員が１人ひとりの子どもをつかむことは，ほぼ目標を達成したと思っています。

学童保育は，子どもの生活の場であり，成長の場です。そこは，子どもの天国とでも言える場です。春休み保育は，私に多くのことを学ばせてくれましたが，まだそれらをうまく言葉として整理できません。

今後は，〃のんき〃〃こんき〃〃げんき〃〃いきぬき〃の４つを考えながら，子どもたちと共に，実践を積み重ねていきたいと考えています。子どもたちを変える実践をつくりだすには，ゆっくりと，あせらずに歩んでいくことだということを痛切に感じました。

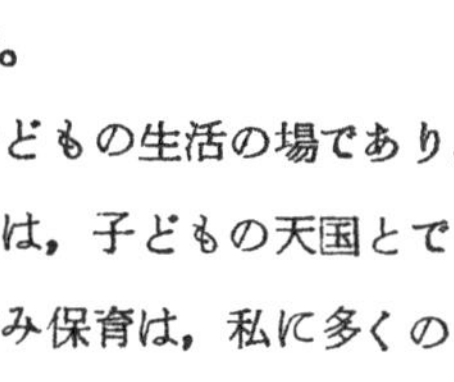

第４回全国保育団体合同研究集会・案内

# 今年も長野県山之内町で，８月１２日～１４日

毎年夏に山之内町湯田中温泉で研究集会を行ってきた全国保育団体合同研究集会実行委員会（学童保育連協も参加）では，今年第4回目の合同集会を８月１２日（土）～１４日（月）とし，次のような分科を設けることを決めました。

（Ⅰ）幼い子どものおかれている現状をふかくつかみ，生活に根ざし生活を変える教育をするために

①子どもの生活，②子どもの発達，③あそび労働，④０，１，２才児の保育，⑤幼児の集団づくり，⑥学童の集団づくり，⑦体づくり⑧表現活動，⑨美術，⑩音楽，⑪文学。

（Ⅱ）施設をつくる運動を前進させ，すべての子どもに等しく教育の機会を保障するために

①産休あけ保育　②保育所づくり　③共同・無認可保育所　④幼稚園　⑤職場保育　⑥学童保育　⑦障害児の保育　⑧養護施設　⑨幼稚園・保育園の運営と職場づくり　⑩保育者養成　⑪保育時間　⑫保育予算と保育費料　⑬栄養と給食

（Ⅲ）父母，保育者，教師はかたく手を結び軍国主義に反対し，平和と民主主義の教育を確立するために

①中教審と保育・教育運動　②教育要領，保育方針　③マスコミと児童文化　④子どもと公害　⑤保育者の組合活動　⑥保・幼・小の関連と制度　⑦自治体と保育運動　⑧保育者と保護者　⑨働く婦人と保育所　⑩保育者の労働と健康

以上の分科会のほか，夜の時間を利用した分野別懇談会が２７の分野にわたってもたれます。集会参加費は800円。宿泊費１泊３食付で2200円です。なお，記念講演は小川太郎先生が予定されています。

## 中教審パンフ，集会参加手びき書，バッチの活用を

合同集会実行委員会では，集会の準備活動・財政活動として，「中教審答申と幼年教育」や，第３回研究集会までの各分科会の討議の積みあげを収録した「集会参加の手びき書」の出版をすすめており，また，第４回集会の記念バッチ（１個１００円，黒，紺，赤の３色あり）を売り出していますので，ご活用ください。いずれも事務局へ申込んでください。

なお，合同集会の準備活動は，各県単位に実行委員会が結成されてすすめられていますので，各地域で積極的に参加していただくようおねがいします。

0才から小学校低学年までの教育を考える■

## 第Ⅱ回　三多摩幼年教育大集会　案内

**とき■1972年5月20～21日**

**ところ■小金井市立第1小学校**

集会内容■第1日／5月20日・p2～p5

全体集会――基調報告，記念講演　代表的取くみの報告。記念講演は久保田浩先生の「幼年教育の正しいあり方」。

第2日／5月21日・A10～P5／分科会――中教審と幼年教育，子どもの生活と集団づくり，三才未満児の保育，幼い子によい本をすぐれた文化財を，幼い子への数と文字の指導　産休あけ保育と無認可保育所，保育時間，保育所づくりと幼稚園づくり，学童保育，障害児の教育・保育，幼児養護施設，病児保育・予後保育，保育予算と保育料，地域と子ども，保育者の職場と組合活動，三多摩の自治体と幼年教育をめぐる住民運動，働く婦人と保育，小学校・幼稚園のPTA活動

参加費■300円（各日200円）

連絡先■小金井市本町6－6－3　市役所内
集会運営委員会事務局
電話0423－81－7067

## 第7回全国学童保育研究集会の準備始まる

### ――記念講演に蜷川さんを――

第7回全国学童保育研究集会は，9月23・24日に京都市内で行うことを決めましたが，集会準備のための運営委員会が，さる4月9日に京都でもたれました。

京都学童保育連絡協議会は，府下の各種団体に協力を呼びかけるとともに，府教育委員会の後援依頼をすすめていますが，現在取組んでいる「京都における学童保育の現状と課題」というパンフレット作成とともに，5月には府交渉，6月に協議会総会，8月に親子キャンプとスケジュールをたて，これらの活動のなかで全国集会も成功させようとはりきっています。

全国集会のための第1回準備会では，第7回集会の中心テーマと分科会設定などを話し合いましたが，テーマ「学童保育のあるべき姿と現状を明らかにする」，分科会は，①下校後の子どもの生活（実態と望ましい姿を明らかに）　②学童保育での子どもの生活（現状とどんな指導が必要かを明らかに）　③学校教育の実態　④自治体は学童保育をどう考えているか　⑤学童保育づくりの経験交流　⑥学童保育所の実態（施設，運営をどう改善するか）　⑦指導員の働く条件（実態と改善

策）などが案として出されています。また，記念講演に蜷川府知事を，集会終了後施設見学をということも出されました。

全国研究集会は全国の会員全員でつくりあげるもの，皆さんの希望・意見を出してください。

## 第3回京都学童保育研究集会開かる
## ──指導員養成講座も──

今年の全国集会開催地となった京都では，3月26日に，「第3回京都学童保育研究集会」がもたれました。当日は約50名が参加，里井睦郎氏（同志社大），谷川邦宏氏（府高教），山本昇氏（府教委）が助言されました。

京都学童保育連絡協議会では，第3回研究集会の報告集とあわせて「京都における学童保育の現状と課題（仮題）」を出版する計画をたて，この活動のなかで全国集会の準備活動をもりあげていこうとしていますが，ほかに，次のような内容で『学童保育指導員養成講座』を行いました。

①学童保育とは　②子どもの発達と集団指導　③人形劇づくり　④集団づくり　⑤救急看護法　⑥ゲームうた　⑦中教審答申　⑧読書指導　⑨作文指導　⑩絵画指導　⑪総括

また，府下乙訓郡では学童保育指導員労働組合が結成されていますが，いま正規職員化を中心として，一時金や代替要員の常時確保などの要求活動を行っています。

## 子どもが主催した
## “子どもまつり”

京都府乙訓郡長岡町では，さる3月5日，町内の4か所の学童保育クラブが集まって『子どもまつり』を行いました。

各クラブの子どもたちは，クラブ毎に実行委員を選出し，週1回の実行委員会を開き，どんな子どもまつりにするか，おやつはどうするかなどを話し合い準備しました。

当日は，テーマソング大合唱のあと，午前中は各クラブから，自作自演出の劇（「宿題をやめろ」ほか）が発表され，コンクールが行なわれましたが，指導員・父母も劇を上演しました。（劇の審査も子どもの手で行なわれたそうです）

午後は，フォークダンスや大人と子どものドッヂボール大会のあと表しょう式を行いましたが，このような合同行事としては昨年末も『もちつき大会』を行っています。

## あとがき

＊　ニュースの3月号を愛知で，4月号を大阪で出す予定のところ，準備がととのわず事務局で分担しました。5月号は大阪からお送りする予定です。

＊　2月号の発送を，会費未納の請求書を同封したいと考えていて，だいぶおくらせてしまいました。申し訳ありません。会費納入にはご協力ください。

全国 学童保育ニュース

No. ４０
１部　30円

１９７２年　６月20日
学童保育連絡協議会　発行
東京都新宿区百人町２－10－７
TEL. (03)368-9902　振替東京 21951

## 「子どもたちにいきいきとした放課後を」

# 第７回 研究集会の準備進む

今年にはいり、第７回学童保育研究集会の準備に精力的にとり組んでいる学童保育連絡協議会（全国）と京都学童保育連絡協議会は、６月４日(日)、京都市内の桂川島児童センターで運営委員会を開き、研究集会の具体的なプランを次のように決定した。

1）集会テーマ　親しみやすく、しかも誰にでも訴える力のあるものを、ということで、「子どもたちにいきいきとした放課後を　学童保育のあるべき姿と現状を明らかにしよう　」と決定した。

2）分科会と世話人団　分科会の数は前回と同じく９分科会とし、各分科会は、それぞれの地区協議会が責任を持つて担当し、世話人団（地区協議会から２名と京都連絡協から１名の合計３名で構成する）が、司会・提案・記録を受け持つことになつた。９分科会の名称・担当地区は次のとおり。

①放課後の子どもの生活と学童保育・児童会・子ども会　（大阪）

②学童保育所づくりと父母・地域の役割（愛知）

③学童保育所の実態と改善　（東京）

④指導内容の研究

ⓐ指導員の仕事とは何か（新しい指導員のために）　（埼玉）

ⓑ遊びと集団づくり　（京都）

ⓒ指導目標と指導計画　（横浜）

⑤指導員の働らく条件（実態と改善）　（京都）

⑥学校教育と学童保育（学習をどう考えるか）　（神戸）

⑦学童保育の制度研究　（東京）

3）参加費　６００円（資料代を含む）

4）日程

９月２３日（祭日）AM１１－PM0.３０　開会・記念講演・分科会説明　PM1.30－5　分科会　ＰＭ７－９　交流会

９月２４日(日)　AM9.３０－１２　分科会　PM１－３　分科会　PM３－４　全体会

PM5－7　連絡協議会総会

5) 施設見学　9月25日(月)の午後、希望者を3コースに分けて実施する。

①京都市内コース（桂・修学院・今熊野など）　②洛南コース（宇治市・城陽市）　③洛西コース（向日町、長岡町・大山崎町）

なお、25日の午前中があくので、京都の人に観光案内もしてもらつたら、という虫のよい話も出ていた。

6) 集会までの予定

①6月16日(金)　第1回実行委員会（京教組、京都市職、自治労、京都子どもを守る会、新婦人など諸団体に呼びかけ参加を要清する。）

②7月23日(日)　世話人団打合せ（AM10より、桂川島児童センターで）

③ビラ・自治体への案内状などは7月末までに作成する。

7) その他

①記念講演は是非京都府の蜷川知事に、という多くの人々の強い要望を受けて、京都連絡協議会は京都府に要請したが、蜷川知事は多忙で、準備その他の時間が取れないとの回答があつた。しかし、講演はむずかしいが、集会に出席してもらうことは不可能ではないと、今後さらに接衝を続けることになつた。このため、記念講演は京都大学教授の田中昌人氏に「子どもの能力と発達」というテーマで依頼することになつた。

②この研究集会に向けて、各地で試案づくりに取り組んで来た「学童保育の制度化と指導要領」について京都から、「指導要領」の名称は、文部省が小学校などのしめつけに使つている、悪名高い「学習指導要領」とイメージが重なつて悪い印象を与えるので、他の名称に変更すべきだ、という提案があり、とりあえず「学童保育の制度化と指導指針」と変更することにしたが、他に適当な名称があれば、どしどし提起してもらい、時間をかけて検討することになつた。

## 東京都指導員を正職員化

### — 指導員労組発展的に解散 —

東京都指導員労組は4月1日付で希望者全員が正職員化をかちとりました。しかし午前中の勤務内容や多くの問題点をかかえています。東京都指導員労組は5月28日第4回定期大会をひらき正職化にともなつて労組の解散と都職労への積極的な加盟を決めました。今後区の学童保育を中心とする児童行政をより充実させていくために区役所で働くすべて人と手をつなぎ働きやすく地域の人々の要求を実現する職場づくりをしていくために指導員分会の組織づくりをめざしています。学童保育解消の危険がある中で真に働く婦人と子どもたちの生活が保障される学童保育をつくり上げる東京地区学童保育連絡協議会の結成に参加することに決めました。この指導員労組が3年間で得た力をもつと大きく都職労、学童保育連絡協議会の中で発揮していくことが全国的にも期待されています。

# 留守家庭児童会の補助を復活

## 47年度・大阪府予算

大阪府教育委員会は４７年度当初予算で留守家庭児童対策費として府単独の補助を復活しました。昨年政府が事業を打ち切る方針を出し、大阪府もそれに従つたために、４６年度は市独自の事業として継続されたところはまだしも、閉鎖するところも出てきました。

私たちは黒田革新府政の公約の具体化を要求し、度々陳情を行つた結果、留守家庭児童会の事業を一カ所８０万円を限度額として、その$\frac{1}{2}$の補助、１００カ所分4,０００万円が予算化されました。なお従来の校庭開放事業に対しては１７１４万６千円（国・府・市・各$\frac{1}{3}$負担）が組まれています。

府の方針に合せて各市で要求運動がひろがり、いままで消極的だつた市でもあらたに事業を行うなど、明るい見通しがうまれています。さらに府の学童保育行政を前進させるには、各市町村に対する働きかけをつよめ、事業計画を積極的につくらせていくことだと思います。

たとえば、大阪市を例にとれば、府は交渉の席上今回の助成は府独自の事業として大阪市内をもふくめて補助を行いたいといつています。しかし大阪市教委は、校庭開放のみしか行う方針をかえず４７年度の事業も前年度と全く変らない事業内容となつています。

大阪保育連では２月２９日市会議長を通して陳情書を議会に提出、民生衛生常任委員会に委託され採択されていますが、現実には何も改善されていません。９月補正にむけて「府市協調」の市長公約の実現を要求して運動をつよめたいと考えています。　（横田）

**４７年度　少年健全育成事業**

（47. 4. 15調）

| 市町村名 | | 校庭開放事業 | 留守家庭児童会 |
|---|---|---|---|
| | 大阪市 | ７２ | − |
| 三島 | 吹田市 | ２ | １２ |
| | 高槻市 | ９ | − |
| | 茨木市 | − | ７ |
| | 摂津市 | ３ | ２ |
| 豊能 | 豊中市 | ４ | １０ |
| | 池田市 | ８ | − |
| 泉北 | 堺市 | １３ | ３ |
| | 泉大津市 | １ | １ |
| | 高石市 | − | ２ |
| 泉南 | 岸和田市 | − | ６ |
| | 貝塚市 | １ | １ |
| | 泉佐野市 | ６ | ３ |
| 南河内 | 富田林市 | ２ | ３ |
| | 河内長野市 | − | １ |
| | 羽曳野市 | − | ２ |
| | 藤井寺市 | １ | − |
| | 狭山町 | １ | − |
| 中河内 | 八尾市 | ４ | １５ |
| | 東大阪市 | ６ | １０ |
| 北河内 | 守口市 | １ | ６ |
| | 枚方市 | ２ | ９ |
| | 寝屋川市 | − | ６ |
| | 門真市 | １２ | １ |
| 計 | １７市１町 | １４８ | − |
| 計 | １９市 | − | １００ |

## 保育所要求から学童保育へ

### ―吹田学童保育連絡協議会結成―

去る3月18日、吹田学童保育連絡協議会が結成されました。吹田市では小学校児童数25,317名のうち不在家庭児童数は3,354人もいます。そのうち留守家庭児童会に入つているのは8校184人(46.11)で、95%の子どもが全く放置されている現状です。

吹田では昭和42年に保育所運動の発展としての要求がたかまり、初めて高野台小学校に「児童会」がつくられました。その後学童保育をのぞむ運動が住民の自治会活動とともにつよまり、現在市内22校中の8校(佐竹台・青山台・津雲台・古江台・藤白台・吹二・桃山台)と8校で実施され、47年度より、竹見台、岸部吹三・千里第一が予算化されました。

一方吹田保育部運動連絡会学童保育部会として、保育運動の面からも運動がすゝめられ、その運動にこたえて各校区からの利用者、希望者、教師が参加していくまでになりました。つくる運動から、つくつてからの施校の改善・指導内容を充実させる運動と一歩一歩すゝめられました。榎原革新新政の誕生という有利な条件の中で、今後の運動の強化と、学童保育としての独自の運動を発展させるため、吹田学童保育連絡協議会がうまれました。

吹田市では、土曜日が開設されない上に5時までといつた内容で問題も多く、とりくまなければならないことが山程あります。子どもたちに本当にたのしい充実した放課後の生活を一日も早く実現したいとはりきつています。

---

## 第3回 大阪学童保育連絡協議会総会ひらかる。

5月28日第3回大阪学童保育連絡協議会の定期総会が行なわれました。午前中青木一先生の記念講演をおききしました。午後から1年間の活動をふりかえり今後の運動の方針をきめる討論に入りました。今年はおとうさん達の参加も多く、各市での長期的なとりくみが前進していることを示していました。

新役員の紹介

会　長　益田豊爾
副会長　平井淳、豊田きみ代
事務局長　辻宣利

の各氏が決まりました。長い間事務局長として活躍して下さつた続さんが御家庭の事情で郷里(福島)にもどられました。これまでの御活躍を感謝します。

---

## す❀い❀せ❀ん

第3回大阪学童保育研究集会報告集

3月5日の集会の報告集です。運動の手びきとしてひろく活用して下さい。

1部100円(〒55円)

申込は、事務局まで(763―4382)

――――――――――――

衛生都市の行政水準(自治体問題研究所発行)

大阪の学童保育について特集されています。

1冊　550円　事務局へ

資　　料

## 吹田留守家庭児童会実施状況

４７年３月調査

| 校区名 | 高野台 | 佐竹台 | 津雲台 | 古江台 | 青山台 | 藤白台 | 桃山台 | 吹田第二 |
|---|---|---|---|---|---|---|---|---|
| 名　　称 | 仲よし学級 | わかたけ | すぎの子 | すずらん | ひまわり | 友　達 | 桃　組 | |
| 設置年月 | ４１，９ | ４３，９ | ４４,１０ | ４５，４ | ４４， | ４６，４ | ４６，４ | ４６，４ |
| 登録人数 | | ３０人 | ２０人 | １９人 | ２４人 | ３０人 | １８人 | ２８人 |
| 利用数 | ２８人 | ２４人 | １５人 | １４人 | １３人 | ２８人 | １３人 | ２４人 |
| 対象学年 | 1年〜3年 | 1年〜3年 | 〃 | 〃 | 〃 | 〃 | 〃 | 〃 |
| 開所時間 | 下校〜5時 | 〃 | 〃 | 〃 | 〃 | 下校〜4／30 | 〃 | 〃 |
| 開所日 | 月〜金 | 月〜金 | 〃 | 〃 | 〃 | 〃 | 〃 | 〃 |
| 夏冬休み | 冬なし 7月中 1〜5時 | 冬なし 7月中 1〜5時 | 冬なし 7月中のみ 1〜5時 | な　し | な　し | な　し | 7月中 8月２０〜３１日 | な　し |
| 施　　設 | 教　室 畳１０枚 | PTA図書室の半分 利用１０畳 | 教　室 １０畳 | ＰＴＡ図書室の半分 利用１０畳 | ＰＴＡ図書室半分 利用１０畳 | 1年生用 教　室 １０畳 | 教　室 １０畳 | |
| 父母負担 | おやつ ６００円 | おやつ 月６００円 | おやつ ６００円 | | おやつ ７００円 | おやつ 月６００円 | おやつ消耗 ４５０円 | |
| 指導員状況 人員 | 1人 | 2人 | 2人 | 2人 | 1人 週2回 1人 | 2人 | 2人 | 2人 |
| 年令 | ４０代 | ４０代２ | ５０代１ ４０代１ | ２０代１ ４０代１ | ２０代 ３０代 | | ２０代１ ３０代１ | |
| 身分 | 非常勤職員 | 〃 | 〃 | 〃 | 〃 | 〃 | 〃 | 〃 |
| 報酬 | 47／1〜 1日 1,350円 | 〃 | 〃 | 〃 | 〃 | 〃 | 〃 | 〃 |
| ボーナス | な　し | 〃 | 〃 | 〃 | 〃 | 〃 | 〃 | 〃 |

## 学童保育15カ所に

**— 八尾市47年度 8カ所増設 —**

連絡会では昨年らい、学童保育の全校実施を要求して運動をすすめてきました。

6度にわたる教育長交渉、署名、陳情そして学校まわりとあわただしく動きまわつたというのが実感です。

とくに新一年組の多かつた西郷保育所では、父母の会役員が学校まわりをしてきました。

長池小ではＰＴＡでとりあげるまでにもりあがりました。

このようななかで、市議会各派も議会のたびごとにとりあげるほどになりました。

とくに３月市会では、たきぐち議員が本会議で、３校しか増やさないという計画をするどく批判し、ついに倍化を上まわる１５校実施を認めさせました。

(八尾保育所運動連絡会ニュースNo.24より)

## 共働き家庭の事故に思う

(豊中市)　岡　信子

昨秋、１１月２４日午後3時頃、豊島小学校1年生の宮本毅君が、電車にはねられて死亡するという事故がありました。毅君のご両親は共働きで、毅君は、放課後は、学校の中にある留守家庭児童会で過していますが、この日は留守家庭児童会にも行かず友達３人と事故に会つた踏切の近くで、石けり等をして遊んでいたということです。そして、梅田行きの電市が通過するや、遮断機を潜り抜け、すれ違いざまやつてきた池田行き普通電車にはねられて即死したということですが、この事件から改めて、未来ある子ども達が、どれ程安全という面で保護されていないかをつくづくと考えさせられました。成る程、おりている遮断機を潜り抜けることはいけないことでしょう。しかし恐しい目にあつたことのない小さな子にはあり得ることです。遮断機については、これ以上安全面の改良はできないものでしょうか。

又現在行われている留守家庭児童会は子ども達があたたかな家庭に帰るごとく、喜んで行くシステムになつているでしょうか。楽しい遊びと学習の場を子どもたちに保証してやつているでしょうか。豊中市の殆んどの留守家庭児童会が学校の中の空教室や、陽の当らない場所にあり、個々の指導員の努力があつたとしても、活動的な低学年の子をいつかせるに足るものではありません。

毅君のいたましい犠牲、ご両親の深い悲しみを二度と繰り返さない為にも、私達はすべての面で安全対策に不備はないか点検してみる必要があると思いますし、共働き家庭が激増する中で留守家庭児童会の現状を検討し、私たちが安心して働らき続けるためにもみんなして、充実を図る運動を今こそ繰り広げたいと思います。

# 民主教育の原則に学び秀れた実践に教えられて

## 学童保育指導要領試案作成のために

第７回全国学童保育研究集会がだんだんせまつてきました。「全国ニュース」No.３８（２月２０日号）に「学童保育の指導要領試案作成について」の記事があり、各地域協議会で専門委員会を設けて、指導要領試案を作成してほしいと提起している。

大阪学童保育連絡協議会の第３回総会が５月２８日(日)に開かれ、そこでの状勢報告（問題提起）に関連させながら、父母のたちばから「指導要領作成のための問題点」ということで書いていきたい。全国研究集会へむけてのたたきだいにでもなればさいわいである。（指導員さんの方から、具体的な実践に基づいて、討論に参加していただくとありがたい。）（専門委員会を設けて討議したものでもない付記）

A　基本原則を確立して

学童保育の基本的原則として、

①　子どもが民主的にたくましく伸びていくために。

②　働く婦人の権利を守り、広げていくために。

この２つをすえて、それらの実現のために地道に、キメ細かく運動を展開していかなければなりません。

指導要領は①の原則に深くかかわつて、①の原則を実現するための日常的活動の中心をなすものである。

B　民主教育の一翼をになつている

いま、子どもをとりまく状況を端的に述べるなら、やはり「中教審路線」ということができるであろう。子どもが民主的にたくましく伸びていくことを疎外している状況が厳然として存在しているものである。

学校教育の場では、科学的・系統的な学習活動が歪められて、中教審答申にみられる能力主義・差別と選別がおしつけられ、子どもを集団として伸ばすことを拒否している状況ということができよう。

こういう状況での学童保育の指導内容は、それらと鋭く対決するものにならざるをえない。内容として学童保育は

民主教育を確立するという路線の一翼をになつている。

という基本路線である。

学校教育が指導要領の改悪によつて、レベル・アップという美名のもとにますますつめこみの知育偏重になつているとき、学童保育は、指導要領に拘束されず、自由に、民主的に、子どもの要求、父母の要求にもとづいてそれこそ自主編成できるのである。（国民の教育権を完全に行使し、保障していく場である。）

ドリル・宿題で追いまわされず、テストで

しばられず、通知簿でレッテルはりをされることがないからこそ、学童保育は能力の全面発達の観点で、それぞれの子どもがのびのびと成長することが保障されるのである。

C　生活と結合させていくことこそ

子どもの要求に根ざし、父母の要求に応える教育を展開していくとき、それが現実と深くかかわつていればいるほど、生活と密着してこなければならない。生活と結合してこそ真の民主教育の一翼をになえるのである。

（子どもが判つても、判らなくても、とにかく教えこんでいかなければならなくさせられている学校教育と質的に違いがあります。）

D　遊びを組織していくなかから

遊ぶことが子どもの大きな要求となつています。子どもから遊ぶことをうばつてしまつた中教審路線のなかで、遊びをとりもどそうというのは切実であり、正しい要求です。

学校教育では、先生も忙しくて、子どもといつしよに遊んでくれません。遊びかたを教えてもらつていません。遊びとは勝手にするものだと思いこんでいるほどです。

集団でルールをつくつて、みんなで仲よく遊ぶことの楽しさを教え、発見させることが重要です。遊びから出発させることの意義はそこにあります。そこには生活があります。

E　労働 ── ものを創る ── よろこびを

生活と結合して要求をひき出し、遊びを組織していくなかで、労働のたのしさを知らせる、へと発展していかなければならない。

労働のよろこび ── ものを創りだすことのよろこびを、学童保育では大きな課題にしよう。食べることへの要求と結合して、食べるもの ── オヤツにしろ、土曜の昼食にしろ ── を既製品でなく、材料を購入して、みんなで料理するたのしみを、じゆうぶんに味わうことからはじまつて、ものを創りだすことのたのしさが、人間にとつていかに魅力のあることかを満喫させなければならない。そこから栽培（花から野菜へ）、飼育（小鳥・犬から鶏へ）の意義も重みをましてくるのである。

F　集団の規律を体得させて

それらを集団としてやること、ひとりひとりの要求をだしあうなかで、みんなが民主的なはなしあいをして、決定し、いつしよに行動することの重要性を体得させること、そこには集団におけるきびしい規律が、子どもに理解され、納得されたうえで、すすめられなければならない。「ひとりのよろこびがみんなのよろこびであり、…」の集団主義をめざして、民主教育のこれまでの成果にけんきよに学びながら、子どもをバラバラにして、能力主義的教育観で差別・選別をもちこんでくるものに対置して、集団主義をめざして、集団で考え集団で行動することが人間としていかに美しいことであるか、そのとき集団の規律というものが、いかに人間性をたかめるかに確信をもつてとりくむことができるであろう。　　　　（大阪　N. T. ）

# 指導員の一年をふりかえって

去年１年間は私にとつても子どもたちにとつても本当に学童保育というイメージがとらえられず手さぐりの状態の中で生活してきました。共同保育で子ども２人からスタートした中で学童保育を守つていかなければ……もつと広げていかなくてはという気持と子どもといつしよになつて楽しい日もしんどい日も生活してきたことが私をささえてくれました。不十分ながら１年間過ごしさらに２年目を向かえるに当たつていままでをふり返り、子どもたちの変化、私自身の変化なりを考えていきたいと思います。

子どもが２人ということから何をしたらいいのか全く見当がつかずとにかく子どもが楽しくなるような内容をやつていきたいという願いから子ども自身のどんな小さな要求でも大切にしながら公園へ行つたり交通科学館とか、おやつをみんなでつくつたり、特に土曜日は子でもできる焼そば、カレー、焼めしなどやつたりしました。

そのような中でおいしく食べるにはどうしたらよいのか、ガスが安全につけるようになつたり、食事をつくつてくれるお母さんの苦労がわかつたり、子どもたち自身に生活の一部分がつかめたことは大きかつたと思います。

子どもたちは大変かくことが好きです。自分の頭の中にえがいていることをそのまゝかきます。かいじゆうばかりしかかかないのを何んとか、いい方向に変えられないものか、考え、そこに自分の技術的な不足にも悩んだ時期もありました。しかし、その中に文章をかこうと提案したことで紙芝居をつくり、台本づくりと発展していきます。

このような中で子どもの性格がつかめはじめました。欲求不満から、相手の話も聞かず暴力でもつておさえつける子ども、「悪いことだ」とわかつていても強い者にはなかなか言えず同じことをくりかえす子ども、たくさんの問題点があふれてきます。どうしても集団でないところから指導員と子ども１人の会話になり、本当に子どもどうしの批判し話し合うという、いい解決方法がなされませんでした。

だけども私自身がつかんだ子どもとは、子どもを表面的なものだけにとらわれたら理解することが離れてしまうことがわかりました。たえず子どもの表面的な話し、行動がどこからきているのか考えなければならないし、又その為に子どものおかれている環境（学校、家庭、友だち関係等）を見なければならないと思います。〃正しいこと、悪いこと〃がわかつていても必ずそのような行動ができるかといえばそうではない……ある約束をしたこともずつと持続的に守られるかといえばそうではない……そこでの指導が大切だと痛切に感じました。やはりいつも指導員がおちついて子ども自身が理解し納得できるように話し合いを積み重ねていく中でこそ子どもが変わつていくんだということがつかめたことは私自身にとつても大きいことでした。

それと同時に父母との話し合い、学校生活で結びつきが大変弱かつたことがどうしても内容ある学童保育には結びつきません。学童保育に本当に欠かせない指導内容を父母と共に考えることが最も大切なことだと思います。

## みんなのしあわせに つながる生き方を

私はⅡ部学生です。3月21日なかよし学童保育所に行つて生まれて初めて子供の前に指導員の立場として立つた訳です。何をどうすればよいのかわからず終始困惑していました。本で読んだことと実際とがあまりにもちがいすぎて不安で一杯になつてしまいました。

そこで感じたことはみんなそれぞれちがつた個性をもつた人間であるということです。力量のない1人の人間の思うようにいかないのは当然のことです。ではどうすれば子どもの個性を生かし、可能性を伸ばし創造性をつちかうことが できるのかという指導方法については手探りの状態です。今は先ずなかよしの子どもたちと共に行動する中で子どもを知りなかよしになろうと目標をおいています。

私は自分がこの世に存在していることが不思議であり何のために生きているのかとよく悩んだものです。しかし原始共産時代から現在にいたるまでの歴史を学び自分の存在を明らかにし社会の発展法則に従がい私が生きることがみんなのしあわせにつながることが一番よい生き方だと思うようになりました。人はみなこの世に誕生して死の方向に向かつて一回きりの人生を歩むなにもしらず無目的に生まれてきた人間に生きる方向をつかませるのが教育であると思う。集団の中でお互いにぶつかりあい、困難に出あいながらも共に行動できる仲間の大切さ、喜びを感じられるようになつたのは最近です。集団の中でこそ人は変わるし、考えることができるのだと思います。

自己主張していくと他の人とぶつかります。この矛盾を解決しようとお互いに考えていくところに成長があるのだと思います。私自身自信をもつて正しいことは正しいと主張でき主体的な自己を確立していきたい。子どもにもそうなつてほしいと思います。学童保育に関してもわからないことだらけです。遊びを組織することのむつかしさ、けんかをとめるにもとまどいながらです。多くの人達と共に経験など学びながらやつていきたいと思います。

# こどもの生活

## 日記より　　天王寺なかよし学童保育所

１２月３日　　　　　　（たかはし　まり）

きよう学校でインフルエンザをしました。はじめはいたいと思いましたがやつてみるとあんまりいたくありませんでした。それでちがでると思いましたがでませんでした。

１２月１８日

きよう学校でおそうじをしました。先生が「さつさとしないとかえられません」と６年生にいいました。まあぼうはかなしいと思いました。

１２月１８日　　　　　（たけばた　なおみ）

きようふつとぼおるをしました。その時かずよちやんがいました。そしてわたしたちがやつているのにかずよちやんはうろちよろしていました。かずよちやんはだれかに、いつかいおこられました。そして私たちがやつているうちにあきちの外にいきました。わたしはかずよちやんがあきちのそとでおわるまでまつているとおもつたのでおねえちやんにいいませんでした。そしてわたしたちがみたらかずよちやんがいなくなつていたのでおねえちやんがさがそうといいました。おねえちやんはうえをさがしました。わたしとてつちやんはまがつてさがしました。でもみつかりませんでした。それでわたしとおねえちやんとまりちやんとてつちやんとさがしにいきました。とちゆうでおばさんにあつておばさんはいいました。「かずよちやんはないてかえつたよ」でもわたしたちはてつちやんのところへいきました。

## 学童室しんぶん　　北 田 辺 保 育 園

長居公園へいきました。

土よう日なので金よう日にも浅香へ行つたのに遠くへいきたいといつて………

長居公園に行きました。走り組と電車のり組にわかれました。走り組－木村、植田、粕野、奥谷、

電車のり組－河合、玉山わか、玉山ゆみ、佐藤、山口、魚瀬、

はじめ地下鉄でお金がたらなかつたりしましたがおやつ代から少しさしひいてザンネン、かえり河合さん、魚瀬くんと先生が走り組で帰りました。

---

きのうおにいちやんのそつぎよう式だつたので学こうをやすみました。おかあちやんとおにいちやんがかえつてきて、おにいちやんが「おなかすいた」とゆうとおかあさんが、「おすしでもとろうか？」とゆうた。みんなは「そうしようか？」といいました。おかあちやんは「おにいちやんはがいたいしおうどんでもとつたら？」そしたらおにいちやんが「それやつたらおすしのほうがいいよ」といつたのでおすしにしました。もりあわせです。はいつていたのはえびとまきずしとあなごやらいろいろでした。そして食べていもうとにえびとなんやしらんなまえのおすしをもらいました。おかあさんといもうとはりよこうにいくからほいくえんをやすんだのでした。わたしもいつしよにおかあちやんが「やすみ」というたので学童をやすんだのでした。おかあちやんといもうとがいつたあとではとごやをおにいちやんとつくりました。うまくできあがりました。わたしはちよつとべんきようしました。そしてゆうやけばんちようを見ました。そしておとうちやんからでんわがありました。「ちよつとおそくなるからさきごはんをたべといて。」といつたのでさきにごはんをたべてジャンプを見ました。とてもおもしろかつた。そしてねた。きのうはとてもおもしろかつた。ばんごはんはおにいちやんがつくつてくれた。とてもおいしかつた。ばんごはんはたまごかけとたまごスープでした。

３年　植　田　夏　江

（指導員）なつちやんは１７日学童をやすんだけど、家でのようすをいつしようけんめいかいてくれたよ。

# 文集みつばち日記 より

12月22日　水よう日

今日わたしは、吉原さんと松山さんと本をかたづけました。吉原さんがかがくをあつめわたしが学習をあつめました。松山さんは、どうわ(イソツプ、グリム、アンデルセンをあつめました。先生が「きれいになつたね」といいました。

（2年　平　野　仁　美）

山にしまだ先生とちひろと犬のすをみにいつたらすがへんなところにあつた。ものすごくたくさんはつぱがあつた。犬のうんこがあつてそのうえにはなかみがおいてあつた。うんこがあつたけど犬はいなかつた。犬のすはちいさいとんねるみたいなところにあつた。

（3年　石　原　久　史）

石原ひさしくんと西もとくん、ひさしくんのともだちがぼくをとらなかつたからぼくはひさしくんのくみになつてぼくはへんなボールでもうつて3回ぐらいあうとになつてさくせんは、2るいとうるいのところです。そしてみんながあぶないとき、1るいと2るいのあいだをぬかさなければいけません。そしてほうこうをまちがえると西もとくんとひさしくんにおこられてそしてひさしくんがなんかつまらないようにみえました。

（1年　小見田　　浩）

きようじどう会できちであそんだ。こみた、尾田、上田、ゆがこうでつくつた。でもゆがこうはふざけた。しおみがじやました。だからいやなのだ。おれがたいちようなのだプロレスをした。たいちようはいいきぶん。でもゆかみなんてよしたくなかつた。だけどじどう会のぶいんだからよしてやつた。

（3年　石　原　佳　郎）

きよう安どう君に、こまの回しかたを教えてもらいました。始めは、ぜんぜん回らなかつたが、四・五回やつているうちに、やつと一回だけ回つた。うれしかつた。もつと回そうと思うたんびに、回つたことを思いだしてやつた。できたり、できなかつたりした。わたしは、かんぜんなものにしたいと思います。

（四年　合田　美紀）

## あとがき

＊　はじめて地方で編集をひきうけました。東京によせられている各地の動きを充分に反映できず大阪の動きを中心に編集しております。

＊　全国集会にむけての準備もはじまり出した。京都で、お互のすばらしい実践や運動の経験がきけるようがんばりましょう。

全国 学童保育ニュース

NO．４１
１部３０円

１９７２年９月１０日
学童保育連絡協議会　発行
東京都新宿区百人町２－１０－７
Tel（03）368-9902　振替東京２１９５１

# 名古屋市で，はじめて学童保育補助金を計上

愛知学童保育連絡協議会の請願やたび重なる交渉に対し，民生担当か，教育担当かもはっきりせず，対策もすすまなかった名古屋市で，補正予算の中に初めて学童保育に対する補助金が計上されました。

この学童保育補助金計上は，地方紙などで画期的なこととしてとりあげられ，選挙を控えた現市長の目玉商品的存在になっていますが，民生局が作成した補助金交付基準は，「留守家庭児童育成会運営助成要綱」というもので，民間で市が考える基準のものを準備した場合はじめて補助金を出すという姿勢がみられ，本来自治体が果たすべき責任を民間に転嫁しているもので，要綱自体いくつかの問題点を持っています。

## ＜愛知学保協・小山研一氏談＞

「学童保育の制度化と助成に関する請願書」が５月に採択されて以後，具体的実施を要求し，運動をすすめてきました。今回，民生局より，助成基準がうち出されましたが，その内容は，極めて不十分なものです。当面，現在ある保育所がすべて助成の対象となるよう準備をすすめると同時に，助成要綱変更の運動をすぐ起こしていこうとしています。

現在，市内にある１１ヶ所のうち２保育クラブが，今のままでは助成の対象にはなりません。共同保育という形では父母の負担も多く，場所の獲得もむずかしいことは多くの人の感ずるところです。「１５名以上いないと」また，「公共的施設または，これに準ずる施設」でかつ「継続して使用できること」という場がないと助成の対象とならないというのでは，困難な中で共同保育をつづけている人々には極めて厳しい条件です。

個人宅を利用していては対象となりませんし，今，主に利用している団地集会室は，地域の人々との関係，集会室本来の性格などか

ら考えてみても，場所の問題は最大の悩みです。

また，指導員については「１名以上」でよく，室の面積は「２４.５㎡以上」あればよいとされていますが，このことは逆に，この範囲で，学童保育は実施できるという考え方を示すものです。

学童保育とは，せいぜい，カギッ子の非行化防止と安全確保のため，最低の場を設け，子どもたちを監督する指導員を置くということなのでしょう。私たちの考えるものとほど遠いことは明らかです。さらに，助成額が３４.４００円（月額）という低額なのも大きな問題です。（但し在籍児童２１名以上でかつ指導員が２名以上の時は月額２６.４００円加算されます）

これらの内容は，公の責任で，学童保育をよりよくしていくという姿勢とは反するものです。議会で請願は採択されたのでやむをえず，とりあげる。しかし，できる限り安あがりでということなのです。

民間の学童保育クラブに助成金を出すということは，名古屋市の学童保育行政の中では画期的なものであります。しかし。どこでもがその助成金をとれるよう行政が具体的援助をするということでなければ，これまでやっとの思いで支えてきた学童保育を，ここは基準外ということでつぶしてしまうことを意味します。場所も子どもも，人も，みんなそちらでやりなさい。そうすれば補助しますよという態度は本末転倒のものです。今回の名古屋のものは，そんなものと言えます。

どんな貧弱なものにせよ，助成金を出さざるを得なくした，これまでの学童保育連絡協議会の活動に確信をもちつつ，最初にあげた課題を実現するため，全力をあげています。

## 東京都学童保育連絡協議会づくりの準備がすすめられています

かつて東京には，現在の学童保育連絡協議会の母体となった東京都学童保育連絡協議会がありました。この協議会は，東京都が昭和３８年全国に先がけ，学童保育事業を開始するのに大きな役割を果しました。その後学童保育の運動が，東京ばかりでなく，全国で起こってくる中で，〝東京都〞と限定するにはふさわしくなくなり，現在の組織となりました。

以後，全国でもっともすすんでいるといわれる，東京では指導員，父母，研究者などが同じ立場で，学童保育の問題を検討していく場はなくなりました。

今年４月，指導員が正規職員となり，学童保育が児童館事業の一環として位置づけられました。このことは，学童保育が，行政の中にきちんと位置づけられたことであります。

しかし，そのとりあげ方は，あいもかわらず〝やむをえずやる〟とか〝必要悪〟という立場からぬけきれず，なるたけ数を少なく，実施する際にも安上がりにという姿勢です。

東京でも，まだまだ数はたりず，作ってほしいとの請願も各地で出されています。おやつ代の値上げ，学年延長，時間延長などの要求も父母の中で出されています。児童館併設のところでは，遊び場の問題，広さ，運営など，それなりの問題があります。

今まで，父母の運動がおくれているといわれている東京でも，部分的に各クラブの父母会，葛飾区連合父母会，三多摩学童保育連絡協議会などの組織があり，指導員の側でも指導員労組を作り，個々の要求実現の運動をすすめてきています。

しかし，現在出されている問題は，一つのクラブ，一つの父母会，指導員だけという形では解決されるものではありません。

指導員労組が解散（都職労へ加入）されたこともあり，最近では，足立区，板橋区では区段階の連絡協議会が作られ運動をすすめています。それらを基礎に，従来あった指導員労組が中心となり，各方面へよびかけ，準備がすすめられ，９月１５日に東京都学童保育連絡協議会が結成されることになりました。

１５日の集会では，各地からの実情を出しあい，東京都の学童保育の実態を明らかにしていきたいと思います。

指導員労組解散後，全都的な横のつながりがなくなり，区毎にバラバラになり，いろいろ問題をかかえ悩んでいる指導員も東京都連絡協議会結成に大きな期待をもっています。

## 足立区学童保育連絡協議会結成

４４年９月，東京都足立区幼年教育研究会の分科会で，足立区学童保育連絡協議会が結成されました。父母，教組，指導員などにより運営され，話し合い，新設，設備の充実．指導員の待遇改善などに取りくみ，ニュースも発行しています。

現在は，区として始めて，児童館が新設されますので，その中での学童保育の設備や，定員増の問題について，検討を重さね，区にむけて，課長，助役交渉，請願などの運動をしています。

## 東京都学保協の結成に期待する

足立区　島田和子

長年の宿願でした正規職員化が実現し，５月末に東京都学童保育指導員労働組合の解散大会が開かれ，形の上では組合としての組織は解消し，区の固有職員として，それぞれの区の組合員となり，都職，区職としての，縦の関連はあっても，今までの様な各区の横のつながりは持ちにくい状態になりました。

正規職員化は終点ではなく，学童保育が行政の中で，明確に位置づけられた出発点なのです。

将来の展望。内容の充実，学習研究，労働条件の改善等のために，今までよりも，より強く，全都的なつながりを持つ中で，学童保育のよいよい発展を目ざすことは必要かつ大切なことと思われます。

それに組合運動を通して，暖めあった友情をこのままで終らせてしまうことも，何か心惜まれます。

従来から全国としての連絡協議会の組織はありますが，都としては，解散にあたり，全都的な組織を残し，今日の問題にとりくむことが大切だということが確認され，東京都学童保育連絡協議会をつくることになり各区から責任者を1名選出，また児童会館職員，父母などにも呼びかけ，準備委員会をつくり，何回か話し合いが重ねられました。

その中で，次の様なことが話し合われました。

児童館事業の一環として正規化されたために，午前中は，児童館で，親子学級，幼児教室や事務，整理などして午後学童保育の仕事をする。正規化になった為に，二重勤務させられる。

他区との交流がなく，自分の区だけでは，力も弱く心細い。

父母とのつながりを持たなくてはいけない。

児童館職員との前向きの交流が大切である。

区職の分会結成，または加入について問題がある。

指導員学校へ，多くの人が参加している，この意欲を今後ももり立てていきたい。

何のための正規化か，理解に苦しむような，労働条件や，学童保育の発展的解消につながるようなことは，みんなが力を合わせて，はねのけていかなければなりません。

また各区との交流の中で，指導内容も高めていきたいと思います。

全都的な組織をつくると共に，各区に於ても，横のつながりを持ち，地域社会に定着した組織と，運動が大切だと思います。

現在区として，組織を持っているのは，板橋，足立があります。

## 板橋区学童保育連絡協議会結成

東京都板橋区では，これまでいくつかの父母会でそれぞれ，電話設置，学年延長の問題などで交流したり，請願したりしてある程度成果をあげてきました。しかし，作ってほしいとの請願はつぎつぎに出され，児童館との関係など，指導員だけ，個々の父母会だけでは解決されなくなっています。

区の学童保育に対する姿勢そのものをかえていかなければこれ以上，板橋の学童保育は発展しないと，区内の父母，指導員，教員が集まり，板橋区学童保育連絡協議会が発足し，どんな小さな問題でも区内全体の問題にしよう。また，父母会のない所の父母も個人的に参加でき，悩みが出せる場となるようにと，運動をすすめています。

## 第一回対区交渉を行い 7項目の要望書を提出

8月23日（水）板橋区学童保育連絡協議会の呼びかけにより，10学童保育クラブの父母，指導員24名が参加，初の対区交渉を行いました。区側より児童課長，蓮沼係長が出席，各学童クラブよりの要望に対し区側の見解を述べましたが，父母からは各クラブの実情をこもごも訴え交渉は約2時間近く行われました。　要望書下記の通り

板橋区厚生部長殿　　　　　　8月23日

要　望　書

板橋区学童保育連絡協議会

板橋区に於ける学童保育行政につきましては，区当局におかれても逐次住民の要望を採り上げ，施設の数，内容共に改善の一途をたどられつつあることは私共学童保育関係者としても担当各位の御努力を多とするものであります。

しかし乍ら急増する区人口，とりわけ勤労婦人の増加，核家族化の進展，学童保育への認識等が深まるにつれ学童保育クラブの設置の請願，内容改善の陳情は日を追って増加しつつある現状にあります。

私共区内学童保育クラブ父母並びに指導員は此の度，板橋区学童保育連絡協議会を結成致しましたが，相集まって話合いました結果本日下記諸点につき学童保育について改善頂き度いと玆に要望書を添え陳情申し上げます。

記

（その1）校舎改築にからんで校庭内（又は教室）からの移転又は縮少を噂され又は児童館利用をすすめられた学童クラブがあります。関係父母，指導員としてはそれぞれ頭を痛めています。この心配を解消するべく父母ともお話合いの上安心して学童保育を継続出来る措置を講じて下さい。

（その2）現在1，2年生のみで所謂施設定員数に近い児童数の学童クラブでは，来年の新1年生の入所時期には新3年生は追い出されるのではないかと父母，児童は心配しています。御承知の通りの交通禍や非行等の悪環境の中で父母の心配は痛切です。少なくとも現在いる児童を追い出すようなことは避けていただきたいのです。

そしてそのようなクラブこそ，クラブの増築または新設が望まれている処でありますから早急に施設の拡張（または増設）と指導員の増加を御検討願いたいのです。

他区では6年～5年生迄の学童保育を行っている区もあり，また当区内に於ても部分的に4年生の学童保育を行っていることは甚だ多とする処でありますが，全区の学童クラブで少なくとも4年生迄を学童保育の対象とすることが出来るようすみやかに予算措置をして頂きたいと切望いたします。

（その３）指導員は，１学童保育所最低２名の他少なくとも児童１５名に１名の配置が必要であると考えられますので，これの実現に御尽力下さい。

（その４）現在電話について種々不便をしている施設が少なくありません。全学童クラブに専用電話を設けられる方向と伺ってはおりますが，予算化を促進して下さい。

（その５）便所等の生活設備に不備なクラブがありますが，１日も早く改善して下さい。

（その６）新設予定クラブの開設が大幅に遅れることがあると父母の生活苦痛はたいへんなものとなります。予定のおくれているクラブの１日も早い開設が望まれております。

（その７）クラブ新設に関しての指導員の採用又は既存クラブの欠員の補充に際し区内部の所管の関係もあるとは思いますが，採用がスムーズでないとの苦情が多く聞かれます。クラブの父母指導員共に心配事でありますのでこれの改善を要望致します。

## ９月区議会に２陳情書

・３年生になってもクラブにおれるよう
・電話早期架設
を提出

前記の要望書提出後特に（その２）３年生になっても学童を追い出さないでほしい。

（その４）全クラブに専用電話を早期に架設。の２件を区議会宛提出してほしいという父母の希望が強く出され，上記２件の陳情書を９月９日区議会宛提出しました。

## 東京・三多摩学童保育設置数

| | 小学校数 | 設置数 | 児童館 | 教室 | 校内独立 | 校外独立 | その他 |
|---|---|---|---|---|---|---|---|
| 八王子 | ３１ | 3 | | 1 | 1 | 1 | |
| 立　川 | １７ | 3 | | | 2 | 1 | |
| 武蔵野 | １３ | 4 | | | 1 | 2 | 1 |
| 三　鷹 | １２ | 4 | | 1 | 1 | | 2 |
| 青　梅 | １１ | 3 | | 1 | | 1 | 1 |
| 府　中 | １６ | 1 | | | 1 | | |
| 昭　島 | １０ | 4 | | 1 | 1 | | 2 |
| 調　布 | １５ | 2 | 1 | | | | 1 |
| 町　田 | ２４ | 5 | 1 | | 3 | | 1 |
| 小金井 | 8 | 6 | 2 | | 2 | 1 | 1 |
| 国　立 | 6 | 3 | | | 2 | | 1 |
| 保　谷 | 8 | 3 | 2 | | | | 1 |
| 田　無 | 5 | 5 | | 4 | 1 | | |
| 小　平 | １５ | 5 | | 5 | | | |
| 東村山 | 9 | 1 | 1 | | | | |
| 国分寺 | 9 | 1 | | | 1 | | |
| 日　野 | １１ | 2 | | | | | 2 |
| 福　生 | 6 | 2 | | | 1 | | 1 |
| 清　瀬 | 7 | 4 | | | | 4 | |
| 東久留米 | 8 | 6 | | 1 | 5 | | |
| 東大和 | 7 | 2 | | 1 | | 1 | |
| 武蔵村山 | 6 | 1 | | | | 1 | |
| 狛　江 | 6 | 1 | | | 1 | | |
| 小　計 | 260 | 71 | 7 | 15 | 23 | 12 | 14 |

# 東京23区の学童保育

| 区名 | 小学校数 | 施設数 | 施設形態 | | | | その他 |
|---|---|---|---|---|---|---|---|
| | | | 児童館 | 学校内教室 | 学校内独立 | 独立 | |
| 大田 | 61 | 21 | 8 | | 2 | 4 | 福祉センター5<br>図書館2 |
| 品川 | 37 | 19 | 13 | 3 | | | 福祉センター3 |
| 渋谷 | 22 | 7 | 2 | | | 5 | |
| 新宿 | 36 | 11 | 11 | | | | |
| 世田谷 | 61 | 9 | | | | 9 | |
| 港 | 27 | 6 | 6 | | | | |
| 目黒 | 22 | 4 | | | | | 保育園　4 |
| 荒川 | 27 | 8 | 3 | 3 | | 1 | 保育園　1 |
| 北 | 42 | 23 | | 22 | | | 保育園　1 |
| 台東 | 29 | 7 | 2 | 4 | | | 保育園　1 |
| 文京 | 22 | 9 | 1 | 7 | | | 教会　1 |
| 板橋 | 40 | 25 | 5 | 6 | 6 | 3 | 5 |
| 杉並 | 41 | 24 | 8 | | 13 | 1 | 出張所　1<br>児童センター1 |
| 豊島 | 29 | 15 | 2 | 13 | | | |
| 中野 | 28 | 10 | 5 | | | | 13 |
| 練馬 | 48 | 14 | 1 | 13 | | | |
| 足立 | 58 | 21 | | 4 | | 16 | みどりクラブ1 |
| 江戸川 | 49 | 12 | 2 | 2 | 4 | 3 | 区民センター1 |
| 葛飾 | 49 | 11 | 2 | | 9 | | |
| 江東 | 35 | 11 | 2 | 5 | | 2 | |
| 墨田 | 41 | 7 | | 5 | 2 | | |

# 東　京　２３　区　の

| 区　名 | 週時間 | 正規の時間帯 | 午前中の勤務内容 |
|---|---|---|---|
| 大　田 | 48時間 | 8：30～5：15 | 児童館内では全職員でローテーション，独立，福祉センター，学校内，図書館は学童保育だけ |
| 品　川 | 44 〃 | 8：30～5：15<br>土曜日半日午後勤ム | 学童保育の仕事 |
| 渋　谷 | 48 〃 | 10：00～6：00 | 学童保育の仕事 |
| 新　宿 | 48 〃 | 9：00～5：45 | 児童館の仕事 |
| 世田谷 | 48 〃 | 8：30～5：15 | 児童館へ出勤（館により毎日行かなくても良い），クラブの事務を児童館でやるときもある。 |
| 港 | 48 〃 | 8：30～5：15 | 大田区と同じ |
| 目　黒 | 48 〃 | 8：30～5：15 | 役所からは保育園の事務の手伝い，給食の簡単な手伝いをするよう言われている。 |
| 荒　川 | 48 〃 | 8：30～5：15 | 学童保育の仕事 |
| 北 | 44 〃 | 9：40～5：45 | 学童保育の仕事 |
| 台　東 | 44 〃 | 8:45～5:30（月土）<br>9:45～（火～金） | 学童保育の仕事 |
| 文　京 | 48 〃 | 9：00～5：45 | 教育委員会兼務（６月まで） |
| 板　橋 | 48 〃 | 9：00～5：45 | 学童保育の仕事 |
| 杉　並 | 48 〃 | 8：30～5：15 | 学童保育の仕事 |
| 豊　島 | 48 〃 | 9：40～5：30 | 児童館は大田区と同じ。<br>学校はクラブの仕事だけをやる。 |
| 中　野 | 48 〃 | 8：30～5：15 | 水曜日，金曜日に幼児コーナー，他の日は館により違う。 |
| 練　馬 | 48.44 | 8：45～5：00<br>を原則とする | 学童保育の仕事 |
| 足　立 | 44時間 | 9：55～6：20 | 学童保育の仕事 |
| 江戸川 | 48 〃 | 8：30～5：15 | 火・木・土は親子学級を１時間やっている。 |
| 葛　飾 | 45 〃 | 9：00～5：15<br>土曜日のみ10：00～ | 幼児コーナーを実施中（交代で行く） |
| 江　東 | 48 〃 | 8：30～5：15 | 児童館で幼児コーナーの補助を２時間～２時間半やる。 |
| 墨　田 | 48 〃 | 8：30～5：15 | 児童館の図書の整理を２時間やる。 |

## 学　童　保　育

| 主　管　課 | 父母会活動の状況 |
|---|---|
| 福祉課・児童福祉課 | 父母会６カ所，１１月・５月に勉強会。 |
| 児　童　課 | 父母会２～３カ所，　連絡はとれていない。 |
| 社会教育課 | 父母会７カ所。 |
| 管理課保育係<br>〃　児童館 | 父母会４カ所，保護者会として学期ごとにあつまるところ４カ所。<br>全くなし２・３カ所，２～３カ所の父母会が中心となった連絡会がある。 |
| 児　童　課 | |
| 児　童　課 | 保護者会を各学期ごとに各施設で。 |
| 〃 | 父母会なし。 |
| 〃 | 父母会２カ所，区内での横の連絡はとれていない。 |
| 〃 | |
| 管　理　課 | 連合会はあるけれど，あまり活動していない。指導員と協力している父母会は３カ所，その他は指導員がよびかけてあつまる。 |
| 児　童　課 | 父母会１カ所，その他は保護者会として１年最低１回はあつまりをもっている。 |
| 〃 | 板橋区学童保育連絡協議会を結成。 |
| 児童福祉センター | 父母会のあるところ１２カ所，保育を守る会から呼びかけられた時，個人的に参加，その中で交流している。 |
| 社会教育課<br>児童厚生課 | |
| 管　理　課 | |
| 児　童　課 | 父母会１カ所，全くなし２カ所，その他は保護者としてあつまる，教組婦人部の保問連に加盟している。 |
| 保　育　課 | 足立区学童保育連絡協議会結成。 |
| | 父母会まったくなし。 |
| 児　童　課 | 葛飾区連合父母会で活動している。 |
| 福　祉　課 | 父母会１カ所。 |
| 児　童　館 | 父母会２カ所。 |

# 全国学童保育連絡協議会総会 資料

学童保育連絡協議会の総会は，例年全国研究集会を利用して開いてきました。今年も第7回研究集会の第2日目（9月24日）に，全体会に引続き行います。多数のご出席をお願いします。

## 経　過　報　告　（案）

### ＜運動の前進＞

この1年間，各地の学童保育運動はかつてない前進をみせ，成果を勝ちとりました。

1年半前の46年4月より，文部省は留守家庭児童会への補助金を打切り，校庭開放へ解消してしまいました。これを受けて殆どの自治体が，「とりあえず1年間は留守家庭児童会を存続するが，47年度からは打切る」と表明していました。

ところが，47年度も半ばを過ぎた現在，留守家庭児童会が打切られた例はあまりなく，逆に増設させた例が各地から報告されてきています。大阪府の4000万円の予算復活，札幌市や福岡市での打切を逆転させての増設は，すでにお知らせした（ニュースNo.39，40）とおりですが，名古屋市や神戸市でも，新たに補助金が計上されました。そして，東京都23区では，約400人の指導員が47年4月よりいっせいに正規職員となりました。これらに，何れも地域の学童保育連絡協議会や指導員労働組合のねばり強い要求運動のなかでかちとられたものです。

## うれしくて……　―――――　嶋　千代子

今日，かえるなり，ドアーをあけながら片方の手をうしろにまわしながら「お母さん，何だかあててみい，当ったらあげるから」とわらっているので「何だかわからないからみせてね」といったら，カサカサとふくろから出して「これね，ぼくがつくったんやで，いつもお母さんにめいわくばかりかけてるからこれあげるワ　おいしいでー　ぼくら　よもぎとってきてつくったんやで，ああ　今日は忙しかった……，たべてみい　ぞけど3つしかないからぼく2ッ，お母さん1つやで」といって自分で皿を出してくれました。

「中にあんが入っているからおいしいでしょう　ごめんなあー　1つで。こんどぼく家でつくってあげるからね，甘いでしょ」といって自分もむしゃむしゃたべました。

「あぁ　おいしかった」といったら「そうや，ぼくらがつくったんやもん，だけど　お母さんのあんがちょっとしかはいっていないなあー」とひとりごといってました。

何年ぶりかな　うれしなみだがぼろぼろでて　じつのところ　甘いのか　辛いのか，むちゅうでたべました。

―――――（大阪・東淀川学童保育の会"保育だより"より）

しかし，岡山県倉敷市では，５校あった留守家庭児童会のうち，水島１校だけは市に対して予算復活の要求運動を行いましたが，全市的には足並みが揃わず，３校は校庭開放事業へきりかえられ，校庭で遊んでる児童の監督だけになってしまいました。

このように，要求運動をねばり強く行えば確実に成果が勝ちとれるような情況が，全国的につくり出されてきました。そして，全校区に学童保育を設置させた市・町もかなり数えられる程になりました。今後は，国への要求行動を強めることが課題です。

### ＜制度化試案づくり＞

東京都は学童保育指導員の正規職員化を「児童厚生員」の職名で行い，学童保育を児童館の一業務として位置づける方向をだしました。すでに東京都の学童保育設置数３６８カ所（４６年度実施）のうち７４カ所が児童館のなかで行なわれております。

都民生局は児童館移行にともない，学童保育専用の育成室を設け，専任の指導員を配置する方針を出しましたが，実施主体である区・市の施策のなかでは，ロッカー方式（育成室も専任指導員もなくかばん置場だけ），ミニ児童館，学童保育指導員が午前中に幼児教室や事務をやらされるなど，さまざまな問題を生んでおり，学童保育指導員と父母の間に「学童保育とは何か」をあらためて考えさせる機会を与えました。

一方，東京都内でも学童保育新設要求はあり，すでに設置されているところでも，定員を希望者数がはるかに上回っているところからの増改築や，校区内２カ所設置の要求も出ています。

このようななかで，学童保育独自の要求を

### クラブ卒業生の手で「ひかり子ども会」誕生

クラブを卒業した子どもたち１２名で，「ひかり子ども会」がスタートしました。

父母会では，お祝いにブルーのスカーフと当日の昼食としておにぎりをプレゼントしました。スカーフは，三浦先生，福西さん，奥山さんが夜なべをして縫って下さり，おにぎりは森川さんがねじりはちまきで握って下さいました。

子ども会は，毎週土曜日，三街区集会所で金子お兄さんの指導を，又水曜日は，二街区集会所で森川さんから人形劇の手ほどきを受けています。

学年延長は，他の学童保育でも来年あたりから問題化してくる見込みで，この子ども会は，みなの関心のまととなっています。

（滝山学童クラブニュースより）

児童館事業のなかへ解消させないための運動が，たとえば，板橋区では指導員と父母が一体となって『板橋区学童保育連絡協議会』を結成して改善運動に取組むなど，各地で始まっています。そして，長い間の懸案であった『東京都学童保育連絡協議会』も９月１５日に結成されました。

学童保育の施設は，発足当所は空教室利用が多く，貧弱なものからだんだんと改善されてきました。しかし，保育所や児童館などと比べてみても，建物の広さと定員の関係や，必要な設備など，下校後の一定時間，活動的な子どもたちが生活する場としては，あまりにも不適当な要素が残されています。

学童保育連絡協議会では，各地で実施されている学童保育の成果を生かし，足りないところを補うような「制度化試案づくり」を呼びかけてきましたが，各地の実施状況を交流しあいながら生活の場，教育の場としての最低必要条件を明らかにしていき，改善や新設運動の武器にしていかねばならないでしょう。

＜指導内容研究の前進＞

子どもたちのいきいきとした生活をつくりだすための指導研究も，各地で自主的に持続的に行なわれるようになりました。東京や京都では「指導員学校」も持たれ，多数の参加がありました。このようななかで，指導の水準も高まり，各地で実践記録がまとめられるようになっています。しかしながら，散発的な１つ１つの実践ではすぐれていても，それが系統的に積みあげられていくというようになっているのはごく僅かです。児童館移行や，父母や学校からの学習の要求の強まりなどの状況の変化のなかで，学童保育の指導の基本原則を明らかにしていくことは，ますます大切になっています。

## 活　動　方　針　（案）

これまでの活動経過の上に立って，全国協議会としては，次のような活動に取組むことで，各地域協議会や団体・会員の活動を援助していきます。

1，全国ニュースの定期発行と内容の充実

2，全国各地の実施状況および運動の経験を集め資料を作成していく。

3，各地の優れた指導実践を記録集として作成していく。

4，地域協議会と協力して，学童保育講座や，指導や運動の理論化のための研究会を開催する。

5，地域協議会の新たな結成に援助する。

6，年１回の全国研究集会をより充実したものとして成功させる。

7，国へ対する要求行動を組織する。

8. 民主団体との提けい。

## 全国学童保育連絡協議会運営申し合わせ（規約）— 改正案

〜〜〜〜　が改正点

名　称　この会は「全国学童保育連絡協議会」といい，事務局を東京都内におきます。

目　的　この会は，学童保育指導員および父母，関係者，専門家間の連絡を密にして，学童保育の啓蒙普及・発展を積極的にはかり，保育内容の研究，施設の拡充，制度化の運動を推進する母体となります。

事　業　1. ニュースを発行します。

2. 学童保育所づくりの指導と援助を行ないます。
3. 指導内容向上のための研究会・勉強会を開きます。
4. 指導員の交流と親睦をはかり，労働条件の改善に努力します。
5. 学童保育所の施設や，児童の保育条件などの改善に努力します。
6. 学者，専門家等の協力も得ながら，学童保育のあるべき姿をたえず探究し，よりよき制度化を推進します。
7. その他必要な事業を行ないます。

会　員　学童保育指導員，父母，関係者，専門家，学生および研究者はだれでも入会できます。

- - - - - - - - - - - - きりとりせん - - - - - - - - - - - -

全国学童保育連絡協議会

## 入　会　申　込　書

年　　月　　日

| | | | |
|---|---|---|---|
| 申込者<br>氏　名および<br>団　体　名 | | 種<br>別 | 団体　，個人<br>地域協議会 |
| 住　　所 | | TEL | |
| 所属クラブ名<br>および職業 | | 個人会員の方<br>○印を | 指導員・父母<br>学生・その他 |

会　費　　　年　　月より　　カ月分　　　　円

(注)・ 会費は個人年間１０００円，団体月２００円，地域協議会月５００円です。個人は１年分，団体は６カ月まとめて納入して下さい。

送金は振替（東京２１９５１）もご利用ください。

・ ニュースは個人は１部，団体は３部，協議会は５部まで無料送付します。

入会は団体あるいは個人のいずれでもよく，両者とも共通の権利と義務を有します。

会　費　団体は月２００円，個人は年額１０００円（分割可能）地域協議会は月額５００円とします。また賛助会費を設け年額１口１０００円とします。

会　議　総会＝年１回開きます。必要ある場合は臨時に開くことができます。

総会は，運営委員会の決定にもとづき，会長が招集します。

運営委員会＝地方ブロック毎，地域毎，分野毎に運営委員を選出し，年２回以上の運営委員会を開き，総会までの必要事項を協議します。また役員の選任を行ない，総会の承認を求めます。

常任運営委員会＝運営委員のなかから常任運営委員を選出し，日常活動を推進し，必要事項を協議します。

ブロック会議＝必要に応じて，地域毎あるいは問題別ブロック会議を開きます。

ブロック会議は事務局長が招集し，運営委員会に報告します。

役　員　役員として会長１名，副会長若干名，会計１名，会計監査２名，事務局長１名をおきます。事情によっては兼任も可能とします。

事務局　事務局長は，会員の中から事務局員若干名を任命し，事務局の活動を推進します。

財　政　1. この会の財政は，会費および寄付金でまかないます。

2. この会の会計年度は，４月１日より３月末日までとします。

※　この申し合わせの変更は，総会の承認を必要とします。

※　この申し合わせは，１９６９年９月１５日より実施します。

## あとがき

＊　あいかわらず定期発行が守れず，ご迷惑をおかけしています。９月２４日の総会以後は，事務局体制を強化し，新しく若い人たちが加わり，再出発する予定です。

すでにこの号からその人たちに編集を手伝っていただきました。

＊　札幌，三重，奈良，神戸，福岡そして東京と学童保育連協がつぎつぎに誕生するなかで，全国協議会と地域協議会との関係，おたがいが果す役割など，明確にしていくことを迫まられています。

総会でも十分話し合われることでしょうが，「全国ニュース」に対する皆さんの要望を，どしどしお寄せください。

◉——編・解説者紹介

石原剛志（いしはら・つよし）

1969年生まれ

静岡大学学術院教授

主要論文・著作

「大阪学童保育連絡協議会結成の経過とその歴史的意義」、日本学童保育学会『学童保育』編集委員会編『学童保育』第14巻、2024年

「日本の学童保育史研究の課題と展望」、日本学童保育学会編『学童保育研究の課題と展望』明誠書林、2021年

連載「講座　学童保育を求め、つくってきた人々　学童保育の歴史から学ぶ」（第1回〜第6回）、全国学童保育連絡協議会編・発行『月刊日本の学童ほいく』第506号〜第511号、2017年10月〜2018年3月

編集復刻版

学《がく》童《どう》保《ほ》育《いく》関《かん》係《けい》資《し》料《りょう》集《しゅう》成《せい》

第4巻　ISBN978-4-86617-270-5

2024年12月15日発行

揃定価　本体80,000円＋税　セットコードISBN978-4-86617-266-8

編　者　石原剛志

発行者　山本有紀乃

発行所　六花出版

〒101-0051　東京都千代田区神田神保町1-28

電話03-3293-8787　ファクシミリ03-3293-8788

e-mail：info@rikka-press.jp

組　版　昴印刷

印刷所　栄光

製本所　青木製本

装　丁　臼井弘志

乱丁・落丁はお取り替えいたします。Printed in Japan

# こどもにとって
# 学童保育とはなにか

## ① 討議資料

**第6回学童保育研究集会**

1971・11・21～23

もくじ



**学童保育連絡協議会・発行**
**販価・250円**

# 第６回全国学童保育研究集会案内

主　催　学童保育連絡協議会
と　き　1971年11月21日(日)・22日(月)・23日(祭)
ところ　東京都文京第２中学校（21日の会場）
　　　　駿河台ホテル（22・23日の会場）

＜日　程＞

9:00　11:00　12:00　12:30 13:00　15:00　17:00　18:00　21:00

<table>
<tr><td>21日</td><td colspan="2"></td><td>受　付</td><td>開会式</td><td colspan="2">シンポジウム『子どもにとって学童保育とはなにか』ほか，分科会説明</td><td>夕食</td><td colspan="2">交　流　会</td></tr>
<tr><td rowspan="2">22日</td><td rowspan="2" colspan="2">分　科　会</td><td rowspan="2">昼食</td><td colspan="3">分　科　会</td><td rowspan="2">夕食</td><td rowspan="2" colspan="2">連絡協議会総会</td></tr>
<tr><td colspan="3">施設見学（バスにて）</td></tr>
<tr><td>23日</td><td colspan="2">分　科　会</td><td>昼食</td><td colspan="2">全　体　会</td><td>閉会式</td><td>東京集会</td><td colspan="2"></td></tr>
</table>

◇**シンポジウム出席者**（敬称略）－交渉中も含む－

中平　正（東京都民生局），本谷八朗（愛知父母代表），塩見幸夫（京都教師代表），横田昌子（大阪保育所運動代表），東京都指導員労組代表，連絡協議会運営委員会代表　　　司会・益田豊爾（大阪）

◇**分　科　会**

① つくる運動，改善運動
② 父母の組織づくりと父母会活動
③ 指導員の組織づくりと活動
④ 指導員の仕事とは何か
⑤ 指導内容研究－集団づくりと子ども
⑥ 指導内容研究－あそびの援助と文化活動
⑦ 児童館・地域と学童保育運動
⑧ 学校教育と学童保育
⑨ 学童保育行政の研究

◇**施設見学ー**東京都内施設２～３カ所を貸切バスにて見学。

# 児童憲章（昭和26年5月5日制定）

われらは、日本国憲法の精神にしたがい、児童に対する正しい観念を確立しすべての児童の幸福をはかるために、この憲章を定める

児童は、人として尊ばれる。

児童は、社会の一員として重んぜられる。

児童は、よい環境のなかで育てられる。

1　すべての児童は、心身ともに健やかにうまれ、育てられ、その生活は保障される。

2　すべての児童は、家庭で、正しい愛情と知識と技術をもって育てられ、家庭に恵まれない児童には、これにかわる環境が与えられる。

3　すべての児童は、適当な栄養と住居と被服が与えられ、また、疾病と災害からまもられる。

4　すべての児童は、個性と能力に応じ教育され、社会の一員としての責任を自主的に果すよう、みちびかれる。

5　すべての児童は、自然を愛し、科学と芸術を尊ぶように、みちびかれ、また、道徳的心情がつちかわれる。

6　すべての児童は、就学のみちを確保され、また十分に整った教育の施設を用意される。

7　すべての児童は、職業指導を受ける機会が与えられる。

8　すべての児童は、その労働において、心身の発育が阻害されず教育を受ける機会が失われず、また、児童としての生活がさまたげられないよう十分保護される。

9　すべての児童は、よい遊び場と文化財を用意され、わるい環境からまもられる。

10　すべての児童は、虐待、酷使、放任、その他不当な取扱いからまもられる。あやまちをおかした児童は、適切に保護される。

11　すべての児童は、身体が不自由な場合、また、精神の機能が不十分な場合に、適切な治療と教育と保護が与えられる。

12　すべての児童は、愛とまことによって結ばれ、よい国民として人類の平和と文化に貢献するようにみちびかれる。

# 教育権は国民に学習権は子どもにある

## ——教科書裁判の杉本判決より抜粋——

「憲法二六条（すべて国民は、法律の定めるところにより、その能力に応じて、ひとしく教育を受ける権利を有する）は、憲法二五条（すべて国民は、健康で文化的な最低限の生活を営む権利を有する）を受けて、いわゆる生存的基本権の文化的側面として、国民の一人一人にひとしく教育を受ける権利を保障し、その反面として、国に対し右の教育を受ける権利を実現するための立法その他の措置を講ずべき責務を負わせたものであって、国民とくに子どもについて教育を受ける権利を保障したものということができる」

「憲法がこのように国民、ことに子どもに教育を受ける権利を保障するゆえんのものは、民主主義国家が一人一人の自覚的な国民の存在を前提とするものであり、また、教育が次代をになう新しい世代を育成するという国民全体の関心事であることにもよるが、同時

に、教育が何よりも子ども自らの要求する権利であるからだと考えられる。すなわち、近代および現代においては、個人の尊厳が確立され、子どもにも当然その人格が尊重され、人権が保障されるべきであるが、子どもは未来における可能性を持つ存在であることを本質とするから、将来においてその人間性を充分開花させるべく自ら学習し、事物を知り、これによって自らを成長させることが生来的権利であり、このような子どもの学習する権利を保障するために教育を授けることは国民的課題であるからにほかならないと考えられる」

「国家は、右のような国民の教育責務の遂行を助成するためにもっぱら責任を負うものであって、その責任を果すために国家に与えられた権能は、教育内容に対する介入を必然的に要請するものではなく、教育を育成するための諸条件を整備することであると考えられ、国家が教育内容に介入することは基本的には許されないというべきである」

## 教育基本法（抄）〔昭和22年3月31日法律第25号〕

第一条（教育の目的）　教育は、人格の完成をめざし、平和的な国家及び社会の形成者として、真理と正義を愛し、個人の価値をたっとび、勤労と責任を重んじ、自主的精神に充ちた心身ともに健康な国民の育成を期して行なわれなければならない。

第二条（教育の方針）　教育の目的は、あらゆる機会に、あらゆる場所において実現されなければならない。この目的を達成するためには、学問の自由を尊重し、実際生活に即し、自発的精神を養い

自他の敬愛と協力によって、文化の創造と発展に貢献するように努めなければならない。

第三条（教育の機会均等）　すべて国民は、ひとしく、その能力に応ずる教育を受ける機会を与えられなければならないものであって、人種、信条、性別、社会的身分、経済的地位又は門地によって教育上差別されない。

第十条（教育行政）　教育は、不当な支配に服することなく、国民全体に対し直接に責任を負って行なわれるべきものである。

② 教育行政は、この自覚のもとに、教育の目的を遂行するに必要な諸条件の整備確立を目標として行なわれなければならない。

---

### 価値観の統制

昭和33年に小・中学校に「道徳」が特設され、小学校では三六の徳目がもうけられましたが、43年にはそのうちの次の四項目が削除されました。

① 「自分のことは自分でし、他人にたよらない」（自主性）
② 「自分の考えにしたがってのびのびと行動しそれについて責任をもつ」（自由）
③ 「よいと思ったことはすすんでおこない新しい分野もきりひらいていく」（創造性）
④ 「常に研究的態度をもって真理の探求につとめる」（真理の探求）

# 子どもにとって学童保育とはなにか

## はじめに

事務局長だから基調提案みたいなものを書けといわれた。仕方ないなと引受けたものの、なかなか着手できない。小規模でも全国集会を準備するとなると、事務局員のいない事務局長は多忙です。会場決定がおくれ、準備活動の予定が狂い、処理せねばならぬ実務も重なってしまった。風来坊的な生活をしていても一家の親父、その方の仕事もある。おまけに、六〇頁もの資料集をつくることを景気よく決めてしまった。原稿は〆切日には集ってこないのが普通、しぶい顔を見せながら他人には催促するものの、実は自分は手をつけていない。とまあ、こういう状態で、いよいよ追いつめられたもの、筆はなかなかおりない。

集会の案内書に〃20年の活動を集約し〃なんて書いたことも頭にある

また、事務所の私の机の上には、全国各地から送られてきたニュースや資料、子どもたちの文集やしんぶんが、一メートル位の高さに積まれている。それを眺めていると、全国の皆さんや、子どもたちの凄いエネルギーを感じ、それをどれだけ伝えられるかという不安も湧いてくる。しかし、印刷屋から最終通告された入稿日は明日。そこで、もろもろの不安に目をつぶり、私の実感を足がかりに筆をすすめることにします。〃子どもにとって〃ではなく、〃私にとって学童保育とは何か〃になるかもしれませんが・・・・。

## 〃なげやり〃が目立つ今年の子どもたち

私は今年の夏以来、静岡や盛岡を含めて五つのクラブで、子どもたちと紙版画製作をしました。そして、共通点として〃これはたいへんだ〃と感じたのは、今年の子どもたちは、今までと比べて〃根気がなく、なげやりだ〃ということです。

版画製作の殆んどの場合が、指導者の方で企画し、子どもたちはそれに参加させられるわけですが、以前は「今から紙版画をつくろう」と呼びかけると、「嫌だよ」と反発する子どもがいました。「ああ嫌ならやらなくていいよ」と製作をすすめると、そんな子もつられてやり始め、始めるとこんどは熱中していました。この拒否する自由は、学童保育では大切なものだと考えていました。

ところが、今年はこの拒否にどこでも出合いません。積極的ではないが素直に参加します。表面的には指導はやりやすいのです。でも、その参加の仕方が問題です。中途半ぱで熱中することがありません。画用紙の真中にジェット機など簡単なものを貼りつけて、これで終りと持ってきます。

どんな作品をつくるかは、事前に話し合いをします。初め全員に話しかけ、面白かったことなど「自分の体験をつくる」約束をしよ

うと提案すると、「ワァー、むづかしいよ」と返ってきます。「では何がいいの」と聞くと、「自分が好きなもの」「好きなものは何？」「ジェット機」「自動車」「カメンライダー」、女の子だと、「お人形」「花」たまに「動物」、何をつくってよいか思い浮かばない子もいます。

「じゃあ君はジェット機をどこで見たの？」「自動車にいつ誰と乗ったんだ」「どんなお人形持ってるの？」「動物は何を飼ってるの？」と問いかけていくと、子どもたちの発想は、そういう具体物を根拠にしたものでないため、グッとつまりますが、だんだんと体験を引き出して行けます。こうして、自分の体験を思い出しながらつくるように、一人ひとりと話し合ってすすめるんですが、製作の途中で、つくり易い（つまり自分で考えなくてよい）マンガや、回りの友達からの借りものへ変更する子どもが増えています。

そして、簡単なものをつくり、「これでいいか」と持ってきますが、糊づけも雑です。そこでまた話し合いが始ります。自動車などの周囲の状況を考えさせ、つけ加えるよう返すのですが、それを二回位くりかえすと、「しっこい先生だな、これでいいよ」ということになります。

このように、自分の体験を表現する（考える）ことを面倒がり、根気よく続ける粘りがありません。はじめから拒否する自由を主張しないかわり、形だけの参加で熱中しない自由を持っています。つまり主体性のなさが一段とひどくなった感じです。これは五カ所に共通して感じられることなので、全体がそうなっているのではないかと考えます。

何故そうなったのか、今年から新しい教科書に変ったこと、その教科書で指導要領どおりに教えていけば、クラスの六〇％以上の子どもは授業についていけないお客さんになると言われている。そのことと無関係ではないだろうと考えます。

### 集団行動のなかで子どもたちは変る

このような子どもたちでも、集団製作に取組むときは違った様子をみせます。いくら簡単な作品でも、版画を写しとる作業は楽しく胸がドキドキするものです。自分の作品をみんなに説明し、良いところを探してもらう合評会のあとで、「今度は大きな作品（全紙大や畳一枚の大きさ）を共同でつくろう」と呼びかけると、「ヒャーできるかな」といいながらも「やろう」「やろう」と乗ってきます。

そこで、何人で班をつくるか、どういう組合わせで班をつくるかなど、考えを発表させなから班づくりをさせます。だいたい活潑な子どもが中心となっておとなしい子を組織していきます。班長を選ばせ、何をつくるかを決めさせます。学童保育の宿命として下校時間がおそい子や休みの子かいますが、そんな子どもは後で各班の班長が吸収していきます。題材が決ったら大きな紙に下絵をかかせますが、班毎に様々な進行状態をみせます。

「カメンライダー」をつくると決めた班がありました。ところが三年生の班長に指導性がないためか、構図がなかなかまとまりません。各人がまず画いて、その良いところをつき合せようとしましたが、一年生の一人が自分の絵と他人の絵が切り継ぎされるのを頑固に拒否し失敗です。別の題材を選ぶことになりました。すかさず、「運動会の何かをつくったら」と提案し、そうなりかけましたが、やはりマンガからということになりました。学校では恐らく題材に

選ぶことはできないだろうマンガに魅力があるのかなと考えました。知ってるかぎりのマンガがあげられ、希望の多いものを決めます。それからまた構図の話しあいです。おやつの時間は過ぎ、指導員の先生方は時間を気にしてますが、子どもたちはやめません。

このような集中力は、個人製作のときとは全く異質なものです。私は内心、生活体験を題材に選ばせられなかった自分の非力を噛みしめながらも、集団製作のなかでの子どもたちの粘りと集中力には驚き、やはり集団行動のなかで生れる責任と自覚をよりどころにして、ここから出発せねばならないと考えました。借りもののマンガを題材に選んだとしても、ここには自分たちの意志で選び、考えていくお客さんでない姿があるのですから……。

以上は集団づくりが特に進んでいるわけでもない、ごく普通の学童保育クラブでの、いわば、実習生としての三日間の体験から学んだことですが、集団づくりがすすみ、集団活動が日常的に展開されている学童保育クラブでは、数々の優れた実践を生みだしています。そのいくつかは、これまでも『全国学童保育ニュース』に紹介してきましたが、ここでは、最近送られてきた各地の資料から、学童保育での子どもたちの生活を紹介してみます。

### 自主的集団のなかのこどもたち

**△悪口をいい合う会▽** 明神台学童保育では、男の子と女の子が対立し、実にとりとめもないことから挑戦的なやりとりをし、顔を合わせればケンカという状態のなかで起きた事件（お誕生会に貰ったカードを男の子が破りすてた）をきっかけに、正統論をたたかわせるより、もっとはだかになって話し合おうと、『悪口をいい合う会』を行ないました。男女別々に分れて、〃仲良くなれない理由〃を出し合い、そのあとで合流して、質問、反論を出し合いました。

ケンカをする子どもがいなくなった今日、ケンカできること自体見事だと思いますが、それをさらに裸になって話し合っていける自由さ、思ったことを何でも言える関係は、集団づくりの基本として大切なことと思います。同クラブでは、このあと、生活時間の再検討、「学童保育でやりたいこと」「学童保育に欲しいもの」のアンケート募集などを行ない、子どもの要求に基づいた生活改善が取組まれています。

**△アニマル運動会▽** 高根台第一小学校留守家庭児童会・アニマルクラブでは、「学童保育でも運動会をやろうよ」という子どもの声がとりあげられました。総勢四四名、グランド使用不能、用具はとび箱一つ、平均台二つというないないづくしの中でとりえは、子ども達のやる気とゆかいなアイデア。運動会実行委員会を決め、指導員側からは集団の結びつきを強めること一つを狙いにして、自由に子ども達に考えさせ、係も仕事も決めさせます。

古タイヤにひもをつけて引きずるタイヤ競走。粘土の怪獣づくり以外に興味を示さず、一日中粘土にへばりついている子を引張り出すために考えられた怪獣競走。はなをすすりあげながら目を輝かして次々にアイデアを提供してみんなをリードしていく三年男児。なかなか班の中にとけこめなかった子どもが班の旗を作ることを考えついた。旗竿がないのに弱った子ども達は、自分たちのひみつ基地から宝物である棒を提供する。班毎のトレーニングも熱が入り、毎日のおやつの後片付けもきちんとできる。などと成果は大きい。

運動会、スポーツ大会のほか、キャンプ、凧あげ大会、山のぼりと、体を思いきり使う行事を全員で取組むクラブは年毎に増加しています。これらに父母も参加して楽しんでいます。本資料に毎月一回行事を取組んでいる「あめんばクラブ」の例を紹介しました。

**＜しんぶんづくり＞**　学童保育ではさまざまな文化活動が取組まれているが、なかでも持続的で、自分たちの生活や感情を表現していく〝しんぶんづくり〟が拡がってきています。これは一年生も含めて、子どもたちが編集し、ガリ切、印刷まで全てを行ないます。明神台ではそのしんぶんを、学校や家庭で販売し、その売り上げでヤスリを買いました。明神台のしんぶんの一つである『よとのた・22号』には、第一面に次の記事がのっています。

＜なんで私をいやがるの？＞

いつも、学童保育に帰ると、いやなことがひとつ。

それは、わたしが、たくや、たろうのそばにいくと、「しっしっ、ふけがつく」といってにげられること。それに、たまに「おまえ毛ぐせだぞ」と、けいぼうにいわれたこともある。

それがいちばんのなやみなの。

だからはやく、くせっ毛をなおしたいと思っている。だけどなかなかおらない。くせっ毛の話はこれくらいで、なぜ男らはわたしをいやがるってことをきいてみたら、なにもこたえてくれなかった。

でも、たまに「ふけがあるから」「きたないから」といわれたこともある。

しかし、ほんきでいっているようすは、すこしもないから、ほんきにはしていない。

だから、いまだにわけがわからない。

どうしてかしら？

二年　ふじわらたかこ

**＜ワンワン騒動記＞**　東久留米市滝山学童保育でのこと、プレハブ校舎の床下で、迷い犬が一匹の子犬を生んだ。学校は保健所へ連絡し、野犬係がきた。必死になき叫んでいる犬の親子をみて、クラブの子どもたちは、思わず犬の助命を願い出た。子どもたちの真剣な目にとりかこまれ、野犬係はあきらめて帰っていった。

それからがたいへん。飼うかどうかで子どもたちは何回も話し合い、父母の会でも再三話し合いが持たれた。父母会発行のクラブニュースで「クロ・ブータン（犬の名前）特集号」も出された。父母だけでなく、学校長、教師、市当局、近所の人々の意見も聞いてまわった。犬小屋も必要だし、当面一万二千円位の費用もかかる。市当局は反対したが、学校長の賛成もありとうとう許可した。

それからのクラブでは　犬係の選挙が行なわれた。約半数の十五人の立候補があり、選挙ポスターをつくり、立合演説会も行なった。「ボクは頭が悪いけど犬のことはいっしょうけんめいやります」「わたしはお母さんたちと話し合っていっしょうけんめいやります」「わたしはうんちのしまつもきちんとします」「お金をつかわないでアイデアをだします」などの演説と、投票の結果六名が選ばれた。

その他、栽培活動、お弁当やおやつづくり、文集作成、劇や人形劇の自作自演、絵や版画の共同製作、音楽コンクール、本格的な鯉幟製作、竹とんぼや凧の製作、大工仕事と、学童保育における子ど

もたちの活動は、多様に展開していきます。

　これらの活動や行事は〃あそび〃の発展として、指導員の指導と援助で子どもたちが生みだし、創りあげているものですが、そのなかでは、子どもたちの創意工夫、機智と決断、自発性と積極性、自己主張と連帯など大人も学べる教訓が、汲めども尽きぬ泉のごとく湧いてきます。この子どもの集団が生みだす〃素晴しさ〃の発見が私が学童保育の〃とりこ〃になってしまった第一の原因です。そして二番目には、このような子ども集団を組織し指導・援助している指導員へのあこがれがあり、三番目には、学童保育というまったく新しい分野をつくりあげてきた父母集団の力への傾斜があります。

〈注〉学童保育の実践としては、代表的な実践記録『あめんぼクラブの子どもたち』（鳩の森書房発行）や、「全国学童保育ニュース」に紹介してきたもの、「子どものしあわせ」「母と子」「保育の友」「ちいさいなかま」に紹介されたもの、「自然っ子の四季ー利根川教室の記録」など団体が作成したパンフレット類に紹介されたもの、「学童保育研究会」などサークルのニュースに紹介されたもの、未だ紹介されないでいるもの、など数多くあり、これらを集約していく課題が残されています。

### 全面発達の場となり得る学童保育

　与えられたテーマ「子どもにとって学童保育とはなにか」を明らかにすることは、私にはやはり荷が重いです。最近学童保育は「第三の教育の場」「全面発達の場」などと呼ばれるようになりました。これは、学童保育は学校や家庭とちがい解放された場になり得ること。ある程度固定した子どもが利用するため、異年令の自主的な集団をつくりやすいこと。集団活動に必要な拠点と専門の指導者がいることなどから、前述したような実践が生まれ、それが全面発達の場となり得る可能性を示しているということであって、現実のすべての学童保育がそうだとは言えません。

　現実の多くの学童保育は、行政上のいろんな制約があり、指導に対する様々な考えがあり、預けっぱなしという父母の無関心さ、かぎっ子対策という周囲の偏見があり、これらが、子どもたちの自主的な行動や集団としての活動をはばんでいます。自主性のないところに教育はなりたたないし、全面発達も望めないと考えます。

　子どもの全面発達を願うなら、学童保育だけでなく、学校教育や家庭教育、地域環境などの子どもをとりまく全ての場において、そのための対策がたてられるべきでしょう。また、就学前教育から学童保育へ、学童保育を出たあと、という流れも考えねばならないでしょう。前者の横のひろがりの関係では、児童館や校庭開放への移行の問題と、学校で授業についていけない子どもが増加していることに関った学童保育での学習問題が当面の課題として提起されています。そして、後者の縦のつながりのなかでは、学童保育よりはるかに長い歴史をもつ幼児の保育・教育実践をどう受け継ぐか、そして学童保育を出た子どもたちの、地域における自主的な集団活動をどう保障していくかという課題があります。すでに紙数が尽きてしまいました。今後もすすめられる「新全国総合開発計画」と、それにそって出された「中教審」「社教審」によって、学童保育への期待と要求はもっと強まるでしょう。私たちの出発点は、全ての子どもの可能性を信じ、「杉本判決」を武器として使いこなすことにあると考えます。（あとはシンポジウムで補足します）（西元昭夫）

# 分科会の紹介と運営

## 第一分科会　学童保育づくりと改善運動

世話人団＝東京都三多摩学童保育連絡協議会

学童保育づくりの進め方については、学童保育連絡協議会発行の『子どものねがい親の願い』にかなりくわしく書かれているので、それをテキストに話し合いをすすめます。

〈話し合いの問題点〉

＊国と地方自治体の施策　＊まずなにからはじめるか　＊運動の母体となる組織づくり　＊調査活動と資料づくり　＊役所への交渉の方法　＊地域や他団体との協力について　＊運動を長続きさせるためには　＊設置場所や形態について　＊法的根拠　等々についてテキストを参考にしながら、それを各地の経験でさらに深めていきたいと考えます。

改善運動をすすめるには、つくる運動で結集し得た父母や地域住民の力を、どれだけ持続させ得るかが課題になります。それに指導員の課す役割も重要です。何をどのように改善するかには、父母の要求もさることながら子どもたちの要求を知ることが基本となります。学童保育で実際に生活するのは子どもたちですから……。

分科会で提起される問題は多く、さまざまなものとなるでしょうが、それら全体を貫くものとして、「子どもにとって学童保育とは何か」たえず明確にしていかねばなりません。

つぎに、学童保育づくりの実践例を紹介します。

### 東京都東久留米市・滝山団地の学童保育づくり

滝山学童保育所は、働く父母の要求をもとに滝山団地自治会が中心になって運動し、約一年にわたるねばり強い交渉の結果、四五年六月、町立として開設させました。

**〈学童保育所の概要〉**　所轄－東久留米市市民生部保育課　場所－市立第七小校庭内プレハブ－七七五平方米　定員三五名（一～三年）　指導員二名（正規職員）

**〈運動の経過〉**

四四年六月　自治会による要保育児童のアンケート調査。七小学区必要児童九一名。

四四年一〇月　第一回学童保育こんだん会。学童保育ニュースの発行。

四四年一一月　各政党の保育政策をきく会

四四年一二月　町議会に請願書提出。採択される（署名数三、五九五名）

四五年一月　新一年生対象に学童保育こんだん会を呼びかける。町交渉。

四五年四月六日　共同学童保育開始（一九名）

四五年六月　町立学童保育所発足。父母会結成。

**〈運動のなかで留意した点〉**　①要求のある人だけの問題とせず、子どものない人も含めた地域の多くの人の支援を得るように配慮した。諸願提出にも、他の保育要求と合わせ

て全戸署名をとり、こんだん会の案内も必ず全体に知らせた。自治会報に学童保育運動の様子を知らせた。

②各党の議員に実情を話し協力を要請。

③町当局に父母の要求を繰返しくりかえし出していった。

④学習を深め、自信をもって運動した。

学童保育をねばり強く要求していくには、まず父母が団結すること、そして指導員との連けいを深め強めること、さらに、学童保育問題は当事者の中でだけで解決するものではない。地域全体の子どもの幸せを広げていくという観点から、地域諸団体との提携が是非とも必要です。

**＜改善運動＞**①指導員の身分保障と待遇改善、予備指導員の設置を要求し、四五年度中に非常勤から正規職員になったが、低い格付けと安い給料に押えられ、予備指導員は実現していない。ただし、長期病欠の場合はパートをあてている。

②保育時間の延長を要求しているが、市は延長の意志は全くなく、四六年一〜三月は父母会の負担で五時〜六時半の延長を行なった。

③学年の延長も要求。三年生となっているので、延長は緊急課題となっている。

④建物の拡充と諸設備の充実を要求し、四六年度より物置や備品の予算が若干増えたがまだ不足している。特にプレハブ一室では、子どもが休養することも、本を読むこともできない。

**＜滝山第二学童保育所の開設＞**当初滝山学童保育所に七小と九小の児童がきていたが、四六年二月より九小に第二学童保育所を新設させた。しかし、ここは空教室のため、来年は児童館に移す計画を市はもっている。市は将来は、現在の学保をいくつかまとめて児童館の中へ解消あるいは合併すると発表しており、これに対し父母は、距離的に内容的に問題があるとして反対を申し入れている。

**＜学保指導に教育的配慮を＞**動物の飼育、クラブ外への旅行等に市は難色を示しており教育的配慮が望まれる。また、事故に対する保障制度も必要である。

（林　道子）

### 『学童保育は緊急に必要』
### 陳情に黒田知事が直接応対

昨年、大阪学童保育連絡協議会が結成され、より巾広い運動が展開されていましたが、府に対する度々の交渉も「民生部だ」「教育委員会だ」と責任のなすり合いにおわり、具体的な成果はありませんでした。

しかし、「各小学校区に学童保育を！」を公約した黒田知事の当選で大きな変化がうまれています。八月一一日知事公邸での陳情では、今までの交渉では課長どまりだったのに知事の左右に民生部と教育委員会の関係者が例席し、革新府政のすばらしさを痛感しました。知事は私たちの意見に一つ一つうなずかれ、財政事情は困難であるが、実現可能な手だてをつくしたいと、前向きでの取組みを約束されました。

ひきつづき行なわれた行政官との話し合いでは、校庭開放解消策しかない教育委員会、年に一か所建つかどうかわからない児童館へ逃げる民生部の姿勢に、再度九月三日に交渉を続け、ようやく各市で行っている留守家庭児童会への助成を補正予算で検討する約束をとりつけました。

第二分科会

# 父母の組織づくりと父母会活動

世話人団＝大阪学童保育連絡協議会

学童保育には、現在いろいろな形態があります。全国的に存在する留守家庭児童会、東京都などの公営の学童保育、愛知のＰＴＡ委託による、半ば共同保育的な学童保育、大阪などに見られる民間の保育施設による学童保育や純然たる共同保育等々。

しかし、どの形態の学童保育でも、父母の切実な要求によって生まれた所では、しっかりした父母会の組織があります。また、父母会活動が活発な所では、自治体に対して常に積極的な働きかけがなされ、不利な条件を一つ一つ克服して行っています。特に、共同保育では父母会の支えがないと施設が維持されませんし、現実に父母会と指導員が一体となって、すぐれた実践を行なっている例が数多くあります。（大阪天王寺区　なかよし学童保育所など）。

これに対して、公営の留守家庭児童会などでは、創設時のエネルギーが失われ、父母会活動が低調になり、指導内容は指導員にまかせっきりで安易な気持で利用するだけで質的な低下をきたしている所や、父母会の組織もなく、子どもも次第に利用しなくなり、いつの間にか閉鎖された所さえあります。

文部省が留守家庭児童会への補助をうちきり、地方自治体が三割自治と不況による財源難にあえいでいる今、父母会の組織こそが学童保育を支える基盤だと思います。また、父母会が指導員と密接な連携を保ちながら指導内容にまで積極的に関与し、学童保育を質的に高め、地域住民や行政側に学童保育の存在意義をはっきり認識させることが、これから学童保育を発展させるかどうかのキーポイントになると思います。

この分科会では、東京・愛知・京都・大阪などから、それぞれ異った形態や条件の中での父母会の現状を出し合い、それらを基にして、如何にして父母会を組織し、その活動を持続させて行くかを明らかにしたいと思います。

## 出席者一名の父母会から出発して

私が東小学童保育の指導員となってまもなくのこと、初めての父母会を開くことになって、東小と三小が合同で招集されました。

午後一時開会の予定が、二時半になっても三小、東小とも各一名のお母さんしか出席していません。役所の方々は、福祉事務所長をはじめ、市の公報からも見え、指導員三名を加え計一五名が顔をそろえているのに、肝心の父母側は両校で三十五名の在籍があるのに、出席はとうとう二名だけでした。

そこで、思案の結果、家庭訪問をして、体当りでぶつっかって見ようと思いつき、約三年半にわたる家庭訪問がはじまりました。

まず東小の指導員とふたりで、東小学童保育の全家庭を、地図と住所をたよりに歩き、おかげでその月の日曜は全てつぶれました。次の月は三小地区を同様に訪問しましたが、なかには不在で三回足を運んだ家、夜夕食後

に出かけた家もありました。

初めは何しにきたかと、けげんな顔をされたりで、学校教師とは雲泥の差。或商店などさんざ待たされたあげく、腰かけなさいとも云わず、忙しいので耳をかすひまはないと云わんばかりの応待。

ぐっと腹を据え、これはたいへんだ。何とかせねばまず子どもが育たないと思いながら順々と話を進める。まず次の三点についてしらべてみた。①前回父母会の様子を話し、次の父母会は何曜日の何時が都合がよいか。②どんな仕事で、どの位家を留守にするのか。③学童保育をどのように考えているか。

以上の三点をこまかくメモする。おかげで次の父母会は約半数の出席者になった。その後も事あるごとに家庭訪問をする。時々来なくなる子、ずっと欠席のままの子、ちょっと変ったところのある子と、子どものことが手にとるようにわかってくる。

叱ったことが何にもならなかった場合もある。まず親を叱りたい気持だ。親としたしくなり、親の教育が必要とも考えた。そのうち毎日いそいそとクラブにくるようになった子も幾人かでてきた。家庭訪問してみて、父母会を地域父母会にまで持っていきたいと思っている。

（東京・小金井指導員・橘　静子ー四三年記）

---

## 共同保育の指導員のなやみ

### 身分保障をあいまいにすまい

パートタイムで働いている家の子どもが殆どやめて三人は塾へ変った。（保育料・二三〇〇円が高いためか）そのため、給料が遅配になっているのに、運営委や父母会（一部を除いて）は、何の責任も持たず放置している。

二人の指導員は一万三千円で自分の子どもを預けていることを父母会、運営委に訴えてもだめなので、物品の販売（かつをぶし・のり・アルバム・エンピツ・パンティーストッキング）をしているが、四・五人の父母しか協力してくれない。

仕入れるための資金も指導員が立替えている。

やめていった子たちの殆んどが「やめたくないよ」といいながらやめていった。経済的理由でなら、なおさら、何とかできないものかと悩んだ。哀しかった。と同時に、四〇才前後の共働きで高額所得者でありながら〃賛助会〃にも入ってくれない人たち（一口、百円、五〇〇円）を思うと、割切れない気持でいっぱい。

こういうことを繰返していたら、いつまでたっても学童保育の発展はありえないので、市当局が責任を持ち、助成金も出していくような運動を合わせて、父母が中心の運営を確立していくこと。

私達自身も身分保障をあいまいにする考えが害になっていると思います。（例えば、賃金が安くても、条件が悪くてもやむをえない）

今後、父母との卒直な話し合いをしていくつもりです。九月に無認可保育連絡会を結成しました。

（静岡市・なかよしクラグ・條沢　操）

第三分科会

# 指導員の組織づくりと活動

世話人団＝東京都学童保育指導員労組

一、指導員のおかれている現状

＊未組織の所と、組織されている所とのちがい。＊指導員の要求などを明らかにしていく。

二、指導員の要求をどう組織し、実現させていくか。

三、指導員の組織をつくっていくために。

四、学童保育運動をより発展させるために地域住民運動の中で果している労働組合の役割とは？

**問題提起**

杉並区学童保育指導員の互助会が、待遇改善の要求から杉並区学童保育指導員労組として発足したのは、昭和四十一年で発足から区の非常勤職員という身分の低さから待遇改善の運動がねばり強く展開されていきました。

しかし、非常勤という枠の中では、これ以上の改善がされず、杉並区の区だけに対する運動では発展しないことが明らかにされ、都に対し正規職員として認める運動を進めようと全都によびかけられ、労働組合準備会が結成されました。

連絡協議会の参加者を手づるとして、各区の指導員に準備委員として参加してもらい、綱領、規約、運動方針等何回か会合をもち準備をすすめる一方、結成大会成功のため組員一人でも多くの加盟をよびかけました。

一九六九年六月一日、一七五名をもって結成しました。

今までは、経済的なものを含めあらゆる指導員の不満は、個人的に職場をやめてしまうとかアルバイトをするとかで解決し、指導員の仕事を前向きに考えることがなかったのが組合結成後は、指導員の横のつながりの中で他区と身分を比較することにより待遇の改善が要求になっていきました。これらの要求をこまかく掲げ、区に対して区議会、区長へと請願、陳情、要請書が提出され、担当課への交渉も進められました。

このようにこまかく要求を組織して運動してゆくことが、自分の要求とあっている時はひとりひとりが大きな力を出し合い、団結できることが文京区の夏の手当の運動の中で明確にされました。それはまた、指導員の組合に対する自覚をも変えさせていくこともわかりました。

一方、中央の都の執行委員会においても、都議会、都知事に対して請願、陳情、要請書が提出され民生局、区長会、厚生部長会にも陳情、要請書を提出し、一日も早く正規化を望む実情が訴えられ交渉をつみ重ねました。

これらの運動の結果、夏、冬の手当は職員並、交通費、超勤手当、休暇等職員並の成果をかちとりました。

区理事者側においては、学童保育は片手間な仕事でよいという見方から、きちんとした行政の中で行なわなければならないという考え方に変えることもできました。

都においても、切り替え措置として「学童保育を児童館事業の一環として位置づける」と具体案がだされ、放課後の子どもの生活をより豊かにするという前進面としてとらえています。

指導員においても、正規化を掲げ結成された組合ということや、区の消極的だった態度

から、また、個人的には勤務時間等の関係もあり、正規化の立場にたてなかったのが、区の変り方や待遇が改善されていく中で、よりよい学童保育の発展のためには、個人的な理由があるにしても正規化の運動は認めねばならないと、まだ組合に加盟していなくても、署名運動には協力してくれたり、まったく未組織の区で今までは組合に対してふりむかなかったが、加盟までいたらなくても組合の方針をみとめるように変ってきています。

これらの成果をかちとってきた運動のなかで、組合が東京都の学童保育運動の中ではたしてきた役割は、バラバラにおこなっていた運動をある一定まで組織させたことです。

区の中でさえも、ある民主的な父母会が交渉する際に指導員の要求も入れていく等、一部の施設だけの運動であったものが、区全体の指導員の要求として組織され交渉する運動になってきています。

板橋区においては、ある児童館の中に併設される学童保育が、六畳の部屋だけで実施されようとし青写真まで出来上がっていたものを、指導員を中心として、児童館職員、父母をまきこんだ反対運動を起こし屋上に専用室を作らせていっています。

この運動は、学童保育が地域の中に根ざし、よりよく発展するには、子どもをとりまくすべての人の中で、運動がすすめられることにより達成されていくことを、明確にしたと思われます。

もう一つは職場の民主化です。一施設に二人しかいない職場の中で、行政のまずしさからくる施設の貧弱さ、保育内容のなやみ、人間関係からくる不満等、バラバラにされている時には、解決の道がつかなかったのが、組合という組織の中で話し合い討議する中で、仲間同志解決されていったり、同じなやみをもっている多くの仲間にはげまされていることです。そしてそれは保育内容を充実させていこうとする意欲にもなり、研究会の中で積極的な発言に変ってきています。

以上、東京都における組合として行ってきた組織づくりの運動をとおして得られたものは、指導員の層が広く、要求もさまざまで複雑であったが、その要求をていねいにとりあげ、実現していく中で、正規職員化への深い意志統一がつくりあげられてきたことです。

指導員の個人的条件の違い、さらに児童館問題という新しい動きの中で、組織づくりに新たな困難もくわわっていますが、組合活動をひとりひとりのものにしていくことを課題としながらも、よりよい学童保育をめざして地域、住民運動の中で果していく、指導員労働組合運動のあり方を明確にしていきたいと考えています。

**岩手より**

西の山々は雪をいただき、冬がもうすぐの当地方です。校庭のイチョウ、さくらの樹々の葉っぱもすっかり紅葉し、とてもきれいです。

その落ちた葉っぱを、子どもたちと一緒にひろってきては、落葉の裏に絵の具をぬり、模造紙の上に置いて模様をつくりました。

毎日の指導は、何をどうさせたらいいかがわからず、常に思いつき、いきあたりばったりというのが現状です。

いろいろの本（学童保育関係の）により、その意義はつかめたような気でおりますが、そのためにはという具体的な実践が、思うようにできずにいます。

研究集会の成功を祈ります。

（岩手県・金ケ崎小内・ひまわりクラブ）

**第四分科会**

# 指導員の仕事とは何か

世話人団＝大塚達男ほか

この分科会は、主として指導員としての仕事一般について、指導内容の概論を語りあうことにします。第五・第六分科会では、理論や実践をこまかにややほりさげて深く討論するわけですが、ここでは、基本的なことについての講座も含みながら学びあうことにいたします。

**一、指導員とはなんだろうか。**

よく聞くことばですが、「学童保育は、かわいそうな鍵っ子を、母親がわりに預るところですから、非行を防止したり、ケガのないようにみてやったり、愛情をもって接したりするのが指導員の役目です。」と一部の方はおっしゃるようです。このことばを全面的に否定するわけではありませんが、はたして、これでよいのかと多くの疑問をもつのです。

このことばの裏には「共働きの子は、わるい子になりやすい。」というある種の偏見と差別観が含まれており「だから面倒みてやらなければ」という救済事業的な発想が含まれているからです。このような考え方でなされる指導の内容は、管理主義となったり、変なしつけ主義におち入ったりして、子どもの生活と心理からかけはなれて、子どもの発達をむしろ抑制する結果となるでしょう。

私たちは、少なくともこんなまちがいをおかしたくないものです。

**二、私たちは、学童保育を「教育の場である」と考えています。**

学校教育とはちがう独自な教育活動をここに求めています。これは思いつきで考えたものではありません。現実の子どもたちをつぶさにとらえるなかで、先輩たちの実践を研究しながら必然的に生みだした考えなのです。それは、「放課後の子どもたちが、健康で伸び伸びと、豊かな生活をおくるように、異った年令の子どもたちが、集団のなかで個性を生かし、連帯を尊び、人間理解を深めるように」構想され、指導の内容が工夫されているものであります。

**三、指導内容六つの柱**

先進的な指導員の実践を検討してみますとその指導内容は、次の六つの柱となり、それが総合的に工夫されているように考えられます。

イ、個性的で創造的、しかも集団的な「あそび」と「あそびかた」のできる子に育てようとしていること。

ロ、小動物や小鳥などの飼育活動をとおして生きものへの関心と愛情を育て、生命の尊さがわかる子に育てようとしていること。

ハ、野菜や草花の栽培活動によって、自然へ積極的に働きかけ、素朴ながらも生産労働が理解できるような子どもに育てようとしていること。

ニ、新聞づくりなどを含む、文化活動をとおして、人間理解と連帯感のもてる子どもに育てようとしていること。

ホ、行事などを自主的・創造的に組織し、集団の自治によって、その企画と実行ができる子に育てようとしていること。

ヘ、宿題や家庭作業などを自らの力で、また

は協力してやりぬく学習習慣のつく子どもに育てようとしていること。

**四、指導員は「指導員」**

普通、私たちは学童保育の指導員を「先生」とよんでいます。まさに「先生」でしょうし「先生」であるはずです。しかし、その仕事の具体的な内容からいって、「学校教師」でも「保母」でも、ましてや「母親」でもありません。学童保育という個有の仕事に従事する専門職そのものであります。学童保育の専門職、それは、ひとことでいってしまえば、〃子どもたちの援助者・組織者である〃ということになるでしょう。子どもひとりひとりの生活（家庭や学校も含む）を知り、その心理（なにに喜び、なにに悲しみ、なにに怒っているかなど）をつかむなかで、子どもの要求をほりおこし、子ども自らが、ひとりで、または集団で、ものやことをやりぬくために援助を与え、激励をし、組織するのが指導員すなわち、学童保育の先生の仕事だと考えます。単なる管理者や傍観者であってはなりません。

**五、以上のような基本的な原則をふまえて**

分科会では、具体的な実践的な話をたくさんだすことにしたいものです。討論は、まったく素朴なことからはじめることにいたしましょう。そのための手がかりとしていくつかの問題を並列的にだしてみたいと考えます。しかし、これによって討論をすすめるというものではありません。

イ、「子守りみたいでいい」といわれた話。

ある公立学童保育所の指導員は、その採用のとき、役所の上司に、「かわいそうな鍵っ子さんですから、ケガをしないようにみていてくだされればよいのですよ。」といわれたそうです。みなさんは、指導員に採用されるとき、どんなことがあったでしょう。また、みなさんは、どんな考えで指導員になられましたか。

ロ、「よい子、困る子がいる」という話。

子どもを差別してはならない。これはあたりまえのことですが、研究会などで話題となるのはきまって「困る子」の話です。反対に「よい子」の話も出ます。ところが話し合ってみますと、「困る」と思っていた子が案外エネルギーをもっている子であったり、「よい子」といわれる子のなかに問題があったりしています。私たちは、子どもをどう見、どうとらえたらよいのでしょうか。

ハ、「どんな子にしたいか」という話。

先生のいうことはなんでも「ハイ」ときく子、これを立派な子というのでしょうか。のうみそを働かせ、手足を自由にうごかし、からだ全体をつかってものを見たり、考えたりする。そんな子どもをどう育てるのか、実践を含めて考えあってみましょう。

ニ、「親は勝手だ」という話。

父母と力を合わせなければということは知っていても、なにをどうしたらよいかわからないし、親は勝手です。という意見もありますが、ほんとにそうかをたしかめあってもみたいものです。

（大塚達男）

## 第五分科会

# 指導研究―集団づくりと子ども

世話人団＝佐藤功、学童保育研究会

　学童保育における集団づくりの問題は、さまざまな難題をかかえながらも、〝バラバラになりがちな子ども達に何とか集団生活の喜びを味わせようという全国の熱心な指導員によって追求されてきました。

　異年令の子ども達の集まりであること、帰る時刻がまちまちであること、学校教育の矛盾やシワ寄せをそのまま背負いこんでくること、家庭の諸問題をも時には反映してくることｅｔｃ。実にさまざまな生活を学童保育の中に持ちこんできています。

　こうした諸条件の中で取り組まれている多様な実践を私たちは、みんなが持ち寄ることによってはじめて具体的な課題として、自分自身の問題として、さらには、中教審旋風の吹きあれている中で未来の子どもの教育はどうあるべきなのかという課題としてとらえることができるのだと思います。

　上級生が下級生をいじめる問題をどう解決していったのか。

　みんなのちからで施設の改善をどう自分たちの要求するものにしていったのか。

　新聞づくりを通して、子どもたちは何を学び、どのように集団が変っていったのか。

　みんなのちからで施設の改善をどう自分たちの要求するものにしていったのか。

　新聞づくりを通して、子どもたちは何を学び、どのように集団が変っていったのか。

など、日常の実践をひとりひとりの参加者が必ず持ち寄ることが、この大会を本当に実りのあるものにする必要条件でしょう。

　何か一つのことにまとめあげられたものだけを提案するということではなく、泥くさく子どもたちと取り組んでいる一つ一つの細かな活動をどんどん持ちこみ合いましょう。

### 「なぜ集団づくりが必要なのか。」

　ときどき、こういう例を見聞きします。

〝苦労して班をつくってみたけど、どうもうまく子どもたちが動いてくれない。〟

〝集団で遊びや活動をやらせてみたけれども集団としてのまとまりが見られない。〟

　とか、その他これに類似した問題が実に沢山あります。

　埼玉県福岡町のどろんこクラブでは、四月の新一年生をどう迎えるかということが非常に重要な意味をもって実践されています。

　新しい仲間に学童保育での生活の実態をどうわからせたらよいのか。――そのためには今までの生活の総括的討論が子どもたちの中に組織されなければなりません。そして、より具体的な説明をするために、それぞれがどのような役割をもたなければならないのかが決められてきます。劇化をする場合もあるし、紙芝居として自作自演することもあります。

　そこで展開されるものは、単に個人的な話のうまさとか、歌のうまい子が歌をうたって楽しませるとかいうような個人プレーによる技能の見せあいによる歓迎会ではなく、学童保育クラブの生活を集団として、集団全員の

討論と活動による成果として表現されたものになっています。自分たちの学童保育クラブの生活を自分たちのちからで造り出しているんだ、そして、そういう大事な自分たちの造り出した生活をわかってもらいたいし継承してほしいんだという子どもたちの願いが見事なかたちで凝集されています。

つまり、班をつくったから集団ができあがるんだということではなく、なぜ、班をつくる必要があるのか、なぜ、子どもの自治ということが大切なのかを、子どもの発達とは何かという原点に立ち戻りながら探っていく必要があるのではないかと思います。

飼育栽培活動を組織し、みんなで畑をつくり、ひとりひとりがそれぞれの苗のまわりが草ぼうぼうでも全く知らん顔で、みんなとの話し合いにも何も話を出さなかった例とか、自ら造ることを忘れ遊ぶことを忘れた子どもたちの例などが沢山あります。

別のことばで云えば、子どもたちの生活の中に、自分たちの生活に根ざした現実的で科学的な思考や生活態度が失われ、抽象化された、無気力で従順な子がふえてきているということでしょう。〃出るな、歩くな、家にいろ〃という交通標語を作った子がいるように自らの生活を自らの力でつくり変えていこうという子どもではなく、あるいは、〃学童保育でもカブト虫を売っているといいなあ〃という子が何人もいるように、

集団づくりの原点は、このような子どもたちに生活の活力を与えることであり、より原則的には、子どもたちに本来の人間性を復活させることだろうと思います。子どもたちを生活の主体者として自覚させ、主権者としての意識をもたせていくことにつながらなければならないでしょう。

**「原則をあきらかにして多様な実践を」**

そういう意味では、全国各地での学童保育の実状は実に多種多様でありながらも、基本的におさえる必要があります。

それは、今次集会の基調テーマである〃子どもにとって学童保育とは何か〃ということでもあり、それが不明確であれば、なぜ集団づくりをしなければならないのかという解答も出てこないような気がします。

中教審答申の先取りといわれるような状況が全国各地の学校で数多く現われていますしその歪みをまともに受けて子どもたちは学童保育にやってきます。

宿題の量がふえ、塾に行く子が多くなっていきます。学童保育は国の文教政策と無関係な所で存在するわけにはいきません。私たちは、私たちが本当に願っている子どもの全面的な発達と、学習する権利、生活する権利をどう保証していかなければならないのかという視点で、もう一度、自らの実践を改めて検討してみる必要があると思います。

そういう意味では、ここの分科会で実践を土台に討議が組み立てられ、集団づくりの原則が参加者全員の共通のものとなることを大いに期待したいと思います。

**第六分科会**

# 指導研究ーあそびの援助と文化活動

世話人団＝鈴木孝雄　埼玉・福岡町学童保育の会

今年の二月、私の学校では、第三回目の全校たこあげ大会をやりました。その内容について詳しく述べるスペースがありませんが、六年生の女の子が綴ったつぎの感想文が、参加者ほとんどの声を代表していると思えますので、紹介してみましょう。

**全校たこあげ大会に思う**

きょうは待ちにまったたこあげ大会だ。やっと私たちの番が来た。

午後からは風もやや東に変わり、〃龍王〃と〃志〃がゆうゆう飛んでいる。五分の短い間に一番よく上がったたこを各組一位とする。

わが家では、父も母も「女の子でもたこ作りをするの?」とあまり乗り気ではなかったが、最後には、私より父の方が真剣になって作ってくれた。

風も強くたこを飛ばすには最高の日であった。

男子のはみんな糸がするするのびて、どんどん飛んでいく。〃私の「翼」あれくらい飛んでくれたらなあ〃と思いながら、一生けんめい糸をひいたが、努力もむなしく、くるくる回りながら墜落……どこが悪いのか調べてみると、欠点は尾翼が曲っていた。友に手伝ってもらい、ふたたび飛ばすとやっと体育館の屋根をこして飛んだ。

初めて飛ばした彦一たこ、期待したほどよくなかったが、私はこのたこあげ大会を通じて感じたことは、このように全校が同じものを作り、一つの目的に向って進むことの快さというものは、空は広く青いということしか思われなかったが、きょうこそ、本当の空をしみじみ見たような気がした。

もう卒業も間近、私の心にこの日のことは小学校の思い出の一つとして深く残った。

〈傍点筆者〉

みんなが「一つの目的に向って進むことの快さ」という言葉に、自主的な行事を実践すすることの意義が現われているように思えるのです。おたがいにチエをだしあい、援助しあう中で、高く飛ぶたこを作り、舞いあがったたこに、集団の努力と創意の成果を喜びあっていることがつかみとれます。

また、「父の方が真剣になって作ってくれた」ことは、学校をとりまく地域住民の大会への参加となって、家庭での親子の交流と伝統的な遊びへの認識が復活したともみられましょう。

このような行事が、もし学童保育でも行なうことができたら、子どもたちはどんなにか喜ぶことでしょう。現在の状況においては、学校よりは学童保育においてこそ、より創造的、実践的に行なうことができると思うのです。思いつくままに行事の諸例をあげてみますと、新入生を迎える会、鯉のぼり、七夕会夏季キャンプまたはピクニック、やきいも会読書大会、文化の日にちなんだ作品展や学芸会、クリスマス会、もちつき大会、こまや凧の大会等々。

子どもたちの身近かな遊びの中から、学校での学習の成果をより発展する中から、それぞれのクラブのおかれた諸条件はあるものの

できるところから、やっていったらどうでしょう。年間の計画に、子どもたちの集団的力量の発展とからみあわせて、三、四つをくみこみ、長期的な見とおしのもとに実行していったら決して困難な事ではないはずです。

子どもたちばかりでなく、父母の積極的な参加が協力をひきだしていくことも見落すことのできないことです。父母が首をつっこんでこざるを得ないような内容を展開することこそ大切です。

子どもと一緒に活動する中で、父母に、子どもの力のすばらしさを知ってもらい、喜びを共感することによって、つぎの行事への期待と援助がひきだされてきます。それは、また、父母相互を集団化する大切なチャンスでもあるわけです。

行事そのものによって、子どもたちの民主的で創造的な力量をひきだすことができるのですが、それをほんとうにすぐれた行事にできるのは、日常における子どもたちの集団活動の内容が高いものでなければなりません。

一口に文化活動といってしまっていいものか若干のとまどいがありますが、例をあげれば、動物飼育、野菜づくり、花栽培、新聞、文集づくり、紙しばい、人形劇、誕生会、読みきかせと話しあい、フットベースボール、ドッジボール、めんこ、こま、ビー玉、竹馬などの遊び等が考えられます。

子どもたちの興味と関心をひくものならとりあげ、要求を組織する中で、そのときどきの状況と条件に応じて、多様に展開していくことが大切だと思います。

ある子が竹馬を始めたとしましょう。数人が興味をもってそれに加わったとしても、放っておいたら、全体の子どものものにはなりません。指導者として、それをどう発展させるかを一応の仮説を立て実践してみましょう。

竹馬のおもしろさがわからない子には、手をとって実感させる。その上で″全員がのれるようにしよう″と、集団の共通の目標をたてることによって、グループごとに練習をする。そこから批判と援助、団結と協力、創意と工夫、喜びと連帯感がひきだされてくると思うのです。

一人が始めた竹馬が、数十日後には竹馬大会として行事に発展するといったスジ道も生まれてくるのです。

この分科会では、ふだん実践している、どろどろした活動をうんと洗い出し、それが子どもたちの民主的な人格形成に、創造的で自主的な集団づくりに、どのように役立っているかを考え、ある程度のスジ道をつけてみようではありませんか。

**指導研究のための参考書**

鈴木孝雄著　学級文化活動と集団づくり　学級新聞″ブタトアヒル″の物語　明治図書刊　五八〇円

佐藤　功著　川合　章序　林友三郎解説　とんねる学級物語　明治図書刊　五四〇円

大塚達男　西元昭夫　編　あめんぼクラブの子どもたち　鳩の森書房刊　四二〇円

## 第七分科会　児童館・地域と学童保育

世話人団＝東京都学童保育指導員労組

### 分科会のすすめ方

文部省では、「留守家庭児童会」への補助を打ち切り、校庭開放に解消。東京都では指導員の正規職員化の関連もあって、学童保育を児童館事業の一環として位置づける等々、学童保育ができていらいのあらたな状況がでてきました。

そこで、学童保育を安易に児童館、校庭開放へ解消させるか、学童保育本来の目的を果しうるものにして行くか、それをあきらかにすることが今後の学童保育を進めて行くうえで大切です。

地域の児童館や校庭開放の性格等をはっきりさせ、それらと学童保育のかかわりあいやあり方、今後の運動をどのようにすすめて行くのか、全国各地の状況をだしあい、充分な討議の中で明らかにして行きましょう。

### 討議のはしら

①児童館と学童保育の現状と役割。

②児童館事業の一環としての学童保育のあり方。

③地域運動として児童館、学童保育運動をどのようにすすめるか。

### 提案

組合結成以来の私たちのねばり強い運動の結果、学童保育を行政の中へきちんと位置づけることの重要性や、同時に、指導員の待遇改善や身分保障の必要性、正当性を、多くの人々が認識するようになりました。そして東京都もその要求を反映して、昨年学童保育を児童館の一環として位置づけ、指導員も児童厚生員として身分を切り替えて行くという方針をうちだしました。

これは、学童保育の対策をもたず、また、従来あった留守家庭児童会の補助を打ち切り校庭開放へ解消しようとする国の動きとは違い、革新都政の下でこそ考えられたものです。

都の児童館事業の一環とする考えは、各区において着々とすすめられてきています。しかし、区で実施されている児童館は、小規模児童館が多く、現在23区で児童館内にあるものは42ヶ所（46年3月）で、設置規模、形態運営もバラバラな状態です。

例えば、＊新宿区では学童保育がロッカーだけであとは一般児童と同じ。＊江戸川区では、他の学童保育とひきはなされ、児童館の運営にそって月曜を休み、指導員は日曜に児童館の仕事をしている。＊荒川区では、従来の三ヶ所とは異ったミニ児童館に、専用室もなく非常勤の職員にまかせている。＊杉並区では、併設という形（入口別で学童保育独自の機能をもったもの）をとっていたのを、46年度から統合という（事業一体）の形にした。＊大田区では専任の指導員はいるが専用室がない。＊実施中入口が同じであったり、児童館と保育時間の違いなどで、一般の子どもとのトラブルやおやつの問題、正規の児童館職員と非常勤の学童保育指導員のギャップの問題、等々多くの問題がでてきております。

私たちは、児童館の職員と交流を深め、児童館と学童保育の性格の違いや一致点などを持続的に話し合い、改善点を区に働きかける

運動まで発展させてきています。

また将来は、児童館と学童保育が一体となって、地域の子どもの放課後の生活を充分保障できるようになったとしても、当面は、学童保育としての機能が果せるだけの、最低必要条件を確保して行かなければなりません。組合の中では、最低専用室と専任の指導員をおくということは確認されているのですが、その他のことでは、児童館専門委員会を作り調査、研究している段階です。

その委員会の中で考えて行かなければならない問題点として現在でているものは、

①施設、設備について

＊　保育室ー子どもにとって宿題をしたり休んだり、おやつがたべられる独自の集団活動のできる広さや設備。

＊　入口について。

②保育時間について

＊働く母親にみあった時間帯を。

③専任の指導員について

＊安定して子どもの生活指導、子ども集団の組織、指導ができるように。

④遊び場について

＊児童館自体を子どもの要求にみあった広さにしていくと同時に、野球やおにごっこのできる広場も確保。

⑤児童館の運営について

＊休かん日、勤務時間、児童館職員の合理化等々。

前記のものは、児童館内で学童保育を行なっている所へのアンケート調査や、児童館職員や父母との話し合いの中で明らかにして行かなければならないと同時に、都では学童保育室100$m^2$と基準を出しているにもかかわらず各区においてはそれ以下のところがほとんどです。また、父母から学童保育を作ってほしいという要求があっても、「児童館を作るまでまってほしい」など父母の切実な要求をおさえる動きもあります。

学童保育をより充実させ、一校区一学童保育施設を作って行くには、子どもの要求を充分みたすことのできる児童館、児童遊園にし数多く建ててほしいという地域の要求と一体になった運動をどのようにすすめていくかが今後の課題です。

### 学童保育とおわかれ

3年　武智美佳

4月になると保育とおわかれです。

私は4年生になるのはうれしいけれど，保育とわかれるのはいやです。でもけんがあるとじどうかんには，はいれるけど，保育にははいれません。

保育の思い出は，たくさんあります。ドッチボールをした思い出が，いちばんよかったです。先生の，しごとをおてつだいするのがいちばんすきです。

4年生になっても保育があったらな，と思った。でも1年生が，はいって来るから，へやがせまくて，はいれなくなってしまうからだめです。

東京都小金井市・東小学童保育

文集11号『つくし』より

**第八分科会**

# 学校教育と学童保育

世話人団＝京都学童保育連絡協議会

今年二月に開かれた第三回大阪学童保育研究集会では、「子どもの現状と学童保育—学校教育と学童保育」という分科会がもうけられました。その分科会の中での発言を要約紹介してみます。（報告集より）

＜**指導員から**＞学校教師は子どもの現象面だけをみて、学童保育にまかせてくる。ひとりひとりをつかむ余裕はないのか。学童保育では、学力は劣っていても優れた指導性を発揮する子がいる。最近は知識は持ってても自分の考えで発表できる子が少い。自主性のなさが目立つ。

学校は、学童保育を嫌がる傾向があるが、下校後の子どもの生活はあくは必要ではないか、教師と指導員の話し合いは必要だ。

＜**父母から**＞学童保育へ預けていることで特別視されるが、学校教師が学童保育を理解し、正しく宣伝してほしい。

内向的な子どもが学童保育で積極的になった。また、学校を嫌がり長欠している子どもが、昼から学童保育へ行っている。学校教育はどうなっているのか。

学童保育で遊んでいて宿題をやる習慣がなかなかつかない。

＜**教師から**＞学童保育の必要性を本当に訴えられるのは親と教師ではないか。

教師が中心になって学童保育の運動を始めたが、父母の関心がうすく、運動がさかだちしておりしんどくなった。

何故宿題が出されるのかを、学童保育の父母会で話しあい、その意見を教師へ返してほしい。宿題をなくす方へ親が働きかけねばだめだ。

＜**記録者の感想から**＞出席された教師は理解があり、学童保育に積極的にとりくんでこられた方ばかりで、学校教育の悩み、行詰りを訴えられた。しかし、無関心な教師とどうして手を結べばよいか、考えこんでしまった。

授業参観に行ったとき、やんちゃ坊主がお客様でおとなしくしている姿を見ると痛々しい。学童保育では、集団の中で思いきり遊ばせ自信をつけさせ、何でも言える子にしよう。そして、積極的な子どもとして学校へ返してやろう、それが学童保育の目標であり、学校教育へのつきあげとなるだろう。

〃積極的な子どもにして学校へかえしたい〃—これは心ある指導員と父母の願いでしょう。しかし、これが指導員の努力だけで、また、学童保育で思いきり遊ばせるだけでできるのか、父母の役割は、教師の果すべきことはと、実情を出しあい、中教審の影響を考えながら、一方では、教科書裁判の杉本判決の持つ意味やこれを武器とする具体的な方法などを出しあいながら、討議を深めましょう。

## 学力について考えること
### —学童保育の現状の中で—

「先生、Aちゃん（二年）宿題あるのにしないんだよ。」とY君。

「どうしてしないんだろうね。」

「昨日も忘れたんだよ。」

「Aちゃん、先生に叱られないの？」

「うん、何もいわないよ。」

とすまし顔。遊びの時は、「あんた、何してるのよ。だめじゃない。」とすこぶる元気で、時にはリーダーシップをとることもある。

しかし、勉強となるとキョロキョロ、人の遊びをみていて、他の子どもたちがとっくに終っているのに、半分も進んでいない。

そして、「ねえ、先生、これであってる?」と指導員がそばについていないと不安で、次の問題に進めない。

特に算数が苦手で、0《ゼロ》の意味がよくわからないらしく、52を502と書いたり、105を15と読んだりする。お母さんと話すと、「そうなんですよ。教えていてもこっちがイライラしちゃって……」と言う。

子どもたちの大半が「算数が難しい」と答える。基礎がきちんと修得されていないためか、特に応用問題が苦手のようである。

そんな時、ある研究集会で、講演が終ったあと、一人の中学生が壇上に立って、次のような話をしたことを思い出す。

「私は、かけ算の九九も、文章もよくかけないので、夜間中学に通っていました。本当は昼間の中学校を卒業しているのです。そのことがわかってしまい、退学にされてしまいました。今は聴講生として通っています。こんな私を、皆さんは中卒者としてみとめますか。」

どこの父母会でも、いつも話題になるのが宿題のこと。「昼間子どもと接する機会が少いから、せめて宿題だけは見てあげたい。」と答えるお母さんは、ごくまれで「帰って来て、ご飯を食べさせたり、お風呂に入れたりしていると、昼間の疲れが出て、寝ちゃうんですよ。ですから、せめて宿題だけでもクラブでやらせてください。」というお母さんが多い。(東京・文京区・柳町子どもクラブ、田所布佐子)

## クラスの半数以上はお客様

さる六月、新聞で"授業についていない子どもが、クラスの半数以上もいる"と報道され、問題になりました。

これは、全国教育研究所連盟の調査結果によるもので、調査は、

「現在、わが国の義務教育は、学習指導要領によって指導する内容を示し、原則としてどの生徒にもそれを学習させることをたてまえとしているが、このようなやり方で、どの位のこどもが、一応その内容を理解していると考えるか。①約四分の三以上 ②約半数 ③約三分の一 ④約四分の一以下 ⑤わからない」というものでした。その結果が次表のとおりだったわけです。

**教育内容の理解度**

(%)

| 理解できる割合 | 無答 | 約3/4の子ども | 約1/2 | 約1/3 | 約1/4以下 | わからない | 非該当 | 計 |
|---|---|---|---|---|---|---|---|---|
| 小学校 | 1.1 | 28.9 | 49.2 | 14.0 | 2.2 | 4.5 | 0.1 | 100 |
| 中学校 | 1.1 | 16.7 | 50.2 | 26.1 | 4.1 | 1.8 | 0.1 | 100 |
| 指導主事 | 1.4 | 29.9 | 50.5 | 10.8 | 0.7 | 6.6 | 0.1 | 100 |
| 研究所員Ⅰ | 1.4 | 20.1 | 50.0 | 12.8 | 1.5 | 14.2 | 0.1 | 100 |
| 研究所員Ⅱ | 2.0 | 20.6 | 43.8 | 20.9 | 3.3 | 9.5 | | 100 |

(注)研究所員Ⅰ……都道府県指定都市教育研究所員
　　研究所員Ⅱ……区市町村私立教育研究所員

**第九分科会**

# 学童保育行政の研究

世話人団＝愛知学童保育連絡協議会

学童保育の制度化をめざす運動は、現在、全国各地で様々な形ですすめられています。昭和46年度から文部省が留守家庭児童会に対する補助金をすべて打切り、学校開放の方向へ進みはじめた事は、東京、京都、神奈川(横浜)等、独自の学童保育政策が行なわれている所以外の地方にとっては、大きな困難になっています。

大都市名古屋をかかえる愛知県は、児童、教育政策の遅れた県の一つですが、その中でも学童保育については、その言葉さえ公には全く使われない程遅れています。しかし、愛知県では全国に先がけて学童保育連絡協議会を昭和43年に結成し、制度化へ向けての運動をすすめてきました。そして現在、学童保育の制度化についての請願が名古屋市議会で受理され、総務民生常任委員会での審議がすすめられようとしています。これまで進められて来た愛知の運動をふり返りながら、学童保育運動と地方自治体との関係などを考えてみたいと思います。

愛知では、昭和39年ごろから団地や住宅地を中心に民間の共同保育の学童保育所がいくつか生まれ、その数は現在一一ヶ所でほとんどが困難な中で週六日制を実施しています。一方公立は、41年度、文部省の留守家庭児童会として四ヶ所実施され、45年度に県下で県費と文部省補助のもの三四ヶ所(名古屋市内八ヶ所も含む)、名古屋市が独自に行なうPTA委託のもの一六ヶ所がありますが、週六日制のものは、わずか二ヶ所あとは県費のもので週三~四日間、市のものは、週二~三日しか行なわれないという全国にも例のない不充分なものでした。

昭和46年度の文部省補助金の打切りと同時に、県下34ヶ所の留守家庭児童会としての、年六〇~八〇万円の予算はすべて打切られ、年間二七万円の学校開放事業(県下七六ヶ所)にきりかえられてしまいました。名古屋市だけは、これまでの県費補助の八ヶ所と46年度新設八ヶ所(二ヶ所は廃止)を含めて、三〇ヶ所をPTA委託の児童クラブとして続けていますが、年間予算三六万円(前年三〇万円)と若干ふえたものの実施日数はあいかわらず週二~三日というもので週六日制の方向へ進むということもはっきりしていません。(くわしくは「愛知の学童保育の現状と当面の要求」参照)

こうした中で愛知では民間の学童保育所を中心に公立の一部も含めて、43年に愛知学童保育連絡協議会を結成し、公立の学童保育所の設置と、民間学童保育所への補助金を要求する運動を進めてきました。現在の制度(児童クラブ)が教育委員会の管轄で行なわれているので、教育委員会青少年教育課との交渉を行なっていますが、その中で、児童クラブをPTAに委託することも含めて、児童クラブの法的根拠は社会教育法に基いていることが明らかにされました。そこで私たちは、すべての民間の学童保育所の運営母体を社会教育団体としてみとめ、来年度から委託金を出させるように運動を強めています。そして具体的に陳情を行なった所、これまで全く無視していた民間の学童保育所に教育委員会青少

年教育課からはじめて調査にきたりしています。

しかし、教育委員会は現在でも、教育委員会の仕事としては、週三～四日が精一杯、全日制は保育の仕事だから民生の仕事だといって、学童保育の責任を民生局へなすりつけようとしています。現実に、児童クラブを来年度も続けるかどうかさえはっきりせず、むしろ安あがりの学校開放への動きが強まっています。私たちは教育委員会への交渉を強めると同時に、児童福祉法二四条、三九条などを根拠とした民生局へ向けての運動も強めています。民生局との交渉の中で、二〇〇万都市名古屋に児童館がわずか二つしかなく、留守家庭児童に対する対策が全くたてられていないことが明らかになりました。しかし、児童福祉法二四条、三九条によれば、学童であっても保育の責任は民生局にあることを明記してあるので、その点を追及した所、法的には民生局側に責任があることを認めました。もちろん施設がないとか、保育園には措置できないとか言ってにげていますが、私たちは、福祉事務所などを通じて、学童の保育申請を出すなどして、民生局の責任を追及していくことにしています。

今回の学童保育制度化の請願は、自民党も含めて、社会党、公明党、民社党、共産党にも共感をもってうけとめられ、野党四党がそろって紹介議員になってくれるなど議会内にも大きな反響をよんでいます。私たちは、今度の請願の中で、学童保育の制度化をどこがやるのか（教育か民生か）をはっきりさせると共に、議会内だけでなく、各区の福祉事務所や、民生局、教育委員会への交渉を一層つよめ、私たちのねがう学童保育の制度化の実現のために、がんばっていきたいと思っています。

**北海道から**

学童保育所を作る会の母親たちは、五〇九名の署名を胸にきざみ、議員要請に、おにぎり持参の議会傍聴にと足で歩きまわり九月二二日の文教厚生委員会、十月一日の本会議共に〃満場一致〃をもって「学童保育所の採択」をかちとりました。

四月二九日以来、いろいろの中傷と攻撃に苦しみながら、雨の日も風の日も、子どもをつれての署名あつめ、議員訪問をし、一千枚ものチラシを配り、頑張り通した母親たちの胸に、永久に忘れることのできない感動となってきざみこまれました。

採択されたものの、運動はこれからが大切と、すぐ総括をいたしました。

総括は苦労話も交り、うれし涙を流しながらでしたが、敵、味方の区別がはっきり浮きぼりにされ、母親が手をつなぎ、輪を広げて立上る素晴しさ、大切さを身をもって体験しました。

さっそく第一回の民生部交渉を行ないました。今後月一回は交渉を続けることになっております。生命を生みだす母親は、生命を育て、生命を守る力をもっております。実現までは難産を覚悟でがんばるつもりです。

遠く知床の山々は、すでに白く雪におおわれ、海辺の私たちのところにも、白いものがチラつくのも、もうすぐです。

全国集会には参加できませんが、ご成功を祈ります。

（北海道網走市・「つくしが丘に学童保育所をつくる会」事務局・斉藤邦子）

# 分科会の討議を深めるための参考論文

## 学童保育と中教審の答申

### ——気になることいくつかの中から——

大塚達男

私の娘が一年生か二年生のときのことでした。毎日のように、学校からテストをカバンに入れて運んできました。娘は親からそれを見てもらいたかったのでしょう。夜、おそく帰る私のテーブルの上に、いつもそれがありました。あるときには、ひろげてキチンとしてあったり、あるときには、たたんだまま、ほうりだしてあったりして、テストの点によって娘の心が微妙に動いていることを知ることができました。

ある日のテストは、社会科のものでした。読みながら、「おやっ」と思ったのです。その問題は「おかあさんの一日の生活」とでもいうのでしょうか、田んぼの「田」という字のような形をした四つのマス目のひとつひとつに、それぞれ、おかあさんの姿がえがかれてありました。それは台所で働く絵であったり、買いものの絵であったりしました。問題の問いかけは、その四つの絵に、朝から夜まで順番に番号をつけるものだったのです。

娘は、せんたくをしている母の絵に④と入れておりました。④は夕方か夜を意味するものだったのです。そしてそれは×になっていたのです。たぶん、朝の食事づくりの絵が①で、せんたくの絵は②だったのでありましょう。なぜ娘が④にしたかを聞いてみたくなったのです。あくる日、それをたしかめてみると、

「だってさ、おかあさん、いつも夜　せんたくしているでしょう。よく考えたんだよ。」

と、×にされたことが不審でならないような顔つきでこたえました。娘の事実認識のたしかさに、

「えらいぞ、おかあさんをよく見ていたから、④にしたんだね。おとうさんは×だって平気さ、これからもおかあさんをよく見ていてね。」

と、ほめたのでした。私は父親として、②とかいて○をもらう娘よりも、事実にもとづいて脳みそを働かせ、④とかいて×をもらった

娘を好ましく考えたからでした。私たちは共働きです。妻は保母です。彼女は、自分の生活のなかで、夜のせんたくを日常化しているのでした。これは妻個人の時間の使いかたの工夫であり、私たち家族の責任でする生活の一部分でありましょう。誰にも気兼ねすることのない私たち一家の生活の権利であるわけです。ところが、これは文部省の考える「期待される母親像」からみたら×ということになったわけです。子どもたちは、母親像を画一的に低学年のうちから、このテストのような形でつめこまれているのでした。文部省は、日本中の母親に朝食がおわったら、せんたくをさせたがっているのかも知れません。きっとそうだと考えます。その証こに、ここ二・三年、さかんに「婦人は家庭に帰れ」と宣伝しているではありませんか。

　こんなことを考えながら、中教審の答申を読んでみました。

　中央教育審議会が、子どもの教育のあり方を再検討するために「重要な問題」としてあげている項目の中に、こんな文章がありました。「なお、人間形成の問題を考える場合、回避できないものとして男女の性別の問題がある。男女が人間として平等であることはいうまでもないが、人類とその文化の維持発展のために、それぞれの特性に差異のあることを認めながら、共にその可能性を発揮できるようにすることは、今後の重要な課題である。」（傍点筆者）傍点の部分を考えながら読んでみると、答申が強調している意図がわかるようです。憲法で明白な「男女平等」では、人間形成がちゃんとできない。「男女差別」ということを考えさせるのが、今後の課題だ。と私は読んでしまったのですが早とちりになるのでしょうか。社会科のテストに、無条件でちゃんと②とかく子どもをつくらなければといっていると考えるのです。

　さらに、もうひとつの項目には、「女子教育の普及に伴う女性の社会的参加の要求に応じ、また、家庭生活の時間的な余裕と、労働需要に応じて、家庭の外にもさまざまな活動の場を求めようとする女性が増大している。」とかかれ、これも「問題」としてとりあげられているのでありました。共働きは、「家庭生活の時間的な余裕」から出発しているものなのでしょうか。学童保育がほしいとねがい、また利用している父母ひとりひとりにききたいところであります。どうも答申は、「働く母親」がおきらいのように感じられてたまりません。文部省のあるお役人が「留守家庭児童会は、学童保育ではありません。」といわれたとか、そして、とうとう、その留守家庭児童会をも政府予算からしめだした文部行政と、中教審の答申があまりにもそっくりなのに、おどろきもしました。

　答申内容は、子どもたちの発達のために決してよいものではありません。そしてまた、学童保育を必要とする私たちを含めた父母・国民にも背をむけるものでありましょう。

　ある研究会のことでした。「集団からはみだして困る子」のことが問題としてだされたのです。先生がみんなで鬼ごっこさせようとしても入ってこないで勝手なことをするし、いってはならないところには出たがって困る。という話でした。ところがこの子はあんがい、子どもたちの間に人気があって、自由にとびまわっているときはいつも子どもたちの中心になっている。ということでもありました。その先生は、「だから、それだけ困るのです。」とおっしゃ

っていたのです。討論がすすむにつれて、そのA夫君という「困る子」は、誰の立場から、どうした立場から「困るのだろうか」という疑問がでてきました。先生が先生の頭で考え、「○○をしましょう。」といったとき、「△△をしてはいけませんよ。」といったとき、「ハイ」といわないから「困る」のではないか。すなわち、A夫は先生の管理的なしくみから、いつもにげだしていたのだということがわかってきたのでした。こう考えてくると、このA夫は本当に「困る子」なんだろうかと討論はすすみました。そして、むしろ、先生のいうことに対して、なんでも「ハイ、ハイ」と素直に答え、無条件に先生にいわれたとおりの行動しかできない子たちの方が実は「困る子」なんじゃないかと、逆の答がでてしまったのです。といってA夫をそのままにしておいてよいというのではありません。

　私たちは、ややもすると指導員の管理的立場から都合のよい子を「よい子」とし、そこからはみだそうとする子を「困る子」「わるい子」ときめつけたがる弱点をもっています。このことをA夫の話から教訓として学びとろうではないかと、結論づけて研究会はおわったのでした。

　中教審の答申を私たちが実践的に読む場合この研究会の討論は重要な意味をもっているひとつだと考えるのです。

　その第一は、子どもをどう見るかという点にあります。「ハイハイ」主義で、受動的な子を「よい子」とみるならば、答申が狙っている「適応していくだけの主体的人間」をつくることにつながるからであります。

　そして第二は、真の集団の自治がないままに、個々ばらばらの形で、先生という権力者にしたがうという「自治権」のない子どもにしてしまいがちな結果となってしまうからでもあります。答申は子ども集団の自治権を大きく後退させてしまっているのです。

　私たちは、学童保育の内容研究において、「どんな子どもに育てるのか、そのためには、どんな指導内容が必要なのか、そしてそのてだてと方法は」という問いかけを自分自身に与えながら学習を具体的・実践的に深めて参りました。本研究集会も、この立場ですすめられております。今後、日常的にもこれはさらに発展していくでしょう。

　私たちは、この研究活動の中で、さらに実践的に、答申の批判をおこなわなければなりません。ただ機械的に、

①　答申は、国家主義・軍国主義的思想注入の教育を目ざしている。

②　能力・適性に応ずる教育は、差別と選別の教育である。

とだけとらえるのではなく。（これがまちがいだといっているのではない。）この認識を大事な基礎としつつ、具体的な実践と照応させながら具体的な批判を展開する必要があると考えるのです。

　例えば、答申の特徴に、「人格」が強調され、「主体としての人間」がことさら強調されております。私たちも「主体的な子ども」をことのほか大切にしております。ことばとしては全く同じこのことを中味とかかわってちがうのか同じなのかを明らかにしなければならないでしょう。

　きわめて、抽象的なかきかたになって申しわけないのですが、一例を答申がいう「社会環境の人間に対する挑戦」（第一章今後の社会における学校教育の役割、①今後の社会における人間形成の根本

問題、の(2)というところで考えてみますと、まずこれは、「環境の人間への挑戦」という受動的立場であって「人間の環境への挑戦」という積極的なものではありません。この問題は、六〇年代の政府の施策（安保体制強化と高度経済成長政策など）によっておこっている社会的諸矛盾（公害・過密・過疎・性の退廃・暴力・マイホーム主義など）を支配者自身が問題としなければならないと考えたからでありましょう。そして、その克服を国民の「主体性」に求めてきているのです。その「主体性」とは、答申の文章でも読みとれるのですが、環境の変化にもっぱら「適応」していく意味での「主体性」「主体的な生きかた」（いきがい）なのです。

私たちが子どもに自然と積極的にぶっからせ、人間との関係で自然の美しさと偉大さを読みとらせ、そして人間が労働を通して自然を変革する力のすばらしさをつかませる仕事を大切にしてきたこととはちがって、答申では環境としての自然への適応だけが強調されているようでもありました。人間が自然や社会や人間を変革する偉大な力をもっている「主体」だという意味で使われているのではありませんでした。「人間の努力によって作り出された新しい環境を、人間の自由と責任においてどこまで正しく生かすことができるかは、人間自身の課題である。……」とかきまっているところでもおわかりいただけると思います。

こまかにみればみるほど、私たちの実践との差のひらきを読みとることができるのです。

このほかに、答申のいう「自主性とか創造性とか連帯感とか」と私たちが使っているそれとは、どうちがうのかなどが問いなおされなければなりません。民主陣営が使用していることばを支配者が使

**大阪からの便り**

## 学童保育の実践をねばりづよく宣伝しよう

学童保育の果す役割は、ますます重大になってきていると思います。「中教審」が出され、学校教育や地域の中で子ども達の人間性が失なわれ、自主的な遊びが奪われてきているとき、子ども達が遊びの中で裸になってぶっつかりあい、集団が保障される学童保育所に於いては、まさに地道な創造的な教育実践が展開されています。

そうした中で指導者として子ども達の遊びの中で生の声や姿にふれることができ、日々子ども達の変化について悩んだり、感動したりすることは、この上もない喜びです。

そこには、子ども達の無限の可能性を、のびのびと発揮できる集団をつくりあげようとする父母と指導員、教師の教育運動があるからです。

しかし、指導員はほとんどが施設の中で支えのないまま孤立化し、身分保障のないまま定着しない現状にあります。その中で、大きくは学童保育の制度化の運動が必要ですが、それと同時に、学童保育での、どんな小さな実践でもみのがさず、成果や問題点をはっきりさせ、ねばりづよくその内容を宣伝していくことが大切だと思われます。

更に、各地域毎に、よこのつながりをつくっていくための研究組織や、連絡組織をどんどんとつくりあげ、その輪を拡大していくためにがんばらなければならないのではと思います。

（東大阪・長瀬北小学童保育・続直人）

用しはじめたときは、最も危険な状況がつくりだされるときである。という人もあります。

私たちは、今日、改めて、「なんのために」いろいろな実践をつかみかさねてきたかを、自らに問いかけ、仲間とともに、再確認をする必要に迫られていると思います。

・あそびの重視は、なぜなのだろう。
・飼育や栽培は、子どもの発達にとってなんなのか。
・新聞づくりなどの文化活動は？
・そして、子どもの自治の権利にねざす「集団づくり」とは。
・真の学力とはなにか、学習権とは。

など、本集会を含めた今後の実践・研究・運動の課題と、それへの期待は、ますます大きいものがあると考えます。

（学童保育連絡協議会）

**神奈川から**

現在約六〇名の子どもの保育を二つの部屋を使い、三人の指導員でやっていますが休暇があったり、他の仕事も兼務しているために常時三人で保育ができずに、きめの細かい指導ができずに悩んでおります。

そんななかでなんとかして新聞づくりをしようと三年生約二〇名で、それぞれ自分の新聞を約五〇部づつ作りました。丁度、夏休みの前でしたので公害の問題や沖縄の問題など、子どもの発言のふとしたことから話題になり、新聞記事にした子どもが三人いました。

返還協定調印の日、彼は目を輝やかせて私に向って走ってきて「沖縄が日本に帰ってくるよ！」といいにきました。日頃無口な子だけに意外でした。複雑な気持で受けとめた次の日に、イタイタイ病の裁判のニュースが流れ、豆新聞に感想が書かれました。

現在は、指導員の手の関係で二号は出ていませんが「はやくまた新聞を作ろうよ」という子もいて、内心は嬉しく一日も早く二号を出したいと思います。

今は、年に一度の館の文化祭が十一月七日に行なわれますので、作品出品のため、ゴム版画、紙粘土などにとりくんでいます。

（横須賀市・愛泉ホーム・四宮英代）

# 子どもの発達と学童保育

田宮輝夫

「すべての個人は生得的にも後天的にもひとりひとり特性を異にし、同じことを修得させるためにも同じ教育方法でよいとは限らずまして、個性的な発達をはかるべき時期には教育の内容、方法については画一をさけ、慎重なくふうが必要である。しかし、現実には形式的な平等を強調するあまり、かえって基礎的な能力もしっかり身につかなかったり、形式的な履修だけで学校を終わる者が多くなる傾向がみられる」

これは、中教審答申のなかの文章の一節である。「能力と適性に応ずる教育」を合理化しようとする根拠のひとつがここにある。しかし、ここでは、この文章のもつまやかしについて批判検討を加えるために引用したのではない。ひとりひとりに「能力」のちがいがあり、「特性」を異にするものをひとつの教室で、おなじ教育内容・方法によって教育することは、「形式的な平等」であり、そのために、「基礎的な能力」が身につかず、「形式的な履修に終わる」のはあたかも当然の帰結であるかのごとく述べている。その、「能力」観と、「発達」観を問題にしていくことにする。

結論からさきにいえば、国民が学校教育に期待するものは、「能力と適性に応ずる教育」などではないということである。知的な操作に欠けていると思われる子どもをもつ親ならば、その知的な発達を促してもらいたいと期待する。道徳的心情に欠けている子どもを持つ親ならば、それを充足してほしいと願うだろう。芸術的ゆたかさを失っている子どもの親ならば、人間的、芸術的心情をゆたかに身につけてほしいと要求するだろう。すべての国民が、教育に寄せる期待の本質はそういうものである。すべての子どもたちに、人間的発達の基礎をしっかりと培かってほしいと考えている。将来どのような職業につくとしても決っして戸惑いをおこさせないための、将来への準備としての教育を願っている。人類・社会の進歩発展に寄与できるような人間としての資質をじゅうぶんに伸ばしてほしいと要求しているはずである。発達途上にある子どもの能力を、もうこれまでと、決めてかかって、その「能力と適性」に応ずるような教育をしてほしいことは、断じて考えないのである。

にもかかわらず、かなりの父母が、「能力と適性に応ずる教育」を、といわれると、そのことにさしたる疑問を抱かないばかりか、子どもたちのためによいことではないかという幻想を抱いてしまうのはなぜだろうか。「能力と適性に応ずる教育」というと、なにかひとりひとりの子どもを大切にしてくれるのではないかという希望をそこに託してしまうのは、なぜかということになる。

誤解をおそれずにいえば、それは、現実の学校教育が、子どもた

ちのもつ可能性をじゅうぶんに引き出しえないからだといえるだろう。学校教育によって、いやというほど、わが子の、「能力」の限界を思い知らされているからだともいえるだろう。学校へ子どもをあげてみて、なるほど、子どもには「能力差」があるものだと見せつけられているためだともいえるだろう。人間の能力とは、無限の可能性があるものだということは、現実の子どもを見る限り、あまりにも虚しい絵空ごとでしかないのだと実感をもって感じとっているからだともいえるだろう。

それは、なぜそうなるのか。いいかえれば、今日の学校教育のなかで、なぜ、じゅうぶんに人間的発達をうながしきれないのかということになる。

## 人間的発達とはなにか

まず、そのまえに、人間的発達とは何かを明らかにしておこう。人間的発達とは、ひらたくいえば人間が、人間らしく発達することだといってよい。人間が、人間らしく発達するということは、知的にも、道徳的にも、身体的にもじゅうぶんな発達をとげるということである。つまり、知的、道徳的、身体的な全面的にうながすということである。

知的な発達をうながすための認識諸能力（観察力、創造力、思考力、記憶力、想想力、再生力、構成力、表現力、感能力など）と、技術の習得、道徳的発達の基礎としての美意識、感情、連帯感の形成、身体的発達などの、全面的な発達の修得が学校教育、家庭教育社会教育のなかでじゅうぶんに得られているとき人間は、人間として、人間らしく発達していくものである。

さて、このような人間にとっての知的、道徳的、身体的発達の基礎が、今日の学校教育をはじめとする教育のなかでじゅうぶんに保障されているだろうか。

例えば、知的な発達について考えてみる。

まず、学校教育について考えてみよう。「基礎学力」といわれる国語教育、算数教育はどうなっているか。

## 文字指導の矛盾

国語教育の、そのまた基礎ともいえる、文字指導のばあいである。例を漢字指導にとってみることにする。一年生のどの教科書をひらいてみても、「先生」という漢字が出てくる。一年生に「先生」という漢字をどう教えるのかといえば、ただ、この字は「センセイ」と読むのだと教え、「センセイ」とは、勉強を教える人だ、そして「先生」という漢字の筆順をおしえて終わることになる。だから、一年生には、「先生」という漢字の判別と、意味と筆順だけを記憶することになる。なぜ、「センセイ」を「先生」と書くのかという理解は何ひとつ教えられないのである。ただ「センセイ」を「先生」と書くということだけを、理由なしに記憶するほかはないのである。機械的な記憶力にたよるほかはない。

漢字を教えるということは、漢字の本質である、音と意味とをふくめて、なぜそう書くのかを理解させなくては、本当に漢字を教えたことにはならないことになる。もし、なぜ、「センセイ」を「先生」と書くのかわからせるとすれば、「先生」と教えるまえに、

「生まれる」という漢字をわからせ、「先（さき）」という漢字をわからせる必要がある。そして「先（さき）」をわからせるためには、「兄（あに）」という漢字をそのまえに教えておかなくてはならないことになるだろう。そのような手続きをふめば、たんに、機械的な記憶力、暗記力のみにたよらなくても、子どもたちは理解と納得のうちに漢字を自分のものにしていくことができるはずである。

## 数学教科書の矛盾

数学のばあいでも同じことである。小学校三年生に重さの単位としてのグラム・キログラムを教えることになっている。ところが、ほとんどの教科書が「重さ」とは何かを教えることとなくに、いきなり「重さの単位」を教えることになっている。「重さ」とはなにかについて、じゅうぶんな理解をもたないまま、いきなり、「重さの単位」としての、グラム・キログラムが子どもたちのまえに提出されることになる。子どもたちは、グラム（g）やキログラム（kg）を、あるいはトン（t）を、機械的に記憶するよりはにかないのである。算数がわかる、わからないといっても、実は、機械的な記憶力、暗記力がすぐれているか、どうかということになる。

「重さの単位」を、ほんとうに子どもたちにわからせるためには外延量はどのように変形・分割しても総量が変らないことをわからせることからはじめなくてはなりません。例えばねんどをつかってそれをいくつかに分割しても、形をさまざまに変えても「重さ」そのものは変らないという、「重さの不変性」をとらえさせ、つぎに「重さ」そのものを加えたり、減じたりすることができるという、「重さの加法性」をつかませる必要がある。そして、直接比較、間接比較、個別単位による測定を経たあとで、普遍単位としての、グラム（g）・キログラム（kg）を教えなくては、本当に「重さの単位」を教えたことにはならない。「はかり」の目もりが読めたら、「重さ」が理解できたということではない。ところが、現実には機械的記憶力、暗記力にたよるだけで「重さ」の指導がすまされてしまっている。

## もの憶えのよい子だけが頭のよい子に

理科にしても、社会科にしても同じことがいえる。ほとんどが、子どもたちの知的認識、知的操作か、機械的暗記力にたよる結果に終わってしまっている。決して、子どもたちの知的発達をうながしてはいないのである。「もの憶えのよい子」が、「頭のよい子」になってしまうのである。知的発達をうながすところの認識諸能力のうち、機械的記憶力だけが問題にされて、創造力、思考力、観察力再生力、構成力、表象力、想像力、感能力などが統一して発達していかないことになってしまう。

こう考えてくると、こんにちの学校教育のなかでは、知的発達さえも全面的に保障されていないということになる。その原因は「指導要領」という国家統制下のもとにがんじがらめにされている、今日の学校教育体制にあるといってよい。道徳的発達、身体的発達についても同じことがいえる。

わたくしたちが、子どもたちの人間的、全面的発達を願うならば今日の学校教育のあり方を根本的に検討しなおし、子どもたちの知

的道徳的、身体的な全面的な発達をうながすことが可能になるように学校教育の建設にめざす必要があろう。

しかし、子どもたちが、人間として、人間らしく発達するためには、たんに、学校教育だけにそれを期待しても不可能なことである。家庭教育、社会教育にもそれを求めなくてはならないことはいうまでもない。

とりわけ、子どもたちの、校外生活のあり方をもう一度検討しなおす必要に迫まられているといえるだろう。いま、子どもたちの、校外生活の現状をつぶさに考えるならば、さきにのべてきたような知的・道徳的・身体的発達をうながすようなものは、全くといってよいほどない。ただ、無気力、無思考、無感動に、俗害なマスコミ消費文化のなかで、主体性を奪われて生きているといってよい。子どもたちは、体制が生みだす社会状況、文化情況のなかで、つねに受け身の立場にたたされ、体制への順応を強いられている。

**学童保育を人間的発達をとりもどす場に**

子どもたちの真の人間的発達の回復を、いまこそ本気で考えなくてはならない。そのため、子どもたちの校外生活、とりわけ、放課後の子どもたちの生活を、人間をとりもどすという立場から、教育的に組織していかなくてはならないだろう。その教育的組織を「学童保育」運動、活動のなかに位置づける必要がある。「学童保育」を、たんに「かぎっ子対策」としてではなく、教育としての学童保育としてとらえていく必要が、ここからでてくるといってよい。

いま、各地での「学童保育」の実践のなかにみられる、「遊び」や「飼育」、「労働」、「助けあい」などの実践のなかに、子どもたちの知的、道徳的、身体的発達を効果的、全面的にうながすような具体例がいくつもみいたすことができる。

例えば、有効な「遊び」の組織によって、「遊び」のなかで、学校教育ではじゅうぶんに果しえない「観察力、創造力、構成力、表象力、想像力、思考力、感能力などの知的発達・身体的発達をじゅうぶんに促すことが可能であろう。また、「飼育」活動の中で、美意識、感情、連帯感を育てることができたという実践が数多く紹介されている。これらの実践を集大成し、そこから「学童保育」活動のなかで果される教育的意義、価値を、積極的に評価しなおすことが必要であろう。それが、「教育としての学校保育」活動、運動をいっそう発展させることを可能にすることになる。「学童保育」を教育としてとらえなおすために、その活動、実践のもつ意味を、人間の発達という立場からの再検討、再評価が迫まられているといえるだろう。中教審路線による、「社会教育」を理論的、実践的に克服するためにも、このことは避けることのできない課題である。子どもたちの人間的発達にとって、「学童保育」とは何かを問いなおすことが大切である。

（日本作文の会常任委員）

**予　告**

第六回学童保育研究集会の報告集を発行します。集会の討議内容、各地の運動の実態のほか、田宮先生にもこれの続き『学童保育のどんな活動が人間的発達にあたいするのか』を執筆していただきます。

# 働く婦人と学童保育

## ——主婦の就業を中心として——

原田冴子

〝働く婦人の現状〟という場合、最も重要なことは、働く婦人の権利がどのように守られているかが、大きなバロメーターとなり、その点を論じないわけにはいかないが、本稿では紙数の都合もあり最近とくに増加している〝主婦の労働市場への進出状況〟について統計資料を中心に述べることにし、〝権利がどのように守られているか〟については、またの機会にゆずりたい。

昭和三〇年代以降、若手労働力不足が進展し、年々労働市場に登場する新規学卒者（中卒、高卒）も、四〇年以降は、中卒と高卒の数が逆転し、かってのように中卒若年労働力が、日本の工業労働力の主力であった時代は遠く去ってしまった。

とくに急激な高度成長をめざした資本の側は、若手労働力にかわる労働力を手に入れること、機械化による省力化（人減らし）をはかることを迫られたのである。しかし、機械化による人員削減などは従来、若年女子労働力を大量に使っていた大企業（繊維、電機など）にみられる程度で、これらも含め、企業の規模を問わず中高年既婚労働者の新規採用がいわゆるパートタイマー採用という形で急激に増加してきたのが現状である。

政府が策定した「新経済社会発展計画」では、昭和四三年から五〇年の間の労働力人口の増加率を年率平均一・一％と見込んでいるが、そうするためには、中高年既婚婦人の大巾な労働力化＝職業進出が必要であるとしている。即ち、中高年婦人＝主婦の活用については、家庭責任（育児、家事労働、家庭管理全般）、母性保護など政府、資本にとって厄介な問題が多いが、なんとか有効な活用をしなければならないということだろう。

このような需要側の要因に対し、供給側についてみると、高度経済成長の急速な進展の中で産業構造が大きく変化し、かっては農業、商工自営業で、生産手段をもっていた労働者層が、生産手段から切離され賃金収入を得て生活しなければならない雇用労働者世帯にはじき出されているのが現状である。ここでは、妻や子供が、従来のように農業や商業の手伝いをしていたのでは生活できず、自らが労働市場に出ていかざるを得なくなって来た。

一方、資本の生産物である様々な商品や、新しいサービスは、情報産業や信用制度のたくみな方法で購買欲を刺激し、それをもたなければ不便であり、また非能率であるなどから、家計経済を拡大せざるを得ない状況に追いこみ、支出にあわせて収入の増大をはからざるを得ない時代になって来た。

このような不安定な労働者生活が労働力の需要増に対処した結果

となっているのが現状であり、よくいわれている、電化により家事労働が軽減されたとか、保育所の増設で育児労働から解放されたとかは、ごく部分的な現象であり、国や資本が、女子労働力を必要としながら、家事や育児の負担を軽減するための社会的施策、配慮は微々たるものであることはとくに保育政策一つをとってみても明らかである。

従って生産と家事、育児等の家庭責任という二重の負担は相変らず婦人の肩に重くのしかかり、労働市場においては男子労働者に対するハンディキャップとしてとらえられ、パートタイマーという最も不利な労働条件であるにもかかわらず、〃内職よりは有利〃という誘いの言葉にものらざるを得ない生活を強いられている層が急激にふえていることに注目しなければならないであろう。

以下は、国勢調査の特別集計結果「世帯および家族」他若干の資料から、主婦の就業状況を中心にその実情をみたものである。

**一、主婦労働力の進出が目立つ**

三〇年代後半から女子就業者（雇用者、自営業主、家族従業者）は大巾な増加を示しているが、なかでも、非農林業雇用者の増加が顕著である。

即ち、三五年には七〇〇万人足らずであったが一〇年間に約五五%増の一〇七〇万人余を数えるに至っている。この増加率は男子の増加率を上まわっており、全体にしめる割合も三五年の三一%から四五年の三三%と、三分の一は女子労働力が日本産業の支柱となっていることを示している。また、女子労働力人口の内訳をみても、非農林業雇用者の比率は三五年には四割にすぎなかったが、四四年には、過半数をしめ、四五年には五三%と非農林業雇用者化の進展が目立っている。（第一表）

この現象は、まえがきに述べたような需給要因によるものと考えられるが、このことはさらに次のような数字によっても示されてい

**第１表　女子労働力人口および非農林雇用者の推移**

| | A）労働力人口 | | B)非農林雇用者 | | B/A×100 |
|---|---|---|---|---|---|
| | 実数 | 構成比 | 実数 | 構成比 | |
| | 万人 | % | 万人 | % | % |
| 昭和３５年 | 1,719 | 39.1 | 695 | 30.5 | 40.4 |
| 40 | 1,878 | 38.9 | 899 | 31.7 | 47.9 |
| 42 | 1,991 | 40.0 | 989 | 32.7 | 49.7 |
| 44 | 2,007 | 39.4 | 1,038 | 32.8 | 51.7 |
| 45 | 2,058 | 39.0 | 1,074 | 32.5 | 52.9 |

資料　国勢調査　３５年，４０年，４５年
　　　労働力調査　４２年，４４年

注）　構成比は男女計を１００とした女子の割合

第２表　非農林業新規就業者の男女別推移

千人

| | ３４年 | ３７年 | ４０年 | ４３年 |
|---|---|---|---|---|
| 新規就業者計 | ５５２ | ６３５ | ５７２ | ８１２ |
| 男子 | ２０４ | ２０６ | １６９ | ２０８ |
| 女子 | ３４８ | ４３４ | ４０４ | ６０４ |
| 女子のしめる割合 | ６3.0 | ６8.3 | ７0.6 | ７4.4 |
| 女子のうち30〜64才 | ４8.3 | ４9.3 | ５8.4 | ５4.3 |

資料　就業構造基本調査

る。この大巾な増加は中高年婦人＝家庭の主婦によって支えられているといえるのである。即ち、三四年から四三年の新規就業者の構成をみると三四年には増加数の六三％が女子によってしめられていたが、その割合は高まる一方で四三年には実に七四％と、約四分の三をしめるに至っている。

さらに、年令層三〇才から六四才の割合も三四年には四八％であったものが、四〇年には大巾にふえて増加数の五八％をしめ、四三年においてもひき続き過半数にのぼっている。（第二表）

従って、非農林業女子雇用者の中にしめる主婦（有配偶者）の割合は、急激に伸び、三五年には二三％にすぎなかったが、四五年には四一％余となっている。

主婦の雇用者化の進展は、労働力率、雇用率をみても明らかで、労働力率は、三五年以降約五〇％前後を推移しているが、雇用率は年々高まっており、とくに主婦については顕著な動きをみせている。即ち、三五年には、一五才以上女子人口のうち、非農林業雇用者として働く女子は二一％で五人に一人の割合であったが、四二年には四人に一人の割合になり、その後もさらにふえている。一方、主婦（一五才以上女子のうちの有配偶者）についてみると、三五年には八％で一〇人に一人弱の割合であったが、四五年には一八％余となり、五人に一人の割合で非農林業雇用者として働いており、この一〇年間に二倍ものテンポでふえたことがわかる。（第四表）

経済審議会労働力委員会では、昭和五〇年度における中高年女子（三〇才～六四才）の世帯類型別労働力率を推計しているが、勤労者世帯の比重の高まり

第３表　非農林業女子雇用者にしめる主婦の割合

| | Ａ）女子 | Ｂ）主婦 | B/A×100 |
|---|---|---|---|
| | 万人 | 万人 | ％ |
| 昭和３５年 | ６９５ | １５６ | ２2.5 |
| ４０年 | ８９９ | ２８９ | ３2.2 |
| ４２年 | ９８９ | ３７８ | ３7.6 |
| ４４年 | 1,０３８ | ４１７ | ４0.2 |
| ４５年 | 1,０８６ | ４５０ | ４1.4 |

資料　第１表におなじ，但し，４５年労働力調査

第４表　女子雇用率の推移

| | 女子 | 主婦 |
|---|---|---|
| 昭和３５年 | ２0.6％ | 8.4％ |
| ４０年 | ２4.0 | １3.6 |
| ４２年 | ２5.4 | １6.5 |
| ４４年 | ２5.9 | １7.4 |
| ４５年 | ２6.7 | １8.3 |

資料　第３表におなじ

注）雇用率＝$\frac{\text{非農林雇用者}}{\text{15才以上人口}}$×１００

と、労働力率の高まりに期待していることが明らかである。（第五表）

日本の現状では、雇用者化が進みつつあるが、まだ農林漁業世帯自営商工業世帯では、主婦も家族従業者として家業に従事することが容易であるため、労働力率もそれぞれ八割、六割強と高いが、雇用率は低く五％程度である。一方、勤労者世帯では、労働力率は三割強で比較的低いが、雇用率は高く、就業するものの過半数は非農林業雇用者として働いている。以上のような傾向からみると、最近の農林業世帯の減少と勤労者世帯の増加傾向が続き、その比率が高まれば、勤労者世帯の主婦の雇用率が高まるという点を政府は期待し、資本の側は、そのひき出しに多くの手をつくすことは予想されるところである。

**子供がいても**
**働かざるを得ない主婦**

主婦が労働力化する場合、家事責任とならんで育児責任が大きな制約となっている。

四三年の就業構造基本調査による女子の離職理由をみると、二五〜三五才（第一子、二子出産、学令前の子の育児に追われるとみられる年令層）では離職者の四割が育児のためとしており、結婚を理由とするものと合わせて七割近くにのぼっている。

前述したとおり、育児の社会化がきわめて粗末なわが国の現状では、この年令層の主婦が、家庭責任と仕事、職業の両立をはかるの

**第５表　中高年女子の世帯類型別労働力率**

（％）

| | ４０年実績（主婦） | | | ５０年推計（女子） | | |
|---|---|---|---|---|---|---|
| | 30〜39才 | 40〜54才 | 55〜64才 | 30〜39才 | 40〜54才 | 55〜64才 |
| 全　世　帯 | 63.2 | 56.8 | 46.7 | 53.5 | 68.1 | 48.7 |
| 農 業 世 帯 | 89.7 | 88.0 | 72.7 | 88.8 | 86.0 | 65.9 |
| 自営業世帯 | 63.8 | 65.9 | 52.7 | 66.4 | 75.6 | 52.3 |
| 勤労者世帯 | 35.2 | 38.5 | 26.6 | 44.5 | 60.9 | 39.6 |

資料　国勢調査特別集計
　　　労働力研究委員会報告

**第６表　同居する子供数と主婦の労働力率・雇用率**

（昭和４０年）

| | 全　世　帯 | | | 勤　労　者　世　帯 | | |
|---|---|---|---|---|---|---|
| | 15才以上計 | 労働力率 | 雇用率 | 15才以上計 | 労働力率 | 雇用率 |
| | 千人 | ％ | ％ | 千人 | ％ | ％ |
| 計 | 16,921 | 48.5 | 12.4 | 9,962 | 32.1 | 18.1 |
| 1　人 | 5,278 | 41.0 | 12.8 | 3,279 | 27.4 | 17.7 |
| 2　人 | 6,657 | 47.0 | 12.5 | 4,179 | 31.6 | 17.3 |
| 3　人 | 3,484 | 57.6 | 12.3 | 1,842 | 39.3 | 19.8 |
| 4人以上 | 1,503 | 59.8 | 10.9 | 662 | 39.4 | 20.2 |

資料　国勢調査
　　　特別集計結果

は相当困難な状況であることを示した数字といえよう。また、都市を中心にいわゆる核家族化が進み、主婦にかわって子供をみる世帯員がいなくなっていることも大きな要因とみられる。

子供の数と主婦の就業状況をみると、子供の数が多いほど労働力率が高いことがわかる。（第六表）

さらに勤労者世帯の主婦の年令階層別にみると、子供のいない場合には、労働力率、雇用率とも二〇才代が最も高いが、子供のいる場合には、逆に年令が高いほど労働力率、雇用率とも高くなっている。子供数との関連でみると子供数がふえるほど、雇用率は相対的に低くなる。この現象からみると、多児世帯では雇用者として外で働くより、むしろ内職などに従事する形での労働力参加であることが推測される。

子供の年令別（子供数が複数の場合は末子年令）に主婦の労働力率、雇用率をみると、四〇年に、子供をもつ主婦一六九二万人のうち四三%が六才未満の乳幼児をもっており、うち労働力人口は四割程度で他の年令層の子供をもつ層にくらべ大きく下まわっている。

子供が学令以上になると、労働力率は高まり、一五才以上の場合より、六才～一四才層の学童のいる主婦の方が労働力率が高いのが注目される。雇用率もほぼ同じ傾向を示している。（第七表）主婦の年令別にみると、二〇才代の若い層で、第一子が学令に達しない場合が最も労働力化しにくい状態にあり、子供数が多くなるに従って乳幼児がいる場合でも労働力化する層がふえる。このことは子供の養育費等、家計への負担が増大するという影響が大きいものとみられる。

以上が、四〇年の国勢調査を中心にみてきた数字であるが昨年実施された四五年同調査結果が出れば、更に主婦の職場進出の状況が明らかになるのではないかと予想される。

このことは、四三年の労働力特別調査にみられる主婦の就業希望率がかなり高いことによっても裏づけられるものである。即ち主婦の無業者一、一三五万人のうち三六〇万人（三二%）が就業を希望しており、内訳では「雇用者となることを希望」する者は一六三万人をしめている状況である。

今後ますます主婦が働くための環境整備の要求が高まり、地域社会、職場における闘いが強化されるであろう。

（福岡町学童保育の会　労働省勤務）

**第７表　同居する子供の末子年令による主婦の労働力率・雇用率**

（昭和４０年）

| | 全世帯 | | | 勤労者世帯 | | |
|---|---|---|---|---|---|---|
| | 15才以上計 | 労働力率 | 雇用率 | 15才以上計 | 労働力率 | 雇用率 |
| | 千人 | % | % | 千人 | % | % |
| 計 | 16,921 | 48.5 | 12.4 | 9,962 | 32.1 | 18.1 |
| 6才未満 | 7,281 | 39.1 | 10.2 | 4,984 | 25.0 | 13.5 |
| 6～14才 | 6,067 | 58.7 | 15.8 | 3,405 | 43.0 | 23.9 |
| 15～17才 | 1,742 | 53.9 | 13.5 | 893 | 36.6 | 21.6 |
| 18才以上 | 1,832 | 46.6 | 8.9 | 680 | 29.9 | 18.3 |

資料　国勢調査特別集計結果

# 学童保育の法的根拠を考える

文部省が留守家庭児童会を校庭開放へ解消していく方針を明らかにしたことから、今後の学童保育づくりは、当面、地方自治体の施策として実現させ、その実績を積み上げて国を動かすという経過をたどらざるを得なくなりました。

現在の学童保育事業は、根拠法体系では「児童福祉法」と「社会教育関係法令」に二分されます。これらの関連法令は別記のとおりですが、児童福祉法にもとずくものには、保育所体系の中でとらえたものと、児童館運営の中で考えようとするものとがあります。

保育所体系でとらえたものでは、昭和二五年に出された保育所運営要領の中に〝その他の児童を保育所で保育することができる〟という記載があり、次のように書かれています（学童保育ニュースNo.三〇の鷲谷善教先生の講議より要約紹介）。

**保育所体系の学童保育**

「児童というと児童福祉法第四条の満一八才に満たないもの全部を連想するかもしれないが、ここでいうのは保育に欠ける低学年児童をさすのです。大きな子どもは自分自身で友達や遊び場をみつけ、復習もしますが、小さい子どもは、下校後の一～二時間は無監督無指導のまま放置され、盛り場をうろついたりよくない遊びを教えられたりします。このような環境にある子ども達が、児童福祉法三九条の②項の〝特に必要があるとき〟の場合で、保育所の対象児童になるわけです。」

「児童の一日のプログラムは、個々の年令の発達に即したものが立てられなければなりません。部屋は学童専用の部屋を与え、学童用の書棚、図書、遊具など備えてほしいものです。学童らしいプログラムというと、劇、製作、音楽、ゲーム、読書、好きな研究や遊びを続けていくようにするのです。これはうまくいけば、子ども達のクラブに発展し、自分達でリーダーを決めて運営していく児童厚生施設の小形のものができるわけです。

これらの運営をするためには、できれば児童指導の専任者がいることが望ましいのであり、児童の指導によって乳幼児の保育がお留守になることがないよう気をつけねばならないと思います。」

以上が当時の学童保育についての考え方ですが、その頃公立保育園では低学年児童を措置児として保育していました。現在でも学童の措置児保育はのこっています。しかし保育園内での学童の保育は、保育所不足や保母不足、また、学童自身が幼児と一緒にされるのを嫌がるなどで、自然消滅していきました。

その後学童保育は、大阪などでは隣保館の児童クラブやセツルメント活動として、または宗教団体の慈善事業として続けられましたが、東京などでは、父母自身が共同運営する学童保育が誕生し、地方自治体の独自事業としての学童保育事業開始の足がかりとなりました。

昭和三八年に東京都は「学童保育事業」を開始しましたが、これの法的根拠としては、児童福祉法第二条、第二四条、第三九条をあげながら、「しかし現実には、保育所の絶対数が不足し、どこの保育所でも学童を保育す

る余裕が全くみられないのが現状である。従って市町村長は保育にかける学童については二四条但書による〝その他適切な保護〟を行なう必要があり、学童保育事業の根拠もそこに求められる。なお、この〝その他適切な保護〟については、国の方針は明示されておらず、経費の負担についてもなんら示達していないため、地方公共団体が独自の立場から費用を支出し、運営にあたっている」としています。

しかし、当時東京都が学童保育をとりあげた背景には、人づくり政策や、それを受けて出された中央児童福祉審議会の「幼少人口の資質向上に対する答申」などがあり、非行化防止、事故死防止が前面に出るような施策・運営になってしまいました。

### 児童館での学童保育

厚生省は、児童館があれば学童保育所は必要ないと考えています。昭和三八年七月に、厚生省事務次官通知「国庫補助による児童館の設置運営について」を出しましたが、これによると、国庫補助の対象となるのは、次の機能を有するものという基準をあげています。

「①健全な遊びを通して児童の集団的及び

## 学童保育事業関連法令

### 児童福祉法

**第二条（児童育成の責任）**国及び地方公共団体は、児童の保護者とともに、児童を心身ともに健やかに育成する責任を負う。

**第二四条（保育所への入所措置）**市町村長は、保護者の労働又は疾病等の事由により、その監護すべき乳児、幼児又は第三九条第二項に規定する児童の保育に欠けるところがあると認めるときは、それらの児童を保育所に入所させて保育しなければならない。但し、附近に保育所がない等やむを得ない事由があるときは、その他の適切な保護を加えなければならない。

**第三九条（保育所）**保育所は、日々保護者の委託を受けて、保育に欠けるその乳児または幼児を保育することを目的とする施設とする。

② 保育所は、前項の規定にかかわらず、特に必要があるときは、日々保護者の委託をうけて、保育に欠けるその他の児童を保育することができる。

**第四〇条（児童厚生施設）**児童厚生施設は児童遊園、児童館等児童に健全な遊びを与えて、その健康を増進し、又は情操をゆたかにすることを目的とする施設とする。

### 社会教育関係法令

#### 教育基本法

**第七条（社会教育）**①家庭教育及び勤労の場所その他社会において行なわれる教育は、国及び地方公共団体によって奨励されなければならない。

② 国及び地方公共団体は、図書館、博物館、公民館等の施設の設置、学校の施設の利用、その他適当な方法によって教育の目的の実現に努めなければならない。

#### 学校教育法

**第八五条（学校と社会教育）**学校教育上支障のない限り、学校には、社会教育に関する施設を附置し、又は学校の施設を社会教育その他公共のために、利用させる

個別指導を行なう。②子ども会、母親クラブの地域的組織活動の育成助長をはかる。③その他、地域児童の健全育成に必要な活動を行なう。という機能を持ち、対象児童は三才以上の幼児、または小学校一～三年生までの少年で、家庭環境、地域環境および校友関係に問題があり、指導を必要とするものとする。必要に応じて、それ以外の子どもでも指導の対象として加えることができる。」

「指導の対象となる児童の決定は市町村長が行なう。幼児、学童の集団指導はそれぞれ別の集団として行ない（幼児は午前中、学童は下校後より夕刻まで）、指導の担当者を定め、組織的、継続的に行なわれるよう配慮すること。遊びの指導は、児童福祉施設最低基準六二条によるが、その他次の事項にも留意すること。①児童の体力、活動力を培養するため、組織的対策、遊びを集団で実施する。②遊びを通して安全に対する注意力、危険回避能力の養成、事故防止のための積極的安全指導。」

「一般児童は、開館中は自由に利用させるものとし、学童の集団指導を行なう時間中においては、これに支障を及ぼさないよう、一般児童の利用を制限すること。一般児童もクラブ組織による集団的活動を行なうよう指導すること。」

そのほか、「勤労青年、母親クラブにも夜間利用を考慮する。日曜、祝祭日の利用時間

ことができる。

**社会教育法**

**第二条（社会教育の定義）**この法律で「社会教育」とは、学校教育法に基づき、学校の教育課程として行なわれる教育活動を除き、主として青少年及び成人に対して行なわれる組織的な教育活動（体育及びレクリェーションの活動を含む）をいう。

**第四四条（学校施設の利用）**①学校の管理機関は、学校教育上支障がないと認める限り、その管理する学校の施設を社会教育のために利用に供するように努めなければならない。

②　前項において「学校の管理機関」とは国立学校にあっては文部大臣、公立の大学にあっては設置者である地方公共団体の長、大学以外の公立学校にあっては設置者である地方公共団体に設置されている教育委員会をいう。

**第四五条（学校施設利用の許可）**①社会教育のために学校の施設を利用しようとする者は、当該学校の管理機関の許可を受けなければならない。

②　前項の規定により、学校の管理機関が学校施設の利用を許可しようとするときは、あらかじめ、学校長の意見を聞かなければならない。

**第四六条**　国又は地方公共団体が社会教育のために、学校の施設を利用しようとするときは、前条の規定にかかわらず当該学校の管理機関と協議するものとする。

**学校施設の確保に関する政令**

**第三条（学校施設の使用禁止）**①学校施設は、学校が学校教育の目的に使用する場合を除くほか、使用してはならない。ただし、左の各号の一に該当する場合は、この限りでない。

一、法律または法律に基づく命令の規定に基づいて使用する場合

二、管理者または学校の長の同意を得て使用する場合

②　管理者または学校の長は、前項第二号の同意を与えるには、他の法令の規定に従わなければならない。

は地域の実情に応じて適宜定める。児童館の運営を地域の必要に即したものとする。幼児学童の集団指導が行なわれるときは、二人以上の指導員が勤務するよう配慮すること」なども書かれています。

なお、児童福祉施設最低基準（昭和二三年一二月二九日厚生省令第六三号）では、次のことがあげられています。

第六〇条（設備の基準）②項一児童館等屋内の児童厚生施設には、集会室、遊戯室、図書室及び便所の外、必要に応じ映写室（遊戯室その他大きな室と兼ねる事ができる）を設けること。

第六一条（職員）児童厚生施設には、児童厚生員を置かなければならない。②児童厚生員は、下記の一に該当する者でなければならない。一、保母の資格を有する者。二、児童厚生事業に関し、特別の学識経験を有する者で都道府県知事が適当と認定した者。

第六二条（遊びの指導）児童厚生施設における遊びは、遊具による遊び、音楽、舞踊、読書、製作、お話、紙芝居、人形芝居、劇、映画、遠足、運動、キャンピング等のうち適当なものを選びこれを行なうものとする。②遊びの指導は、集団的及び個別的にこれを行ない、集団的に指導するときは特にクラブ組織による指導を重んじなければならない。

第六三条（保護者との連絡）児童厚生施設の長は、必要に応じ児童の健康及び行動につき、その保護者に連絡しなければならない。

東京都では「都費補助による児童館の設置運営について」という基準を独自に作成していますが、これによると「補助の対象となる児童館は、小地域を対象とした児童の健全育成に関する各種活動の拠点として次の機能を有し、各機能相互の有機的結合をもって運営するもの」として、機能では①健全な遊び場としての機能、②指導機能、③自主的教育活動の場としての機能、④地区組織（子供会、母親クラブ等）の育成機能、の四点をあげています。また設備基準としては、耐火構造で標準広さ三三〇平方メートル（最低一八五・一二）を有し、部屋では「集会室、遊戯室、図書室、育成室（またはクラブ室）、便所、湯沸場また事務執行に必要な設備のほか必要に応じ映写室、静養室を設けること」としており、この育成室で学童保育を行なうことを考えています。

さらに、都民生局では、今後のあり方について研究会を行ない、これの中間報告を四五年一〇月にまとめていますが、そのなかでは地区児童館の機能として、①健全な遊び場、②遊びの指導、③生活指導、④保護育成（学童保育に該当）、⑤自主的活動の助長、⑥地域組織の育成助長、⑦相談受付、⑧啓蒙活動をあげており、学童保育を児童館の中の一機能と考えようとしています。この地区児童館は最終的には一小学校区に一か所設置することを目標としています。

### 社会教育のなかの学童保育

従来の学童保育は、空教室利用が最も多いでしたが、これは「学校施設開放」の中で、社会教育の一環としてとらえようとするものでした。現行法令からは、「学校開放」即ち「学童保育」という関連づけは困難ですが、社会教育の概念を、地域の実情や子どもたちの実態に即して広げていくことによっては、不可能ではないと考えます。

東京都では、民生局所管の学童保育事業の開始後に、文部省が留守家庭児童会育成事業を実施したとき、両者の主旨・運営が似かよっていることから、社会教育委員会に、国の「留守家庭児童会育成事業費補助」の取り扱

いについての意見を求めましたが、社教委がまとめた意見は次のようなものでした。

① 留守家庭児童の施策を教育の領域でとりあげるとすれば、社会教育の一環として校外生活指導のなかで行なうべきであり、児童福祉の分野と混同することなく教育の純粋性を保持すべきである。

② 校外生活指導は、単に学校教育の延長にとどまらずに、広い立場での指導を考えていくべきで、地域の集団活動と結びついた計画的、積極的な教育活動が要請される。

③ 社会教育の一環として実施する以上、その対象を小学校高学年から中学生まで拡げ、留守家庭児童を特別扱いにせず、一般児童とともに地域子供会などの組織活動を育成して活動の中で指導していかなければ教育的効果は期待できない。

④ 小学三年生頃までは、幼児の特色を多分に残し、自主的組織的な集団活動に組み入れることは難かしい。したがって、小学校低学年児童については、集団活動の中での対策だけでなく、家庭の延長としての保育を中心とした対策、すなわち教育的配慮を加えながら児童福祉の中で保護を中心とした施策が望ましい。

このような見解は、文部省が留守家庭児童会を校庭開放へ解消するについての理由とまったく同じものです。

しかし、①でいっている〝教育の純粋性の保持〟とは何でしょうか？本来、生活の保障のないところに教育は存在し得ない筈ですし教育を完成する気があるなら、子どもの生活環境にまで目を向けるべきでしょう。例えば校庭開放にしても、単に解放すればよいというのでなく、子ども達が自主的なクラブ活動を営むための拠点となる、自由に使用し自分たちで管理できる場所（部屋、建物）が準備されると効果的でしょうし、現在の学童保育室はそのような拠点になりうるでしょう。

また、③や④の見解についても、学童保育の実践からみていくと、いくつかの反論が生まれるでしょう。

つぎに、校庭開放を考える参考として、東京都教育委員会が作成したパンフレット「再び学校開放を考える」（昭和四六年三月発行）から、東京都小学校ＰＴＡ協議会事務局長・西村文夫氏の見解を要約して紹介します。

### 子どもの遊び場としての学校開放の考え方

もともとは校庭は子どもたちの自由な遊び場であった。それが戦後、管理上や不測の事故を防ぐために、放課後や休日の校門が固く閉ざれるようになった。その上、日本の学校の体質が、地域社会よりも、国全体の学校教育体制に強く結びつくものを持っており、戦後わずかの間、教育の地方分権が叫ばれたものの、教委法の任命制への切り替え等を境として、逆もどりの道を辿った。この両者が重なって、学校や校庭は学校教育だけのものという考えが強くなった。

しかし一方、自然や無目的空間が急速に都市から姿を消しはじめ、子どもの人間形成に重要で不可欠な意義をもつ自由な遊び場がうばわれていった。このような情況を背景に、昭和二九年以後の一〇年間は、長期休業日や日曜に、事前に登録した団体に許可する「施設開放校」が徐々に増加していったが、昭和三八年以降は、事態はさらに深刻となり、形式的なものから実質的な校庭開放へと進展していった。

校庭開放は応急策だという言葉が繰返し使

われてきたが、はたしてそうだろうか、学校は本来開放されるべきものではないか。

教育が直接国民に対して責任を負うべきものであり、学校を含めたあらゆる施設を利用して、すべての国民がその目的を実現できるように行政が努めなければならないという、教育基本法の精神に立ち帰って考えるなら、閉鎖された学校の姿こそ一時のかりの姿というべきである。

学校は学校教育のためのものであるが、しかしその学校教育は地域住民に直接責任をおうべきである。そのような学校教育が行なわれるための学校施設の備えるべき条件はなにか。遊び場は本来校庭以外に求められるべきであろう。しかし、幼児、小学生、それの男子と女子、中学生、勤労青少年、成人、婦人老人と地域のすべての住民に対応して求められる。様々な広場、遊びの場の中で、校庭の場はどのような機能を分担できるかの視点での再検討が必要である。

他に遊び場が充分確保されたとしても、なお、校庭が果すべき機能はなにかを明らかにし、そのために必要な施設、設備を、それを管理する機能を学校建設の段階に計画的に折りこんでいかなければならないときではないか。（同論文では、このほかに禁止事項、世話人、事故の責任、教師の負担などの問題点についても言及していますが、紙面の都合で割増ししました。）

以上、学童保育事業が依拠できる法令と、その周辺での見解のいくつかを紹介してきましたが、まだ勉強不足もあり、ぜひ補っていただくようお願いします。

現在公費で運営されている学童保育には、ここに紹介した三体系（保育所、児童館、社会教育）のほかに、隣保館事業などのなかで社会福祉法人によって運営されているものもあります。

最近では、児童館機能のなかで学童保育の要求を処理していこうという傾向が全国的に広がっていますが、これには、児童館には建設費と運営費の国庫補助があるが、学童保育所では全く補助がないという、自治体の財政事情からではないかと考えます。

どの法体系がいちばん有利かということでは、自治体の事情によって違い、一概に結論は出せないと思います。やはり最終的には福祉、教育の両方が協力して施策する体制へ持っていくべきでしょう。

（西元昭夫）

**千葉から**

クラブ発足以来三年目を迎えました。児童も四月には六〇名を越えました。指導員をふやしても（現在三名）一室では児童数が多すぎるのではないかと思います。一人一人の子どもの動きがとらえにくくなりました。

遊び場がないのが悩みで、子ども達は公団の芝生の中の比較的広い所をねらってフットベースボールやプラスチックバットとテニスボールの野球をします。アニマル運動会の計画を立て、芝生の中でむかできょうそうの練習をしていましたら近所の棟から苦情が出ました。

駐車場へ行けばマイカー族や団地サーヴィスから叱られ、学校へ行けばクラブの練習で一ぱい、芝生では近所の人から苦情がでるし、虫取りに行けば農家の小父さんから鎌をもって追いかけられ、子ども達は散々の目にあっています。

でも、草野球ならぬ草運動会でも過密の中の小学校の運動会より沢山出場できるので子どもたちは大張切りです。

（船橋市・高根台・菅野昭代）

# 分科会の討議を深めるための実践記録

## 児童館づくり運動のなかでの小学校長の理解と協力

松本ちさえ

**私たちの共同保育の現在にいたる経過**

新田学童保育クラブは、足立区新田小学校の子どもたちのきている所です。

区内に学童保育は十七の公立と委託が一ヶ所で、これは日本女子大学へ委託してあり、東京で公立設置以前からずっとこの地域で活動が行なわれていた「みどりの家」です。

新田は、隅田川と荒川にはさまった島のようで、数十年前はかや野原だったということです。私たちの家は、目の前、頭の上とも感じる近さに、環状七号線があり止ることなく車の音がひびき、橋のたもとにあります。橋の向う側は北区です。子どもたちは学校から工場と住宅の間の道を十分位歩いて帰ってきます。

新田小学校は現在、児童数九百九十名位とききますが、留守家庭児童が百八十名以上(三年以下で八十~九十名)であったのですが年々増加しています。

一昨年地域の母親の有志から学童保育所設置の運動が区議会へ請願の運びとなり、区としては昭和四十五年度、新田小学校に設置を決め、予算化しましたが、残念乍ら小学校には空教室がないこと、更には敷地が狭く適切な施設がたてられないことで予算は他地域にまわされてしまいました。

しかし、どうしても「新田に学童保育を」との声が根強く、場所をさがす事になりました。「新田保育園母の会」の努力と地域の有力者の協力があってようやくこの家は借りることができました。隅田川の河岸、護岸工事された高いコンクリート、小さい道路を隔てて墓地の中の一隅以前は墓守りの住んでいた空家ー妙喜庵でした。落付ける三部屋とお勝手、玄関、物置、便所があります。竹が植えられていたらしい小さい庭は、現在子どもたちによって整地され、種々の野菜や少しばかりの花の畑です。

施設のつかい方の現状を書いてみますと、老朽箇所が多い家ですが、子どもたちが修繕する事もあり、使うには、変化に富んでいます。

板の間は工作用台、いたずら書き用に、一面に広く低い黒板をおき、隅にオルガンあり、畳の部屋から飛んで下りて入ります。四帖半には、観察の虫等の小動物飼育、栽培関係の教材遊具が、台、棚の上下にあふれ、本、文房具、机あり、宿題も小人数ならやります。八帖の座敷は遊び場、押し入れの下段は戸をしめて暗室として懐中電燈を持込んだりで大いに利用。大きな机二つを出しておやつや、

話し合いの場であり、片附けると、小さい座ぶとん、人形のふとんを敷いてさか立ちの練習にもつかうし、遊び、さわぐ部屋でもある。

**運営委員会について**

発足した学童保育は、学童をあずけている父母だけの手で運営するには多くの困難がありました。そこで新田中、新田小、新田保育園（私立）の先生が中心に語り合った「新田教育を語る会」の場で学童保育の運営に協力することが確認され、あずけている父母、新田小、新田中、新田保育園（私立）同、母の会、指導員（私）のメンバーによって運営委員会がつくられ、日常の運営にたずさわる事になりました。

児童は発足時（昨年九月）は九名、新一年生が加わり二十三名にもなったにもかかわらず、いろいろの原因でやめていき運営が苦しいのは、他の共同保育同様です。（保育科二千五百円）現在十四名。

一～三年で八十～九十名の留守家庭児童がいる事を考えると、もっとはいりやすい状況に一日も早くしていく必要があり、ただ賛助会費にたよってはいられません。

**陳情請願**

昨年の十二月二十四日、区の児童課長に合い、指導員にたいしての給料、教材費、おやつ代など助成の手だてを考えてほしいと陳情しました。その中で、課長は、「現在のところ私設の学童保育に助成することは出来ない、ただ妙喜庵が長期にわたって使用出来ること、更に、小学校長の管理下であることが条件であれば助成も考えられるという返事をもらいました。しかし妙喜庵を借りる再契約の時でもあり、その後はっきりしないままです。

今年六月区議会には、公園わきの都有地に学童保育の設置と、現在の運営に関し援助を請願しましたが、不採択でした。しかし、この家々も関わりある、この地域の有力な区議の協力を得、すぐ近い空地に（しかもPTA会長でもあるところから）ようやく「児童館設置」の方向が生まれてきました。つい先月、決定の報告をきいたところです。

**校長に常に連絡を、そして一般の児童の状況を知り、どのような子どもになってもらいたいのかを話し合って方向を一つにする努力をしてきた。**

一ヶ月一回、用事が出来ると度々出かける事もある。先日の総会（運営委員、父母、賛助会員）に出席され、「児童館建設のため、私は区へのつかい走りをしましょう」との挨拶に一同感激した。

一人で陳情された時もあった。誘われて行った日の事を記すと、区の児童課では課長に会えなくて育成係長でした。話をそばで聞きながら、学校の責任者として、放課後の子どもたちへの配慮がうかがわれ、普段校長室へ話しに行っていた諸々の事、総会での内容の話等も理解されていて、しみじみと感謝し、力強さを覚えました。

「いま都営住宅から来る児童は多く、以前とは、状況がすっかり変りました。七、八年前の新田なら、いま言われる児童館でもよかったのですが、しかし現状では学童保育に重点をおいた児童館でなければならないと思います」と指導内容がちがう事を強調され、「図面ができたら何回でもまた、見にきます」と言われる。

この係だけでなく、社会教育課の青少年係長とも相談した方がよいと聞いて、早速そこをたずねる誘いを受けた。係長に状況を話し私を紹介して今後の陳情をしやすくされました。又途中で会った教育長にも、学童保育を児童館の中でする事になる説明を紹介をされ、建設関係は、学校の建設でよく知っているからまた、頼みに行くと、誠に行き届いた陳情

であったと思います。

帰り乍ら「区の人々に普段に内容をＰＲしておかなければね」と私の忙しく日常活動に追われている事で欠けていた所を改めて教えてもらったわけでした。

次に木島校長先生の学童保育に対する見解を紹介してみます。

### 待合室でない学童保育を

子どもが学校で安定した気持で学習し生活するためには、それを支える家庭のあり方が大切です。子どもの心をやわらかく受けとめ吸収し翌日の活気を生み出させるために、受け入れる心のふるさと家庭が存在しなくてはならない。

諸事情のためその受け入れの家庭が放課後即時に与えられない子等に、その代りとなるものが必要であることは言をまたない。

その家庭に代わる場所は雨つゆを凌ぐ場所だけではその役目を果さない。カギっ子は鍵でしめ出されたのみでなく心のカギでしめ出されないよう　その心を育て　はぐくむ　そして支えるところとならなくてはならない。

見守り世話する人にその心を持った人を欲しいと思います。

そこでは理想の家庭のように

1.くらし方のルールを学び（施設・設備を利用することによって学ぶ）

2.基本的生活習慣を学び（施設も、それにふさわしくそうなくてはならない）

3.情操を育て、（植物を栽培し、生き物を飼い）

4.心を育てる遊びを身につけ、そこに集まる子ら相互の心の交流（話し合い、協同作業等）がはかられなければ、その場はただ単に人間が集まった待合室（ある時間までの）になってしまうのではないか。

待合室ではないそこには、それらの子どもが実の家庭で味わうことのできないより理想に近い家庭が待っているのでなければならない。またそこには望ましい家庭のあり方を、それらの子らの父母に教えるモデルホームの要素をもつものでありたいと、こう願うものであります。

そして、一方では子どもの仲間の集まりであること、家庭のような甘えのない集団であり、他人の集まりであることは学校と同じです。その中で他人を大事に考え、みんなと共に成長していく事は、きびしいことでもあります。

また、学校でのいろいろな学習を生活にする訓育の場とも云えるもので、これは学校で

### 松山から

#### 季節学童保育に取組む

松山では、私たちが昨年夏以来季節学童保育を、母親の自主的な運営で行ったのが、唯一つの学童保育運動と思われます。（留守家庭児童会は三十六校中二校で実施）これを日常的なものにどう発展させるかが、問題となっています。

三回の季節学保でよかった点は、かぎっ子だけでなく、母親が家にいる子ども も結集できたこと、地域の公民館を借りたのが、館長主事との話しあいで後援を表明してもらい、社教委青少年課と交渉し使用料は無料になりました。また、親子読書サークルの誕生という副産物もありました。

困難点は指導員の確保です。目下商大の学生と結びつき養成を考えてます。財政問題等は父母負担、カンパのほか、市から教材現物援助をかちとりました。

指導は研究不足ながらも、回を重ねるごとに発展しています。とに角早く日常的なものが皆の希望です。（藤原蓉子）

はできない大切な意味のあるところです。

言うまでもなく子どもにとって多くの友だちと一緒に過ごせるたのしい所でなくてはなりません。

それらが十分満たされ、ととのうことによってはじめて学校教育も成果をあげることができると思います。少なくとも区がつくるのであれば、そうあってほしいと思います。

**児童館併設・吸収をどう考えるべきか**

学校の間借人から児童館の間借人的存在になりかねないと思います。生活は同じ屋根の下でしても、主体や独自性はどう発揮できるでしょうか。児童館自体も、明確でない上また、発展途上にあるとは云え、学童保育も同様であるのでまた当分の間、問題を残すと思われます。

両方ともに独自の要求を実践の中で明確化していきながら前進できるのでしょう。

役所その他で、差別なくということばがきかれる。その内容が、働らく父母に、子どもに、必要な施設、設備、指導、運営等をぬかしておくのです。そして、例えば一般の子どもがおやつを食べないのだから要らないというのは、おやつを食べる場のない子どもを一段ときびしく差別してかかることで、明らかに差別する事だと、このよくきくことばに憤りを感じます。

以上、木原校長（婦人）が校長として又働らく婦人、働らき乍ら子どもを育てて来た仲間としての、学童保育への理解は、そして協力は力強い。

学校から、家庭から、特に婦人の働らくいろいろな労働組合は勿論、ＰＴＡから、強くはっきり要求を育てて出してほしいと思います。校長先生の教員に、ＰＴＡに、他の学校の婦人学級講師として社会教育へ、或いは前に述べたように区の所管課へ拡げ働きかけるその力は大きいと思います。

**（学童保育連絡協議会副会長**
**足立区新田学童クラブ指導員）**

# 共同保育から委託制をかちとるまでの活動報告

中村雅子

**＜横浜市学童保育連絡会の結成＞**

横浜市では委託方式の学童保育を実施していますが、かって二八か所あった学童保育も二三か所（46年予算）に減らされ、その他にも自然消滅をはかっているところがあるなど、衰退のきざしがみられます。

ところが一方では、父母運営の共同保育所が四か所あり、ここ二、三年来委託料交付を要求して、個々に市交渉を続けてきました。

しかし、市当局はこれをかたくなに拒否しつづけていました。そこで、個々バラバラな交渉では市の姿勢を変えることはできないということで、昭和四五年一二月二八日に「横浜市学童保育連絡会」を発足させ、四六年二月二八日には、学童保育の子ども達も参加した発会式を行いました。発会式では、子ども達は、学童保育での生活を、劇や音楽合奏などで紹介してくれ、学童保育の理解を広げる上で効果的でした。

一方、連絡会としての対市交渉や、それに

附随するもろもろの活動は、一月からたえまなく続けられましたが、その主要な経過をつぎに紹介します。

**＜集中して続けた活動経過＞**

**一月一二日**　民生局長交渉――局長は「学童保育は学校が機能を果すべきである。民生では保育所優先で、予算がない」と発言。

**一月二六日**　民生局青少年課陳情――「学童保育を必要としない社会状態がよい」と発言。

当局は相変らず方策を持たないことが明確になったので、活動の重点を市議会へ移し、市議会から当局を動かすよう、民生関係の第二委員会へ、資料を提出していくことを決める。

**三月**　全国統一地方選挙をひかえ、市長候補（自民、社会）と各政党へ、①学童保育の必要性、②学童保育の現状、③学童保育の基本要求をまとめ、公開質問状をつけて提出した。その結果、共産党からは「懇談会」の申入れがあった。

**四月**　地方選挙で当選した市議全員に、開票結果発表後ただちに葉書を出す。連絡会からは基本要求を、各団体、個人は地元議員への地域への実情を訴えた。

成果としては、自民、公明、社会党の議員が、明神台、笹山、南日吉の学童保育クラブへ見学に行き、話し合う機会がもてた。

**五月**　市議会へ請願――①委託事業の増設、②共同学童保育への助成金予算化、の二点を請願したが、不採択。

しかし、従来の不採択とは異なり、①に関しては、市の決めた条件（土地、建物、運営委員設置）が整えば委託する　②については、困難であるが検討したい。という付記があった。

連絡会としては、(イ)委員会の審議の経過を知りたい。(ロ)非公開の委員会を公開制にもっていく。(ハ)民生局は四六年度予算で、学童保育委託事業の四か所増設分を計上しているのに、不採択になる理由が理解できないの三点を問題にして、第二委員会の全議員へ、次の意図の手紙を発送。

――①付記事項を委員会ではどう処理していくのか。②不採択の理由が納得いかない。このことで説明会を聞いてほしい。あわせて、市当局への陳情とりつけも要請。

**六月一六日**　民生局青少年課が「学童保育設置希望関係者打合せ会」を招集し、市の学童保育設置基準を説明した。「＊対象は低学年のみ二〇～四〇名。＊場所・建物は地元で確保すること。＊学校長、PTA代表、民生委員、自治会長など地域の人びとで構成した運営委員会を設置すること。以上の条件が整ったところへ委託を認める。」

しかしながら、(イ)共同保育を認めての委託ではない。(ロ)委託決定後、現在の指導員が引続き勤務できる確約がなく、利用児童も新しい運営委員会が決める。(ハ)父母代表、指導員の運営委参加を認めていない。などの問題点を残していることを指摘、市の条件に合わせさえすれば委託料はすぐにでもおりるだろうが、それでは私たちが望む学童保育でなくなることを確認し、あらためて対市交渉を持つことを決めた。

**六月二四日**　自民・共産両議員が出席した「対市交渉打合せ・市会説明会」を開く。

連絡会からは、今までの市当局の応対の様子や住民要求を説明し、(イ)統一要求をつくる。(ロ)対市交渉には、市議会第二委員会議員も参加してもらう。(ハ)対市交渉日は住民多数が参加しやすいよう、土曜日の午後（時間外）を依頼する。などを決め、交渉の対策をねった。

**七月三日**　対市交渉――連絡会として次の統一要求を提出。①現在の共同保育をそのま

ま認めて委託すること。②学童保育の指導内容や環境整備充実のため、父母、指導員の運営委員会参加を認めること。③共同保育に対する補助金制度をつくること。④公立学童保育所を設置すること。⑤土地、建物は市で提供すること。

市当局の回答＝＊運営委員会への父母代表参加を認める。＊現在の在籍児童と指導員は委託になっても残れる。＊対象児童は原則として一～三年生だが、必要に迫られた場合上級生も認める。

このような成果は、連絡会が基本的な要求を堅持し統一をくずさなかったことと、子どもの生活権、教育権確保の立場で訴えた運動が、自民、社会、共産の議員を動かし、三党が当局へ出向き局長と懇談するなどの情況をつくりだしたために得られた。

**七月**　市議会へ陳情
**九月八日**　市議会へ陳情
**九月三〇日**　市当局へ陳情

**〈基本をゆずらぬ活動を〉**

以上のように、一月以来八か月間の活動によって、八月には二か所の委託が決定し、九月に更に二か所の委託が内定しました。長年の市の態度を遂に変ることができた、この成果は大きいものでした。そのかげに次のような教訓があると思います。

**〈市当局交渉では〉**連絡会としては市当局に基本政策を持たせる統一陳情を行なった。また、個々の保育の会が独自に陳情したときでも、他地域からも連絡会代表として参加しながら、市の分裂策、切りくずしを防ぎ、統一を固めていった。

**〈市議会対策では〉**学童保育の必要性と現状を理解させるため、市議会陳情の際は、必ず委員会の全議員に資料をつくり配布した。

**〈運動の輪を拡げるために〉**横浜母親連絡会や、保育所設置協議会の活動に積極的に参加した。特に母親大会には、各区の大会毎に要求者、助言者として参加し、横浜の学童保育の問題点を持ちこみ、また要求をつかんでいった。市大会では、学童保育が特別報告とされ、民主教育のための構成劇にも学童保育の実践をもりこんでいった。

**〈市青少年協議会に対して〉**学童保育の必要性、子どもの生活状況などを中心にした資料を作成し提出していく。（準備中）

これらの活動は、連絡会の規模や歴史からみて、無理な課題も多かったのですが、やはりつめて活動することが、市当局を追いつめていく上で重要なことでした。そして、私たちが何よりも大切にしたのは、

〃当面の利益のために基本線をゆずってはならない〃

ということでした。また、たえず子どもの存在を浮きぼりにして運動したのです。

（横浜市・学童保育連絡会）

## 市の正規職員になるまでの記録

竹内千稲

この十月八日、小金井市学童保育指導員十五名は、揃って小金井市正規職員としての、十月一日付の辞令を受け取りました。昨秋、はじめて市の職員にという話が表面化してから、ほぼ一年がかりの待遇改善運動の成果です。

小金井市の学童保育の歴史は、三十九年にはじまり、現在では、保育クラブの数も、七

つにふえ、あと一学校区を残すのみとなりました。ところが一方、指導員の身分は、相変らず小金井市社会福祉協議会の非常勤嘱託職員で、給料は二万三千円、勤務体制は十二時三十分から五時を原則とする代休制、代替用員はなしという具合で、夏休み等は、三十人定員の所を、ほとんど一人勤務で保育にあたるという現状でした。

指導員がふえるにつれ、「私達も、市の職員に」という希望が強くなってきたのは当然で、また、このままでは学童保育を完全にやることは不可能だという気持が指導員のみならず、一部の父母の間にも出て来たのです。

そこへ、昨年の秋になって、市の厚生課から完全に市の事業とするため、市の職員化を考えているという事が伝えられ、指導員間の意見をまとめるため、何度か、会合をもち、各人の考えを確めあうことになったのです。

意見は、市の正規職員となって一日勤務をやらなければというもの、また、保育時間に合わせた勤務時間でやれるというものなど、さまざまで、すぐには、調整のつかない状態だったのですが、とにかく、市の職員化は是非必要ということでは一致した要望が出たのです。

ところが、肝心の市の方からはその後、今回は都合で、市の職員化は見送られたので、そのつもりでという事が伝えられ、指導員の期待はあっけなく破れ、当面、どうして良いやら分からないまま新しい年を迎えたのです

でも、一度ついた火は、指導員の内でくすぶり続け、この問題をどうにかしたいという気持は強く、市の職員組合に相談してみようということになりました。

もちろん組合の方では、積極的に受け入れてくれ、二月に入ってからは、指導員の会合に、組合からも顔を出してくれ、待遇のこと施設のことなど実状を話し合い、具体的な運動の展開方法など細かく教えてくれることとなり、いよいよ、小金井市学童保育指導員の市の職員化への運動が、実現したのです。

さっそく、市議会への請願を、待遇の現状施設の実状を明らかにする資料（年間勤務時間、休暇利用状況、年金、経験資格に関するもの、通勤費明細、施設、設備に関するものをそえて提出したり、実情を組合の速報で職員に知らせたり、父母にも訴えたり、寒さも忘れて、朝はビラ配り、夜は会合と、必死の毎日がはじまりました。

請願に当って、一番問題となったのは、やはり勤務時間のことで、非常勤でも良いから一日勤務は無理だという意見もあり、ともかくも、「正規職員として格付けしていただきたい」と決まるまで、相当の時間を費しました。これまで、こういう運動には不慣れで、しかも職場がバラバラで連絡とりにくい指導員たちですから、市当局との実際の交渉には全て、組合に間に入ってもらうということで指導員側の窓口をもうけ、その方法についても、逐一、組合の指導をあおぐということにし、はじから、組合には非常な応援を求めた訳です。

私達は当面の目標を四月一日とし、三月に入ってからは、市当局、組合、指導員の三者で、何度か交渉がもたれたのですが、市の正規職員にという回答が出るどころか給与等についても、これまでとはほとんど差のない回答しか出されないのです。四月に市長選挙があり、また、年度がわりで一つのチャンスだということで、組合バックアップのもとに、当局に対して強い態度で望むことを決定、三月二二日の交渉では、指導員を余りに軽く見た上、学童保育の重さを考えていない回答はのめないと、春休み中の時間外（午前中）保育を拒否することを申し渡したのです。

指導員としては、保育を拒否するということは本当にギリギリの態度で、待遇改善が、保育の向上につながることを信じての行動だったのです。

ところが、この問題が、拒否をはじめて三日後に（その間は、市役所から各クラブへ午前中のみ、人をよこして保育していました）組合を通さず、当局に拒否を撤回すると云え、保育が再会されてしまうことになったのです。そのうえ、クラブ間の連絡にも不備があり、拒否し続けているクラブもあるという具合で今、おもえば、大変なミスを犯してしまったのでした。

組合からは当然、驚きとおしかりを受けるし、父母にも多少の不安感を与えてしまい、また、何といっても当局側には、「こんなことだろうと思った」とタカをくくらせてしまうハメとなって、一時は待遇改善はもう見送りかというほどの状況になったのです。

それでも、その後、議会の総務委員会で、請願が採択されたこともあり、組合に頼みこんでもう一度交渉をもち直してもらう所までもって行き、出来るだけ早く、「市の正職員化を望み、それが実施される日までは、市の非常勤嘱託職員と同じ給料を」という要望を出しました。

四月一日を目の前にした、三月三十一日、朝から交渉が開かれ、会議室で黙り続ける当局を相手に、頑張り続けること夕刻まで、その結果、五時をすぎて、当局側から、「十月一日付で、市の正規職員に格付けする。その時までは、身分は従来通り社会福祉協議会の非常勤嘱託職員とし、給与は、市の非常勤嘱託職員と同じに引き上げる。」という回答を勝ち得たのです。

請願してからは、二ヶ月足らずという比較的短い時間でしたが、指導員にとっては、小金井の学童保育が始まって以来の長い念願がやっと達成されたという感じがありました。

九月に入って、正職化に伴う勤務時間の検討がなされ、仕事の特殊性を考慮し、指導員の意見も取り入れた上で、四月から十月までが十時から五時半、十一月から三月までが十時から五時、夏休み等一日保育日は朝が八時半からということが決められました。一人勤務日（指導員は一クラブ二名）は、昼休みが充分とれない上、十時からの日は三十分間だというように、まだまだ満足いける勤務時間だとはいえません。

また、現在一名の代替用員を、現実に即した数にふやすこと、クラブの設備を子どもにも過しやすく、指導員には働きやすく充実させることなど、今後もやっていくことが、沢山残されています。

（小金井二小学童保育クラブ指導員）

## どろんこクラブの年間行事

石田芳子

私達のクラブでは、子どもたちがつくり出していくいくつかの行事があります。それには、いろんなかたちで父母が参加します。

**まず四月には入所式。**入学式に先だち、日曜日の午前中に行ないます。迎える子どもたちは、入所する子どもあての案内状をつくり部屋をかざりつけ、学童保育でやっていることの紙芝居をつくって待ちます。

日頃やっているうずら当番や、夏休みの楽しいキャンプ等を紙芝居にして、一年生にみせてあげるのですが、今年は、〃一年生をだいじにしよう〃ということで、「ぼく（わたし）が学童保育にはいったとき」という紙芝居をつくりました。入所当時の期待と緊張を思い出させ、一年生に〃やさしくしよう〃とスタート。

**五月には、二年つづけて鯉のぼりを共同制作。**大きな布の鯉のぼりや吹き流しを班毎につくり、それを班で一人ずつのお母さんが縫ってくれました。お母さん交渉もすべて子どもがやり、大歓声をあげて屋根より高い鯉のぼりをおよがせました。子どもたちが目を輝やかせて家庭で話すのでしょう。何人ものお母さん、お父さんが、わざわざ鯉をみにいらっしゃいました。そして、子どもが、「げんごろう新聞」に書きました。

「……わたしは、五月五日に、カラーでしゃしんをとりたいな。」

と、さっそくそれをみて、一人のお母さんがカラー写真を写しにきてくれました。

**六月には、父の日のドッヂボール大会**をひらきました。父の日をめざして練習をする一方、「ぼく（わたし）のおとうさん」という紙芝居も作製、一年生の絵は上級生がてつだってあげ、「…おとうさんのすきなものは、ビールとテレビ。でも、おかあさんよりやさしいからすき……」と、子どもからみた父親像をつくりあげます。

当日、父対子でドッチボールを二試合しましたが、子どもたちは、逃げるのが巧く、おとうさんも終いには、むきになり熱戦をくりひろげました。二試合とも父親チームが勝ちどうやら面目を保ったものの、「今日は、父の日だもん、まけてやらなきゃなあ」と子どもに言われ、「よし今度は子どもの日にやろう」と父親連の方がハッスル。

試合のあと、おとうさんの似顔絵が並んでいるクラブで、おとうさんの紙芝居をききながら、一九名のおとうさんは、ニコニコしていました。

**七月には、全員一泊の合宿**を四年つづけてやっています。上級生が一年生のめんどうをみながら、山のぼりや、川あそび、夜のキャンプファイヤー、お化けごっこ、虫とり…と、キャンプは子どもの楽しい行事の一つ。

**八月には、**プールや花火大会、おふろ、お昼や夕飯づくり、虫とり、遠足と楽しい日程がつづきます。

**九月には、今年は、卒業式**をしました。

今年は四年生七名が卒業。一年生から四年生までいっしょに生活してきた私は、ひとりひとりの子どものエピソードを含めた、思い出をつくり文集にしました。

口旺日、お母さんも参加してもらって卒業式。卒業する子どもも学童保育の思い出を書いてきて読みました。思い出を紙芝居にしてきた子どももいました。

卒業生のお母さんが、子どもたちの出し物のほかに、うたをうたってくれました。

**九月には、**運動会代休などを利用して遠足、栗ひろいや、川あそびに行き、卒業生もいっしょにたのしみました。

**一月には、毎年芋掘りをします。**今年は、九月末よりこまが流行していたので、**こままわし大会**を併せて実施します。

了どもが廻しているこまをみて、こまを利用して、子どもがもっと仲良くなれるのでは——と考え、まず、全員でこまを廻せるようになろうと呼びかけました。

班単位で、どの班が早く廻せるようになるか兢争をしています。出来る子どもが、まわせない子どもに廻し方を教え、こま、こま、こまの毎日——。

一つの目標とはげみのために、子どもたちとこまの級をつくりました。0級はまわせない。5級は五回に四回まわせる。4級は一分間まわせる。3級はどひょうの中に入れられる。2級は手のせと大車輪、1級はつなわたり……。

話し合いで、お母さんがこまを廻せると子どももこまが上手だということになり、今度は母親のこまわしがはじまりました。

「うちのおかあさんまわせたよ」と目を輝やかせて報告する子ども。「おとうさんなら巧いのになあ」と残念がる子ども。はじめ二人しか廻せなかったお母さんも、日旺日の大特訓?あってか、八名に増え、31日のこま大会の出場楽しみなこの頃です。

**十二月には**、日旺日にたこつくりをします。彦一だこで、暮の日旺日、低学年には少し難しいので、お父さんを連れてきて、子どもと共同でつくりあげます。

子どもたちは、今から「お父さん来てね」と約束をせまっているとか　。

お正月には、揃ってたこあげ大会をひらく予定です。

豆まき、三月の縫いぐるみのおひなまつりと行事は続きますが、私達は、こうした行事を父母の参加で一段とたのしいものにしています。

父母への呼びかけは、子どものつくっている新聞「げんごろう」と、指導員の新聞が活躍し、子どもが家庭で、クラブでやっていることを話すことにより、やっていることが理解され、おとうさんもお母さんも、貴重な日旺日に出てこられるのでしょう。

まず、行事を子どもたちにとりくませ、たのしいものにすること。子どもがほんとうにたのしみにしていれば、家庭で強引に説得し、必ず父母の参加を期待できると思います。

（埼玉県福岡町・どろんこクラブ指導員）

# 勉強がわからないという子どもたち

## ―宿題をすすめる中で―

山中泰子

「宿題は家へ帰ってからするよ。だって、クラブが終ってからは誰ともあそべないもん。宿題は一人でも出来るから。」

四月頃まで、子ども達は、こう言っていたように思う。

「クラブから帰って、母親が夕食の仕度をしている間に、テレビでも見ながら勉強しているのかな。夕食の前には出来るのだろう……」と、宿題について、それ程深刻には考えていなかった。だから、クラブに来てすぐ宿題を出してはじめる二、三人の子どもを除いては、「宿題は?」と聞くこともなかったし、一人一人がクラブで宿題をするよりは、自分の生活の中から、自分の考えやことばがはっきりいえて、出来れば文として表現することの方を大切に思ってきていた。

「今日は、何があったかな、そうそうあの時くやしかったね、そんな気持が日記に書けるかな」という語りかけはあっても、「宿題を早くすませようね。」ということはなかった。そうすることの方が、様々な模索の中で得た学童保育で育てる大切なものの一つであるという確信を持ちはじめたからだった。

夏休みに入ってからは、宿題をする時間をとった。それは、一日保育で充分遊ぶと帰ってから宿題をする気にはならないことと、全

学年に夏休み帳があること、そして、夏休み直前に開かれた父母会での希望もあったからだった。その時間の中で今年は例年になく、「宿題をするのがいやだ」という声がなかった。

「わかんないナー」「宿題帳やだなー」

「学校の先生は、わかんないところはとばしていいっていったよ。だからボクとばしちゃうんだ。」とペラペラめくっている中に最後までいってしまったKちゃん。

「一年のやさしくていいな。とりかえっこしようよ。」と一年のをやっているS君（3年）

「わからないところは九月になって、学校の先生に聞こうよ。」「先生、そんなこと教えてくんないよ。」「どうして?じゃあ先生の仕事ってなあに?」「おこること」と何のためらいもなく答えた三年生。

実習に来ていたYWCA学院の生徒は、「教えて、教えて」と自分では考えず答えを求めてきた子どもが多かったこと、国語や算数の問題の意味がわからないことが多く、まず問題をどう説明しようかととまどったといっている。そんな宿題の進み工合を、「たより」を通して家庭へ連絡していたが、それでも夏休みの終り二、三日は、宿題を仕上げる為に母親も仕事を休み、クラブを休んだ子がでてきた。

「宿題が多くて、九時か十時頃までやらなければならない。」という声が出てきたのは、九月の父母会の席でだった。

「実は……昼間クラブで精一杯遊んでクタクタになって帰ってきて、食事だ、お風呂だ、テレビだといっている間に宿題をする時間がなくなってしまうのです。毎晩あんまりおそくなるので、しばらくクラブは休ませようかとお父さんと話しているところなんです。」（三年父母）「うちの子もそろそろクラブだけじゃなく塾へやろうかと思って……」（二年父母）

それ迄は、たまに訪れてくる母親が、「うちの子は勉強しなくって……」とグチまじりに話していくことはあったが、父母会の席で出てきたのははじめてだった。

私達は、夏休みの状況、「宿題はひとりで出来る」という子どもの声、冬時間になって下校時間がおそく、遊ぶ時間が少なくなることなどを話したが、何とかクラブの時間内に組み入れてみることを検討すると約束した。

そして夕方の話し合い、日記につづいて宿題の時間を作ったことを連絡帳に書くと、「時間をとってもらってありがたい」という返事が二、三返ってきた。一年生は、「お母さんもクラブでしてきなさいっていってたよ。」といってしはじめる子も出てきたし、「その宿題はやっちゃったよ。」ともう済んだクラスの子が教えることもでてきた。

ところが「休ませようか」といった親からは、「大変ありがたい」という返事がかえってさてはいるものの、その子どもは、クラブでしたいとはいわない。一年生がする様子をみながら「クラブでもしてみようかな」という気持もみえはじめたけれど、まだ机に向かう気配はない。親と私達はつながりながらもクラブの中でその子が宿題をするという気持にさせないのは、一体何なのだろうか。

「宿題は親と子のつながりをつけるものだから、クラブではする必要がない。」という考え方もあるようだ。主に学校の先生などのことばだと聞く。

この夏休み、絵日記を父子で合作し、その最後のページに父親が「この年になって勉強で苦労するとは思わなかった」という感想文

が書かれた日記帳をみたという話をきいた。

また、子どもと工作をしたのがとても楽しかったという母親もあった。心たのしい話題である。だがそういう話よりは「早く宿題をしなさい。お風呂は？　ごはんは？　またグズグズして……」という声の方が耳に入ってくる。

「親と子のつながり」は、宿題を通してつけていくことが出来るだろうか。

宿題を喜こんでするというものの一つに、「九九を覚える時」があげられる。同学年の子どもが多い時などクラブ全体で暗誦されるようである。下級生もつられて意味もわからずまねしているのもたのしい。

宿題には、九九や漢字など反復練習するもの、単元の復習的な練習問題、家庭や近所の様子を調べてくるもの、観察などがあるようだ。だが実際に子ども達がそれ等の宿題をする様子をみていると、「勉強するのがいや」なのではなくて、とにかく「わからない」のである。今、一年生は二桁のたし算を指を使って数えている。大変時間がかかり、しまいには上級生に答だけ教えてもらうことになる。授業で理解されていないままに、プリントが手渡されていることがわかる。授業の中で置き去りにされながら、どうして反復、練習的な宿題が出来るだろうか。

「今日、宿題忘れてね、45分間イタの上に座ったんだよ。いたかったー。動いちゃいけないんだよ。」

「忘れるとノートに忘れましたと書くの。そして、もしふざけて書いたりするとゴッンなんだ。」

「今日もおのこりだったの。やんなっちゃうよ。あそびたくてもあそべない。テレビ見たくても見られない。今日も宿題するのやめちゃおうかな。あしたおのこりすればいいんだもん。

この四月、子ども達はどんなに心をはずませて校門をくぐったことだろう。「学校は勉強をするところ。皆と勉強するのはたのしいことだ。」という希望や期待があったはずだ。半年をすぎた今、子ども達の話題の中に出てくる学校の楽しさは、運動会や見学などの行事にしかみられなくなっている。それが今年入学した一年生であることにも一層心痛む思いである。

「わからない」という子どもの声から、「何が」「どのように」わからないのかを明らかにし、「わかって楽しい」「もっと学びたい」という子ども自身が持つ学習の権利を保障していかねばならないと思う。その為に今、学童保育で出来ることは、子ども達が言う「わからない」ということばを含めて、学習に関する声を親や教師に伝えていくことではないかと思う。それも一つ二つの学童保育でなくより多くの人々と手をつなぎながら。

（東京都台東区橋場子どもクラブ指導員）

## 保育日誌より—学童保育の一日

続　直人

**一九七一年九月十一日（土）くもり**

授業参観日のため、子どもたちの登所いつもより早い。ロッカーの中にあわただしくカバンを押しこんで、柔道場へ椅子をはこび、

横にたおし重ねたりして〃城塞〃をきづき、けんじゅうのうちあいがはじまる。〃城塞〃は両側にきづかれ、お互いに相手におもちゃのピストルを向けては、見えがくれする相手をうち倒れるまねをする。「バァーン」「バァーン」

女の子たちは外でホームランケンパをはじめる。O先生を中心にN君I君T君M子など枝きれをみがいて糸をつけ、画用紙で魚をつくりつりぼりをする。

図書室を使ってパーマやさんごっこがはじまる。HとBがパーマやさん、お客さんはH、K、Iたち、お客さんの髪の毛をゴムでくくり、パーマのくせをつけてもらっていた。

Sがもってきた流行歌集をみてN、Y、K、T先生らが「昨日、今日、明日」「さらば恋人」「花のメルヘン」などくりかえしうたう。Mはいつもひょうきんに「傷だらけの人生」をさかんに調子をつけてうたう。グループあそびのための準備委員会が図書室ではじまる。

**（12時30分～給食）**

ごはんの前に、グループあそびの準備委員会あり、H先生よりグループあそびの説明がある。そのあとすぐ、ごはんもたべずにグループあそびのために、B、Y二人でアメをすずやさんに買いにいく。

N、M二人で公園の方へすててある空ビンを捜がし、それを売っておかねにかえてくるとでかける。N、Y二人でメリケン粉をかいにいく。それで各班ともメンバーがそろっていないのに、ごはんを勝手に食べはじめる。

T先生「メンバーがそろってないのにどうしてたべた」「班で、ぬけている子がごはんを食べないで用事にいったのをしっているのか」という。子どもたちは「しらない」といい仕方なしかごはんを途中でやめ、ぬけた子が帰るまでごはんを食べるのを待つ。子どもたちは「おなかすいた」とブツブツぬけた子に対して文句をいう。しばらくして、アメ買い、メリケンコ買い、空ビン売りに行った子が帰ってくる。

T先生が、その子らに「何でかってにでていったの」とどなるとその子たちはキョトンとしている。それにさっきまでブツブツ文句をいっていた班のメンバーは、帰ってきた子に別に文句もいわず、そのままそろって中断したごはんを食べはじめる。空ビンはコーラやファンタ、キリンレモンのビンをひろっておみせやさんにもっていったが、三軒ともお金をくれず、三軒目のお店にビンをおいてきてションボリ帰ってくる。

**（14時30分　グループあそび）**

アメくい競争―二チームにわかれて、途中顔に水をつけ、そのあとメリケン粉の中のアメを食べ、ジャングルジムにのぼって（のぼれない人は、その場で30数えてから走る）次の人にタッチする。顔につくメリケン粉のかたちがおもしろくて、ゲラゲラわらいながらする。アメくいを2回して、次に〃たんてい〃をする。学童保育外のTやYも参加する。

たんていは行動範囲が広く、全員をつかまえてチェンジになるので、仲々おっかける方とにげる方とがチェンジできない。そのうちあそびにあきたのかTは、ねことあそぶのに集中、M、YもTにくっついてねことあそびだす。全体的にグループあそびがダラダラしだし、ねことあそんでいる子たちに、指導員「グループあそびやろ、なんで自分勝手なあそびするんや、あかんで」とどなる。

たんていでにげる途中学校のやねにのぼってにげる。それを見つけて指導員「やねにのぼっては、あかんことになっている、すぐおりや」とどなるが、子どもたちどうしでいいあいがはじまる。「Zちゃんが先にのぼったから、ぼくものぼった」「おまえらかってに

にげるときやねにのぼった、だからおれらものぼったやんか」

　学童保育の子たちは注意するとすぐ降りたが、学童保育外のTは「やねにのぼってもええやん」といいつづけている。「やねにのぼってもいいのか。先生はあかんと思う、ケガしたらあぶないし、それにプレハブの屋根の上に、ねつよけのためにしいてあるのがつぶれてしまうやんか」というが、Tはまだ口をとがらして文句をいっている、それで屋根にのぼってもいいのかどうか学校の校舎やし、学校の先生にききにいこうと、屋根にのぼった子みんなをつれて学校の職員室にききにいく。

**（17時　日記）**

　指導員の方から子どもたちへ問題提起

　グループあそびにかかったアメとメリケン粉の代金180円YとNがたてかえているが、そのお金をどうするか。はなしあいの中で、月曜日に廃品回収をしてそれをお金にし、そのお金をY、Nにかえしたらいいとなる。

**以後の職員会議の中で話されたこと。**

①計画保育の準備が不充分であった。おかねがかかる様な場合、そのうらづけを準備の段階ではっきりさせておくべきだ。

②給食の前に、アメやメリケン粉買い、ビン捜しにとびだした子は、その積極的行動（準備委員としての責任）はわかるが、やはりごはんをきっちりと食べさせてから、行かすべきであった。

③班のメンバーがそろっていなくても食べてしまう。そのことは、学童保育でのみんなの規律（やくそくごと）が子どもたちの中でいいかげんなものになっている。各班によっては、ボスにおさえられて、当番をあらかじめ決めている順番にするのではなく、一部のものだけが不満があっても、任務をうけおってやっている事実がみられる。

④せっかく子どもが空ビンを集めて売ろうとしたのに、お金にかえることができなかった。そのことで子どもがションボリしていたのに、その事実を指導員は知っていながら、「何でその集めたビンが売れなかったのか」子どもたちといって、その原因をはっきりさせ納得させるべきであった。

⑤事後処理的ではあるが、グループあそびにかかったお金を廃品回収活動というかたちで発展させ、そのことを通じて多くの学習をすることができた。

㋑子どもたちの中に、代表委員をきめ、その子どもたちを中心として三回の廃品回収活動を行ない全部で392円のお金をあつめることができた。

㋺子どもたちが廃品回収をする中で、蛇草病院や学童保育外の地域の人たちも新聞を用意してくれたり、お菓子やさんのおばちゃん（「はなえちゃん」）が押車を貸してくれる等地域の人達の協力を得ることができた。

㋩「学童保育ってこんなこともするの」と保育所の保母さんや地域の人たちが、子どもたちの訴えや活動をみて、学童保育への理解を示してくれた。

㋥グループあそびでつかったアメとメリケン粉の代金以上のお金があつまった。そのお金で子どもたちの意見でプラスチックのバットを買うことができた。

（東大阪市立長瀬北小学童保育）

# 東京都の学童保育実施状況（昭和45年度）

（1） 昭和４５年度学童保育事業実施状況 （46. 3. 31現在）

| | | 小学校数 | 設置数 | 定員(A) | 拠点 | | | | | 児童の状況 | | | 指導員の状況 | | | | | | | | | 児童館設置数 | |
|---|---|---|---|---|---|---|---|---|---|---|---|---|---|---|---|---|---|---|---|---|---|---|---|
| | | | | | 児童館 | 教室 | 校内単独施設 | 校外単独施設 | 他の施設に併設 | 登録数(B) | 出席定員に対する率 | 出席登録に対する率 | 身分 | | | | | 資格 | | | | 公立 | 私立 |
| | | | | | | | | | | | | | 指導員数 | 正規職員 | 準職員 | 非常勤 | その他 | 保母 | 教員 | 幼教 | なし | | |
| 合計 | | (15)<br>1,153 | 321 | 12,449 | 49 | 122 | 90 | 22 | 38 | 8,705 | 49.3 | 66.8 | 654 | 23 | 15 | 549 | 67 | 113 | 162 | 62 | (7)<br>317 | 113 | 11 |
| 区部 | 千代田 | 14 | ( )内，分校数で外数 | | | | | | | | | | | | | | | ( )内，福祉指導で内数 | | | | | |
| | 中央 | 18 | | | | | | | | | | | | | | | | | | | | 1 | |
| | 港 | 27 | 3 | 120 | 3 | | | | | 90 | 53.6 | 57.2 | 6 | | | 6 | | 1 | 3 | 1 | 1(1) | 5 | |
| | 新宿 | 36 | 8 | 164 | 8 | | | | | 54 | 20.4 | 50.8 | 8 | | | 8 | | 1 | 3 | | 4(2) | 9 | |
| | 文京 | 21 | 9 | 360 | 1 | 7 | | | 1 | 289 | 50.9 | 62.1 | 18 | | | 18 | | 3 | 2 | 3 | 10 | 6 | |
| | 台東 | 29 | 6 | 250 | 1 | 4 | | | 1 | 142 | 43.6 | 73.8 | 13 | | | 13 | | 3 | 2 | 6 | 2 | 1 | |
| | 墨田 | 29 | 5 | 200 | | 5 | | | | 126 | 41.4 | 67.4 | 11 | | | 11 | | 3 | 1 | | 7 | | 1 |
| | 江東 | 35 | 9 | 360 | 1 | 6 | 1 | | 1 | 288 | 52.1 | 64.9 | 18 | | | 18 | | 3 | 5 | 1 | 9 | 5 | |
| | 品川 | 37 | 16 | 510 | 9 | 3 | 1 | | 3 | 450 | 65.9 | 68.5 | 34 | | | 34 | | 5 | 5 | 12 | 12 | 8 | |
| | 目黒 | 22 | 4 | 200 | | | | | 4 | 153 | 24.6 | 32.4 | 8 | | | 8 | | | 3 | | 5 | | |
| | 大田 | 61 | 16 | 560 | 6 | | 2 | 4 | 4 | 595 | 52.5 | 49.3 | 28 | 2 | | 26 | | 5 | 6 | 3 | 14 | 6 | 1 |
| | 世田谷 | 60 | 7 | 280 | | | 5 | | 2 | 198 | 52.1 | 70.0 | 15 | | | 15 | | 3 | 2 | | 10(1) | 3 | 3 |
| | 渋谷 | 22 | 5 | 260 | | | | 2 | 3 | 211 | 57.3 | 72.7 | 10 | 5 | | 5 | | 7 | 2 | | 1 | 1 | |
| | 中野 | 28 | 28 | 880 | | | 27 | 1 | | 408 | 29.9 | 63.5 | 67 | | | | 67 | 2 | 4 | 1 | 60 | 8 | |
| | 杉並 | 41 | 23 | 1,090 | 8 | 1 | 12 | 1 | 1 | 595 | 51.9 | 87.4 | 47 | | | 47 | | 15 | 21 | 6 | 5(1) | 13 | |
| | 豊島 | 29 | 14 | 560 | | 5 | 9 | | | 325 | 44.7 | 75.1 | 28 | | | 28 | | | 8 | 4 | 16 | | |
| | 北 | 42 | 21 | 840 | | 21 | | | | 475 | 47.3 | 75.4 | 41 | | | 41 | | 7 | 6 | | 28(1) | 7 | |
| | 荒川 | 27 | 8 | 250 | 3 | 4 | | | 1 | 184 | 48.4 | 63.5 | 16 | | | 16 | | | 1 | 9 | 6 | 3 | |
| | 板橋 | 47 | 19 | 810 | 1 | 7 | 8 | 1 | 2 | 521 | 45.7 | 68.9 | 38 | | | 38 | | 10 | 15 | 3 | 10 | 11 | |
| | 練馬 | 48 | 13 | 390 | | 8 | 5 | | | 328 | 55.6 | 66.5 | 27 | | | 27 | | 8 | 9 | 2 | 8 | 1 | |
| | 足立 | 59(1) | 18 | 720 | | 6 | 12 | | | 478 | 43.8 | 62.3 | 36 | | | 36 | | | 6 | 3 | 27(1) | | 1 |
| | 葛飾 | 49 | 8 | 445 | | 1 | 7 | | | 332 | 69.8 | 78.1 | 22 | | | 22 | | | 4 | | 18 | 5 | |
| | 江戸川 | 47 | 10 | 420 | 1 | 2 | 4 | 2 | 1 | 342 | 53.6 | 63.7 | 21 | | | 21 | | 7 | 10 | 1 | 3 | 3 | |
| | 小計 | 828(1) | 250 | 9,669 | 42 | 107 | 67 | 10 | 24 | 6,584 | 48.4 | 67.6 | 512 | 7 | | 438 | 67 | 83 | 118 | 55 | 256(7) | 97 | 6 |
| 市部 | 八王子 | 31(7) | 3 | 140 | | 1 | 1 | 1 | | 91 | 45.4 | 62.0 | 7 | | | 7 | | | 1 | | 6 | 1 | |
| | 立川 | 17 | 3 | 120 | | | 2 | 1 | | 86 | 52.1 | 61.9 | 6 | | | 6 | | 2 | 2 | | 2 | | 2 |
| | 武蔵野 | 13 | 4 | 160 | | | 1 | 2 | 1 | 100 | 32.4 | 47.7 | 8 | | | 8 | | | 3 | | 5 | 1 | |
| | 三鷹 | 12 | 4 | 135 | | 1 | 1 | | 2 | 125 | 57.7 | 58.1 | 8 | | | 8 | | 1 | 2 | 1 | 4 | 1 | 2 |
| | 青梅 | 11(2) | 3 | 100 | | 1 | | 1 | 1 | 85 | 67.0 | 63.8 | 6 | | | 6 | | 1 | 1 | 1 | 3 | | |
| | 府中 | 16 | 1 | 40 | | | 1 | | | 39 | 68.4 | 71.6 | 2 | 2 | | | | 1 | | 1 | | 1 | |
| | 昭島 | 10 | 4 | 160 | | 1 | 1 | | 2 | 125 | 39.8 | 52.9 | 8 | | | 8 | | | 1 | | 7 | | |
| | 調布 | 15 | 2 | 100 | 1 | | | | 1 | 82 | 51.3 | 63.4 | 5 | | 5 | | | 2 | 1 | 1 | 1 | 1 | 1 |
| | 町田 | 24(1) | 5 | 200 | 1 | | 3 | | 1 | 214 | 75.7 | 72.3 | 10 | | | 10 | | 1 | 4 | 1 | 4 | | |
| | 小金井 | 8 | 6 | 190 | 2 | | 2 | 1 | 1 | 195 | 83.3 | 83.2 | 12 | | | 12 | | 2 | 7 | | 3 | 2 | |
| | 国立 | 6 | 3 | 115 | | | 2 | | 1 | 70 | 42.0 | 63.7 | 6 | 4 | | 2 | | 3 | | | 3 | 2 | |
| | 保谷 | 8 | 3 | 110 | 2 | | | | 1 | 86 | 56.5 | 67.0 | 6 | | | 6 | | | 6 | | | 2 | |
| | 田無 | 5 | 5 | 250 | | 4 | 1 | | | 159 | 33.6 | 51.1 | 10 | | 10 | | | | 3 | | 7 | 3 | |
| | 小平 | 15 | 5 | 160 | | 5 | | | | 113 | 41.7 | 58.4 | 8 | | | 8 | | 5 | 3 | | | | |
| | 東村山 | 9 | 1 | 40 | 1 | | | | | 14 | 10.8 | 30.6 | 2 | | | 2 | | | | | 2 | 1 | |
| | 国分寺 | 9 | 1 | 40 | | | 1 | | | 36 | 57.9 | 61.9 | 2 | | | 2 | | | 1 | | 1 | | |
| | 日野 | 11 | 2 | 80 | | | | | 2 | 58 | 63.2 | 71.9 | 5 | | | 5 | | 1 | 1 | | 3 | 1 | |
| | 福生 | 6 | 2 | 80 | | | 1 | | 1 | 61 | 43.2 | 52.9 | 3. | | | 3 | | 3 | | | | | |
| | 清瀬 | 7 | 4 | 160 | | | | 4 | | 98 | 56.5 | 77.7 | 8 | 8 | | | | 5 | 2 | | 1 | | |
| | 東久留米 | 8 | 6 | 210 | | 1 | 5 | | | 115 | 41.1 | 64.0 | 12 | | | 12 | | 1 | 2 | 2 | 7 | | |
| | 東大和 | 7 | 2 | 80 | | 1 | | 1 | | 83 | 91.5 | 84.8 | 4 | | | 4 | | | 2 | | 2 | | |
| | 武蔵村山 | 6 | 1 | 60 | | | | 1 | | 55 | 65.4 | 61.5 | 2 | | | 2 | | | 2 | | | | |
| | 狛江 | 6 | 1 | 50 | | | 1 | | | 31 | 38.0 | 54.2 | 2 | 2 | | | | 2 | | | | | |
| | 小計 | 260(10) | 71 | 2,780 | 7 | 15 | 23 | 12 | 14 | 2,121 | 52.6 | 64.3 | 142 | 16 | 15 | 111 | | 30 | 44 | 7 | 61 | 16 | 5 |

（2） **東京都学童保育指導員の報酬**（昭和45年度実施状況）

| 平　均 | 報酬月額 | 夏期手当相当分 | 冬期手当相当分 | 交通費（月額） | 被服貸与 |
|---|---|---|---|---|---|
| 合　計 | 25,474 | | | | |
| 区部　港 | 32,000 | 一般職員（支給率）の70％ | 一般職員の70％ | 無 | 有 |
| 新　宿 | 27,000 | 一般職員の70％ | 一般職員の70％ | 無 | 有 |
| 文　京 | （資有）28,000<br>（資無）25,000 | 報酬月額× 4.72カ月 | | 無 | 無 |
| 台　東 | （資有）26,000<br>（資無）23,000 | 一般職員の85％ | 一般職員なみ | 無 | 有 |
| 墨　田 | 26,000 | 一般職員の85％ | 一般職員の85％ | 無 | 有 |
| 江　東 | 24,000 | 一般職員の85％ | 一般職員の85％ | 無 | 有 |
| 品　川 | 35,500 | 毎月の報酬に繰入れ<br>(報酬月額)× 4.89+17,400）×$\frac{1}{12}$ | | 無 | 有 |
| 目　黒 | 32,000 | 毎月の報酬に繰入れ | | 無 | 無 |
| 大　田 | 20,000～<br>28,800 | 一般職員の70％<br>（民間委託－1カ月） | 一般職員の70％<br>（民間委託－1.87ケ月） | 無 | 無 |
| 世田谷 | 30,000 | 一般職員の60％ | 一般職員の40％ | 無 | 有 |
| 渋　谷 | 25,000 | 一般職員の70～80％ | 一般職員の70～80％ | 無 | 有 |
| 中　野 | 半日　750<br>全日　1,400 | 1,000円程度（現物） | 1,000円程度（現物） | 無 | 有 |
| 杉　並 | 32,760 | 一般職員なみ | 一般職員なみ | 無 | 有 |
| 豊　島 | 29,500 | 一般職員なみ | 一般職員なみ | 実費の$\frac{1}{2}$ | 有 |
| 北 | 19,500～<br>27,000 | 報酬月額×1カ月 | 報酬月額×2カ月 | 無 | 有 |
| 荒　川 | 25,000 | 一般職員の70％ | 一般職員の70％ | 無 | 有 |
| 板　橋 | （資有）25,000<br>（資無）22,000 | 一般職員なみ | 一般職員なみ | 無 | 有 |
| 練　馬 | 32,000 | 一般職員なみ | 一般職員なみ | 一般職員なみ | 無 |
| 足　立 | 23,000 | 一般職員の85％ | 一般職員の85％ | 無 | 無 |
| 葛　飾 | 24,000 | 一般職員の70％ | 一般職員の85％ | 無 | 有 |
| 江戸川 | 30,000 | 一般職員の85％ | 一般職員の85％ | 無 | 有 |
| 区部　平均 | 27,009 | | | | |

| | | 報酬月額 | 夏期手当相当分 | 冬期手当相当分 | 交通費（月額） | 被服貸与 |
|---|---|---|---|---|---|---|
| | 八王子 | 日額750円×25日 18,750 | 日額750円の20日分 | 日額750円の25日分 | 無 | 無 |
| | 立川 | 26,000 | 月額×2カ月×$\frac{75}{100}$ | 月額×3カ月×$\frac{75}{100}$ | 無 | 有 |
| | 武蔵野 | 24,000 | 27,000 | 40,000 | 実費 | 1,600円 支給 |
| | 三鷹 | 25,000～ 28,000 | 月額×1,647×0.9＋ 16,650 | 月額×2,743×0.9＋ 18,900 | バス代 1,350 | 有 |
| | 青梅 | 23,000 | 月額×2カ月 | 月額×3カ月 | 実費 | 無 |
| | 府中 | | | | | 有 |
| | 昭島 | 25,000 | 月額×1.7カ月 | 月額×3カ月＋13,333 | 無 | 有 |
| 市 | 調布 | | | | | 有 |
| | 町田 | 日額925円×25日 23,000 | 月額×1カ月 | 月額×2カ月 | 無 | 無 |
| | 小金井 | 23,000 | 月額×2カ月 | 月額×3カ月 | 無 | 有 |
| | 国立 | 日額925円×25日 23,125 | 月額×2カ月×16,000 | 月額×3カ月＋20,000 | 無 | 無 |
| | 保谷 | 23,000 | 1律（7,800円）＋ 200円×日数 | 月額×3.2カ月＋11.000 | 無 | 有 |
| | 田無 | | | | | 有 |
| | 小平 | 23,310 | 月額×2カ月＋17,000 | 月額×3カ月＋20,000 | 実費 | 有 |
| | 東村山 | 21,000 | 月額×1.5カ月×$\frac{1}{2}$ | 月額×3カ月×$\frac{1}{2}$ | 無 | 無 |
| | 国分寺 | 28,000 | 月額×1.5カ月 | 月額×2.5カ月 | 無 | 有 |
| 部 | 日野 | 25,000 | 月額の約1カ月分 | 月額×約2.5カ月分 | 無 | 無 |
| | 福生 | 23.480 | 月額×2.3カ月×$\frac{70}{100}$ | 月額×3.1カ月×$\frac{70}{100}$＋ 8,000 | 400 | 有 |
| | 清瀬 | | | | | 有 |
| | 東久留米 | 23,000～ 26,000 | 月額×2カ月＋12,000 | 月額×3カ月＋15,000 | 3,100円 まで全額 | 有 |
| | 東大和 | 23,000 | （月額×2カ月＋15,000）×$\frac{1}{2}$ | （月額×3カ月＋19,000）×$\frac{1}{2}$ | 無 | 有 |
| | 武蔵村山 | 1時間 200円 | 200円×5時間×25日 （25,000円） | 25,000円×3カ月×$\frac{30}{41時間}$ | 無 | 有 |
| | 狛江 | | | | | 有 |
| | 平均 | 23,683 | | | | |

### （3） 保護者負担の状況（負担ありのみ紹介）

（46. 3. 31現在）

| | | 保護者負担 | | 負担内容 | | 生保世帯に対する措置 | | |
|---|---|---|---|---|---|---|---|---|
| | | あり | なし | 名目金額等 | 負担額計（月額） | 免除 | 減額 | なし |
| 計 | | 113 | 208 | | 439.4 | 64 | 2 | 47 |
| 市部 | 港 | 3 | | 間食費（おやつ購入） | 300 | 3 | | |
| | 江東 | 5 | 4 | クラブ費（お茶，花，誕生会のプレゼント等） | 150〜300 | | | 5 |
| | 渋谷 | 5 | | おやつ代300〜600，1回20円×登録日数<br>教材費30，300(年間) 父母会費50 | 350〜680 | | | 5 |
| | 杉並 | 23 | | 間食費250〜600，20円×保育日数<br>クラブ費100〜500，教材費50〜150<br>雑費25〜150，保護者会費100〜200 | 25〜750 | 1 | 1 | 21 |
| | 豊島 | 14 | | 間食費 | 300 | 14 | | |
| | 北 | 21 | | 保育料(クラブ運営)300〜700，父母会費100〜200，間食代300〜400，母の会費100〜200 | 700〜1,100 | 21(保育料) | | |
| | 板橋 | 5 | 14 | 慶弔費50，おやつ代不足150，母の会100<br>父母会50〜200(内100教材費) | 50〜200 | | | 5 |
| | 葛飾 | 8 | | 間食費400〜550，25円×保育日数<br>教材費100〜250，父母の会運営費50〜100 | 450〜850 | | 1 | 7 |
| | 八王子 | 3 | | おやつ代 | 100〜200 | | | 3 |
| | 武蔵野 | 4 | | おやつ代15円×出席日数<br>予備費（行事用）30，雑費50 | 375〜425 | 4 | | |
| | 青梅 | 3 | | 特別おやつ代〜夏休みのみ一律1,000，400 | 83〜400 | 3 | | |
| | 昭島 | 4 | | 間食費15円×出席日数，行事費10円 | 385 | 4 | | |
| | 国立 | 3 | | 保護者費（おやつ代・行事費） | 600〜1,000 | 3 | | |
| | 小平 | 5 | | 保育料（人件費充当） | 400 | 5 | | |
| | 国分寺 | 1 | | クラブ会費（間食および教材の購入） | 500 | | | 1 |
| | 日野 | 2 | | 間食費500，教材費200 | 700 | 2 | | |
| | 清瀬 | 4 | | 保育料（児童処遇費不足分） | 200 | 4 | | |

## (4) 登録児童の世帯状況

| 登録児童の世帯の状況 | | | | | 登録児童の登録理由 | | | | | | | | | | | |
|---|---|---|---|---|---|---|---|---|---|---|---|---|---|---|---|---|
| 普通世帯 | 父子世帯 | 母子世帯 | その他の世帯 | 計 | 母親の就労 | | | | 母親の欠如 | | | 環境の劣悪等 | | | その他 | 計 |
| | | | | | 外勤 | 自営 | 内職 | 小計 | 死亡 | 入院療養等 | 小計 | 環境の劣悪 | 遊び場の不足 | 小計 | | |
| (159)<br>7,392 | (17)<br>162 | (293)<br>1,084 | (9)<br>70 | (478)<br>8,705 | 6,881 | 631 | 278 | 7,790 | 138 | 71 | 209 | 62 | 126 | 188 | 193 | 8,380 |

## (5) 登録児童の学年別状況

| 定員 | 月間登録数（46年3月中） | 学年別 | | | | | | 対象児童別 | |
|---|---|---|---|---|---|---|---|---|---|
| | | 1～3年生 | | | 4～6年生 | | | 留守家庭児童 | その他 |
| | | 男 | 女 | 計 | 男 | 女 | 計 | | |
| 12,449 | 8,705 | 4,238 | 4,147 | 8,385 | 147 | 173 | 320 | 7,628 | 1,077 |

## (6) 設置数・所管・拠点別一覧

| 設置数 | 所管部 | | | 拠点 | | | | | |
|---|---|---|---|---|---|---|---|---|---|
| | 厚生 | 教育 | 区民 | 児童館 | 教室 | 校内単独施設 | 校外単独施設 | 他の施設に併設 | 計 |
| 321 | 37 | 6 | 1 | 49 | 122 | 90 | 22 | 38 | 321 |

## (7) 拠点別出席状況一覧

| 総設置数 | 登録率 | 定員に対する出席率 | 登録に対する出席率 | 児童館 | | | | 教室 | | | |
|---|---|---|---|---|---|---|---|---|---|---|---|
| | | | | 設置数 | 定員A<br>B／A | 登録数B<br>C／A | 出席数C<br>C／B | 設置数 | 定員A<br>B／A | 登録数B<br>C／A | 出席数C<br>C／B |
| 321 | 73.8 | 49.3 | 66.8 | 49 | 438,003<br>75.3 | 329,869<br>50.3 | 220,472<br>66.8 | 122 | 1,425,250<br>66.9 | 953,852<br>45.7 | 650,995<br>68.2 |

| 校内単独施設 | | | | 校外単独施設 | | | | 他の施設に併設 | | | |
|---|---|---|---|---|---|---|---|---|---|---|---|
| 設置数 | 定員A<br>B／A | 登録数B<br>C／A | 出席数C<br>C／B | 設置数 | 定員A<br>B／A | 登録数B<br>C／A | 出席数C<br>C／B | 設置数 | 定員A<br>B／A | 登録数B<br>C／A | 出席数C<br>C／B |
| 90 | 964,625<br>74.4 | 717,819<br>52.3 | 504,631<br>70.3 | 22 | 256,645<br>98.0 | 251,418<br>57.1 | 146,441<br>58.2 | 38 | 399,842<br>79.7 | 318,528<br>48.9 | 195,664<br>61.4 |

## (8) 指導員の状況

| 設置数 | 指導員数 | 性別 | | 学歴 | | | | 資格 | | | | | 平均年令 | 平均経験年数 |
|---|---|---|---|---|---|---|---|---|---|---|---|---|---|---|
| | | 男 | 女 | 大卒 | 短大卒 | 高卒 | その他 | 保母 | 教員 | 幼・教 | なし | 福祉指導 | | |
| 321 | 654 | 15 | 639 | 76 | 76 | 240 | 195 | 113 | 162 | 62 | 310 | 7 | 37.5 | 2年8カ月 |

## (9) 学童保育事業保険加入状況

| 設置数 | 加入数 | | 費用負担者 | | | |
|---|---|---|---|---|---|---|
| | 賠償保険 | 傷害保険 | 賠償保険 | | 傷害保険 | |
| | | | 設置者 | 保護者 | 設置者 | 保護者 |
| 321 | 136(24) | 92(8) | 136(24) | | 85(8) | 8 |

## 学童保育連絡協議会運営申し合わせ（規約）

名　称　この会は「学童保育連絡協議会」といい，事務局を東京都内におきます。

目　的　この会は，学童保育指導員および父母，関係者，専門家間の連絡を密にして，学童保育の啓蒙普及・発展を積極的にはかり，保育内容の研究，施設の拡充，制度化の運動を推進する母体となります。

事　業　1. ニュースを発行します。

2. 学童保育所づくりの指導と援助を行ないます。
3. 指導内容向上のための研究会・勉強会を開きます。
4. 指導員の交流と親睦をはかり，労働条件の改善に努力します。
5. 学童保育所の施設や，児童の保育条件などの改善に努力します。
6. 学者，専門家等の協力も得ながら，学童保育のあるべき姿をたえず探究し，よりよき制度化を推進します。
7. その他必要な事業を行ないます。

会　員　学童保育指導員，父母，関係者，専門家，学生および研究者はだれでも入会できます。入会は団体あるいは個人のいずれでもよく，両者とも共通の権利と義務を有します。

会　費　団体は月２００円，個人は年額1,０００円（分割可能）とします。また賛助会

……………………………………き………り………と………り……………………………………

学童保育連絡協議会

### 入　会　申　込　書

年　　月　　日

| | | | | |
|---|---|---|---|---|
| 申込者<br>氏　名<br>団体名 | | 団　体<br>個　人<br>賛助会員 | ニュース<br>送付希望数 | |
| 連絡先 | TEL<br>(　　　) | | | |
| 個人または賛助会員の方ご記入下さい。 | 男・女　歳<br>指導員　父母　学生　研究者 | 学校名など<br>所属クラブ | | |

会費　　　年　　月より　　　カ月分　　　　　円を納入します。

＊ 注：ニュースは団体３部，個人１部を無料送付します。それ以上の希望については１部２０円をいただきます。会費は団体６カ月分，個人１カ年分まとめて納入ください。

＊ 送金は振替（東京２１９５１）も御利用下さい。

費を設け年額1口1,000円とします。

会　議　総会＝年1回開きます。必要ある場合は臨時に開くことができます。

総会は，運営委員会の決定にもとづき，会長が招集します。

運営委員会＝地方ブロック毎，地域毎，分野毎に運営委員を選出し，年2回以上の運営委員会を開き，総会までの必要事項を協議します。また役員の選任を行ない，総会の承認を求めます。

常任運営委員会＝運営委員のなかから常任運営委員を選出し，日常活動を推進し，必要事項を協議します。

ブロック会議＝必要に応じて，地域毎あるいは問題別ブロック会議を開きます。

ブロック会議は事務局長が招集し，運営委員会に報告します。

役　員　役員として会長1名，副会長若干名，会計1名，会計監査2名，事務局長1名をおきます。事情によっては兼任も可能とします。

事務局　事務局長は，会員の中から事務局員若干名を任命し，事務局の活動を推進します。

財　政　1.　この会の財政は，会費および寄付金でまかないます。

2.　この会の会計年度は，4月1日より3月末日までとします。

※　この申し合わせの変更は，総会の承認を必要とします。

※　この申し合わせは，1969年9月15日より実施します。

……………………………………き………り………と………り……………………………………

購読書申込書

| 書　名 | 冊　数 |
|---|---|
| 子どものねがい親の願い | |
| あめんぼクラブの子どもたち | |

| 送り先 | 住　所 | 氏　名 |
|---|---|---|
| | | |

✳　「あめんぼクラブ……」は10冊以上20円引，20冊以上40円引といたします。

✳　送料は「子どものねがい……」45円，「あめんぼ……」75円ですが，2冊一緒だと95円となります。なお，まとまった注文の送料はご相談に応じます。